LE MYTHE
DU DÉFICIT

STEPHANIE KELTON

LE MYTHE DU DÉFICIT

La Théorie moderne de la monnaie et la naissance de l'économie du peuple

Traduit de l'anglais par
Paul Chemla

Éditions Les Liens qui Libèrent

Titre original :
The Deficit Myth: Modern Monetary Theory and the Birth of the People's Economy
PublicAffairs, New York

ISBN : 979-10-209-0973-2

Pour Bradley et Katherine

INTRODUCTION
Un pare-chocs de choc

> La source de vos problèmes n'est pas ce que vous ignorez.
> C'est ce que vous croyez absolument sûr et qui ne l'est pas.
> MARK TWAIN

Je me souviens bien du jour où j'ai vu cet autocollant à l'arrière d'une grosse Mercedes : c'était en 2008, je faisais mon heure de trajet entre mon domicile à Lawrence, Kansas, et Kansas City, où j'étais professeure d'économie à l'université du Missouri. Il représentait un homme légèrement voûté qui exhibait les deux poches, vides, de son pantalon. Il avait l'air tendu, soucieux. Pantalon rayé rouge et blanc, veste bleu marine, haut-de-forme constellé d'étoiles : c'était l'Oncle Sam. Comme la conductrice choquée qui avait collé cette image choc sur son pare-chocs, beaucoup sont persuadés que l'État n'a plus un sou, que son budget est incapable de faire face aux grands problèmes de notre temps.

Que l'on parle santé, infrastructures, éducation ou changement climatique, la même question surgit, inévitable : vous payez ça comment ? L'autocollant du pare-chocs saisit sur le vif une vraie frustration, une angoisse réelle sur la situation budgétaire du pays, notamment sur l'envergure du déficit fédéral. À force d'entendre les récriminations des élus de tout bord contre ce déficit, il est bien compréhensible que tout le monde soit fou furieux de l'imprudence financière de l'État. Si nous en faisions autant, nous ferions vite faillite, exactement comme cet Oncle Sam aux poches vides.

Mais si le budget de l'État était fondamentalement différent du vôtre ? Si je vous montrais que le croquemitaine du déficit n'existe pas ? Si je vous persuadais que nous pouvons avoir une économie qui fait passer l'humain, le peuple et la planète d'abord ? Que trouver l'argent pour le faire n'est pas le problème ?

Copernic et les scientifiques qui l'ont suivi ont changé notre compréhension du cosmos. Ils ont montré que c'est la Terre qui tourne autour du Soleil et pas le contraire. Nous avons besoin d'une percée du même genre dans notre façon de voir le déficit et son rapport avec l'économie. Nos possibilités d'améliorer notre bien-être public sont beaucoup plus nombreuses que nous ne le croyons. Mais il nous faut absolument dissiper les mythes qui nous paralysent.

Pour exposer cette révolution copernicienne, j'utiliserai dans ce livre le prisme de la théorie moderne de la monnaie (TMM)*, dont je suis une des voix les plus affirmées. Les principaux arguments que j'avance valent pour tout pays souverain sur le plan monétaire – des pays comme les États-Unis, le Royaume-Uni, le Japon, l'Australie, le Canada et autres, où l'État a le monopole de

* *Modern Monetary Theory* est traduit en français par « théorie moderne de la monnaie », comme nous le faisons ici, ou par « théorie monétaire moderne » (et le sigle anglais MMT est aussi couramment employé que le sigle français TMM, que nous retenons). C'est une théorie qui reste assez peu connue en France. Ce livre montre comment l'espace qu'elle ouvre à l'action publique (exploitable à diverses fins) pourrait être mis au service du peuple dans un pays pleinement souverain sur le plan monétaire, les États-Unis. La démonstration est éclairante pour la France, dont la situation est à la fois proche (par l'incapacité de ses institutions à répondre aux besoins sociaux, notamment à mettre fin au chômage de masse) et très différente (puisque, depuis la création de l'euro, elle n'émet plus la monnaie qu'elle utilise et ne jouit donc plus de la « souveraineté monétaire » au sens de la TMM). Pour une analyse de la situation européenne à la lumière de cette théorie, voir le livre de Dirk H. Ehnts, *Modern Monetary Theory and European Macroeconomics*, Abington/New York, Routledge, 2017. [*Toutes les notes de bas de page sont du traducteur.*]

l'émission d'une monnaie *fiat*[1]*. La TMM change notre vision de la vie politique et économique : elle démontre que, dans presque tous les cas, les déficits de l'État sont bons pour l'économie. Ils sont nécessaires. Et notre façon de les voir et de les traiter est souvent incomplète ou inexacte. Au lieu de nous fixer l'objectif peu judicieux d'équilibrer *le budget*, nous devons chercher – à l'aide de ce que la TMM appelle notre monnaie publique, notre devise souveraine – à équilibrer *l'économie*, afin que la prospérité soit largement partagée et ne soit pas concentrée entre des mains toujours moins nombreuses.

La pensée traditionnelle place le contribuable au centre de l'univers monétaire, parce qu'elle est persuadée que l'État n'a pas d'argent à lui ; en dernière analyse, les seuls fonds possibles pour financer ses dépenses viennent donc nécessairement de gens comme nous. La TMM change radicalement cette vision des choses : elle comprend que c'est l'émetteur de la monnaie – l'État lui-même –, et non le contribuable, qui finance toutes les dépenses publiques. Les impôts sont importants pour d'autres raisons, que j'expliquerai plus loin. Mais s'imaginer que les impôts paient les dépenses de l'État est un pur fantasme.

Lorsque j'ai eu vent de cette théorie pour la première fois, j'ai été sceptique. En fait, je lui ai résisté. Au début de ma formation d'économiste professionnelle, j'ai cherché à réfuter les thèses de la TMM par d'intenses recherches sur les opérations budgétaires et monétaires de l'État. Au moment où j'ai exposé ces travaux dans mon premier article scientifique publié après examen par les pairs, j'avais compris que ma vision initiale de cette théorie était fausse. L'idée force de la TMM avait pu m'apparaître d'abord extravagante, mais au niveau descriptif elle s'était révélée exacte. En un sens, la TMM est un prisme non partisan qui montre comment notre système monétaire fonctionne vraiment. Sa puissance

* On rendra ainsi l'expression *fiat money*, souvent traduite par « monnaie fiduciaire », mais qui a en fait un sens plus étroit : c'est une monnaie fiduciaire qui n'est liée à rien, ni métal précieux, ni autre devise, ni actif quel qu'il soit. Elle est simplement « décrétée », ce qu'indique le subjonctif latin *fiat*, « qu'elle soit ! ».

explicative ne dépend pas d'une idéologie ou d'un parti politique. Elle éclaircit ce qui est possible économiquement – donc elle déplace sur un autre terrain les débats politiques paralysés par des questions de faisabilité financière. Elle s'intéresse aux conséquences générales des projets de réforme sur l'économie et sur la société, pas à leurs effets étroitement budgétaires. Abba P. Lerner, un contemporain de John Maynard Keynes, préconisait cette approche, qu'il appelait la *finance fonctionnelle*. L'idée était simple : il jugeait une politique publique à la façon dont elle fonctionnait. Parvenait-elle à contrôler l'inflation, à soutenir le plein emploi et à produire une répartition plus équitable du revenu et de la fortune ? Quant au chiffre précis qui sortait de la boîte budgétaire chaque année, il était (et reste) entièrement hors sujet.

Suis-je d'avis que la solution à tous nos problèmes est simplement de dépenser davantage ? Non, bien sûr que non ! Si aucune contrainte *financière* ne pèse sur le budget de l'État, cela ne signifie pas qu'il n'y a aucune limite *réelle* à ce qu'il peut (et devrait) faire. Chaque économie possède, en interne, sa propre limitation de vitesse, régulée par la disponibilité de ses *ressources productives réelles* – l'état de sa technologie, la quantité et la qualité de ses terres, de ses travailleurs, de ses usines, de ses machines et autres matériaux. Si l'État essaie de trop dépenser dans une économie tournant déjà à plein régime, l'inflation va s'accélérer. Il y a des limites. Mais elles ne se trouvent pas dans la capacité du gouvernement à dépenser, ni dans le déficit : elles se situent dans les pressions inflationnistes et dans les ressources au sein de l'économie réelle. La TMM distingue ces limites réelles des contraintes illusoires et nullement nécessaires que l'on s'impose soi-même.

Vous avez probablement déjà vu à l'œuvre les idées centrales de la TMM. Je les ai observées de près quand je travaillais au Sénat des États-Unis. Chaque fois qu'il est question de la Social Security, la caisse de retraite publique*, ou qu'un parlementaire

* L'OASDHI (*Old Age, Survivors, Disability and Health Insurance*), couramment appelée *Social Security*, est la caisse qui verse les pensions publiques de retraite et d'invalidité aux États-Unis.

veut consacrer plus de moyens à l'éducation ou à la santé, il y a des discours interminables pour préciser comment on va « financer » absolument tout pour ne pas aggraver le déficit fédéral. Mais avez-vous remarqué que cela ne semble jamais être un problème lorsqu'il s'agit d'augmenter le budget de la défense, de renflouer les banques ou d'octroyer d'énormes réductions d'impôts aux Américains les plus riches, même quand ces mesures alourdissent substantiellement le déficit ? Du moment que les voix sont là pour les voter, l'État fédéral peut toujours financer ses priorités. C'est ainsi que cela fonctionne. Les déficits n'ont pas empêché Franklin Delano Roosevelt de mettre en œuvre le New Deal dans les années 1930. Ils n'ont pas dissuadé John F. Kennedy d'envoyer un homme sur la Lune. Et pas une seule fois ils n'ont interdit au Congrès d'entrer en guerre.

C'est que le Congrès a le « pouvoir de la bourse » : s'il veut vraiment réaliser quelque chose, il pourra toujours faire apparaître l'argent. Si les parlementaires le voulaient, ils pourraient voter une législation – aujourd'hui – pour relever le niveau de vie et effectuer les investissements publics dans l'éducation, la technologie et les infrastructures résilientes qui sont essentiels à notre prospérité future. Dépenser ou ne pas dépenser est une décision politique. Il est clair que les diverses retombées économiques de tout projet de loi doivent être examinées très sérieusement. Mais on ne devrait jamais s'interdire une dépense au nom d'objectifs budgétaires arbitraires ou d'une allégeance aveugle à la gestion prétendument « saine » des finances publiques.

*

Je ne crois pas que ce soit par coïncidence que j'ai vu l'autocollant sur l'Oncle Sam au moment où je l'ai fait, en novembre 2008. Les croyances surannées sur l'État à court d'argent avaient fait un retour en force pendant la crise financière de cette année-là. Les États-Unis traversaient la pire récession économique depuis la Grande Dépression. En tant que pays, nous avions vraiment l'impression d'être complètement ruinés, avec une bonne partie du reste du monde. Ce qui avait commencé comme une crise des prêts immobiliers *subprime** avait débordé sur les marchés financiers mondiaux et s'était mué en effondrement total de l'économie, qui coûtait à des millions d'Américains leurs emplois, leurs maisons et leurs entreprises[2]. Huit cent mille avaient perdu leur travail pendant ce seul mois de novembre. Des millions s'étaient inscrits au chômage, aux bons d'alimentation, à Medicaid** et à d'autres formes d'aide publique. L'économie sombrant dans une récession profonde, les recettes fiscales avaient coulé à pic et les dépenses publiques de soutien aux chômeurs s'étaient envolées, ce qui avait propulsé le déficit à un niveau record : 779 milliards de dollars. C'était la panique générale.

Les économistes qui se réclament de la TMM, moi comprise, ont vu dans ces événements une occasion de faire des propositions audacieuses à l'administration Obama, qui allait entrer en fonctions. Nous avons appelé le Congrès à voter un plan de stimulation robuste, avec suspension de la taxe sur les salaires, octroi d'une aide supplémentaire aux collectivités locales et aux États de l'Union et instauration d'une garantie fédérale de l'emploi.

Le 16 janvier 2009, les quatre plus grandes sociétés financières des États-Unis avaient perdu la moitié de leur valeur, et le marché du travail était en pleine hémorragie : des centaines de milliers d'emplois disparaissaient tous les mois. Comme Franklin Roosevelt, le président Obama a prêté serment le 20 janvier dans un climat d'urgence historique. Dans les trente jours, il a promulgué un plan de stimulation économique de 787 milliards de dollars. Certains de ses conseillers les plus proches avaient préconisé un chiffre bien plus élevé. Ils l'avaient dit et répété : il fallait au minimum 1,3 billion de dollars – 1 300 milliards – pour éviter une récession prolongée. D'autres hurlaient dès qu'ils entendaient le mot « billion ». Finalement, Obama avait flanché.

* Les prêts hypothécaires accordés aux clients ne présentant pas les garanties de solvabilité traditionnellement exigées par les banques.

** Medicaid assure le financement des soins médicaux des plus défavorisés.

Pourquoi ? Parce que, en matière de politique budgétaire, il était, au fond, un conservateur. Ses collaborateurs lui conseillaient des chiffres différents. S'il se trompait, il a décidé que ce serait par excès de prudence : il a retenu un chiffre proche de la limite basse de la fourchette qu'on lui présentait. Christina Romer, la présidente de son Comité des conseillers économiques, avait compris qu'on ne pourrait pas faire face à une crise de cette ampleur avec une modeste intervention de 787 milliards de dollars. Elle avait plaidé pour une stimulation ambitieuse de plus d'un billion – plus de mille milliards. « Monsieur le Président, avait-elle dit, voici votre heure de vérité. C'est pire que ce que nous pensions[3]. » Elle avait fait les calculs et conclu qu'il faudrait peut-être un plan de 1 800 milliards de dollars pour combattre la récession en plein essor. Mais cette option a été anéantie par Lawrence Summers, l'économiste de Harvard et ancien secrétaire au Trésor qui était devenu le principal conseiller économique d'Obama. Summers aurait peut-être préféré lui-même un stimulant plus important, mais il craignait qu'en demandant au Congrès un montant proche de 1 000 milliards de dollars l'exécutif ne se ridiculise. « Nous n'aurons pas le soutien de l'opinion, a-t-il expliqué, et ça ne passera pas au Congrès[4]. » David Axelrod, qui deviendrait plus tard le plus proche conseiller du président, était du même avis. Lui aussi avait peur de choquer le Congrès et le peuple américain : tout chiffre supérieur à 1 000 milliards allait leur paraître faramineux.

Les 787 milliards de dollars que le Congrès a finalement autorisés comprenaient de l'argent pour soutenir les autorités locales et celles des États face à la récession, des fonds pour les infrastructures et des projets d'investissement vert, plus de substantielles réductions d'impôts pour encourager la consommation et l'investissement du secteur privé. Tout cela a été utile, mais loin d'être suffisant. L'économie s'est contractée et, lorsque le déficit a grimpé à plus de 1 400 milliards de dollars, le président Obama a été assailli de questions sur cette marée montante d'encre rouge*.

* Les pertes sont notées à l'encre rouge, les profits à l'encre noire.

Le 23 mai 2009, il a été interviewé sur C-SPAN. « À quel moment allons-nous être à court d'argent ? » lui a demandé Steve Scully, l'animateur de l'émission. « Eh bien, nous le sommes déjà », a répondu le président[5]. Et voilà ! Obama avait confirmé ce que la conductrice qui avait collé l'Oncle Sam sur son pare-chocs soupçonnait depuis le début : les États-Unis n'avaient plus un sou.

La Grande Récession, qui a duré de décembre 2007 à juin 2009, a durement marqué, pour toujours, les localités et les familles sur tout le territoire américain et au-delà. Il a fallu plus de six ans pour que le marché du travail récupère l'ensemble des 8,7 millions d'emplois perdus aux États-Unis entre décembre 2007 et le début de l'année 2010[6]. Des millions de personnes se sont débattues dans les pires difficultés pendant un an ou plus avant de retrouver un emploi. Beaucoup n'en ont jamais trouvé. Et ceux qui ont eu la chance d'être embauchés ont souvent dû accepter un poste à temps partiel, ou nettement moins rémunéré que celui qu'ils avaient perdu. Simultanément, la crise des saisies a englouti 8 000 milliards de dollars de fortune immobilière, et, selon les estimations, 6,3 millions de personnes – parmi lesquelles 2,1 millions d'enfants – ont été précipitées dans la pauvreté entre 2007 et 2009[7].

Le Congrès aurait pu et dû faire davantage, mais le mythe du déficit s'était imposé. En janvier 2010, alors que le taux de chômage avait atteint le niveau ahurissant de 9,8 %, le président Obama faisait déjà volte-face. Ce même mois, dans son discours sur l'état de l'Union, il s'est engagé à inverser la politique de stimulation budgétaire, en déclarant à la nation : « Dans tout le pays, les familles se serrent la ceinture et prennent des décisions douloureuses. L'État fédéral doit en faire autant. » Il s'en est suivi une très longue période d'autoflagellation.

La Réserve fédérale de San Francisco (FRBSF) estime que la crise financière et la reprise anémique ont volé à l'économie américaine jusqu'à 7 % de son potentiel de production de 2008 à 2018. Pensons à ce chiffre comme à une mesure de tous les biens et services (et de tous les revenus) que nous aurions pu produire pendant cette décennie mais que nous n'avons pas produits, car nous n'avons pas fait assez pour soutenir notre économie en protégeant les emplois et en maintenant les gens dans leur maison. Parce qu'ils n'ont pas eu la réaction juste, les pouvoirs publics ont induit une reprise lente et faible qui a durement éprouvé nos territoires et qui s'est traduite pour notre économie par des billions de dollars de prospérité gâchée. Selon la FRBSF, cette décennie de croissance faible coûte à chaque homme, femme et enfant en Amérique l'équivalent de 70 000 dollars.

Pourquoi n'avons-nous pas suivi une meilleure politique ? Vous pensez peut-être connaître la réponse : notre système bipartisan est devenu si conflictuel que le Congrès a été incapable de faire ce qu'il fallait, même face à une catastrophe nationale qui menaçait la sécurité des Américains ordinaires comme celle des grandes compagnies. Et il y a là, sûrement, une part de vérité. En 2010, le dirigeant de la majorité républicaine au Sénat, Mitch McConnell, n'en avait pas fait mystère : « Notre principal objectif, c'est que le président Obama ne fasse pas de second mandat. » Mais la politique partisane n'a pas été le seul obstacle. Il y en a eu un autre, encore plus important : l'hystérie anti-déficit, commune aux deux camps depuis des décennies.

Des déficits plus importants auraient permis une reprise plus rapide et plus puissante, protégé des millions de familles, évité d'immenses pertes économiques. Mais aucun de ceux qui détenaient un pouvoir réel ne s'est battu pour augmenter le déficit. Ni le président Obama, ni la plupart de ses hauts conseillers, ni même les membres les plus progressistes de la Chambre et du Sénat. Pourquoi ? Tous croyaient-ils vraiment l'État à court d'argent ? Ou craignaient-ils seulement de froisser les sensibilités de leurs mandants, comme l'électrice qui arborait l'autocollant de l'Oncle Sam sur le pare-chocs de sa Mercedes ?

Nous ne pourrons pas utiliser les déficits pour résoudre les problèmes si nous persistons à voir le déficit lui-même comme un problème. Aujourd'hui, environ la moitié des Américains (48 %) estiment que réduire le déficit du budget fédéral doit être une grande priorité du président et du Congrès. Ce livre entend ramener leur nombre le plus près possible de zéro. Ce ne sera pas facile. Pour y parvenir, il nous faudra démanteler soigneusement les mythes et les erreurs de raisonnement qui ont configuré notre discours public.

*

Les six premiers chapitres de ce livre brisent les mythes du déficit qui ont paralysé notre pays. Je m'attaque d'abord à une idée de base : l'État fédéral doit tenir son budget comme une famille. Aucun mythe, peut-être, n'est plus pernicieux. En vérité, l'État ne ressemble en rien à un ménage ou à une entreprise privée. C'est que l'Oncle Sam possède quelque chose que nous n'avons pas : le pouvoir d'émettre le dollar. Il n'a pas besoin d'en trouver pour pouvoir les dépenser. Nous, oui. Il ne peut pas être confronté à une accumulation de factures qu'il serait incapable de payer. Nous, cela peut nous arriver. Il ne fera jamais faillite. Nous, c'est possible. Quand l'État s'efforce de gérer son budget comme un ménage, il perd une belle occasion de mettre en œuvre la puissance de sa monnaie souveraine pour améliorer substantiellement la vie de sa population. La TMM, nous le verrons, prouve que l'État fédéral ne dépend ni des recettes fiscales ni de l'emprunt pour financer ses dépenses, et que la contrainte la plus importante qui pèse sur les dépenses publiques est l'inflation.

Deuxième mythe : la présence d'un déficit prouve que l'on a trop dépensé. Cette conclusion est vite tirée, car nous avons tous entendu des responsables politiques déduire de l'existence même d'un déficit que l'État « vit au-dessus de ses moyens ». C'est une erreur. Il est vrai qu'un déficit est inscrit sur les livres de comptes de l'État chaque fois qu'il dépense plus qu'il ne taxe. Mais ce n'est que la moitié de l'histoire. La TMM montre le reste du tableau, à l'aide d'une logique comptable simple. Supposons que l'État dépense 100 dollars dans l'économie mais ne prélève que 90 dollars en impôts. La différence s'appelle le *déficit public*. Mais on peut la regarder sous un autre angle. Le déficit de l'Oncle Sam crée un *excédent* pour certains. Le « moins 10 dollars » de l'État correspond toujours à un « plus 10 dollars » quelque part dans l'économie. Le problème est que les décideurs politiques regardent le tableau en fermant un œil. Ils voient le déficit budgétaire, mais l'excédent qui lui correspond de l'autre côté leur échappe. Beaucoup d'Américains ne le remarquent pas non plus, et finissent donc par applaudir les tentatives d'équilibrer le budget, même si elles signifient qu'on va prendre l'argent dans leurs poches. Il est possible que l'État dépense trop. Les déficits peuvent être trop importants. Mais ce qui prouve que l'État a trop dépensé, c'est l'inflation, et la plupart du temps les déficits sont trop petits, pas trop grands.

Troisième mythe : les déficits vont peser sur la génération suivante. Les politiques adorent ressortir cette histoire, proclamer qu'en nous mettant en déficit nous gâchons la vie de nos enfants et de nos petits-enfants, nous les accablons d'une dette écrasante qu'ils devront finalement rembourser. L'un des propagateurs les plus influents de ce mythe a été Ronald Reagan. Mais même le sénateur Bernie Sanders a fait écho à Reagan quand il a dit : « Je suis préoccupé par la dette. Ce n'est pas quelque chose que nous devons laisser à nos enfants et à nos petits-enfants[8]. »

Si cette rhétorique est puissante, sa logique économique ne l'est pas. L'histoire le prouve assez. En pourcentage du produit intérieur brut (PIB), la dette de l'État a atteint son pic – 120 % – au lendemain immédiat de la Seconde Guerre mondiale. Or c'est dans cette même période que la classe moyenne s'est constituée et que le revenu médian réel des familles est monté en flèche. Quant à la génération suivante, elle a joui d'un niveau de vie plus élevé sans avoir à subir une hausse des taux d'imposition. En réalité, les déficits de l'État ne créent pas de fardeau financier pour les populations de demain. Augmenter le déficit n'appauvrit pas les générations futures, et le réduire ne les enrichit pas non plus.

Quatrième mythe que nous prenons pour cible : les déficits sont nocifs parce qu'ils évincent l'investissement privé et minent la croissance à long terme. Ce mythe est surtout propagé par des économistes orthodoxes et par des experts en politiques publiques qui devraient être mieux informés. Il repose sur un postulat erroné : pour financer ses déficits, l'État disputerait aux autres emprunteurs l'accès à une réserve d'épargne limitée. Par conséquent, les déficits publics engloutiraient une partie des dollars qui, sans eux, auraient été investis dans des entreprises privées œuvrant pour la prospérité future. Nous verrons que c'est le contraire qui est vrai : les déficits budgétaires, en fait, augmentent l'épargne privée, et peuvent facilement stimuler et entraîner l'investissement privé.

Cinquième mythe : à cause des déficits, les États-Unis deviennent dépendants des étrangers. On voudrait nous faire croire que des pays comme la Chine et le Japon ont d'énormes moyens de pression sur nous parce qu'ils détiennent de gros montants de dette américaine. C'est une fiction, nous le verrons, que les politiciens propagent délibérément ou non. Elle leur sert souvent d'excuse pour ignorer des programmes sociaux qui ont désespérément besoin de financements. Ce mythe s'exprime parfois par une métaphore : nous aurions pris en toute irresponsabilité une carte de crédit à l'étranger. Ce qu'il ne dit pas, c'est que les dollars ne viennent pas de Chine. Ils viennent des États-Unis. En réalité, nous n'empruntons pas à la Chine. Nous fournissons à la Chine des dollars et nous lui permettons de les échanger contre un actif sûr qui rapporte un intérêt et qui s'appelle un bon du Trésor américain. Il n'y a là absolument rien de risqué ni de pernicieux. Si nous le voulions, nous pourrions rembourser la dette immédiatement, d'une simple frappe sur un clavier. Prétendre que nous hypothéquons ainsi notre avenir, c'est, là encore, ne rien comprendre au fonctionnement réel des monnaies souveraines – ou le présenter volontairement de travers, à des fins politiques.

Sixième mythe que nous allons analyser : les droits sociaux nous conduisent directement à une crise budgétaire à long terme. La Social Security, Medicare* et Medicaid sont les coupables

* Medicare est l'agence publique qui prend en charge les dépenses de santé des plus de soixante-cinq ans, sans distinction de revenus.

présumées. Je montrerai pourquoi ce raisonnement est faux. Il n'y a aucune raison que les pensions de retraite de la Social Security, par exemple, aient jamais à subir des coupes. Absolument aucune. L'État sera toujours capable de faire face à ses obligations futures parce qu'il ne pourra jamais se retrouver à court d'argent. Au lieu de polémiquer sur les coûts financiers de ces programmes, les parlementaires devraient s'affronter sur la nature des politiques les plus à même de satisfaire les besoins de toute notre population. L'argent peut toujours être là. La question est : que va-t-on acheter avec ? L'évolution démographique et les effets du changement climatique sont des défis réels, qui peuvent créer des tensions sur les ressources disponibles. Nous devons nous assurer que nous faisons bien tout ce que nous pouvons pour gérer nos ressources réelles et développer des méthodes de production plus durables à l'heure où la génération du baby-boom vieillit et sort de la population active. Mais pour le paiement des pensions, nous pourrons toujours nous permettre de tenir nos promesses à l'égard des retraités actuels et des générations qui les suivront.

Après avoir examiné à fond la pensée fallacieuse qui sous-tend ces six mythes et les avoir contrés par des preuves solides, nous nous tournerons vers les déficits qui comptent vraiment. Les crises réelles auxquelles nous sommes confrontés n'ont rien à voir avec le déficit fédéral ou le financement des droits sociaux. Aux États-Unis, 21 % des enfants vivent dans la pauvreté – ça, c'est une crise. Nos infrastructures sont notées D+ (6 ou 7 sur 20) : c'est une crise. L'inégalité se trouve aujourd'hui à des niveaux constatés pour la dernière fois pendant l'Âge doré* : c'est une crise. Le travailleur américain moyen n'a connu pratiquement aucune augmentation de son salaire réel depuis les années 1970 : c'est une crise. Quarante-quatre millions d'Américains sont écrasés par 1 700 milliards de dollars de dettes d'études : c'est une crise. Et,

* La période qui va de la fin de la guerre de Sécession à 1900, particulièrement inégalitaire puisqu'elle voit se constituer de gigantesques monopoles et d'immenses fortunes par des moyens fréquemment contestables (ces grands capitalistes sont souvent nommés les « barons voleurs »).

pour finir, nous ne pourrons rien nous « offrir » du tout si nous exacerbons le changement climatique et détruisons la vie sur cette planète : voilà peut-être la plus grande de toutes les crises.

Ce sont des crises réelles. Le déficit budgétaire de l'État n'est pas une crise.

*

Le crime de la loi fiscale signée par le président Trump en 2017 n'est pas d'avoir alourdi le déficit. C'est d'avoir utilisé le déficit pour venir en aide à ceux qui en avaient le moins besoin. Cette loi a aggravé l'inégalité, en mettant davantage de pouvoir politique et économique entre les mains de quelques-uns. La TMM comprend que la construction d'une économie meilleure ne dépend pas de la collecte de revenus suffisants pour financer ce que nous voulons. Nous pouvons, et nous devons, lever des impôts sur les riches. Mais pas parce que nous ne pouvons rien nous offrir sans eux. Nous devons prendre par l'impôt aux milliardaires pour rééquilibrer la répartition de la fortune et du revenu et protéger la santé de notre démocratie. Mais si nous voulons éradiquer la pauvreté ou avoir cette garantie fédérale de l'emploi à un salaire permettant de vivre décemment pour laquelle a lutté Coretta Scott King*, nous n'avons pas besoin de casser leur tirelire. Nous avons déjà les outils qu'il nous faut. Feindre de dépendre de ceux qui ont une fortune incroyable envoie le mauvais message : cela donne l'impression qu'ils sont plus importants pour notre cause qu'ils ne le sont vraiment. Je ne suggère nullement que, puisque les déficits ne comptent pas, nous pouvons jeter toute prudence aux orties et dépenser à tout-va. Le cadre économique que je préconise réclame de l'État fédéral *plus de responsabilité budgétaire* et non moins. Il

* L'épouse de Martin Luther King, qui a poursuivi ses combats après son assassinat. Elle a notamment co-fondé en 1974 un « comité national pour le plein emploi », le NCFE/FEAC (National Committee for Full Employment/Full Employment Action Council), qui revendiquait la création d'une garantie de l'emploi pour tous les Américains.

faut seulement redéfinir ce que veut dire budgétisation responsable de nos ressources. Nos erreurs sur le déficit nous laissent avec tant de gaspillages, tant de potentialités inexploitées au sein de notre économie actuelle !

La TMM nous donne le pouvoir d'imaginer une politique nouvelle et une économie nouvelle. Elle défie le statu quo *d'un bout à l'autre de l'éventail politique* avec une analyse économique solide, et c'est pour cela qu'elle éveille un tel intérêt dans le monde entier chez des décideurs politiques, des universitaires, des banquiers centraux, des ministres des Finances, des militants et de simples citoyens. Le prisme de la TMM nous montre qu'une autre forme de société est possible, une société dans laquelle nous pouvons nous permettre d'investir dans la santé, l'éducation et des infrastructures résilientes. Contre les récits de la pénurie, la TMM offre un récit des possibilités d'action. Dès l'instant où nous aurons vaincu les mythes et admis que les déficits fédéraux sont en réalité bons pour l'économie, nous pourrons suivre des politiques budgétaires qui donnent priorité aux besoins humains et à l'intérêt général. Nous n'avons rien d'autre à perdre que les contraintes que nous nous imposons nous-mêmes.

Les États-Unis sont le pays le plus riche de l'histoire du monde. Mais même à l'heure de leur pire pauvreté, pendant la Grande Dépression, les Américains ont pu créer la Social Security, instaurer le salaire minimum, électrifier les campagnes, fournir des prêts fédéraux pour le logement et financer un programme d'emplois massif. Comme Dorothée et ses compagnons dans *Le Magicien d'Oz*, il nous faut percer le rideau de fumée des mythes et nous souvenir que nous avons toujours eu ce pouvoir.

À l'heure où ce livre va sous presse, la COVID-19 nous frappe de plein fouet. Elle nous apporte aussi une démonstration saisissante, dans le monde réel, de la puissance du mode de pensée de la TMM. Des industries entières ferment. Les pertes d'emploi montent, et l'on voit se dessiner l'éventualité d'un effondrement économique qui pourrait propulser le chômage à des sommets inconnus depuis la Grande Dépression. Le Congrès a déjà engagé plus de 1 000 milliards de dollars pour combattre la pandémie et la crise économique en cours. Il faudra beaucoup plus.

Le déficit fédéral, que l'on s'attendait déjà à voir dépasser les 1 000 milliards de dollars avant que le virus ne devienne une menace, va probablement exploser au-delà des 3 000 milliards dans les mois qui viennent. Si l'histoire nous apprend quelque chose, l'angoisse suscitée par cette hausse va inspirer des pressions pour que l'État réduise les mesures de soutien budgétaires afin de dégonfler le déficit. Ce serait un désastre total. Dans l'immédiat et dans les mois qui viennent, la façon la plus responsable de gérer la crise est d'augmenter la dépense de déficit.

L'année prochaine sera incroyablement difficile pour nous tous. Nous allons vivre dans un climat plus anxiogène jusqu'au moment où l'on aura endigué le virus et mis un vaccin à la disposition de chacun. Beaucoup, parmi nous, vont traverser de dures épreuves économiques et sociales. Nous avons assez de sujets d'inquiétude sans y ajouter des craintes supplémentaires sur la situation budgétaire du pays. C'est le moment idéal pour apprendre d'où vient l'argent et pourquoi l'État fédéral – et lui seul – peut sauver l'économie.

I
Rien à voir avec le budget familial

> « Dans tout le pays, les familles se serrent la ceinture et prennent des décisions douloureuses. L'État fédéral doit en faire autant. »
>
> PRÉSIDENT OBAMA,
> *Discours sur l'état de l'Union*, 2010.

MYTHE 1 : **L'État doit tenir son budget comme une famille.**

RÉALITÉ : **À la différence d'une famille, l'État fédéral américain émet la monnaie qu'il dépense.**

Comme beaucoup aux États-Unis, j'ai grandi en regardant *Sesame Street* à la télévision. Cette émission aidait les jeunes enfants à acquérir des aptitudes, par exemple trier les choses en fonction de leurs ressemblances et de leurs différences. « L'un de ces objets n'est pas comme les autres », disait la chanson qui introduisait ce moment. Quatre images juxtaposées apparaissaient alors : une banane, une orange, un ananas et un sandwich. « Le sandwich ! Le sandwich ! » hurlions-nous au téléviseur, ma sœur et moi. Je ne suis plus une enfant, mais il m'arrive encore de hurler des choses au téléviseur chaque fois que j'entends quelqu'un parler du budget de l'État fédéral comme si rien ne le distinguait de celui d'un ménage.

« L'État doit mettre de l'ordre dans son budget ! » Si vous avez déjà vu quelqu'un récriminer en ces termes, vous avez entendu une version du mythe « État = ménage ». Il dérive de cette idée fausse : il faut regarder le budget de l'Oncle Sam du même œil que son propre budget familial. De tous les mythes que nous allons explorer dans les pages qui suivent, c'est sûrement le plus pernicieux.

C'est un thème favori des politiques, souvent enclins à tenir le discours le plus simple possible pour créer du lien avec leurs électeurs. Et quoi de plus facile qu'évoquer la situation financière de l'État dans des termes que nous comprenons tous déjà – ceux de nos propres comptes ? Nous savons tous qu'il est important de maintenir nos dépenses personnelles dans les limites de notre revenu global. Donc, lorsque nous entendons quelqu'un discourir des finances publiques d'une façon qui nous rappelle les nôtres, cela fait tilt. Ces propos fleurent bon la sagesse populaire, le foyer familial.

C'est une envolée que nous avons tous entendue. Dans des publicités électorales ou dans des réunions publiques, le candidat présente le petit patron, ou la serveuse dure à la peine, comme un exemple éclatant de responsabilité budgétaire. Jouant l'empathie pour les difficultés des simples citoyens, il nous rappelle que nous savons tous ce que c'est, de s'asseoir autour de la table de la cuisine pour équilibrer les comptes de la famille. Puis, espérant soulever l'indignation générale, il s'en prend à l'État : les comptes de l'Oncle Sam ne s'équilibrent pratiquement jamais, s'écrie-t-il, parce qu'à Washington la dépense irresponsable est devenue un mode de vie !

Les propos de ce genre nous touchent : ce langage est si familier ! Nous savons bien qu'il faut vivre dans les limites de ses moyens, et faire en sorte de ne pas dépenser plus qu'on ne gagne. Nous savons qu'il faut mettre de côté un peu d'argent pour l'avenir, et se montrer extrêmement circonspect dès qu'il s'agit d'en emprunter.

À s'endetter trop lourdement, on risque la faillite, la saisie et même la prison.

Nous savons que la faillite personnelle est possible, et nous avons vu sombrer des entreprises aussi prestigieuses que RadioShack et Toys R Us quand elles n'ont pu continuer à payer leurs factures. Même des villes (Détroit) ou des États de l'Union (le Kansas) peuvent avoir de gros problèmes s'ils ne font pas rentrer assez d'argent pour couvrir leurs dépenses. Toute famille dans sa cuisine comprend ces réalités. Ce qu'elle ne comprend pas, c'est que pour l'État fédéral, pour l'Oncle Sam, c'est différent.

Afin de découvrir pourquoi, allons directement au cœur de la théorie moderne de la monnaie, la TMM.

La monnaie a des émetteurs et des utilisateurs

La TMM part d'un fait simple et incontournable: notre monnaie nationale, le dollar, vient de l'État américain et ne peut venir d'aucune autre source – du moins légalement. Le Trésor des États-Unis et son agent budgétaire, la Réserve fédérale – la Fed –, ont le pouvoir d'émettre le dollar. Autrement dit, de frapper les pièces que les Américains ont dans la poche, d'imprimer les billets qui se trouvent dans leur portefeuille ou de créer les dollars numériques, appelés « réserves », qui n'existent que sous forme d'entrées électroniques dans les bilans des banques*. Le Trésor produit les pièces et la Fed crée tout le reste. Quand vous aurez pris la mesure de ce que veut dire cette réalité, vous pourrez démanteler vous-mêmes de nombreux mythes du déficit.

* Chaque banque a un compte à la banque centrale, ici la Réserve fédérale américaine, tenu dans cette monnaie numérique créée par la banque centrale, qui, avec les billets et les pièces, fait partie de la *high-powered money*, la monnaie centrale proprement dite. Les dépôts numériques gérés ou créés par les banques sur les comptes bancaires des particuliers et des entreprises, en revanche, ne sont pas de la monnaie centrale. Ce qui se passe dans ce circuit des comptes en banque a des conséquences sur le circuit des comptes des banques à la banque centrale, et *vice versa*, selon des règles précises. Mais les deux sont bien distincts.

Même si vous n'y avez pas beaucoup réfléchi jusqu'ici, quelque chose en vous comprend déjà, probablement, cette vérité fondamentale. Posez-vous la question : puis-je, moi, créer des dollars ? Vous pouvez en gagner, certes, mais pouvez-vous en fabriquer ? Peut-être seriez-vous capable d'installer un atelier dans la cave, avec un matériel de gravure très perfectionné, et de produire un billet qui ressemble beaucoup au dollar. Ou de pirater l'ordinateur de la Fed et d'y taper des dollars numériques. Mais si vous vous faites prendre dans vos tentatives de jouer au faux-monnayeur, nous savons bien, vous et moi, que vous finirez en prison. Pour une raison simple : la Constitution américaine confère à l'État fédéral le droit *exclusif* d'émettre la monnaie[1]. Ce que la Réserve fédérale de Saint-Louis formule ainsi : l'État américain est « l'unique fabricant de dollars[2] ».

Le terme « monopole » renvoie à un marché sur lequel il n'existe qu'un seul fournisseur d'un produit. Puisque l'État fédéral est l'*unique* fabricant de dollars, nous pouvons voir en lui le détenteur d'un monopole sur le dollar. Un peu comme si on lui avait octroyé sur le dollar un super-copyright (qui n'expire jamais), le rendant seul capable d'en produire des exemplaires supplémentaires. Il s'agit d'un pouvoir exclusif, établi par nos Pères Fondateurs. C'est quelque chose que ne peuvent faire ni les ménages, ni les entreprises, ni même les États de l'Union et les municipalités. Seul l'État fédéral peut *émettre* notre monnaie. Tous les autres en sont de simples *utilisateurs*. L'émission est un pouvoir spécial, à n'exercer qu'avec le plus grand soin.

Pour en revenir à *Sesame Street*, nous pouvons aisément repérer l'objet de la Figure 1 qui n'est pas comme les autres :

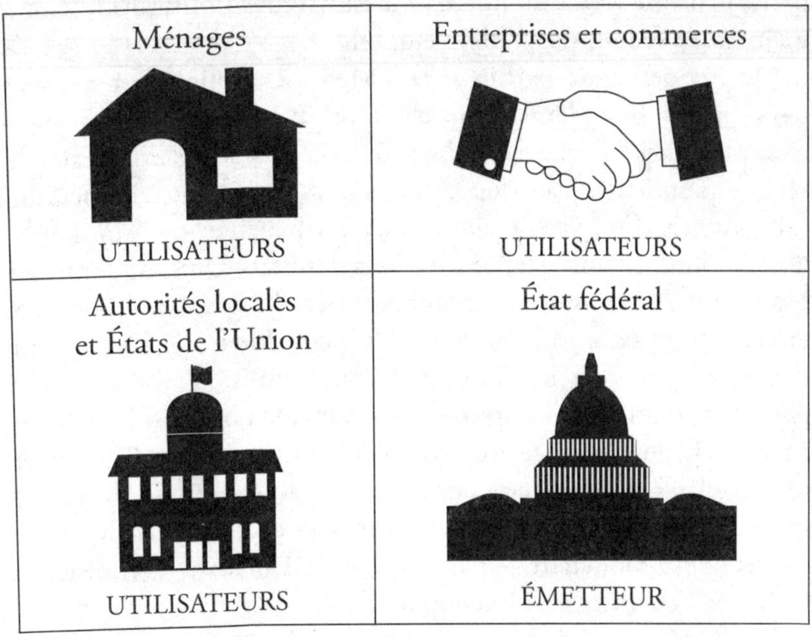

FIGURE 1. – ÉMETTEUR ET UTILISATEURS DE LA MONNAIE.

La distinction entre l'émetteur et les utilisateurs de la monnaie est au cœur de la TMM. Et elle modifie en profondeur les termes de certains des débats publics les plus importants d'aujourd'hui : la santé, le changement climatique, la retraite, le commerce international ou l'inégalité.

Si un pays veut profiter pleinement des pouvoirs spéciaux dont jouit l'émetteur de la monnaie, il ne lui suffit pas de s'octroyer le droit exclusif d'émettre sa devise. Il doit aussi ne pas promettre de la convertir en quelque chose dont il pourrait manquer (comme l'or, ou la monnaie d'un autre pays), et s'abstenir d'emprunter (de s'endetter) dans une devise qui n'est pas la sienne[3]. Lorsqu'un pays émet sa propre monnaie non convertible (*fiat*) et n'emprunte que dans sa propre monnaie, il jouit de la souveraineté monétaire[4]. Or les pays dotés de souveraineté monétaire ne sont pas obligés de gérer leur budget comme un ménage. Ils peuvent utiliser leur pouvoir d'émettre la monnaie pour suivre des politiques visant à maintenir l'économie au plein emploi.

On me demande parfois si la TMM est applicable à d'autres pays que les États-Unis. Oui, elle l'est! Bien que le dollar américain paraisse spécial en raison de son statut de monnaie de réserve mondiale, beaucoup d'autres pays ont la capacité de faire fonctionner leur système monétaire au bénéfice de leur population. Donc, si vous lisez ce livre hors des États-Unis, ne supposez pas d'emblée que vous n'y apprendrez rien d'important pour vous et pour votre pays. Au contraire. On peut utiliser la TMM pour décrire et améliorer les choix politiques ouverts à *n'importe quel pays* doté d'un haut degré de souveraineté monétaire – tels les États-Unis, le Japon, le Royaume-Uni, l'Australie, le Canada et bien d'autres. Et, comme nous le verrons au chapitre 5, la TMM offre également des perspectives à des pays qui ont peu ou pas de souveraineté monétaire – par exemple le Panama, la Tunisie, la Grèce, le Venezuela et beaucoup d'autres.

La TMM nous aide à voir pourquoi les pays qui fixent leur taux de change, comme l'Argentine jusqu'en 2001, ou qui contractent des dettes libellées dans une devise étrangère, comme l'a fait le Venezuela, compromettent leur souveraineté monétaire et se soumettent au type de contraintes que subissent tous les utilisateurs de monnaie – tels l'Italie, la Grèce et les autres pays de la zone euro. Quand des pays qui ont peu ou pas de souveraineté monétaire ne privilégient pas la discipline budgétaire, ils peuvent se trouver confrontés à des dettes insoutenables, exactement comme un ménage. En revanche, les États-Unis n'auront jamais à craindre de se trouver à court d'argent. Ils pourront toujours payer leurs factures, même les grosses. Impossible qu'ils finissent comme la Grèce, qui a abandonné sa souveraineté monétaire quand elle a cessé d'émettre la drachme afin d'utiliser l'euro. Pour se financer, l'Amérique ne dépend pas de la Chine (ni de qui que ce soit). Et surtout, la souveraineté monétaire signifie, pour un pays, qu'il peut donner priorité à la sécurité et au bien-être de sa population, sans avoir à se demander avec inquiétude comment il va payer.

Le monde à l'envers de Margaret Thatcher : I&E —› D

Dans un discours de 1983 aujourd'hui célèbre, la Première ministre britannique Margaret Thatcher a déclaré : « L'État n'a aucune source d'argent, autre que l'argent que les gens gagnent eux-mêmes. Si l'État veut dépenser plus, il ne peut le faire qu'en empruntant votre épargne ou en augmentant vos impôts[5]. » C'était la façon thatchérienne de dire que les finances de l'État sont contraintes de la même façon que les nôtres : pour dépenser davantage, l'État doit réunir des fonds. « L'argent public, nous le savons, n'existe pas. Il n'y a que l'argent du contribuable », a ajouté la Première ministre. Si le peuple britannique attendait plus de son État, il lui faudrait payer la facture.

Erreur naïve ou formulation habile pour dissuader les Britanniques d'exiger davantage de leurs gouvernants ? Je n'en sais rien. Quelles qu'aient été les motivations de Margaret Thatcher, ses propos occultaient le pouvoir d'émettre la monnaie dont dispose l'État. Plus de trente ans plus tard, les dirigeants politiques de pays émetteurs de monnaie comme le Royaume-Uni et les États-Unis s'expriment toujours comme si la source ultime de l'argent de l'État, c'était nous, les contribuables. L'État n'a pas d'« arbre à billets magique[6] », a dit tout récemment l'ex-Première ministre britannique Theresa May. Sans *nous* prendre davantage d'argent, nous explique-t-on, l'État ne peut s'offrir le luxe d'augmenter le budget de programmes existants, et encore moins de financer de nouveaux projets ambitieux.

L'État doit taxer plus pour dépenser plus : cette idée paraît probablement raisonnable à la plupart des gens. Et nos politiciens le savent. Ils savent aussi que, pour la plupart, nous ne voulons pas que nos impôts augmentent. Donc ils se contorsionnent pour trouver moyen de gagner des voix en promettant de faire de grandes choses sans demander à la majorité d'entre nous de payer davantage. Par exemple, Donald Trump a promis au peuple américain que son mur à la frontière serait financé par le Mexique, et les démocrates affirment que les milliardaires et les banques de

Wall Street peuvent payer la facture de nombre de leurs vastes programmes. L'argent doit venir *de quelque part*, non ? En fait, nous voyons les choses dans le mauvais sens. Mais avant d'en arriver là, exposons intégralement l'analyse admise, pour pouvoir plus facilement opposer à cette logique inversée la façon dont les choses fonctionnent réellement.

Souvenons-nous que les finances que nous comprenons le mieux sont les nôtres, et nous savons que nous devons trouver l'argent avant de pouvoir le dépenser. Donc, lorsqu'on nous dit que l'État fédéral doit collecter des fonds avant d'engager des dépenses, cette idée nous paraît intuitivement correcte. Extrapolant à partir de nos propres expériences, nous savons que nous ne pouvons pas sortir du grand magasin avec une paire de chaussures flambant neuf, ou quitter une concession automobile au volant d'une élégante voiture neuve, si nous n'en avons pas, d'abord, assuré le financement. Selon la pensée admise, l'État recourt à deux sources de fonds : il peut vous réclamer des impôts ou vous emprunter votre épargne. L'impôt lui permet de prendre de l'argent chez ceux qui en ont, et il est donc considéré comme un moyen d'opérer des transferts financiers vers l'État fédéral. Si celui-ci veut dépenser plus qu'il ne perçoit par la fiscalité, il peut lever des fonds supplémentaires en empruntant aux épargnants. Dans les deux cas, l'idée est la même : il doit trouver l'argent avant de pouvoir le dépenser. C'est ainsi qu'on nous a appris, pour la plupart, à comprendre les opérations budgétaires de l'État : d'abord il taxe et il emprunte, puis il dépense. Une formule mnémotechnique simple pour résumer ce mode de pensée traditionnel est I&E —› D (impôt et emprunt —› dépense) : l'impôt et l'emprunt précèdent la dépense.

Puisqu'on nous a appris à croire que l'État, comme chacun de nous, doit absolument « trouver l'argent » avant de pouvoir le dépenser, tout le monde est obsédé par la question : « Comment allez-vous payer ça ? » On nous a conditionnés à attendre de nos élus un plan de financement précisant la source de chaque nouveau dollar qu'ils souhaitent dépenser. Même les candidats les plus progressistes craignent de se faire dévorer tout crus si leurs propositions aggravent le déficit, donc emprunter n'est presque jamais une option. Pour montrer que leurs politiques ne vont pas creuser le déficit, ils partent à la chasse aux moyens de soutirer davantage de recettes fiscales à l'économie, en ciblant généralement ceux qui pourraient le plus facilement se permettre de payer plus. Par exemple, le sénateur Bernie Sanders souligne qu'une taxe sur les transactions financières permettra de financer le passage à la gratuité des universités publiques, et la sénatrice Elizabeth Warren affirme qu'un impôt de 2 % sur les fortunes supérieures à 50 millions de dollars rapporterait suffisamment pour effacer la dette de 95 % des étudiants et financerait aussi la garderie pour tous les enfants en bas âge et l'université gratuite. Dans les deux cas, l'objectif est de démontrer que l'on pourra tout payer en taxant les particuliers les plus riches aux États-Unis. Comme nous le verrons, nous avons souvent de la marge pour financer de nouveaux programmes sans qu'il soit nécessaire d'augmenter les impôts. Accroître le déficit ne doit pas être perçu comme un tabou. La fiscalité a une importance capitale, mais il n'y a aucune raison de postuler que l'État est tenu de lever des impôts chaque fois qu'il veut investir dans notre économie.

En pratique, l'État fédéral ne perçoit pratiquement jamais assez d'impôts pour financer l'ensemble de ses dépenses. La dépense de déficit est la norme, tout le monde le sait à Washington. Et les électeurs aussi. C'est pourquoi tant de politiques s'écrient que le Congrès doit mettre son budget en ordre avant qu'il ne soit trop tard. Pour démontrer leur attachement à la bonne vieille budgétisation des ménages, les démocrates, sous l'impulsion de la présidente de la Chambre des représentants Nancy Pelosi (démocrate de Californie), ont rétabli en 2018 une règle budgétaire nommée « Pay as you go » (PAYGO) – payer au fur et à mesure. Avec PAYGO, emprunter pour financer de nouvelles dépenses est techniquement interdit. Cela réduit I&E —› D à I —› D : on lève un impôt, puis on dépense. Les parlementaires se trouvent donc soumis à d'intenses pressions pour couvrir toute proposition de dépense nouvelle par des recettes issues d'impôts nouveaux[7].

Est-ce une bonne stratégie politique ? Est-ce de la bonne économie ? Il est certain que cette méthode *sonne* comme une façon saine d'établir le budget. Mais elle est ancrée dans une interprétation fausse de la manière dont l'État fédéral dépense vraiment. En fait, elle voit tout à l'envers.

Comment dépense l'émetteur de monnaie ? D —› I&E

Puisque c'est le mode de pensée dominant, nous avons presque tous en tête, vraisemblablement, une version du modèle I&E —› D. Même si nous n'avons jamais réfléchi un seul instant aux ressorts internes du budget fédéral, nous croyons probablement que l'État a besoin de *notre* argent pour payer ses factures. Il est même possible que nous éprouvions un petit sentiment patriotique lorsque nous envoyons notre chèque au fisc en avril, fiers d'avoir modestement contribué à construire des habitations à loyers modérés, à payer les soldes de nos hommes et femmes en uniforme et à soutenir nos agriculteurs par de généreuses subventions. Je déteste être porteuse de nouvelles désagréables, mais ce n'est pas ce qui se passe en réalité. Si vous n'êtes pas assis, je crois que vous feriez mieux de vous asseoir. Vous êtes prêt ? En fait, vos impôts ne paient rien du tout. Du moins au niveau fédéral. L'État n'a pas besoin de *notre* argent. C'est nous qui avons besoin de *sa* monnaie. Nous avons tout vu à l'envers.

Quand j'ai rencontré pour la première fois cette manière de comprendre comment la fiscalité et les dépenses publiques fonctionnent dans la pratique réelle, j'ai regimbé. C'était en 1997, et j'étais au beau milieu d'un programme de doctorat en économie. Quelqu'un m'a passé un petit livre intitulé *Soft Currency Economics* [L'économie de la monnaie souple][8]. Son auteur, Warren Mosler, était un investisseur à succès de Wall Street, pas un économiste. Et le livre expliquait que les économistes professionnels se trompaient à peu près sur tout. Je l'ai lu et il ne m'a pas convaincue.

Selon Mosler, l'État dépense d'abord, il taxe ou emprunte ensuite. Mettre les événements dans cet ordre, c'est prendre le contrepied de l'assertion de Thatcher, et réécrire sa formule mnémotechnique en sens inverse : D ⟶ I&E, on dépense avant de lever l'impôt et d'emprunter. L'État, raisonne Mosler, ne va pas chercher autour de lui quelqu'un d'autre pour payer la note ; il crée sa monnaie en la dépensant. Warren avait vu des choses qui échappaient à la plupart des économistes. Pour beaucoup d'entre nous, ses idées semblaient au départ totalement originales, mais la plupart ne l'étaient pas. Elles n'étaient nouvelles que pour nous. Il s'avère qu'on pouvait les trouver (et nous les avons trouvées) dans des textes canoniques, comme *La Richesse des nations* d'Adam Smith, ou dans l'ouvrage en deux volumes, devenu classique, de John Maynard Keynes, *Traité sur la monnaie*. Des anthropologues, des sociologues, des philosophes, d'autres encore, étaient depuis longtemps arrivés à des conclusions semblables sur la nature de la monnaie et sur le rôle des impôts. Mais les économistes professionnels, dans leur grande majorité, avaient beaucoup de retard.

On considère Mosler comme le père de la TMM parce qu'il a exposé ses thèses à une poignée d'entre nous dans les années 1990. Il dit ne pas savoir comment il en est arrivé à cette façon de comprendre la fiscalité et les dépenses publiques. C'est une idée qui lui est venue soudainement, après des années d'expérience professionnelle sur les marchés financiers. Il avait l'habitude de penser en termes de débit et de crédit parce qu'il achetait et vendait des instruments financiers et surveillait des transferts de fonds entre comptes bancaires. Un jour, il s'est demandé d'où étaient venus, au départ, tous ces dollars. Il s'est dit qu'avant de pouvoir soustraire (débiter) des dollars chez nous, l'État avait forcément dû commencer par les ajouter (les créditer). Il a conclu que la dépense publique était nécessairement venue d'abord. Sinon, où aurait-on trouvé les dollars dont on avait besoin pour payer l'impôt ? Même si sa logique semblait imparable, je me sentais certaine que son discours n'était pas juste. Comment eût-il pu l'être ? Il inversait complètement tout ce que je pensais avoir compris sur la monnaie, l'impôt et la dépense publique. J'avais étudié à l'université de Cambridge avec des économistes de renommée mondiale, et jamais aucun de mes professeurs ne m'avait rien dit de tel. En fait, tous les modèles qu'ils m'avaient enseignés étaient compatibles avec la formule de Thatcher : les États doivent d'abord taxer et emprunter avant de pouvoir dépenser[9]. Était-il réellement possible que pratiquement tout le monde se trompe ? Je devais en avoir le cœur net.

En 1998, je suis allée voir Mosler chez lui, à West Palm Beach en Floride, et j'ai passé des heures à l'écouter expliquer sa pensée. Il a commencé par définir le dollar comme un « simple monopole public ». Puisque l'État américain est l'unique source des dollars, imaginer que l'Oncle Sam a besoin que nous lui donnions tous des dollars est une ineptie. De toute évidence, l'émetteur des dollars peut avoir tous les dollars qu'il pourrait souhaiter.

« L'État ne veut pas de dollars, a expliqué Mosler. Il veut autre chose.

– Que veut-il donc ? ai-je demandé.

– Il veut *s'approvisionner*. L'impôt n'est pas là pour collecter de l'argent. Il est là pour que les gens travaillent et produisent des choses pour l'État.

– Quel genre de choses ?

– Une armée, un système judiciaire, des parcs publics, des hôpitaux, des routes, des ponts. Ce genre-là. »

Pour amener la population à faire tout ce travail, l'État impose des taxes, des amendes, des charges et d'autres obligations. L'impôt existe afin de créer une demande pour la monnaie de l'État. Avant de pouvoir payer l'impôt, il faut faire le travail pour gagner cette monnaie.

La tête me tournait. Alors, il m'a raconté une histoire.

Mosler avait une belle propriété en front de mer, avec une piscine et tout le luxe dont on peut espérer jouir. Il avait aussi une famille, qui comprenait deux jeunes enfants. Un jour, m'a-t-il raconté pour illustrer sa thèse, il a fait asseoir ses gamins et leur a demandé de faire leur part pour aider à maintenir les lieux propres et habitables. Il voulait que ses enfants tondent le gazon, fassent leurs lits, lavent la vaisselle, nettoient les voitures, etc. Pour les indemniser du temps qu'ils allaient y consacrer, il proposait de les payer pour leur travail : trois de ses cartes de visite s'ils faisaient leur lit, cinq s'ils lavaient la vaisselle, dix s'ils nettoyaient une voiture et vingt-cinq s'ils se chargeaient de tondre le gazon. Les jours se muèrent en semaines et la maison devenait de plus en plus inhabitable. L'herbe avait poussé jusqu'aux genoux, les assiettes s'empilaient dans l'évier et les voitures étaient couvertes du sable et du sel qu'amenait la brise océanique. « Pourquoi ne faites-vous rien ? a demandé Mosler à ses enfants. Je vous ai dit que je vous paierai avec mes cartes de visite pour donner un coup de main ici. » « Pa-pa ! ont répondu en chœur les enfants, pourquoi travailler pour tes cartes de visite ? Elles n'ont aucune valeur. »

C'est alors que Mosler a tout compris. Les enfants n'avaient accompli aucune tâche parce qu'ils n'avaient pas *besoin* de ses cartes. Donc, il leur a dit qu'il ne leur imposait aucun travail. Tout ce qu'il voulait, c'était qu'ils lui paient trente de ses cartes de visite par mois. S'ils ne payaient pas, ils perdraient certains privilèges : plus de télévision, plus d'utilisation de la piscine, plus de virées au centre commercial. C'était un coup de génie. Mosler avait instauré un « impôt » dont on ne pouvait s'acquitter qu'avec son propre papier hologrammé. Désormais, ses cartes valaient quelque chose.

Quelques heures plus tard, les enfants s'activaient partout, nettoyaient leur chambre à coucher, la cuisine, la pelouse. Ce qui passait jusque-là pour une carte rectangulaire sans valeur était soudain perçu comme un objet précieux. Mais pourquoi ? Comment Mosler avait-il amené ses enfants à faire tout ce travail sans leur imposer aucune corvée ? C'est bien simple. Il les avait mis dans une situation où il leur fallait gagner sa « monnaie » pour ne pas avoir de problèmes. Chaque fois que les enfants effectuaient un travail, ils recevaient un reçu (quelques cartes de visite) pour la tâche qu'ils avaient accomplie. À la fin du mois, les gamins rendaient les cartes à leur père. Mosler souligne qu'il n'avait en fait aucun besoin de reprendre ses propres cartes à ses enfants : « Que ferais-je de mes propres objets-symboles ? » Il avait déjà obtenu ce qu'il voulait réellement dans cette transaction : une maison propre. Alors, pourquoi se donnait-il la peine de percevoir, comme un impôt, les cartes de ses enfants ? Pourquoi ne pas les leur laisser en souvenir ? Pour une raison simple : Mosler reprenait les cartes pour que les enfants aient besoin de les regagner le mois suivant. Il avait inventé un système d'approvisionnement vertueux. *Vertueux*, dans cette acception, signifie : qui se répète continuellement.

Mosler se servait de cette histoire pour illustrer certains principes de base sur la façon dont les émetteurs de monnaie souveraine se financent vraiment. La fiscalité existe afin de créer une demande pour la monnaie de l'État. Celui-ci peut définir la devise ayant cours légal dans les termes de sa propre unité de compte exclusive – un dollar, un yen, une livre, un peso –, puis donner une valeur à son propre papier (qui par ailleurs n'en a aucune) en exigeant qu'on le lui remette en règlement de taxes ou d'autres obligations. « L'impôt transforme les papiers gras en monnaie », plaisante Mosler. Au bout du compte, un État qui émet de la monnaie recherche quelque chose de réel, pas de monétaire. Ce n'est pas notre argent qu'il veut. C'est notre temps. Pour nous amener à produire ce dont il a besoin, l'État invente des impôts ou d'autres formes d'obligations de paiement. Ce n'est pas l'explication que vous trouverez dans la plupart des manuels d'économie. Ils préfèrent un récit superficiel prétendant qu'on a inventé la monnaie pour surmonter l'inefficacité du troc – l'échange direct de marchandises. Elle ne serait qu'un instrument commode qui a jailli organiquement pour faciliter le commerce. Bien qu'on enseigne aux étudiants que jadis le troc était omniprésent, une sorte d'état naturel des choses, les chercheurs qui étudient le monde antique n'ont guère trouvé de preuves que des sociétés aient jamais été organisées autour du troc[10].

La TMM rejette ce récit anhistorique sur le troc. Elle se fonde sur un vaste corpus de recherches qu'on appelle le chartalisme. Il montre que c'est l'impôt qui a permis aux monarques de l'Antiquité et aux premiers États-nations d'introduire leurs propres monnaies. Elles n'ont circulé que plus tard comme moyen d'échange entre particuliers. Dès le début, l'obligation fiscale crée des gens en quête d'un travail rémunéré (autrement dit, des demandeurs d'emploi) dans la monnaie de l'État. L'État (ou autre autorité) fait alors apparaître sa monnaie en la dépensant, ce qui donne à ces personnes accès aux « objets-symboles » dont ils ont besoin pour s'acquitter de leurs obligations à son égard. Bien évidemment, nul ne peut payer l'impôt avant que l'État ait d'abord fourni ses « objets-symboles ». C'est une simple question de logique, souligne Mosler, et elle montre que, dans notre immense majorité, nous nous trompons sur l'ordre de succession des opérations. Ce ne sont pas les contribuables qui financent l'État. C'est l'État qui finance les contribuables[11].

Cela commençait à faire sens pour moi, du moins en théorie. Je me suis mise à penser l'État comme le monopoliste de la monnaie. Le raisonnement de Mosler me rappelait des souvenirs d'enfance, en l'occurrence les parties de Monopoly avec ma famille. En réfléchissant aux règles de ce jeu, les parallèles me sont apparus encore plus clairement. D'abord, la partie ne peut commencer que lorsqu'on a mis quelqu'un en position de contrôler la monnaie. Les joueurs n'avancent pas l'argent au début du jeu. Ils ne peuvent pas, parce qu'ils ne l'ont pas encore. La monnaie doit être émise avant que quiconque puisse en obtenir. Après la distribution initiale, les joueurs suivent le parcours en achetant des biens immobiliers, en payant des loyers, en allant en prison ou en tirant une carte qui leur enjoint de payer 50 dollars au fisc. Chaque fois que l'un d'eux effectue la totalité du parcours, il reçoit 200 dollars de la personne qui contrôle la monnaie. Puisque les joueurs sont de simples *utilisateurs* de la monnaie, ils peuvent faire faillite, et ils le font. Mais l'*émetteur*, lui, ne peut jamais manquer d'argent. Les règles officielles[12] du jeu le précisent explicitement : « La Banque *ne fait jamais faillite*. Si la Banque n'a plus d'argent, le Banquier peut émettre *autant de monnaie supplémentaire que nécessaire* en écrivant sur n'importe quel bout de papier » (c'est moi qui souligne).

J'ai pensé à cette idée d'écrire sur du papier pour fabriquer de la monnaie quand j'ai emmené mes propres enfants visiter le Service de gravure et d'impression des États-Unis à Washington. Si vous n'y êtes pas allé, je vous le recommande vivement. C'est très révélateur. On peut programmer sa visite sur un site Internet de l'État : <www.moneyfactory.gov>. Il s'agit d'une opération bien plus raffinée que la création de monnaie de Monopoly « en écrivant sur n'importe quel bout de papier », mais cela revient à peu près au même. C'est l'un des endroits où l'émetteur de notre monnaie la fabrique[13]. L'une des premières choses que j'ai remarquées est un immense panneau au néon suspendu très haut au-dessus des machines de gravure : « Nous fabriquons la monnaie à l'ancienne. Nous l'imprimons. » Tout le monde voulait le prendre en photo, mais on n'a pas le droit de photographier pendant la visite. La foule s'émerveillait à la vue des rames de billets non coupés de 10 dollars, 20 dollars, 100 dollars, que débitaient les machines. Puis quelqu'un a dit ce que nous pensions tous : « J'aimerais bien pouvoir faire ça ! » Hélas, si l'on ne veut pas vivre en tenue orange derrière des barreaux, il faut laisser cette fabrication au Service de gravure et d'impression.

Ces billets font partie de la masse monétaire des États-Unis. L'État émet aussi la devise américaine sous forme de pièces de monnaie – à preuve les vieux bocaux bourrés de pennies, nickels et centimes sur l'étagère de grand-mère. De même que la Fed s'autodéfinit comme « l'autorité émettrice de tous les billets de la Réserve fédérale », l'US Mint, la Monnaie des États-Unis, s'autodéfinit comme « la seule fabricante de pièces ayant cours légal dans le pays ». Enfin, la Fed émet les dollars numériques qu'on appelle « réserves bancaires »[14]. Ils sont exclusivement créés par frappe sur les touches d'un ordinateur contrôlé par l'agent budgétaire de l'État, la Réserve fédérale. Lorsque les banques de Wall Street ont eu besoin de milliers de milliards pour survivre à la crise financière de 2008, la Fed les a fait apparaître sans effort en n'utilisant rien d'autre qu'un clavier à la Réserve fédérale de New York.

La personne non avertie croit peut-être que l'État, pour payer ses factures, prend directement les billets que débitent ses presses ou les pièces qui dégringolent de ses machines à battre monnaie.

Il est certain que les actualités télévisées adorent l'image de la production massive de monnaie. Lorsqu'elles donnent une information sur les dépenses publiques, c'est souvent sur fond de dollars flambant neuf qui jaillissent des presses. Mais les billets de la Réserve fédérale et les pièces de monnaie sont surtout là pour notre propre confort. Il serait beaucoup trop incommode pour l'État de régler à Boeing une flotte de nouveaux avions de chasse avec un énorme tas de monnaie physique. Ce n'est pas ainsi que cela fonctionne.

Plutôt que de remettre des liasses de billets comme au Monopoly, l'État fédéral effectue la plupart de ses paiements comme un marqueur attribue les points dans une partie de bridge. Sauf que, au lieu d'écrire les points sur une feuille de marque, quelqu'un à la Réserve fédérale tape les paiements sur un clavier. Je m'explique.

Prenons les dépenses militaires. En 2019, la Chambre des représentants et le Sénat ont voté une législation qui augmentait le budget de la défense : ils ont approuvé 716 milliards de dollars – près de 80 milliards de dollars de plus que l'enveloppe autorisée par le Congrès pour l'année budgétaire 2018[15]. Il n'y a eu aucun débat sur la façon dont on allait financer cette dépense. Personne n'a demandé : « Mais où allons-nous trouver ces 80 milliards ? » Les parlementaires n'ont pas augmenté les impôts, ils ne sont pas allés emprunter aux épargnants 80 milliards de plus pour que l'État puisse se permettre ces paiements supplémentaires. Le Congrès s'est simplement engagé à dépenser de l'argent qu'il n'avait pas. Il peut le faire grâce à son pouvoir spécial sur le dollar. Une fois la dépense autorisée par le Congrès, des administrations comme le département de la Défense ont la permission de signer des contrats avec des compagnies comme Boeing, Lockheed Martin et autres. Pour s'approvisionner en avions de chasse F-35, le Trésor ordonne à sa banque, la Réserve fédérale, de procéder au paiement en son nom. La Fed le fait en tapant les chiffres sur le compte de la banque de Lockheed. Le Congrès n'a pas besoin de « trouver l'argent » pour le dépenser. Il a besoin de trouver les voix ! Du moment qu'il a les voix, il peut autoriser la dépense.

Le reste n'est que comptabilité. Quand les chèques sont envoyés, la Réserve fédérale procède aux paiements en créditant le compte des vendeurs du nombre approprié de dollars numériques, qu'on appelle des réserves bancaires[16]. C'est pourquoi la TMM présente parfois la Fed comme la marqueuse de points-dollars. Un marqueur ne sera jamais à court de points.

Posez-vous la question : d'où viennent les points quand on joue aux cartes ou qu'on assiste à un match de basket ? De nulle part. La personne chargée de tenir les comptes les inscrit, et ils existent. Quand un joueur de basket réussit un tir de loin, derrière la ligne des trois points, on ajoute trois points au total de l'équipe. Le marqueur va-t-il prendre ces trois points dans un sac ? Bien sûr que non ! Le marqueur, en fait, ne *possède* pas de points. Pour noter le tir à trois points, il change simplement le chiffre en l'augmentant, et le nouveau chiffre plus élevé apparaît sur le tableau d'affichage. Supposons maintenant que le panier soit réexaminé : les arbitres estiment que le temps imparti par le chronomètre des tirs était épuisé*. Les points sont retirés. Mais notons qu'en réalité le stade ne récupère rien du tout. Il ne fait qu'ajouter et soustraire des points, comme l'État fédéral ajoute et soustrait des dollars à l'économie quand il dépense et prélève des impôts. L'Oncle Sam ne *perd* aucun dollar quand il dépense et il n'en *gagne* aucun quand il taxe. C'est pourquoi, accusé d'avoir utilisé les dollars du contribuable pour sauver les banques après la crise financière, l'ex-président de la Réserve fédérale Ben Bernanke a réfuté cette idée : « Les banques ont des comptes à la Réserve fédérale, a-t-il expliqué. Nous utilisons simplement l'ordinateur pour augmenter le solde des comptes. » Ce ne sont pas les contribuables qui ont renfloué Wall Street. C'est le marqueur de points.

Les propos de Bernanke rappellent peut-être à certains d'entre vous l'émission de télévision populaire *Whose Line Is It Anyway?*

* Au basket, le joueur à l'offensive a 24 ou 30 secondes pour tenter d'inscrire un panier ; si le ballon a quitté sa main après ces 24 ou 30 secondes, le panier n'est pas valable.

Son animateur, Drew Carey, introduisait chaque épisode par les mots : « Une émission où tout est inventé et où les points ne comptent pas. » C'était de l'improvisation comique, donc tout était réellement inventé. Tout au long de l'émission, Carey distribuait des points imaginaires en fonction de l'intensité du fou rire suscité chez lui et dans le public par les autres comédiens. Personne ne pouvait rien en faire, de ces points. Donc, effectivement, ils ne comptaient pas. Mais les points de l'État, eux, comptent bel et bien.

D'abord, nous avons besoin de dollars, vous et moi, pour payer nos impôts. Et puisque les impôts (et la mort) sont les réalités inévitables de la vie, la monnaie de l'État tient une place centrale dans nos existences économiques. Une fois qu'une devise adossée à l'impôt, comme le dollar, a été introduite, elle devient en général l'unité standard des prix pour tout le reste. Entrons dans l'importe quel restaurant ou centre commercial aux États-Unis : nous y trouverons un vendeur qui s'efforce de gagner des dollars. Entrons au tribunal : nous y verrons un juge qui attribue des dommages et intérêts en dollars. Commandez une pizza en ligne : on attendra de vous un paiement en dollars. Nous avons besoin de dollars, et nous les recevons de leur seule source possible, l'émetteur de monnaie. La pizzeria et le grand magasin en ont besoin aussi, puisqu'ils devront également payer leurs impôts. Même les municipalités et les États de l'Union comptent sur les dollars, car ils doivent rémunérer des enseignants, des juges, des pompiers et des policiers qui tous s'attendent à être payés en dollars. Seul le marqueur de points est différent. L'Oncle Sam n'a pas besoin de dollars. Lorsqu'il perçoit des impôts auprès de nous, il ne fait que nous en soustraire un certain nombre. Il n'obtient en réalité aucun dollar.

Ça secoue, je sais. C'est notre premier moment copernicien. C'est pourquoi une journaliste du *Financial Times* a comparé la TMM à un autostéréogramme[17]. Vous savez, l'une de ces images à deux dimensions dont on ne voit pas trop ce qu'elles représentent jusqu'au moment où l'on concentre son regard d'une certaine façon, et soudain l'image derrière l'image apparaît : elle révèle le panorama complexe en trois dimensions d'un désert peint, ou un grand requin blanc. Dès qu'on parvient à voir que la capacité de l'État à dépenser ne tourne pas autour du dollar du contribuable, l'ensemble du paradigme budgétaire change. Comme l'écrit cette journaliste, « une fois qu'on a compris, on ne verra jamais plus les choses tout à fait de la même façon ».

Pourquoi l'État se donne-t-il la peine de taxer et d'emprunter ?

Si l'État fédéral, en fait, est capable de fabriquer autant de dollars qu'il pourra jamais en désirer, pourquoi s'encombre-t-il de la fiscalité et de l'emprunt public ? Pourquoi ne pas supprimer complètement les impôts ? Les gens feraient la fête. Et pourquoi emprunter un dollar si l'on n'en a pas besoin ? Nous pourrions éliminer la dette publique si nous cessions d'emprunter. Donc, pourquoi ne pas laisser tomber une bonne fois I&E et se contenter de dépenser l'argent pour résoudre nos problèmes ? Ce sont des questions importantes, souvent posées par ceux qui viennent de comprendre que les États émetteurs de monnaie n'ont pas besoin de compter sur l'impôt ou sur l'emprunt pour dépenser.

En 2018, une auditrice de treize ans nommée Amy, de Bristol en Angleterre, a téléphoné aux animateurs d'un podcast populaire, *Planet Money*, afin de faire cette suggestion :

> AMY : J'ai eu une idée : puisqu'ils impriment de la monnaie, au lieu de la donner à la banque et de faire monter l'inflation, ils pourraient l'utiliser juste pour les services publics. Et ce serait beaucoup plus facile. Et ce serait, en général, vraiment bien parce qu'il y a des tas de problèmes avec eux, par exemple il n'y a pas assez d'impôts pour faire tourner toutes les écoles et tous les hôpitaux. Donc je me suis dit que peut-être cela pourrait aider. Merci de m'avoir écoutée. Merci beaucoup. Bye.

La vérité sort de la bouche des enfants, comme on dit. Amy voit des problèmes qu'il faut résoudre. Des écoles sous-financées et un National Health Service qui a désespérément besoin d'investissements publics supplémentaires. Elle a vu aussi la Banque d'Angleterre faire tourner ses presses numériques pour produire à partir de rien 435 milliards de livres, dans le cadre du programme d'assouplissement quantitatif adopté après la crise financière. Pour Amy, la solution semble évidente : oublions les impôts et faisons tourner les presses pour le peuple !

Les animateurs du podcast ont été intrigués, et ils m'ont contactée pour me poser la question. L'État peut créer de la monnaie. Donc à quoi servent les impôts ? Pourquoi l'État a-t-il besoin de prendre mon argent en tant qu'impôt[18] ?

J'ai répondu à l'équipe de *Planet Money* que la TMM voit au moins quatre raisons importantes à l'existence d'une fiscalité[19]. Nous avons déjà évoqué la première. Les impôts permettent aux États de s'approvisionner sans recours explicite à la force. Si l'État britannique cessait d'exiger de son peuple qu'il s'acquitte de ses obligations fiscales en utilisant la livre sterling, il compromettrait assez vite ses propres capacités d'approvisionnement. Moins de gens auraient besoin de gagner des livres, et l'État aurait plus de mal à trouver des enseignants, des infirmières, etc., qui seraient prêts à travailler et à produire en échange de sa devise.

Amy évoque la deuxième grande raison de la fiscalité : l'inflation. Si l'État mettait en œuvre sa suggestion, dépenser quantité de monnaie nouvelle sans en retirer une partie aux gens par l'impôt, cela provoquerait un problème d'inflation. Comme nous le verrons au chapitre suivant, ce qui compte ici n'est pas l'*impression* proprement dite de la monnaie, mais sa *dépense*. Si l'État veut augmenter fortement ses dépenses de santé et d'éducation, il aura *peut-être* besoin de nous retirer un peu de pouvoir d'achat à nous, tous les autres, de peur que ses propres dépenses plus généreuses ne fassent monter les prix. L'un des moyens de le faire consiste à coordonner hausse des dépenses publiques et hausse d'impôts, en vue de nous obliger à réduire un peu nos achats afin de créer un espace pour le supplément de dépense de l'État[20]. Cette stratégie peut aider à modérer les pressions inflationnistes, en allégeant la pression exercée sur la capacité productive réelle de notre économie. Plus que toute autre école de pensée économique, la TMM souligne qu'il est important de déterminer *dans quel cas* des augmentations d'impôts doivent accompagner de nouvelles dépenses publiques et *quels impôts* seront les plus efficaces pour restreindre les pressions inflationnistes. Si l'on alourdit les impôts quand ce n'est pas nécessaire, on risque de compromettre un effort de stimulation budgétaire et, si l'on augmente le mauvais type d'impôts, on risque de laisser le pays vulnérable à l'emballement de l'inflation. Nous verrons pourquoi au chapitre suivant.

Troisièmement, les impôts sont pour les États un puissant moyen de modifier la répartition de la fortune et du revenu. Les réductions d'impôts comme celles qu'ont votée les républicains en décembre 2017 peuvent être structurées pour élargir l'écart entre les riches et les pauvres, en offrant des profits d'aubaine aux grandes entreprises et aux membres les plus riches de nos sociétés. Aujourd'hui, l'inégalité des revenus et des fortunes est plus forte qu'à toute autre époque, ou presque, dans l'histoire des États-Unis. Environ la moitié du nouveau revenu va au 1 % supérieur, et la fortune de trois familles dépasse celle de la moitié inférieure de la population. Lorsque la concentration de la fortune et du revenu touche à de tels sommets, cela crée des problèmes à la fois sociaux et économiques. À commencer par la difficulté de maintenir la vigueur de l'économie quand l'essentiel du revenu est capté, tout au sommet, par une couche ultramince de la population qui épargne une large part de ce qu'elle gagne au lieu de le dépenser. Le carburant du capitalisme, ce sont les ventes. Il faut une répartition raisonnable du revenu si l'on veut que les entreprises aient une large clientèle, qui leur assure une rentabilité suffisante pour leur permettre de fournir le nombre d'emplois nécessaire au bon fonctionnement de l'économie. Les concentrations extrêmes de la fortune ont aussi un effet corrosif sur nos processus politiques et sur notre démocratie. De même qu'on peut utiliser les réductions d'impôts pour exacerber les écarts, de même les pouvoirs publics peuvent exercer leur autorité fiscale pour inverser ces tendances dangereuses. Faire mieux respecter la loi, colmater les failles, relever les taux, instaurer de nouvelles formes d'imposition : toutes ces stratégies sont d'importants leviers qui permettent à l'État de parvenir à une répartition plus soutenable du revenu et de la fortune. La TMM voit donc dans la fiscalité un important moyen d'aider à corriger des décennies de stagnation, et d'aggravation de l'inégalité.

Enfin, les États peuvent utiliser la fiscalité pour encourager ou décourager certains comportements. S'ils veulent améliorer la santé publique, combattre le changement climatique ou dissuader les conduites à risque sur les marchés financiers, peut-être prélèveront-ils une taxe sur les cigarettes, sur le carbone ou sur les transactions financières. Les économistes appellent souvent les impôts de ce type « taxes sur le péché », parce qu'ils servent à dissuader les gens de se livrer à des activités nocives. La TMM comprend que, dans chaque cas, l'objectif d'une taxe sur le péché est de décourager un comportement indésirable – fumer, polluer, spéculer exagérément –, et non de lever de l'argent pour l'émetteur d'une monnaie souveraine. D'ailleurs, plus une taxe réussit à faire reculer un comportement, *moins* elle rapporte à l'État, puisqu'elle n'est payée que lorsque la conduite problématique se poursuit. Si une taxe carbone réussit à supprimer toutes les émissions de CO_2, elle ne rapportera rien du tout, mais elle aura atteint son véritable objectif. Inversement, on peut se servir de la fiscalité pour inciter à certains comportements. Par exemple, l'État peut offrir des réductions d'impôts pour encourager l'achat d'appareils à forte efficacité énergétique ou de véhicules électriques.

Pour toutes ces raisons, l'impôt est un outil indispensable de l'action publique, qu'on ne saurait abandonner pour la simple raison que l'État peut fabriquer la monnaie. Néanmoins, Amy avait mis le doigt sur un vrai problème. La plupart des États, le sien compris, dépensent régulièrement plus qu'ils ne taxent. Et ils le font, année après année, sans créer de problème d'inflation.

En fait, parmi les plus grandes économies du monde, beaucoup prennent actuellement des mesures pour tenter de faire *monter* leur taux d'inflation. Donc, pourquoi ne pas simplement dépenser plus sans prendre la peine d'augmenter les impôts ? Et quel est l'intérêt d'emprunter une monnaie que l'on peut fabriquer soi-même ? Examinons à présent ces questions.

Le rôle de l'emprunt dans la TMM

Tant que je n'ai pas fait passer ma propre pensée du modèle « État = ménage » (I&E ⟶ D) à celui de l'émetteur de monnaie (D ⟶ I&E), j'ai été incapable de voir clairement à quoi servaient réellement l'impôt et l'emprunt. Effectuer cette réorientation mentale n'a pas été facile, et j'ai d'abord résisté à l'ordre de succession proposé par Mosler. Il *n'avait pas l'air* exact. Mais il me prenait vraiment la tête. J'étais engagée dans ma formation professionnelle d'économiste, et il me paraissait plus important d'essayer de penser juste que de m'accrocher à la vision conventionnelle pour l'unique raison que les manuels avaient décidé de placer le contribuable au centre de l'univers monétaire. Donc, je suis allée chercher des réponses.

J'ai passé des mois à explorer les subtilités des finances publiques. J'ai scruté des documents officiels de la Réserve fédérale et du Trésor, lu d'innombrables livres et articles sur les opérations monétaires, discuté avec de nombreux acteurs qui travaillaient à l'intérieur même de l'État. Puis je me suis mise à écrire. J'ai organisé mes pensées autour d'une unique question : *les impôts et les bons d'État financent-ils les dépenses publiques ?* Tout ce qu'on m'avait appris suggérait que l'exercice était absurde. Chacun « savait bien » que la raison d'être de la fiscalité et de l'emprunt public est de financer les dépenses de l'État. Mais je me suis souvenue d'une citation de Mark Twain : « La source de vos problèmes n'est pas ce que vous ignorez. C'est ce que vous croyez absolument sûr et qui ne l'est pas » – et j'ai décidé de garder l'esprit ouvert. Quand j'ai commencé à écrire, je n'avais, pour être honnête, aucune idée de la conclusion à laquelle j'allais parvenir. J'étais déterminée à laisser la recherche me servir de guide. En 1998, j'ai publié une première version de l'article, et deux ans plus tard une rédaction plus aboutie est devenue ma première publication scientifique acceptée après examen par les pairs[21]. La réponse à la question que j'avais posée était *non*.

Il n'est pas facile de voir le fonctionnement global. En fait, il est impossible de désenchevêtrer les opérations monétaires de l'État en instants distincts. Il y a chaque jour, littéralement, des millions d'éléments en mouvement. Tout au long de l'année, la Réserve fédérale effectue des milliers de milliards de dollars de paiements pour le compte du Trésor. Chaque mois, des millions de ménages et d'entreprises rédigent des chèques à l'Oncle Sam, et ces paiements font l'objet de compensations* entre les banques de dépôt et la Réserve fédérale[22]. Le Trésor, la Réserve fédérale et les *primary dealers*** se coordonnent sur la date des ventes aux enchères des bons du Trésor, le mix de maturités à proposer et le nombre total de titres à offrir dans chaque vente. Toute l'affaire est comme un ballet aquatique parfaitement chorégraphié. Une machine en mouvement perpétuel, qui compense les paiements au fisc, les dépenses publiques fédérales et les emprunts à l'unisson, avec une harmonie parfaite.

À l'œil nu, on peut avoir l'impression que l'État prend des dollars aux contribuables et aux acheteurs de bons d'État parce qu'il en a besoin pour payer ses factures. Si l'on voit les choses ainsi, la raison d'être des impôts et des bons d'État est bien de financer les dépenses publiques. C'est ainsi que Thatcher voulait que nous regardions la situation : du point de vue d'un ménage. La TMM observe ce qui se passe du point de vue de l'émetteur de monnaie. L'État n'a pas besoin de notre argent. Comme la fiscalité,

* La compensation consiste à faire le total des paiements que chaque partie doit à l'autre afin d'annuler les dettes réciproques et de n'avoir à régler que le solde.

** La vingtaine de sociétés qui ont le droit d'acheter des titres du Trésor des États-Unis sur le « marché primaire », c-est-à-dire directement à la Réserve fédérale elle-même. Voir plus loin, chap. 4, p. 000-000.

dont l'objectif n'est pas de fournir à l'État sa propre monnaie, la vente aux enchères des bons du Trésor – l'emprunt public – n'a pas pour but de procurer des dollars à l'Oncle Sam.

Dans ce cas, pourquoi l'État a-t-il besoin d'emprunter ? Réponse : il n'en a pas besoin. Il *choisit* d'offrir aux gens sa monnaie sous une forme différente, qui rapporte un petit intérêt. Autrement dit, les bons du Trésor des États-Unis sont simplement des dollars portant intérêt. Pour acheter à l'État ce type de dollars « rémunérés », il faut d'abord avoir des dollars normaux – la monnaie de l'État. Nous pourrions appeler les premiers « dollars jaunes » et les seconds « dollars verts ». Lorsque l'État dépense plus qu'il ne prélève en impôts sur nos comptes, nous disons qu'il a un déficit budgétaire. Ce déficit augmente la masse de dollars verts. Depuis plus d'un siècle, l'État a choisi de vendre des bons du Trésor pour un montant égal à sa dépense de déficit. Par exemple, s'il dépense 5 000 milliards de dollars mais ne ponctionne par la fiscalité que 4 000 milliards, il va vendre des bons du Trésor pour une valeur de 1 000 milliards. Ce que nous appelons « emprunt de l'État » n'est rien d'autre que l'autorisation donnée aux gens par l'Oncle Sam de convertir leurs dollars verts en dollars jaunes qui rapportent un intérêt.

La TMM montre pourquoi c'est une erreur de regarder l'emprunt de l'État du même œil que celui des ménages. Quand nous empruntons, vous et moi, pour acheter une maison ou une voiture, nous n'allons pas à la banque remettre une grosse pile de billets au responsable des prêts avant de lui demander de nous prêter ces mêmes billets pour acheter la maison ou la voiture. La raison pour laquelle nous empruntons l'argent, c'est que nous ne l'avons pas. À la différence d'un ménage, l'État commence par dépenser, et fournit ainsi les dollars qui pourront ensuite servir à acheter les bons d'État. Comme nous le verrons au chapitre 3, il vend ces bons pour soutenir le niveau des taux d'intérêt, pas pour financer ses dépenses.

Rester dans les clous

Une fois qu'on a assimilé la différence entre l'émetteur de monnaie et un utilisateur de monnaie, on commence à voir d'un œil neuf pourquoi une si large part de notre débat politique est caduque. Libérés des contraintes qui les enchaînaient dans le monde de l'étalon or, les États-Unis jouissent aujourd'hui de la flexibilité nécessaire pour utiliser leur budget, non comme un ménage, mais vraiment au service de leur peuple.

Pour en arriver là, il nous faut rompre avec la formule de Thatcher. Nous devons nous débarrasser du mythe qui prétend que l'État n'a pas d'argent à lui et qu'il doit en dernière analyse recevoir de nous, contribuables, les fonds dont il a besoin. La TMM montre que c'est exactement l'inverse. En termes purement financiers, l'État peut se permettre d'acheter tout ce qui est en vente dans sa propre monnaie. Il ne pourra jamais « être à court d'argent », quoi qu'en ait dit le président Obama.

Est-ce à dire qu'il n'y a aucune limite ? Suffit-il de jouer de la planche à billets pour s'ouvrir la route de la prospérité ? Absolument pas ! La TMM ne rase pas gratis. Il y a des limites très réelles qu'il faut repérer – et respecter –, faute de quoi on pourrait courir au désastre. La TMM appelle à bien distinguer ces limites réelles des contraintes auto-imposées que nous avons le pouvoir de changer.

Dépenser sans limites ? On pourrait avoir l'impression que le Congrès le fait déjà. Selon les projections, les États-Unis devraient avoir des déficits supérieurs aux 1 000 milliards de dollars, et la dette publique est bien partie pour passer de 16 000 milliards en 2019 à 28 000 milliards en 2029. À bien des égards, on pourrait croire qu'il n'existe aucun dispositif qui entrave les élans du Congrès. Techniquement, il y en a.

Le Congrès a adopté plusieurs procédures techniques et conventions budgétaires conçues pour ralentir ou empêcher toute nouvelle dépense publique fédérale. Examinons-en quelques-unes. D'abord, nous l'avons vu, il y a PAYGO, aujourd'hui en vigueur à la Chambre des représentants. C'est une règle auto-imposée qui rend plus difficile aux parlementaires de voter de nouvelles dépenses. Si l'un d'eux veut consacrer davantage de dollars fédéraux, disons, à l'éducation, il ne lui faut pas seulement rallier suffisamment de voix pour approuver le financement de cette priorité. Il doit aussi obtenir un soutien suffisant à la hausse d'impôts ou à la réduction de dépense qu'il attache à son projet de loi pour le « financer ». Avec PAYGO, augmenter le déficit n'est pas une option. Cette règle est là pour forcer le Congrès à tenir son budget comme un ménage. Une autre contrainte auto-imposée, la règle Byrd, existe du côté du Sénat. La règle Byrd permet d'augmenter le déficit, mais pas au-delà de l'horizon budgétaire à dix ans. Troisièmement, la Chambre et le Sénat sont tenus de solliciter une « note » budgétaire auprès d'agences comme le Congressional Budget Office ou le Joint Committee on Taxation avant que les parlementaires puissent même voter les grandes législations. Une mauvaise note d'un de ces organismes peut vraiment tuer net un projet de loi. Enfin, le Congrès est soumis à la limite du plafond de la dette, qui fixe un maximum légal au montant total d'endettement que l'État fédéral peut contracter.

Puisque toutes ces entraves ont été imposées par le Congrès, toutes peuvent être levées ou suspendues par le Congrès[23]. Autrement dit, elles ne sont contraignantes que si le Congrès le veut bien. Il peut réécrire les règles et le fait souvent. Par exemple, les républicains de la Chambre ont prestement suspendu PAYGO pour voter leur *Tax Cuts and Jobs Act* [loi sur les réductions d'impôts et les emplois] en 2017. Afin d'adopter leur version de cette loi, les républicains du Sénat ont dû prendre en compte la règle Byrd. Ils l'ont fait en supposant un taux de croissance économique d'un optimisme délirant[24] et en prévoyant des réductions d'impôts sur le revenu personnel qui expiraient après 2025. Conjointement, ces manœuvres ont permis aux républicains de contourner astucieusement la règle Byrd, en « démontrant », preuves à l'appui, que leurs réductions d'impôts n'augmenteraient pas le déficit au-delà de l'horizon budgétaire à dix ans. Et, bien sûr, nous avons tous assisté aux drames récurrents sur la limite du plafond de la dette. En théorie, cette mesure, inaugurée en 1917, est là, comme son nom l'indique, pour *limiter* l'envergure de la dette publique. En pratique, les parlementaires perçoivent de plus en plus toute situation où l'on s'approche du plafond de la dette comme une occasion politique de faire du scandale ou d'extorquer des concessions législatives. Finalement, le Congrès trouve toujours en son sein la volonté d'éviter le défaut de paiement en relevant la limite. Il l'a fait une bonne centaine de fois depuis l'instauration de ce plafond.

Si le Congrès se libère souvent de ses chaînes, à quoi riment toutes ces contraintes non contraignantes ? Pourquoi ne pas éliminer PAYGO, la règle Byrd, la loi sur le plafond de la dette et autres freins auto-imposés aux dépenses publiques ? Pourquoi continuer à faire semblant que le Congrès a besoin de tenir son budget comme un ménage ? La vérité, c'est que de nombreux parlementaires jugent les contraintes auto-infligées *politiquement* utiles.

D'abord, les élus du Congrès sont très souvent confrontés aux pressions d'électeurs qui réclament un financement plus généreux pour la santé, l'éducation, etc. Les règles budgétaires leur offrent une couverture politique. Au lieu d'expliquer qu'ils sont philosophiquement opposés à toute augmentation des crédits des subventions Pell qui facilitent aux étudiants à faible revenu l'accès à l'université, ces parlementaires peuvent feindre l'empathie avec leurs mandants tout en prétendant qu'ils ont les mains liées, à cause du déficit. S'ils ne pouvaient pas se cacher derrière le *mythe du déficit*, comment justifieraient-ils leur refus de soutenir ces causes ? La présence d'un « flic méchant » est bien utile.

D'autres membres du Congrès cherchent à transformer les contraintes auto-imposées en opportunités politiques. Les citrons en limonade*, si l'on veut. Au lieu de se battre pour la suppression

* Allusion à un expression proverbiale qui conseille de voir le bon côté des choses et de transformer à son avantage les situations problématiques : « *When life gives you lemons, make lemonade* » (« Quand la vie te donne des citrons, fais-en de la limonade »).

des contraintes, ils s'en servent pour associer à leurs propositions de dépenses d'autres objectifs politiques. Par exemple, un démocrate progressiste peut se réclamer de PAYGO pour préconiser un arsenal de nouveaux impôts sur les riches qui « financera » de nouveaux programmes d'aide aux familles pauvres et de classe moyenne. Robin des Bois n'était-il pas aimé du peuple ?

Nos limites réelles

Lorsque nous chaussons les lunettes de la TMM, nous voyons bien que l'État américain ne ressemble en rien à un ménage ou à une entreprise privée. La différence principale est simple et incontournable. L'État *émet* la monnaie (le dollar), tous les autres ne font que l'*utiliser* – qu'il s'agisse des ménages, des entreprises privées, des autorités locales, des États de l'Union ou des étrangers. Cela donne à l'Oncle Sam un avantage incroyable sur nous tous. Il n'a pas besoin de trouver les dollars avant de pouvoir dépenser. Nous, oui. L'Oncle Sam ne peut pas se retrouver face à une marée montante de factures qu'il n'a pas les moyens de payer. Nous pouvons être dans cette triste situation. L'Oncle Sam ne fera jamais faillite. Nous, cela pourrait nous arriver.

Donc, pourquoi ne pas dire au Congrès de dépenser sans répit jusqu'au moment où tous nos problèmes seront résolus ? Si c'était aussi simple ! L'inflation, thème de notre prochain chapitre, est un danger réel. Soyons clairs : le message de la TMM n'est pas l'abolition de toute limite. Elle ne dit pas : aujourd'hui on rase gratis. Elle entend substituer à notre approche actuelle, obsédée par les effets de nos choix politiques sur le budget, une vision qui donne priorité aux effets de nos choix politiques sur les êtres humains, tout en reconnaissant et en respectant, simultanément, les contraintes qui s'imposent à notre économie au niveau des ressources réelles. Autrement dit, la TMM redéfinit ce que veut dire « établir le budget de façon responsable ». Pour paraphraser le stratège politique démocrate James Carville (qui, pendant la campagne présidentielle de Bill Clinton en 1992, avait inventé la célèbre formule: « C'est l'économie, idiot! »), la TMM s'exclame: « Ce sont les ressources réelles de l'économie, idiot! » Nous sommes un pays riche en ressources réelles – des technologies avancées, une main-d'œuvre éduquée, des usines, des machines, des terres fertiles et des ressources naturelles en abondance. Nous avons la chance de disposer en quantité suffisante de ce qui compte vraiment. Nous pouvons construire une économie qui permette à tous de bien vivre. Il suffit d'établir le budget en fonction de nos ressources réelles.

2
L'important, c'est l'inflation

MYTHE 2 : **Les déficits prouvent que l'on dépense trop.**

RÉALITÉ : **Pour savoir si l'on dépense trop, regardez l'inflation.**

En 2015, j'ai pris un congé de mon poste de professeure d'économie à l'université du Missouri à Kansas City et je suis partie pour Washington : j'allais exercer les fonctions d'économiste en chef des démocrates à la commission budgétaire du Sénat des États-Unis. Je m'étais dit qu'il serait intéressant de sortir un peu du monde universitaire, où tout est théoriquement possible, et d'entrer dans l'usine à gaz où se formulent les budgets et où se prennent, sur les dépenses publiques, les décisions qui touchent dans leur vie des personnes de chair et d'os. Je ne sais trop ce que je m'attendais à trouver, mais ce que j'ai découvert a été incroyablement déprimant. Parmi les sénateurs qui siégeaient à la puissante commission budgétaire, aucun ne paraissait comprendre que le budget fédéral ne fonctionne pas comme celui d'un ménage.

Le dirigeant des républicains dans la commission était son président, Mike Enzi, sénateur du Wyoming. Il avait fait des études de comptabilité et géré un magasin de chaussures avant de s'engager en politique. Puis il avait été pendant dix ans parlementaire dans son État, à la Chambre des représentants et au Sénat du Wyoming. Dans toutes ces fonctions, il avait agi avec un budget contraint. Quand il était patron, il devait maîtriser ses coûts, parvenir à payer les salaires et dégager un profit pour rester viable. Au Parlement du Wyoming, il opérait dans un contexte où le gouverneur est tenu, aux termes de la Constitution, de soumettre un budget en équilibre chaque année. Avant d'arriver à Washington, il n'avait vu le monde qu'en utilisateur de monnaie.

La commission tenait des auditions régulières sur les questions budgétaires. En général, j'étais assise juste derrière le sénateur Enzi et le premier des membres démocrates de la commission, le sénateur Bernie Sanders, qui m'avait embauchée à ce poste. Au début de chaque audition, le président lisait à haute voix pendant quelques minutes un texte préparé à l'avance. Il disait toujours à peu près la même chose. Il regardait le budget fédéral comme si c'était le compte de résultat de son magasin de chaussures. À ses yeux, le problème était flagrant. L'Oncle Sam fonctionnait à perte. Les déficits et la dette étaient devenus un mode de vie, et tout cela était parfaitement irresponsable. Nul besoin d'être diplômé en comptabilité (comme le sénateur Enzi) pour voir ce qui n'allait pas ! De temps à autre, il déclarait, pour faire simple : « Les déficits prouvent que l'on dépense trop ! »

De quoi faire bondir en moi l'économiste ! Mais l'économiste en chef en moi était bien obligée de rester sagement assise et d'espérer que l'un des vingt-deux autres sénateurs de la commission ait quelques notions d'économie. Comme nous l'enseignons à nos étudiants de première année, l'excès de dépense se manifeste par l'inflation. Un déficit budgétaire n'est une preuve de dépense exagérée que s'il déclenche une inflation. Puisqu'il n'y avait aucune accélération des prix, il était impossible que le déficit fût trop élevé.

À ma grande consternation, aucun des autres sénateurs ne contestait l'assertion d'Enzi. Tous portaient les mêmes lunettes déformantes et soulignaient le besoin d'équilibrer les dépenses et les recettes. Aux yeux des républicains, les sorties d'argent étaient excessives – le problème, c'étaient les dépenses. Pour les démocrates, les rentrées d'argent étaient insuffisantes – le problème, c'étaient les recettes. Tout le monde était persuadé que le déficit était trop important. Le débat tournait autour d'une seule question : fallait-il réduire les dépenses pour les ramener au niveau des recettes ou augmenter les recettes pour les porter au niveau des dépenses ? On se serait cru dans sa cuisine !

Qu'est-ce qui leur échappait ?

Trois grandes réalités.

Premièrement, comme nous l'avons appris au chapitre précédent, le détenteur du monopole sur une devise n'est pas soumis aux mêmes contraintes que ceux qui s'en servent (les ménages, les entreprises ou les autorités locales et celles des États de l'Union). Le 15 août 1971 a été un tournant majeur dans l'histoire monétaire. La décision du président Nixon de suspendre la convertibilité du dollar a accru la souveraineté monétaire des États-Unis en changeant pour toujours la nature de la contrainte pertinente qui s'exerce sur les dépenses publiques fédérales. Dans le système de Bretton Woods, il fallait contrôler assez rigoureusement le budget fédéral pour protéger les réserves d'or du pays. Aujourd'hui, nous avons une monnaie *fiat* à l'état pur. L'État ne promet plus de convertir les dollars en or, ce qui veut dire qu'il peut en émettre davantage : il n'a plus peur de se retrouver à court de cet or qui autrefois soutenait le dollar. Avec une monnaie *fiat*, impossible que l'Oncle Sam manque un jour d'argent. Néanmoins, à écouter ces sénateurs, on aurait cru qu'un excès de dépenses pouvait le conduire à la faillite. Ils avaient grand besoin de mettre à jour leur vision de la monnaie.

Deuxièmement, le budget de l'État n'est pas censé s'équilibrer. Notre économie, oui. Le budget n'est qu'un instrument utilisable pour nous donner ou nous prendre des dollars, à nous, tous les autres. Lorsqu'il est en déficit, il en ajoute plus qu'il n'en soustrait ; lorsqu'il est en excédent, il en soustrait plus qu'il n'en ajoute. La TMM démontre qu'aucun de ces deux résultats n'est bon ou mauvais en soi. Il s'agit d'une intervention équilibrante, et l'objectif est de laisser le budget de l'État évoluer comme il convient pour assurer une économie à peu près équilibrée à la population qu'il doit servir.

Enfin, historiquement, l'État fédéral a presque toujours maintenu son déficit trop petit. Oui, trop petit ! Ce qui prouve qu'un déficit est trop petit, c'est le chômage. La TMM admet tout à fait, bien sûr, qu'un déficit puisse aussi être trop grand. Mais le sénateur Enzi avait tout faux. Un déficit budgétaire ne prouve pas que l'on dépense trop. Pour savoir si l'on dépense trop, il faut regarder l'inflation.

Les idées courantes sur l'inflation

Nul ne veut vivre dans un pays où l'inflation est incontrôlable. L'inflation, c'est une hausse continue du niveau des prix. Faible, on l'estime inoffensive : à petite dose, elle est même bien vue des spécialistes dans une économie saine et en croissance. Mais quand les prix se mettent à grimper plus vite que les revenus de la plupart des gens, il en résulte une perte massive de pouvoir d'achat. Si l'on ne fait rien pour bloquer le mouvement, on aboutit à une baisse du niveau de vie réel de la société. Dans les cas extrêmes, les prix peuvent même s'emballer et échapper à tout contrôle : le pays sombre alors dans l'hyperinflation.

Il n'y a pas qu'une seule manière de penser l'inflation. Il n'y a même pas qu'une seule façon de la mesurer. Aux États-Unis, le Bureau des statistiques du travail (Bureau of Labor Statistics) produit des indices des prix à la consommation (le CPI-U et le CPI-W), un indice des prix à la production (le PPI) et des indices des prix à la consommation enchaînés (les C-CPI-U), entre autres. Le Bureau de l'analyse économique (Bureau of Economic Analysis) publie un déflateur du PIB, un indice appelé « dépenses de consommation personnelle » (le PCE), et beaucoup d'autres. La Réserve fédérale préfère une mesure nommée « *core PCE* » (PCE noyau) – bon, vous voyez le tableau. On emploie un grand nombre de statisticiens à produire une large gamme d'estimations pour aider les décideurs politiques, les investisseurs, les entreprises, les syndicats et tous les autres à se faire une idée de ce qui est en train d'arriver aux prix dans notre économie.

Nous ne pouvons avoir qu'une impression générale sur ce qui arrive aux prix, car il est absolument impossible de suivre ce qui se passe pour chaque article en vente dans notre pays. On peut se dire : tiens, le café du matin a augmenté, ou le plein d'essence, ou la facture mensuelle d'Internet – mais cela ne signifie pas que la hausse du niveau général des prix s'accélère. Pour comprendre le mouvement en cours au macroniveau, il faut se fier à des indices des prix comme ceux que je viens de citer. Un indicateur comme l'indice des prix à la consommation (le CPI) nous apprend qu'un panier standard de biens et services de consommation est devenu plus cher ou non au fil du temps. Ce panier comprend tout, du logement et de la santé à l'alimentation, aux transports, aux loisirs, à l'habillement, etc. Évidemment, tous les ménages ne consomment pas des paniers de biens identiques, donc des indices comme le CPI sont construits pour refléter les dépenses habituelles d'un ménage moyen. Celles qui captent une plus large part du budget de ce ménage – par exemple le logement – comptent plus (autrement dit, leur pondération est plus forte) que d'autres, moins importantes pour la famille ordinaire. Puisque le logement a une pondération supérieure à celle des loisirs, une hausse de 5 % du coût du logement aura un effet supérieur sur le CPI qu'une augmentation équivalente, de 5 %, dans le coût des loisirs. Dans le monde réel, certaines catégories de biens et services (le logement, l'éducation et la santé) sont devenues plus chères, et d'autres moins chères au fil du temps. Ce qui compte, c'est l'évolution du prix global du panier d'un mois sur l'autre et d'une année sur l'autre, et celle des revenus du ménage ordinaire : augmentent-ils assez vite pour tenir le rythme de la hausse des prix ?

Les gens craignent l'inflation parce qu'elle peut ronger leur niveau de vie réel. Peut-être n'ont-ils aucun mal aujourd'hui à s'offrir le panier de biens moyen, mais si le prix de ce panier fixe se met à monter, ils risquent de découvrir un jour qu'ils ne peuvent plus le payer. Cela dépend de ce qui arrive à leurs revenus. Si le prix du panier augmente régulièrement de 5 % chaque année tandis que leurs revenus annuels ne progressent que de 2 %, leur situation, en termes réels (ajustés pour tenir compte de l'inflation), se dégrade de 3 % tous les ans. Cela signifie une perte réelle dans la quantité concrète d'articles – de biens et services réels – qu'ils peuvent acheter.

Donc, qu'est-ce qui fait monter les prix, et que pouvons-nous faire pour empêcher l'inflation d'éroder notre niveau de vie au fil du temps ?

Avant d'aborder ces questions, notons bien que depuis dix ans, voire plus, de nombreux pays du monde cherchent désespérément à résoudre le problème inverse – l'insuffisance de l'inflation. C'est une inflation trop faible, et non trop forte, qui accable les États-Unis, le Japon et l'Europe. Dans chacune de ces régions, on estime officiellement que la « bonne » dose d'inflation est 2 %, et c'est donc ce taux que la Réserve fédérale, la Banque du Japon et la Banque centrale européenne s'efforcent d'atteindre. Mais aucune de ces banques centrales n'a réussi à faire remonter l'inflation jusqu'à un taux stable de 2 %. Le Japon a été particulièrement éprouvé, car il a dû combattre non seulement la faiblesse de l'inflation mais aussi des chutes périodiques dans la déflation pure et simple – la baisse du niveau général des prix –, phénomène rare que les États-Unis ont subi pendant la Grande Dépression des années 1930. Mais pourquoi se faire du souci quand l'inflation devient trop basse ? diront certains. Cela paraît une excellente nouvelle ! Pourtant les économistes s'en inquiètent : lorsqu'il y a peu ou pas d'inflation, c'est en général un signe de faiblesse de l'ensemble de l'économie.

Cette longue bataille contre une inflation insuffisante laisse perplexe la plupart des économistes. Certains soutiennent qu'une conjonction de facteurs est probablement responsable de la faiblesse de l'inflation dans une vaste partie du monde. Beaucoup pensent que les progrès rapides de la technologie, la démographie et la mondialisation expliquent vraisemblablement le phénomène.

D'autres sont persuadés que les banques centrales ne se sont pas servies assez énergiquement de leur boîte à outils. Ils estiment que, si le taux d'inflation est resté obstinément bas, c'est parce que les dirigeants de la Banque centrale européenne, de la Banque du Japon et de la Réserve fédérale n'en ont pas fait assez pour créer une psychologie différente, si bien que les gens continuent à anticiper une inflation faible. Aux yeux de ce groupe d'économistes, c'est bien simple : pour faire remonter l'inflation, il faut amener la population à s'attendre à une hausse des prix. Si les banques centrales parviennent à convaincre les gens que l'inflation va augmenter, ils se mettront à dépenser davantage tout de suite (pourquoi attendre pour acheter, si les prix vont monter ?), et cette demande supplémentaire va réellement faire augmenter les prix. D'autres encore estiment que l'inégalité et la stagnation des rémunérations sont les grandes raisons qui expliquent la lenteur de la croissance et l'anémie de la pression à la hausse sur les salaires et sur les prix. Des économistes affirment qu'une augmentation des salaires et une répartition plus équitable du revenu renforceraient la demande des ménages à revenu faible et moyen et contribueraient ainsi à créer une certaine pression inflationniste.

Nul ne sait combien de temps va durer la phase actuelle d'inflation faible, ni ce qui, finalement, fera monter les prix[1]. Les économistes distinguent en général deux forces motrices des pressions inflationnistes : la *poussée des coûts* et la *traction de la demande*. Comme le dit John T. Harvey, économiste à la Texas Christian University, l'inflation par les coûts peut se produire en raison d'« actes de Dieu » ou d'« actes de pouvoir »[2]. Lorsqu'une grave sécheresse, par exemple, provoque de mauvaises récoltes et des pénuries alimentaires, les prix grimpent parce que l'offre s'effondre. Si de terribles tempêtes détruisent des raffineries de pétrole, les prix de l'énergie montent en flèche. Un renchérissement durable des coûts alimentaires et énergétiques, qui entrent directement dans le calcul du CPI, peut déclencher un processus inflationniste. Les prix peuvent également augmenter lorsque les travailleurs s'assurent un rapport de forces suffisant pour imposer une hausse de leurs salaires. Afin d'éviter qu'elle ne rogne leurs marges de profit, les entreprises peuvent alors en transférer le coût aux consommateurs en augmentant les prix. Lorsque la bataille sur le partage du revenu fait rage et que chacun rend coup pour coup, une spirale des salaires et des prix peut apparaître et l'inflation s'accélère. Les entreprises dotées d'un pouvoir de marché peuvent aussi relever unilatéralement leurs prix, par soif de profits toujours plus élevés. Pensons aux compagnies pharmaceutiques qui jouissent de la protection des brevets : elles peuvent augmenter le prix des médicaments et alourdir ainsi le coût global de la santé, ce qui alimente l'inflation[3].

Il y a inflation par la demande lorsque les entreprises relèvent leurs prix à cause de changements des habitudes d'achat. Le plus souvent, elle se produit quand les gens dépensent plus vite que l'économie ne peut débiter de nouveaux biens et services. On peut penser la chose ainsi. Toute économie a sa propre limite de vitesse interne. À tout instant, étant donné les ressources réelles disponibles à cet instant – travailleurs, usines, machines, matières premières –, il n'est possible de produire que tel volume déterminé. Pendant une récession, des travailleurs perdent leur emploi et les entreprises mettent des machines à l'arrêt, elles les laissent inactives. Dans ce contexte, on peut augmenter la dépense sans danger, parce qu'il sera toujours possible de produire davantage en réembauchant les salariés licenciés et en relançant les machines inutilisées. C'est pour cela que les 787 milliards de dollars de stimulation budgétaire votés en 2009 n'ont pas provoqué d'inflation. La Grande Récession avait laissé des millions de chômeurs, et les entreprises tournaient bien au-dessous de leurs capacités de production. Lorsqu'il y a si peu de tension dans l'économie, les compagnies n'ont guère de mal à augmenter l'offre en réaction à une hausse de la demande. Mais lorsqu'une économie se rapproche de sa limite de plein emploi, les ressources réelles deviennent de plus en plus rares. La montée de la demande suscite des pressions à la hausse sur les prix, et des goulots d'étranglement apparaissent dans les branches où les tensions sur les capacités de production sont les plus fortes. L'inflation peut alors s'accélérer. Dès que l'économie se heurte au mur du plein emploi, *toute* dépense supplémentaire (pas seulement la dépense publique) devient inflationniste. C'est alors que l'on « dépense trop », et cette situation peut se produire même si le budget de l'État est en équilibre ou en excédent.

Une autre façon courante de penser l'inflation est étroitement liée à la théorie économique du monétarisme[4]. Le père de cette approche est le prix Nobel d'économie Milton Friedman. Le monétarisme a dominé la pensée économique dans les années 1970, et certaines versions du canon monétariste imprègnent encore les débats actuels. « L'inflation est toujours et partout un phénomène monétaire », affirmait Friedman. Il voulait dire que, dans tout épisode inflationniste, le coupable est l'excès de monnaie. Si les prix ne sont pas stables, c'est parce que la banque centrale essaie de forcer l'économie à créer trop d'emplois, en laissant la masse monétaire augmenter trop rapidement.

Avant l'entrée en scène de Friedman, la macroéconomie était dominée par la pensée keynésienne[5]. Aux yeux des économistes keynésiens, augmenter la masse monétaire était une option parfaitement légitime des banques centrales : elles le faisaient pour maintenir le chômage à bas niveau. Avec plus d'argent il y aurait plus de dépenses, et les entreprises devraient embaucher davantage et produire plus pour répondre à cette hausse de la demande. Le chômage diminuerait, et le risque d'inflation grandirait lorsque la multiplication des embauches conduirait à une montée des salaires et des prix. On avait davantage d'une bonne variable – l'emploi – au prix d'une mauvaise – l'inflation[6]. C'était à la banque centrale de décider comment arbitrer entre les deux au fil du temps.

Friedman a remis en cause le paradigme keynésien. Selon lui, un certain volant de chômage est fondamentalement impossible à éliminer. Il l'a baptisé le « taux de chômage naturel ». La banque centrale pouvait lutter contre le taux naturel, mais son combat serait perdu d'avance et de plus en plus coûteux. Friedman objectait aux keynésiens que les travailleurs se trouveraient alors pris au piège, sans issue possible, car l'augmentation excessive de la masse monétaire ferait monter les prix plus vite que leurs salaires. Ils travailleraient plus, oui (autrement dit, le taux de chômage baisserait), mais pour gagner moins en termes réels. Ils finiraient par s'en rendre compte et exigeraient de meilleures rémunérations. Toute l'affaire se terminerait alors dans la douleur : l'inflation s'emballerait et le chômage reviendrait à son « taux naturel », car les entreprises préféreraient licencier qu'augmenter les salaires. La morale de l'histoire était simple : les keynésiens offraient un pacte avec le diable. En s'efforçant de maintenir le chômage à bas niveau, on se condamnait à un monde d'inflation accélérée.

La seule solution était de lier les mains des décideurs de la politique macroéconomique[7]. Au lieu de donner à la Réserve fédérale toute liberté de faire baisser le chômage au prix d'une hausse de l'inflation, il fallait l'obliger à admettre qu'un certain niveau de chômage est nécessaire pour maintenir la stabilité des prix. Comme nous le verrons, la TMM conteste ce raisonnement.

Comment nous combattons l'inflation aujourd'hui

Depuis 1977, la Réserve fédérale opère dans le cadre de ce qu'on appelle communément un double mandat du Congrès. Le double mandat lui enjoint de rechercher l'emploi maximum et la stabilité des prix. Fondamentalement, le Congrès charge la Réserve fédérale de s'occuper de l'emploi et de l'inflation. Il ne lui dit pas quel niveau d'emploi elle doit soutenir, ni quel taux d'inflation est jugé excessif. La banque centrale est tenue pour indépendante au sens où elle va choisir elle-même sa cible d'inflation et décider elle-même de ce qu'est l'« emploi maximum »[8]. Comme la plupart des banques centrales, la Réserve fédérale a fixé sa cible d'inflation à 2 %[9]. Pour ne pas dépasser ce taux, elle vise à maintenir le chômage juste au « bon » niveau dans le système, tout à fait comme le prescrivait Friedman il y a un demi-siècle.

La Réserve fédérale ne peut pas injecter directement de l'argent dans l'économie en dépensant, et elle ne peut pas non plus retirer de l'argent à l'économie en taxant. Ces pouvoirs sont réservés à l'autorité budgétaire – au Congrès. Donc, comment la Fed est-elle censée exercer son double mandat ?

Il fut un temps, à la fin des années 1970 et au début des années 1980, où de nombreuses banques centrales – la Réserve fédérale était du nombre – affirmaient qu'en contrôlant directement la croissance de la masse monétaire elles pouvaient maîtriser l'inflation[10]. Aujourd'hui, la quasi-totalité des banques centrales ont adopté une méthode différente : elles ciblent un taux d'intérêt clé qui est censé les aider à gérer indirectement les pressions inflationnistes[11]. Elles estiment qu'en influençant le prix du crédit – combien coûte l'emprunt –, la banque centrale peut réguler le montant global que les consommateurs et les entreprises empruntent et dépensent dans notre économie.

Quand elle baisse son taux directeur, on dit que la banque centrale assouplit les conditions du crédit. Elle le fait lorsqu'elle pense que le taux de chômage est *supérieur* à son niveau dit naturel. L'objectif est de le faire redescendre. Si tout se passe comme prévu, un grand nombre de gens demandent des prêts pour acheter des maisons et des automobiles, et les entreprises empruntent pour investir dans des machines neuves et construire de nouvelles usines. Quand tout cet argent emprunté est dépensé, l'économie se redresse et beaucoup de gens trouvent du travail. Puisqu'il y a moins de personnes sans emploi, le marché du travail se tend, ce qui fait monter les salaires, donc aussi, avec eux, le risque d'une inflation des salaires et des prix.

Et tout le problème est là. La Réserve fédérale se dit que, si elle induit trop de dépenses, le marché du travail va s'échauffer et le chômage tomber au-dessous de son taux « naturel », ce qui va déclencher une accélération de l'inflation. C'est exactement ce que l'économiste conservateur Marvin Goodfriend avait en tête en 2012 lorsqu'il a mis en garde la Réserve fédérale : si elle laissait le taux de chômage glisser au-dessous de 7 %, elle allait « provoquer, avait-il dit, une hausse du taux d'inflation dans les prochaines années, ce qui serait tout simplement désastreux pour l'économie ». Mais Goodfriend avait tort. Trois ans après son avertissement, le chômage était descendu à 5 % et pourtant l'inflation était plus faible qu'au moment où il avait fait sa prédiction.

Pourquoi s'est-il trompé à ce point (et d'autres aussi) ? L'un des problèmes est que le taux naturel du chômage – à supposer qu'il existe – n'est pas quelque chose que la Fed (ou qui que ce soit) puisse observer ou même calculer. Il ressemble plutôt à la description d'une économie dans son état idéal. Le taux naturel peut changer au fil du temps, mais à chaque instant il n'a qu'une seule et unique valeur. Et personne ne peut dire laquelle. On la découvre par essais et erreurs. Quand toute nouvelle baisse du chômage provoque une accélération de l'inflation, on l'a trouvée.

Autrement dit, on ne peut dire qu'une économie est ou n'est pas à son taux naturel de chômage qu'à titre de *conclusion* tirée après coup. À cet égard, atteindre le taux naturel pour les économistes, c'est un peu comme tomber amoureux pour nous tous : on le voit rarement venir mais on le sait quand c'est arrivé[12]. Les économistes ont un nom pour ce taux : ils l'appellent le NAIRU (naï-ru), *non-accelerating inflation rate of unemployment*, taux de chômage qui n'accélère pas l'inflation. Sexy, non ? Pour comprendre comment tout cela fonctionne, pensez au grand classique de la littérature enfantine *Boucle d'Or et les Trois Ours*. Vous remplacez le gruau par le chômage et vous avez tout compris. Quand le taux de chômage est trop froid, la Réserve fédérale baisse les taux d'intérêt dans l'espoir de réchauffer tout ça en induisant plus d'emprunts et de dépenses. Lorsqu'il devient trop chaud, elle relève les taux d'intérêt dans l'espoir de refroidir tout ça en décourageant les nouveaux emprunts et les nouvelles dépenses. Bref, la solution est d'ajuster continuellement la politique monétaire dans les deux sens pour que le taux de chômage reste « juste comme il faut ».

Mais il y a un hic. La Fed n'aime pas attendre que l'inflation devienne un problème pour agir. Contre le monstre inflationniste, elle préfère la guerre préventive, avant qu'il n'ait pu dresser sa tête hideuse. « Nous ne savons pas avec précision jusqu'où le taux de chômage peut descendre sans provoquer une hausse importante de l'inflation », explique le président de la Réserve fédérale de New York William C. Dudley. « Nous n'observons pas directement le taux de chômage qui n'accélère pas l'inflation, le NAIRU. Nous ne faisons que le conjecturer à partir de la réaction des rémunérations salariales et de l'inflation des prix, au fur et à mesure que le marché du travail se tend[13]. »

Autant dire que la Réserve fédérale scrute le marché du travail en quête de preuves d'une possible accélération des salaires et qu'elle interprète toute hausse des rémunérations comme un prélude à celle de l'inflation. Son plan n'est pas d'attendre le moment où elle pourra regarder le monstre de l'inflation dans le blanc des yeux. C'est : tire et pose-toi des questions plus tard ! Ce biais préventif conduit souvent la Fed à se tromper en se montrant trop dure : elle relève les taux d'intérêt même si c'est peut-être prématuré, ou peut-être une fausse alerte. Ce genre d'erreurs a des conséquences très concrètes : des millions de personnes privées d'emploi sans raison.

En matière d'emploi, il existe un équilibre délicat à trouver entre le trop et le trop peu : c'est sur cette croyance que repose le double mandat. Il postule aussi que la Réserve fédérale est capable de déplacer l'économie vers son état idéal, où le nombre de personnes marginalisées, qui veulent travailler mais que l'on piège dans le chômage pour faire échec à la hausse des prix, est « juste comme il faut ». Pour le dire crûment, la Fed utilise ces personnes sans emploi comme bouclier humain, c'est son arme principale contre l'inflation.

En théorie, c'est très facile à faire. En pratique, c'est une autre histoire.

En théorie, la Fed peut recourir à un modèle mathématique pour déterminer le niveau exact où fixer le taux d'intérêt afin que le taux d'inflation reste stable. Après la crise financière de 2008, elle a réduit le taux d'intérêt à zéro et l'y a laissé. Le taux de chômage a baissé de son pic de 10 % en octobre 2009 à 5 % à la fin de l'année 2015. Davantage de demandeurs d'emploi trouvaient du travail, notamment beaucoup de ces travailleurs peu qualifiés et issus des minorités qui souvent ont le plus de mal à se faire embaucher. En décembre 2013, la Fed a relevé sa cible de taux d'intérêt, qu'elle a fait passer de 0 % à 0,25 %, bien que le taux d'inflation fût toujours inférieur à sa cible de 2 %. Au cours des trois années suivantes, elle a encore augmenté son taux directeur huit fois, même si elle restait incapable de faire remonter l'inflation jusqu'à son taux cible. Certains lui ont reproché de relever les taux d'intérêt alors que, de toute évidence, personne ne s'attendait à une accélération de l'inflation. Mais la Fed était convaincue que ses hausses étaient justifiées pour faire remonter le taux de chômage à son estimation du NAIRU et, par cette action préventive, tenir en respect l'inflation. Malgré ses efforts pour refroidir l'économie, le chômage a continué à baisser, à descendre encore plus loin sous son estimation du « taux naturel », et l'inflation n'a pas accéléré. Dans le cadre de pensée du NAIRU, ce cas de figure n'était pas censé se produire.

Malgré la disparition manifeste de toute relation entre faiblesse du chômage et inflation, la Réserve fédérale reste attachée au concept de NAIRU. De fait, témoignant devant la commission des services financiers de la Chambre lors d'une audition de juillet 2019, son président Jerome Powell a déclaré : « Nous avons besoin du concept de taux naturel du chômage. » Et il a ajouté : « Il nous faut savoir, en gros, si le chômage est élevé, faible ou juste comme il faut. »

Que le président Powell ait raison ou tort, il est incontestable que la Fed s'est constamment trompée dans ses estimations récentes du NAIRU – le niveau de chômage auquel il est possible de descendre sans provoquer d'accélération de l'inflation. Cet échec est apparu en pleine lumière lors d'un autre échange de la même audition de juillet 2019. Alexandria Ocasio-Cortez, élue de fraîche date au Congrès, a posé au président Powell cette question :

AOC : Le taux de chômage a chuté de trois points entiers depuis 2014, mais l'inflation n'est pas plus élevée aujourd'hui qu'il y a cinq ans. Au vu de ces faits, êtes-vous d'accord pour dire que l'estimation du taux de chômage soutenable minimum par la Fed était trop élevée ?

POWELL : Absolument.

Il est inhabituel de voir un président de la Réserve fédérale admettre si franchement une erreur. Notons toutefois que Powell n'a pas remis en cause la légitimité du NAIRU en tant que guide essentiel de sa politique. Il a fait son autocritique pour avoir mal jugé son niveau précis. C'est cette foi profonde en l'existence d'une contrainte incontournable sur le potentiel de l'économie en emplois qui a conduit la Fed à sous-estimer systématiquement la marge dont elle disposait pour réduire le taux de chômage en toute sécurité. Cette erreur de lecture l'a amenée à relever les taux d'intérêt dans l'espoir d'étouffer dans l'œuf une nouvelle baisse du chômage : son objectif, au fond, était de refuser l'accès au travail à des millions de personnes sans emploi ou en situation de sous-emploi[14], parce qu'elle était persuadée que la limite du NAIRU avait déjà été atteinte. Et les problèmes ne s'arrêtent pas là. Comme l'a avoué un ancien gouverneur de la Réserve fédérale, Daniel Tarullo, la Fed n'a aucune théorie fiable de l'inflation pour guider ses décisions quotidiennes. Elle a diverses conjectures, des postulats, des modèles, mais nombre d'entre eux restent non prouvés ou carrément indémontrables[15]. C'est un peu comme un jeu de devinettes, dont dépendent des vies humaines.

Loin d'être une science exacte, l'approche de la Fed serait mieux décrite, dans son principe directeur, comme une foi. La Fed croit son interprétation de l'inflation relativement exacte. Elle croit ses outils assez puissants pour gérer l'inflation. Et elle croit que, quelles que soient les incertitudes qui peuvent exister par ailleurs, une inflation trop forte constitue toujours et partout une menace plus dangereuse contre notre bien-être collectif qu'un chômage trop élevé[16].

Une foi contestée

Alors qu'ingénieurs et scientifiques innovent constamment, qu'ils créent de nouveaux remèdes ou des technologies inédites pour éradiquer les maladies et résoudre les problèmes humains, la majorité des économistes restent obstinément fidèles à une doctrine vieille de cinquante ans qui compte sur la souffrance humaine pour combattre l'inflation. Ces dernières années, un petit nombre de hauts responsables de la Fed ont exprimé des réserves sur son cadre de pensée et indiqué qu'ils étaient prêts à le réexaminer. Mais la plupart des économistes orthodoxes demeurent très attachés à l'idée d'un plancher sous lequel le chômage ne saurait descendre sans danger. Il faut laisser du mou sous la forme d'un sacrifice humain – l'oisiveté forcée –, faute de quoi on se condamne aux ravages d'une inflation toujours plus vive. Puisqu'elle accepte le concept d'un arbitrage intrinsèque entre inflation et chômage, la Réserve fédérale est forcée de penser en termes de niveau de chômage à conserver dans le système, comme police d'assurance contre l'inflation. Tout simplement parce qu'elle ne voit aucun autre moyen d'assurer un taux d'inflation faible et stable.

Pourquoi ne pas prendre pour objectif un meilleur mix des politiques budgétaire et monétaire afin de maintenir l'économie au niveau de son potentiel de plein emploi ? Ne pourrions-nous pas atteindre le véritable plein emploi en demandant à la Fed d'améliorer sa gestion de la politique monétaire ? Ou peut-être le Congrès pourrait-il aider à régler en finesse l'économie par de meilleurs ajustements en temps réel des dépenses publiques et de la fiscalité ?

Souvenons-nous que la Fed choisit sa propre définition du plein emploi. À ses yeux, l'emploi maximum est déterminé par le niveau de chômage qu'elle juge nécessaire pour atteindre sa cible d'inflation. Autrement dit, même si elle est légalement responsable du plein emploi et de la stabilité des prix, elle privilégie clairement un objectif par rapport à l'autre. S'il faut 8 à 10 millions de chômeurs pour stabiliser les prix, c'est ainsi que la Fed définira le plein emploi. Il paraît illogique de définir le plein emploi comme *un certain niveau de chômage*. Mais, politiquement parlant, c'est un procédé utile pour la Fed, car elle lui permet de revendiquer le succès en faisant disparaître, par la façon dont elle le définit, le problème qu'elle était chargée de résoudre. Peu importe le nombre de gens qui restent sans emploi, la Fed pourra toujours affirmer qu'elle a atteint la situation optimale, et qu'il n'y a aucun moyen de réduire encore le chômage sans provoquer l'inflation. Quant à vous qui restez sans travail, pas de chance ! Merci pour vos services dans la guerre contre l'inflation. La Fed ne peut plus rien pour vous.

On soutient parfois qu'il y a en fait quantité d'emplois offerts aux chômeurs, mais qu'en raison de problèmes structurels les personnes voulant travailler et les emplois actuellement disponibles ne correspondent pas. Peut-être les travailleurs sont-ils trop difficiles, refusent-ils de prendre des emplois de débutant parce qu'ils ont trop d'instruction pour accepter un travail mal payé. Ou peut-être est-ce l'inverse : les demandeurs d'emploi n'ont pas l'instruction et les compétences requises pour occuper les postes très technologiques du futur. Dans les deux cas, c'est un problème d'adaptation entre les personnes et les chaises, pas de manque de chaises. S'ils avaient reçu la bonne formation, acquis les bonnes qualifications, s'ils étaient assez motivés et avaient une bonne discipline personnelle, les chômeurs pourraient trouver un emploi.

C'est un argument commode pour ceux qu'abandonner des millions de personnes à leur triste sort ne gêne pas, mais ce n'est pas la réalité. La réalité, c'est que la Fed juge trop risqué de laisser travailler tous ceux qui veulent le faire – et cela, quels que soient la compétence et le sérieux de la population. Certains assimilent ce comportement à une triche chronique qui laisse constamment trop de gens sans emploi. Si la Réserve fédérale estime le NAIRU à 5 %, la sécurité exige qu'il n'y ait que quatre-vingt-quinze chaises musicales pour cent participants au jeu.

Adoptant l'approche opposée, d'autres soulignent qu'au vu de l'expérience récente la baisse du chômage n'a pas fait monter l'inflation. Ils en concluent que la Fed pourrait faire plus pour accroître la disponibilité des chaises. Des critiques venues tant de la gauche, d'organisations comme le groupe militant FedUp, que de la droite, par exemple du conservateur Stephen Moore, auteur d'ouvrages économiques, accusent la banque centrale d'avoir appuyé sans nécessité sur le frein. Le problème, à leur avis, n'est pas sa boîte à outils mais la façon dont elle s'en sert. Plus précisément, ils jugent la Fed trop prompte à relever les taux et à liquider ainsi les emplois qui seraient apparus si elle avait laissé les choses suivre leur cours normal. Autrement dit, ils estiment que la Fed pourrait aider les chômeurs en baissant les taux d'intérêt, ou du moins en attendant plus patiemment que de nouvelles chaises se matérialisent.

Mais même une Réserve fédérale plus patiente ne pourra jamais garantir que tous ceux qui veulent travailler pourront le faire. Sauf pendant la Seconde Guerre mondiale, les États-Unis n'ont jamais été proches d'un véritable plein emploi. John Maynard Keynes a expliqué pourquoi en 1936, dans son livre le plus célèbre, *Théorie générale de l'emploi, de l'intérêt et de la monnaie*. Les économies capitalistes fonctionnent en permanence avec une demande globale insuffisante. Il n'y a donc jamais assez de dépense combinée (publique et privée) pour inciter les entreprises à offrir un emploi à tous ceux qui veulent travailler. Le plein emploi, on peut s'en approcher, voire y parvenir brièvement en temps de guerre, mais en temps de paix les économies ne tournent pas à plein régime. Il y a toujours de la marge sous forme de ressources inemployées, main-d'œuvre comprise[17].

La plupart des économistes jugent bon de laisser le marché déterminer combien d'emplois il va fournir. Le Congrès, à supposer qu'il intervienne, votera peut-être quelques crédits pour aider les demandeurs d'emploi à renforcer leurs qualifications, afin de les rendre plus attractifs aux yeux d'employeurs potentiels. Un meilleur niveau d'instruction, une meilleure formation professionnelle, des emplois subventionnés dans le secteur privé et autres initiatives de ce genre sont censés permettre aux chômeurs d'échapper à la pauvreté. Pour la TMM, il s'agit de demi-mesures qui ne s'attaquent pas sérieusement au problème du sous-emploi chronique et du chômage de longue durée. Lorsque le déficit d'emplois est permanent, le mieux que ces solutions puissent offrir est une redistribution du chômage, ou une rotation où chacun est périodiquement sans emploi. Comme l'écrit le prix Nobel d'économie William Vickrey, quand le nombre de postes est insuffisant, « l'effort pour ramener [les chômeurs] dans l'emploi n'est qu'un jeu de chaises musicales où les agences locales apprennent à leurs clients l'art de s'asseoir vite[18] ».

La vérité est que nous avons confié une responsabilité beaucoup trop lourde aux banques centrales, et pas seulement aux États-Unis : dans le monde entier. Elles ne peuvent ni modifier la fiscalité ni dépenser directement de l'argent dans l'économie, donc le mieux qu'elles puissent faire pour promouvoir l'emploi est d'essayer de créer des conditions financières propices à une expansion de l'emprunt et de la dépense. Une baisse des taux d'intérêt réussira *peut-être* à susciter assez d'emprunts nouveaux pour réduire substantiellement le chômage. Mais peut-être pas. On connaît la célèbre formule de Keynes : « On ne peut pas pousser une corde. » Il voulait dire que la Fed peut diminuer le coût de l'emprunt mais ne peut obliger personne à solliciter un prêt. Lorsqu'elles empruntent, les entreprises et les personnes s'engagent à rembourser les dettes qu'elles contractent. Elles devront le faire sur leurs revenus futurs, et, à diverses étapes du cycle des affaires, le secteur privé a de bonnes raisons de n'avoir aucune envie de s'endetter davantage. Souvenons-nous que les ménages et les entreprises sont des utilisateurs de monnaie, pas des émetteurs. Ils ont donc vraiment besoin de se soucier de la façon dont ils vont effectuer leurs remboursements.

Au lendemain de la Grande Récession, elle-même précipitée par une accumulation massive de dettes privées (les prêts hypothécaires *subprime*), on a vu clairement que la Fed avait du mal à remettre sur pied l'économie par ses seules forces. Elle avait déjà réduit le taux d'intérêt à zéro et s'était lancée dans une nouvelle stratégie, l'assouplissement quantitatif[19]. Elle faisait tout ce qu'elle pouvait pour éviter l'effondrement. Donc, son président Ben Bernanke a vécu un moment frustrant quand il a comparu devant le Congrès et a subi un interrogatoire en règle : pourquoi les mesures extrêmes prises par la Fed étaient-elle aussi peu efficaces pour aider l'économie à se redresser ? Pressé de questions par le parlementaire Jeb Hensarling, du Texas, Bernanke a répondu : « Je suis d'accord avec vous sur un point. La politique monétaire n'est pas la panacée. Ce n'est pas l'outil idéal[20]. »

Pas l'outil idéal ? La politique monétaire est *le seul* outil. Par une loi, le Congrès a chargé la Fed de gérer l'économie – dans les bonnes périodes comme dans les mauvaises. Elle est censée accomplir cette tâche intégralement. Et tout le problème est là. La politique monétaire a une puissance limitée. Elle fonctionne essentiellement en poussant les consommateurs et les entreprises à s'endetter. Et la dette privée n'est pas la même chose que la dette publique. Quand le marché immobilier s'est effondré, la plupart des Américains ont voulu réduire leur endettement et non l'accroître. Des millions de propriétaires de maisons se sont retrouvés avec des prêts immobiliers « sous l'eau » : ils devaient plus que la valeur de leur maison. Après avoir si longtemps emprunté pour financer des dépenses supérieures à ses revenus, le secteur privé voulait alléger ses dettes et non les alourdir. Sans prononcer explicitement le mot en B (budgétaire), Bernanke a formulé clairement son message. À lui seul, le levier de la politique monétaire n'était pas assez puissant. Il était temps que l'autre instrument – la politique budgétaire – entre dans le jeu.

Mais il y avait un problème : l'effondrement de l'économie avait enfoncé profondément le budget dans le déficit, et le Congrès avait déjà voté un plan de stimulation de 787 milliards de dollars pour combattre les effets de la Grande Récession. Quand Bernanke, dans des termes pas si difficiles à saisir, les a appelés à l'aide en 2011, les parlementaires ont fait la sourde oreille. Le Congrès se préoccupait de l'état de ses propres comptes. Lorsque la Fed a compris qu'elle ne pourrait compter que sur elle-même,

Bernanke a joué son va-tout avec un programme illimité d'assouplissement quantitatif qui, selon certains experts, a contribué à exacerber l'inégalité et à nourrir une spéculation à haut risque sur les marchés financiers. Avec le temps, le taux de chômage a baissé : il est passé de 9 % à moins de 4 %.

Il a fallu sept ans, mais finalement le marché du travail a récupéré l'ensemble des emplois qui avaient été perdus au lendemain de la crise financière. Selon certains, cela prouve que la politique monétaire est capable de rééquilibrer l'économie après une récession. Aux yeux des économistes inspirés par la TMM, cela démontre les insuffisances de la méthode dominante pour assurer la stabilisation macroéconomique. Une récession qu'on aurait pu surmonter rapidement avec la bonne prescription budgétaire est devenue la plus longue, la plus interminable depuis la Seconde Guerre mondiale. Pour que cela ne se reproduise plus jamais, la TMM recommande de cesser de s'en remettre, comme aujourd'hui, aux banques centrales pour atteindre les objectifs jumeaux du plein emploi et de la stabilité des prix.

Inflation et chômage : l'approche de la TMM

Les économistes qui se réclament de la TMM comprennent qu'il existe des limites réelles à la dépense, et que toute tentative pour les franchir peut donner lieu à une inflation excessive. Mais nous sommes persuadés qu'il existe de meilleurs moyens de gérer ce type de pressions inflationnistes : nul besoin de piéger des millions de personnes dans un chômage perpétuel. Nous soutenons qu'on peut utiliser le *véritable* plein emploi pour aider à stabiliser les prix.

Au lieu de prendre appui sur le concept de NAIRU pour essayer de conjecturer le moment où l'économie approche de sa limite productive, la TMM nous incite à élargir notre réflexion sur le mou et la tension. Actuellement, les décideurs observent le taux officiel de chômage, une mesure appelée U-3, puis tentent de deviner dans quelle mesure ce chiffre est proche du taux invisible du NAIRU. Comme le reconnaît la Fed, ils sous-estiment souvent le degré de mou sur le marché du travail, donc s'efforcent de ralentir l'économie avant qu'elle ait maximisé sa capacité productive. C'est comme laisser de l'argent sur la table : chaque personne qui aurait pu être employée et accomplir des tâches utiles pour la société est définitivement perdue pour nous. Une sorte de déjeuner gratuit non consommé.

Lorsque nous gérons notre économie en deçà de sa capacité de production, nous vivons au-dessous de nos moyens collectifs. Le budget fédéral est peut-être en déficit, mais *nous ne dépensons pas assez* tant qu'il y a des capacités inutilisées. Cela revient à construire une automobile ultraperformante et à la conduire comme une voiturette de golf. C'est inefficace. Quand nous tolérons le chômage de masse, nous sacrifions tout ce qui aurait pu être produit avec le temps et l'énergie de ceux qui voulaient travailler mais auxquels on a refusé l'accès à l'emploi. Éliminer cette forme de chômage involontaire est un objectif des économistes keynésiens depuis des décennies.

Dans les années 1940, un économiste qui avait du flair pour proposer de nouveaux modes de pensée a suggéré un moyen permanent de combler l'écart de production – la différence, à chaque instant, entre ce que l'économie est capable de produire et ce qu'elle produit. Il s'appelait Abba P. Lerner, et son idée était simple : laissons le secteur privé aller aussi loin qu'il pourra vers le plein emploi par ses propres moyens, puis appuyons-nous surtout sur la politique budgétaire pour ajouter ce qui manque à la dépense totale. Avec une dépense *globale* suffisante, raisonnait-il, les pouvoirs publics pourront maintenir la prospérité en faisant tourner constamment l'économie à plein régime par un usage permanent de la politique budgétaire. La politique monétaire pouvait aider, mais Lerner tenait à confier le volant de l'économie à la politique budgétaire – aux ajustements de la fiscalité et des dépenses publiques[21]. Encore plus vigoureusement que Keynes avant lui, il soutenait que l'État fédéral devait modifier son propre budget pour compenser le moindre écart par rapport au plein emploi.

L'effet sur le budget importait peu. Seuls comptaient les effets économiques réels.

Lerner a baptisé sa méthode « finance fonctionnelle », parce qu'il voulait que le Congrès prenne ses décisions en se demandant comment ses politiques allaient fonctionner dans l'économie réelle, au lieu de s'inquiéter de leurs conséquences pour le budget. L'objectif était de produire une économie équilibrée – où il y aurait suffisamment d'emplois et où l'inflation serait faible. Pour y parvenir, peut-être faudrait-il un budget en déficit, ou en équilibre, ou en excédent. Tous ces résultats étaient acceptables du moment que l'économie dans son ensemble restait équilibrée.

La finance fonctionnelle mettait la pensée conventionnelle la tête en bas. Au lieu d'essayer de forcer l'économie à produire suffisamment d'impôts pour couvrir les dépenses fédérales, Lerner appelait les décideurs politiques à penser dans l'autre sens. C'étaient les impôts et les dépenses publiques qu'il fallait manipuler pour mettre l'économie en équilibre. Dans cette optique, il pouvait être nécessaire que l'État ajoute plus de dollars qu'il n'en retire (qu'il dépense plus qu'il ne prélève). Peut-être même devrait-il le faire en permanence, donc avoir régulièrement des déficits budgétaires pendant des années ou même des décennies. Pour Lerner, c'était une façon parfaitement responsable de gérer le budget de l'État. Du moment que les déficits en résultant, quels qu'ils fussent, ne provoquaient pas de hausse de l'inflation, on ne pouvait pas dire que l'on avait trop dépensé.

Cette approche change radicalement le sens de l'expression « faire preuve de responsabilité » dans l'établissement du budget fédéral. Au lieu de reprocher au Congrès d'être incapable de mettre les dépenses publiques et les impôts au même niveau, nous devons accepter *n'importe quel* solde budgétaire qui crée une situation globalement équilibrée dans notre économie. Par exemple, si, dans la figure 2, le solde budgétaire indiqué à gauche aboutit aux conditions économiques équilibrées représentées à droite, la politique budgétaire n'exige aucun ajustement et nous devons conclure que le budget est en équilibre.

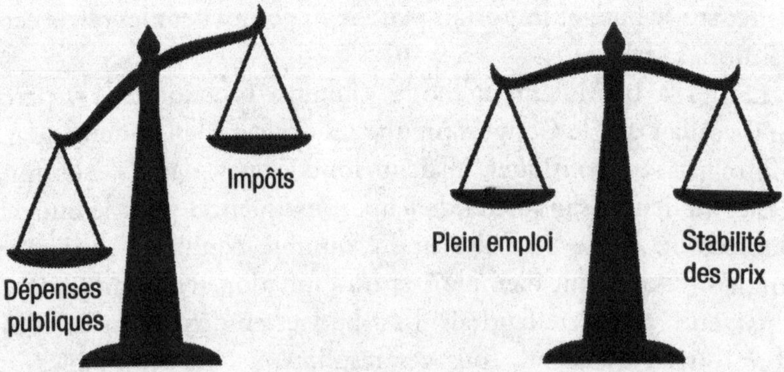

FIGURE 2. – REDÉFINITION D'UN BUDGET EN ÉQUILIBRE.

Pour maintenir le plein emploi et conserver l'inflation à bas niveau, Lerner voulait que les pouvoirs publics surveillent en permanence l'économie. S'il se passait quelque chose qui la déséquilibrait, l'État devait réagir par un ajustement budgétaire, en modifiant soit la fiscalité soit les dépenses publiques. Pour combattre le chômage, les réductions d'impôts pouvaient fonctionner s'il était possible de les mettre en œuvre rapidement et si elles étaient bien ciblées, c'est-à-dire bénéficiaient aux personnes les plus susceptibles de dépenser aussitôt cet argent dans l'économie. Pour être efficaces, les allègements fiscaux doivent aller à ceux qui ont une propension élevée à dépenser tout nouveau revenu. Si les réductions de l'impôt personnel sur le revenu introduites par Trump n'ont guère réussi à stimuler l'économie, c'est parce qu'elles étaient massivement biaisées en faveur des contribuables situés tout en haut de l'échelle des revenus. Plus de 80 % des bénéfices de cette loi sont allés au 1 % supérieur. Comparés aux personnes à revenus faibles et moyens, qui dépensent un gros pourcentage de chaque dollar supplémentaire qu'on leur donne, les riches ne dépensent guère plus quand on leur emplit les poches à la pelle. Les réductions d'impôts bien ciblées peuvent fonctionner, mais il existe un moyen plus direct de maintenir la dépense : que l'État dépense davantage lui-même. Il en est des dépenses publiques comme des réductions d'impôts : elles fonctionnent mieux quand elles sont bien ciblées. Les économistes préfèrent en général les projets de dépenses qui ont un multiplicateur budgétaire élevé. Cela signifie que le cycle initial des dépenses de l'État va se multiplier : beaucoup d'autres cycles de dépenses suivront puique ces dollars vont changer et rechanger de mains, en créant à chaque fois une demande supplémentaire dans l'économie. Si l'on voulait que la dépense publique fournisse la stimulation maximale, Lerner disait et répétait qu'il fallait effectuer chaque dépense additionnelle *sans* l'accompagner d'une augmentation d'impôts « pour la financer ». Au lieu de suivre une règle à la PAYGO, il voulait que l'État s'abstienne de toute hausse d'impôts jusqu'au moment où il deviendrait nécessaire de combattre des pressions inflationnistes[22]. Si l'inflation se mettait à grimper, Lerner pensait que le Congrès pouvait réagir en augmentant les impôts ou en réduisant ses propres dépenses. Et si le chômage connaissait une soudaine poussée, il estimait que les parlementaires devaient réduire les impôts ou trouver moyen de dépenser davantage d'argent et vite.

Les idées de Lerner sont importantes pour la TMM, mais elles ne vont pas assez loin. Nous sommes d'accord avec lui lorsqu'il montre qu'il vaut mieux compter sur des ajustements de la fiscalité et des dépenses publiques (la politique budgétaire) que des taux d'intérêt (la politique monétaire) pour équilibrer notre économie. Nous sommes d'accord aussi quand il estime qu'un déficit budgétaire n'est en soi ni bon ni mauvais, car l'important n'est pas que le budget soit en excédent ou en déficit, mais que l'État utilise son budget pour atteindre de bons résultats dans l'économie. Nous sommes toujours d'accord lorsqu'il dit que les impôts sont un moyen important de réduire le pouvoir d'achat, et qu'il ne faut jamais les augmenter à seule fin de paraître financièrement responsable. Mais nous pensons que les prescriptions de Lerner laisseront malgré tout trop de gens sans emploi.

Même si les 535 membres du Congrès se réveillaient demain matin tous partisans de la politique budgétaire que recommande Lerner, le chômage involontaire resterait un trait permanent de notre économie. Le Congrès n'a aucun moyen de réagir aux changements de situation économique en tournant le volant assez vite pour que tous ceux qui cherchent du travail puissent toujours en trouver. Au mieux, nous pourrions nous rapprocher davantage du plein emploi, mais il resterait une importante cohorte de sans-travail. Et s'il faut combattre une inflation qui commence à s'accélérer, il ne suffira pas non plus de compter exclusivement sur le Congrès pour ajuster les dépenses publiques et la fiscalité. En complément de la politique budgétaire discrétionnaire (le volant), la TMM recommande une garantie fédérale de l'emploi : elle crée un stabilisateur automatique non discrétionnaire qui œuvre à la fois pour le plein emploi et pour la stabilité des prix.

Pensons à une route mal entretenue. On y roule sans problème jusqu'au moment où l'on rencontre un nid-de-poule ou une bosse. On peut essayer de contourner les obstacles, mais il arrive fatalement un moment où ce n'est plus possible. On risque à partir de là d'être sacrément ballotté. Si l'on est dans un véhicule doté de bons amortisseurs, ceux-ci vont modérer les chocs et on ne sera pas trop secoué. Mais si les amortisseurs sont mauvais, mieux vaut s'accrocher ! La TMM ajoute au volant de Lerner un puissant amortisseur tout neuf : une garantie fédérale de l'emploi.

Voici comment elle fonctionnerait.

L'État fédéral annonce qu'il propose une rémunération précise (salaire et avantages sociaux) à quiconque cherche du travail sans parvenir à trouver un emploi qui lui convient. Plusieurs économistes inspirés par la TMM ont recommandé que ces emplois soient orientés vers la construction d'une économie du soin[23]. En termes très généraux, cela veut dire que l'État fédéral s'engagerait à financer des emplois dont l'objectif est de prendre soin de notre population, de nos collectivités locales et de notre planète. Cette initiative instaure de fait une option publique sur le marché du travail : l'État fixe un salaire horaire et laisse flotter le nombre de travailleurs embauchés dans le cadre du programme. Puisque le prix de marché d'un chômeur est zéro – autrement dit, personne actuellement ne fait d'offre pour obtenir son travail –, l'État peut créer un marché pour ces travailleurs en fixant le prix qu'il est prêt à payer pour les recruter. Dès l'instant où il le fait, le chômage involontaire disparaît. Toute personne qui cherche un travail rémunéré jouit d'un accès garanti à un emploi, à un niveau de rémunération établi par l'État fédéral.

La garantie de l'emploi est issue de la tradition de Franklin Delano Roosevelt : il voulait que l'État garantisse l'emploi comme un droit économique dont chacun devait jouir. Elle faisait aussi partie intégrante des revendications du mouvement des droits civiques, dirigé par le Dr Martin Luther King Jr, son épouse Coretta Scott King et le légendaire dirigeant syndical et militant pour la justice sociale A. Philip Randolph[24]. L'influent économiste Hyman Minsky préconisait un tel programme : c'était l'un des grands piliers de sa stratégie anti-pauvreté. Notons bien que la garantie de l'emploi n'exige pas que les décideurs essaient de deviner le degré de tension sur le marché du travail à l'aide d'une forme de NAIRU. L'État annonce simplement un salaire, puis embauche tous ceux qui se présentent pour lui demander du travail. Si personne ne le fait, cela veut dire que l'économie opère déjà au plein emploi. S'ils sont 15 millions à le faire, cela révèle qu'on est bien loin d'un marché du travail tendu : il y a beaucoup de mou. C'est le seul moyen de savoir avec certitude à quel degré l'économie sous-utilise réellement les ressources disponibles.

Pourquoi le financement doit-il venir de l'Oncle Sam ? C'est simple : il ne peut pas se retrouver à court d'argent. Il serait pratiquement impossible à un utilisateur de monnaie, comme une municipalité ou un État de l'Union, de s'engager à embaucher toute personne qui viendrait demander un emploi. Imaginons ce qui se passerait si le maire de Détroit annonçait que la ville a décidé d'offrir un poste à tous ceux qui veulent travailler mais ne peuvent se faire embaucher nulle part dans la région. Il croulerait sous les candidatures. Même dans une économie relativement prospère, des dizaines, des centaines de milliers de personnes se présenteraient, ce qui mettrait sous énorme pression le budget de la municipalité. Pensons maintenant à ce qui arriverait si l'économie entrait en récession : le nombre de candidats doublerait au moment précis où les recettes fiscales de Détroit couleraient à pic. Ne l'oublions pas : les autorités locales et celles des États de l'Union dépendent réellement des rentrées fiscales pour payer leurs factures. Elles ne peuvent pas décider de dépenser davantage quand leurs revenus se tarissent pendant une récession. Mais c'est justement à ce moment-là que le programme pèse le plus lourd (et qu'il est le plus vital).

Nous avons vu au chapitre précédent comment Mosler a amené ses enfants à accomplir des tâches ménagères en leur imposant une taxe payable exclusivement avec ses cartes de visite. En ce sens, c'est l'impôt (du moins à l'origine) qui incite les gens à chercher un emploi. La TMM en tire une conclusion simple : puisque l'État impose la fiscalité qui pousse à chercher des façons de gagner sa monnaie, il doit garantir qu'il y ait toujours un moyen de la gagner.

Lorsqu'une garantie de l'emploi est en place, l'économie peut traverser des moments difficiles sans mettre des millions de personnes au chômage. Les périodes éprouvantes sont inévitables. Pas une seule économie capitaliste sur terre n'a trouvé moyen d'éradiquer le cycle des affaires. Les économies croissent et créent des emplois, puis il finit toujours par se passer quelque chose qui les précipite dans la récession. Nous pouvons et devons utiliser notre pouvoir discrétionnaire pour tenter de dompter le cycle des affaires par des politiques spécifiques. Il est préférable de suivre une route à peu près plane que cahoteuse. Mais aucun pays n'a inventé de méthode mettant à l'abri de tous les aléas possibles. Dans les soixante dernières années, les États-Unis ont été frappés par des récessions en 1960-1961, 1969-1970, 1973-1975, 1980, 1981-1982, 1990-1991, 2001 et 2007-2009. Toute période faste est suivie de temps difficiles qui finissent par poser les bases d'une nouvelle phase de prospérité.

La garantie de l'emploi présente un avantage majeur : comme une isolation thermique, elle contribue à protéger l'économie lorsqu'elle traverse l'inévitable cycle expansion-récession. Au lieu de mettre à pied des millions de personnes quand la situation se dégrade, elle leur permet de passer d'une forme d'emploi rémunéré à une autre. Si quelqu'un triait des boîtes chez un commerçant privé et perd cet emploi, il pourra immédiatement en prendre un autre où il accomplira un travail utile dans un service public. Puisque la garantie de l'emploi permet aux travailleurs de passer dans un *emploi* alternatif au lieu de rejoindre les rangs des chômeurs, le programme contribue à amortir le choc pour l'ensemble de l'économie : il soutient les salaires et préserve (ou améliore) les qualifications jusqu'au moment où la reprise conduira les travailleurs à repasser dans des postes du secteur privé. Et puisque la dépense publique nécessaire pour embaucher les personnes qui entrent dans le programme devient automatique dès l'instant où la garantie de l'emploi est en place, nous n'avons pas à compter sur des dépenses publiques discrétionnaires pour que le trajet se passe en douceur[25].

L'État fédéral garantit le financement ; il établit les paramètres généraux qui définissent le type d'emplois que le programme entend soutenir ; enfin, il supervise la mise en œuvre pour assurer le respect des principes et la responsabilité des exécutants. Pratiquement tout le reste sera géré de façon décentralisée : les décisions se prendront donc le plus près possible des personnes et des localités qui bénéficieront le plus directement des tâches accomplies. Le programme – c'est l'essentiel – fonctionnera comme un nouveau « stabilisateur automatique » puissant pour l'ensemble de l'économie.

La TMM combat le chômage involontaire en l'éliminant. La politique la plus efficace en matière de plein emploi, selon nous, est celle qui s'adresse directement aux demandeurs d'emploi. Au lieu de se fixer pour objectif d'accroître les dépenses d'infrastructure en espérant que les emplois vont ruisseler de haut en bas jusqu'aux chômeurs, la TMM propose, comme le dit l'économiste du Bard College Pavlina Tcherneva, de procéder « de bas en haut »[26]. Elle prend le travailleur comme il est, là où il est, et elle adapte l'emploi à ses capacités individuelles et aux besoins de la communauté locale. Nous ne parlons pas ici de créer n'importe quel poste de travail à l'ancienne. Il ne s'agit pas d'un mécanisme de création de faux emplois, où l'on se contente de donner une pelle au chômeur pour justifier qu'on lui verse un salaire. C'est un moyen de faire progresser l'intérêt général tout en renforçant nos collectivités locales à travers un système de gouvernance partagée. Comme l'écrit Vickrey, ces emplois de service public nous permettraient de « convertir une main-d'œuvre inemployée en meilleurs services et équipements publics de divers types[27] ». L'idée est de confier aux intéressés un travail utile, apprécié de la communauté locale, et de rémunérer ce travail par un salaire décent et un ensemble d'avantages sociaux.

Si l'économie devait à nouveau s'effondrer comme elle l'a fait en 2008, la garantie fédérale de l'emploi rattraperait au vol des centaines de milliers de personnes au lieu de les laisser tomber dans le chômage[28]. Le secteur privé supprime des emplois, mais d'autres jaillissent aussitôt dans les services publics. Puisque l'État fédéral s'est engagé à assurer le financement de ces nouveaux emplois, la récession est amortie par une expansion du déficit budgétaire. Cela se passe automatiquement : nul besoin d'attendre que le Congrès, après force délibérations et marchandages, décide s'il doit ou non secourir l'économie par un plan de stimulation. Comme le programme soutient les revenus, l'économie se stabilise plus vite qu'elle ne le ferait sans la garantie de l'emploi. La récession est moins dure et la reprise arrive plus tôt. Enfin, puisqu'il s'agit d'un programme permanent, il est là pour soutenir l'économie à toutes les époques, bonnes ou mauvaises.

Étant toujours opérationnelle, la garantie de l'emploi assure une trajectoire économique globale plus régulière, ce qui contribue à stabiliser l'inflation. Sans elle, les revenus chutent brutalement quand les entreprises licencient parce que leurs clients se font rares, que leurs stocks s'accumulent et qu'elles doivent donc baisser rapidement leurs prix pour liquider leurs invendus. Lorsque la reprise finit par arriver, elles augmentent leurs prix pour rétablir leurs marges de profit habituelles. Plus les hauts et les bas sont prononcés, plus les prix risquent de changer en conséquence. En stabilisant les revenus des consommateurs, la garantie de l'emploi contribue à éviter de plus amples ajustements de leurs dépenses, qui peuvent avoir pour effet de plus fortes variations des prix.

La garantie de l'emploi aide aussi à stabiliser l'inflation en ancrant dans l'économie un prix essentiel : celui du travail dans le cadre de son programme. En établissant un salaire plancher, l'État fixe la rémunération minimale – disons, 15 dollars l'heure. Ce chiffre devient le taux de référence à partir duquel on pourra estimer combien doit être payé tout autre emploi. Aujourd'hui, le salaire minimum est zéro. Oui, je sais, le salaire minimum fédéral est de 7,25 dollars l'heure, mais, comme l'économiste Hyman Minsky en a souvent fait la remarque, le salaire minimum dont dispose une personne sans emploi est zéro dollar. Il faut avoir un emploi pour gagner au moins le minimum fédéral, et des millions d'Américains n'en ont pas, donc n'ont pas accès à cette rémunération. Si l'on veut établir un minimum universel, pour tout le monde, il faut nécessairement qu'existe une offre permanente de rémunérer le travail à un prix positif. La garantie de l'emploi crée cette offre minimale, ce qui fait de la rémunération de l'emploi garanti le salaire minimum de fait dans l'ensemble de l'économie. Une fois ce salaire de base établi, toute autre forme d'emploi devrait proposer d'y ajouter une prime[29]. C'est ce que nous faisons déjà avec les taux d'intérêt : la Réserve fédérale fixe le taux à un jour, qui devient le taux de base au regard duquel s'établissent ceux des prêts immobiliers, des cartes de crédit, des prêts automobiles, etc. En général, quand la Fed relève le taux à court terme, les autres augmentent[30]. En ancrant le prix du travail, la garantie de l'emploi confère plus de stabilité à une large gamme de salaires et de prix dans l'économie.

Enfin, la garantie de l'emploi aide à combattre les pressions inflationnistes en maintenant un vivier opérationnel de personnes *employées* que les entreprises pourront facilement embaucher quand elles chercheront à développer leur production. Nous le savons par des enquêtes auprès des employeurs : le candidat le moins attractif à une offre d'emploi est le chômeur de longue durée. Les employeurs ne veulent pas faire le pari d'embaucher quelqu'un qui n'a pas un passé récent dans l'emploi[31]. Dans la mesure du possible, ils veulent savoir ce qu'ils auront. S'ils recrutent le chômeur de longue durée, ils prennent un risque sérieux. Ils n'ont aucun moyen de savoir s'il a conservé de bonnes habitudes de travail, s'il va avoir des relations faciles avec les autres, etc. C'était une dactylo efficace, un artisan d'art qualifié, mais leurs compétences ont pu se dégrader à force de ne pas servir. Embaucher une personne restée assez longtemps sans emploi, c'est jouer aux dés. Afin d'échapper à l'incertitude, les entreprises s'efforcent souvent de débaucher des travailleurs déjà en poste ailleurs, en leur proposant un salaire plus élevé – celui qu'il faut pour les inciter à changer d'employeur. Si chaque patron en fait autant, cela crée un jeu de chaises musicales où ceux qui sont assis passent constamment sur d'autres sièges mieux payés tandis que ceux qui n'ont pas de chaise restent exclus du jeu. Faire ainsi monter les salaires introduit un biais inflationniste, que modère une situation où les entreprises ont l'option d'embaucher dans un vivier de travailleurs employés du secteur public. Quand la garantie de l'emploi est en place, elles disposent d'un vaste ensemble de recrues potentielles. Ce système est donc bénéfique non seulement pour les employeurs et pour ceux qui, sans lui, languiraient au chômage, mais aussi pour nous tous.

Puisqu'elle est un stabilisateur automatique, la garantie de l'emploi gonfle et dégonfle le budget fédéral : elle dépense plus quand l'économie est faible, moins pendant les expansions. Elle assure donc une évolution contracyclique du déficit et évite toute dépense excessive dans son domaine. Évidemment, le Congrès conserverait toujours le contrôle *discrétionnaire* d'autres composantes du budget. En sa qualité d'émetteur de la monnaie, l'Oncle Sam a le pouvoir de financer, et il pourra toujours décider de dépenser davantage pour les infrastructures, l'éducation ou la défense. S'il y a des biens et services à vendre et qu'il veut les acheter, il pourra surenchérir sur nous tous. Il n'y a pas pour lui de contrainte financière. En tant qu'émetteur de la monnaie, il a le pouvoir d'engager des dépenses avec de l'argent qu'il n'a pas, et il ne se ruinera jamais en le faisant. Telle est la réalité que dévoile la TMM.

*

Comme nous l'a appris Stan Lee, le créateur de Spiderman, « un grand pouvoir implique de grandes responsabilités ». Le sénateur Enzi avait raison de craindre un excès de dépense. Mais il n'avait pas repéré le danger réel. La menace que fait peser cette « surdépense » contre notre bien-être à tous n'est pas le déficit budgétaire. C'est une inflation trop forte.

Donc, comment profiter des avantages potentiels qu'une monnaie souveraine offre à la population de notre pays tout en nous gardant du risque de trop dépenser ? Certains diront qu'à cet égard nous avons déjà des garde-fous en place. On pourrait penser que le plafond de la dette, la règle Byrd et PAYGO ont tout l'air d'être des remparts efficaces contre l'excès de dépense. Eh bien non ! Et pas parce qu'il est facile au Congrès de les contourner. Ils ne sont pas efficaces parce que, dans le cadre des procédures budgétaires actuelles, le Congrès n'a pas à examiner le risque d'inflation lorsqu'il veut dépenser plus. Souvenons-nous : il a chargé la Réserve fédérale de veiller à la stabilité des prix. Donc, lorsqu'ils envisagent une nouvelle dépense, les parlementaires se demandent seulement si elle va accroître ou non le déficit, pas l'inflation. C'est la mauvaise question.

En fait, comme le montre la TMM, cette attitude esquive la grande responsabilité exigible de tout État exerçant le pouvoir sur la dépense budgétaire. L'exemple qui suit va nous montrer pourquoi. Supposons que l'économie soit proche de sa limite de vitesse maximale : la plupart des travailleurs et des entreprises débitent déjà autant de biens et services qu'il est possible d'en produire. Imaginons maintenant que le Congrès souhaite dépenser 2 000 milliards de dollars pour moderniser et améliorer nos infrastructures délabrées (aéroports, hôpitaux, autoroutes, ponts, stations d'épuration, etc.)[32]. Puisque personne au Congrès ne pense en émetteur de monnaie, tous les parlementaires sont persuadés que la question importante dont il faut se préoccuper est : cette dépense va-t-elle accroître le déficit ? Pour éviter d'alourdir le déficit, supposons qu'ils lui associent un projet de loi qui rapporte 2 000 milliards de dollars en prélevant une petite taxe sur une poignée d'Américains dont la « valeur nette » dépasse 50 millions de dollars. Aujourd'hui, ce projet de loi serait soumis au Congressional Budget Office (CBO), où il recevrait probablement une bonne note au motif qu'il n'aggrave pas le déficit au fil du temps. Avec le feu vert du CBO, les membres du Congrès seraient libres de passer au vote pour autoriser la dépense. La suite des événements pourrait être un désastre.

Lorsque le département des Transports entreprend de sous-traiter les travaux, il découvre vite qu'il n'y a pas assez de ressources inemployées disponibles pour l'État. Pour une raison simple : l'impôt a touché un petit nombre de gens (environ 75 000) qui de toute manière auraient dépensé fort peu (voire aucun) de ces dollars qu'ils ont versés au fisc. N'interprétez *surtout pas* mon raisonnement comme une critique des impôts sur les riches. Ce que je critique ici, c'est la prise de décision arbitraire en politique fiscale. Il existe d'excellentes raisons de prélever des impôts sur les riches, et nous devons le faire. Mais nous devons le faire à des fins stratégiques, en comprenant bien que l'objectif de ces impôts n'est pas de financer les dépenses publiques : ils nous aident à rééquilibrer la répartition de la fortune et du revenu, car leur extrême concentration, telle qu'elle existe aujourd'hui, est un danger qui menace à la fois notre démocratie et le fonctionnement de notre économie. Réfléchissez. Jeff Bezos, l'homme le plus riche d'Amérique, a une valeur nette estimée à 110 milliards de dollars. Combien de voitures, de piscines, de courts de tennis ou de vacances de luxe va-t-il acheter en moins quand le fisc lui aura pris 2 % de sa fortune ? Pas beaucoup. Une petite taxe annuelle sur une fraction de sa valeur nette ne va guère modifier ses dépenses. D'ailleurs, Bezos est un épargnant plus qu'un consommateur. Les milliardaires épargnent leur fortune sous forme d'actifs financiers, d'immobilier, d'œuvres d'art et de monnaies rares. Un impôt sur la fortune pourrait conférer à la loi sur les infrastructures *une apparence* de responsabilité financière, mais il constitue un piètre prélèvement compensatoire si l'État veut augmenter ses dépenses dans une économie très tendue.

Dans une économie en dépression profonde, ce ne serait pas un problème. On jouirait d'un vaste « espace budgétaire », puisque les entreprises fonctionneraient avec beaucoup de capacités inutilisées et qu'il y aurait quantité de travailleurs au chômage susceptibles d'être embauchés. Mais, à mesure que nous nous rapprochons du plein emploi, ces ressources réelles deviennent toujours plus rares. Et, quand l'économie utilise entièrement sa capacité de production réelle, l'État n'a qu'un seul moyen d'obtenir les travailleurs du bâtiment, les architectes, les ingénieurs, l'acier, le béton, les camions de pavage, les grues, etc., dont il a besoin : il doit les détourner de leur usage en cours en payant plus cher. Ce processus fait monter les prix, ce qui crée des pressions inflationnistes. Pour tempérer ce risque, l'impôt doit supprimer suffisamment de vraies dépenses pour libérer les ressources réelles que l'État s'efforce d'utiliser. Le problème est que l'impôt particulier dont il s'agit, puisqu'il est prélevé sur un nombre minuscule d'ultra-riches, ne va libérer qu'un espace budgétaire exigu (voire inexistant).

N'en concluons pas que cet impôt est une mauvaise idée sur d'autres plans ! Cela signifie seulement qu'il n'est pas un moyen efficace de modérer le risque d'inflation, et ce point est particulièrement important quand l'économie est proche de sa limite de vitesse maximale.

C'est pourquoi la TMM recommande une autre méthode pour établir le budget fédéral. Elle intègre le risque inflationniste au processus de prise de décision : *avant* d'approuver toute nouvelle dépense, les parlementaires seraient tenus de faire une pause et de se demander s'ils ont bien pris les mesures nécessaires pour nous protéger contre le danger de l'inflation. La TMM *accroîtrait notre sécurité* à cet égard, parce qu'elle comprend que la meilleure défense contre l'inflation, c'est l'attaque. Nous ne voulons pas laisser des dépenses excessives provoquer l'inflation, puis combattre celle-ci après qu'elle s'est produite[33]. Nous voulons que des agences comme le CBO contribuent à évaluer les risques inflationnistes potentiels des nouvelles législations *avant* que le Congrès s'engage à financer ces nouveaux programmes : on pourrait alors prendre des mesures préventives pour réduire ces risques. C'est le sens profond de la TMM : elle remplace une contrainte artificielle (le revenu) par une contrainte réelle (l'inflation)[34].

Sur le plan du revenu, la réalité est que l'Oncle Sam ne fait face à aucune limite contraignante. Il dépense d'abord et retire ensuite les dollars par l'impôt. Au lieu de prendre pour prémisse que chaque nouveau dollar qui sort doit être associé à un nouveau dollar qui rentre, la TMM nous incite à partir de la question : combien de dollars devons-nous soustraire ? Cette démarche retourne PAYGO dans l'autre sens. Au lieu d'admettre par hypothèse que nous devons toujours éviter d'alourdir le déficit, la TMM nous appelle à nous demander d'abord si, parmi les projets de dépenses, il y en a qu'il faut compenser par un prélèvement pour modérer le risque d'inflation.

Pour en revenir au projet de consacrer 2 000 milliards de dollars aux infrastructures, la TMM nous aurait conseillés de commencer ainsi : est-il risqué pour le Congrès d'autoriser 2 000 milliards de dollars de nouvelles dépenses *sans* prélèvements compensatoires ? Une analyse attentive du degré de tension ou de sous-tension existant (et anticipé) dans l'économie guiderait les parlementaires dans ce diagnostic. Si le CBO et d'autres analystes indépendants concluaient que le projet risque de faire monter l'inflation au-dessus d'un taux souhaité, les parlementaires pourraient commencer à constituer un menu d'options pour identifier les moyens les plus *efficaces* de modérer ce risque. Peut-être faudra-t-il contrebalancer par des prélèvements le tiers, la moitié ou les trois quarts de la dépense. Il est possible aussi qu'aucune compensation ne soit nécessaire. Ou peut-être l'économie est-elle si proche de son potentiel de plein emploi que PAYGO est la bonne politique. Le fond de l'affaire, c'est que le Congrès doit raisonner *dans l'autre sens* pour arriver à la réponse, et non présumer d'emblée que chaque nouveau dollar dépensé doit être pleinement compensé. La logique de la TMM contribue à nous protéger des hausses d'impôts injustifiées et de l'inflation indésirable. Elle garantit aussi qu'il y aura toujours un contrôle sur toute nouvelle dépense. Le meilleur moyen de combattre l'inflation est de le faire avant qu'elle ne se produise.

En un sens, nous avons eu de la chance. Le Congrès prend très souvent de gros engagements budgétaires sans se donner le temps d'évaluer les risques d'inflation. Il peut ajouter des centaines de milliards de dollars au budget de la défense ou voter des réductions d'impôts qui ajoutent des milliers de milliards au déficit budgétaire sur longue période, et, la plupart du temps, nous en sortons indemnes – du moins en termes d'inflation. On voit bien pourquoi : l'économie a normalement assez de marge, de « mou », pour absorber de plus gros déficits. La capacité de production excédentaire a servi, en quelque sorte, de police d'assurance contre un Congrès qui ignore le risque d'inflation. Mais maintenir des ressources inactives a un prix. Cela réduit notre bien-être collectif en nous privant de la gamme de biens dont nous aurions pu jouir si nous avions fait bon usage de nos ressources. La TMM se propose de changer cela.

La TMM veut mettre au travail la puissance de l'argent public pour construire une économie qui réalise pleinement son potentiel, tout en maintenant des contrôles appropriés sur cette puissance. Nul ne verrait Spiderman en super-héros s'il refusait d'utiliser ses pouvoirs pour protéger et servir. Un grand pouvoir implique de grandes responsabilités. Celui de l'argent public nous appartient à tous. Il est exercé par les parlementaires démocratiquement élus au Congrès, mais nous devons le penser comme un pouvoir qui existe pour nous servir collectivement. L'excès de dépense est un abus de pouvoir, mais le refus de dépenser aussi, lorsqu'on peut faire plus pour améliorer la condition humaine sans risquer l'inflation.

3
La dette publique (qui n'existe pas)

MYTHE 3 : **De toute façon, nous sommes tous endettés jusqu'au cou.**

RÉALITÉ : **La dette publique ne crée pas le moindre fardeau financier.**

Lorsque je suis arrivée à Washington en janvier 2015, j'étais la seule, dans le personnel de la commission budgétaire du Sénat, à regarder le monde du point de vue d'un émetteur de monnaie. Je savais que l'État fédéral n'était pas comparable à un ménage ou à une entreprise privée. Je savais que l'Oncle Sam ne pourrait jamais être à court d'argent. Je savais que, s'il dépensait trop, le châtiment qui l'attendait ne serait pas l'insolvabilité mais l'inflation. Je savais aussi que j'étais la seule à penser ainsi.

Tous les autres se répartissaient en deux camps : les faucons et les colombes. Les faucons, c'étaient les durs. Surtout, mais pas exclusivement, des républicains, qui voyaient dans les déficits budgétaires la preuve flagrante d'une incurie colossale dans la gestion des finances du pays. Un budget, ça doit être en équilibre. Point final. À la moindre discordance entre les dépenses et les recettes fiscales, ils nous volaient dans les plumes. Une crise de la dette était imminente, hurlaient-ils, et il fallait agir vite pour réduire les déficits. Leur étiquette de « faucons » était censée symboliser leur détermination – au moins rhétorique – à se battre pour ramener le budget à l'équilibre et la dette publique fédérale à zéro. Les faucons se moquaient de leurs adversaires, les colombes, qu'ils jugeaient bien trop optimistes (pacifiques) face à la menace que faisait peser l'endettement croissant du pays. Ils s'en prenaient surtout aux programmes sociaux – la Social Security, Medicare et Medicaid –, tandis que les colombes voyaient dans les réductions d'impôts pour les riches et les innombrables dollars consacrés aux guerres les forces motrices de la dette publique.

Les experts médiatiques de la politique fédérale et les initiés de Washington présentaient faucons et colombes comme diamétralement opposés, mais je les voyais comme des oiseaux de même plumage. Pour les uns comme pour les autres, les perspectives budgétaires à long terme posaient un problème qu'il fallait régler. Leurs principaux désaccords portaient sur deux points : qui nous avait mis dans ce pétrin (et en faisant quoi) ? et quel était le degré d'urgence des mesures à prendre pour en sortir ? La plupart des républicains voulaient sabrer dans les droits sociaux, la plupart des démocrates voulaient augmenter les impôts. Les chemins étaient différents mais la destination était la même.

À l'époque où j'ai rejoint la commission budgétaire, j'étais connue comme une anticonformiste en la matière. Lorsqu'on a appris que j'allais me rendre au Capitole pour conseiller les démocrates, des journalistes ont sorti des articles intitulés « Sanders recrute une chouette ! » J'avais forgé l'expression *deficit owl*, chouette du déficit, en 2010, pour distinguer les idées des économistes inspirés par la TMM de celles des oiseaux angoissés par les budgets en déséquilibre. Je m'étais dit que la chouette ferait une bonne mascotte pour la TMM : on l'associe à la sagesse, et sa tête capable de tourner presque à 360° lui permettrait de regarder les déficits sous un autre angle.

La plupart des sénateurs de la commission n'avaient jamais entendu parler de la TMM. Même celui qui m'avait embauchée,

Bernie Sanders, avait d'abord été surpris par l'attention médiatique que suscitait son choix. Lorsque j'ai rencontré pour la première fois les membres de la commission, le sénateur de Virginie Tim Kaine m'a dit qu'il avait lu un article sur ma nomination dans le *Kansas City Star*. Nul n'a été désagréable, mais je sentais bien qu'on était réticent à élargir la volière.

Il n'était pas facile d'être le nouvel oiseau dans la ville. Je savais que mes idées différaient radicalement des leurs. Les démocrates que j'étais venue servir comprenaient plusieurs sénateurs qui s'étaient fait une solide réputation de conservateurs sur le budget. Trois d'entre eux avaient même été couronnés « héros budgétaires » par Fix the Debt, le groupe de pression tristement célèbre qui fustige la dette publique[1].

Mon poste était frustrant à bien des égards. En matière budgétaire, je ne partageais pas les vues des élus que je devais servir. Je cherchais des moyens d'aider la commission sans conforter les mythes et incompréhensions sur les finances de notre pays. J'écrivais des argumentaires formulés avec soin et je rédigeais des remarques préliminaires que le premier des démocrates de la commission lirait à haute voix. Parfois, ce qu'on ne dit pas est aussi important que ce qu'on dit. Je cherchais donc des manières de remodeler subtilement la pensée, par exemple en incitant vivement mes collègues de l'équipe technique à biffer une ou deux phrases dans un communiqué de presse ou une tribune. J'étais restée une enseignante dans l'âme : je ne pouvais refouler entièrement mon envie d'introduire de nouvelles façons de penser. D'ailleurs, les mauvais raisonnements mènent à de mauvaises politiques. Et les mauvaises politiques nous frappent tous.

L'une de mes expériences les plus instructives et révélatrices a été un petit jeu que j'ai proposé à des membres de la commission (ou à leurs experts). Je l'ai tenté des dizaines de fois, et j'ai toujours obtenu la même réaction incroyable. Je commençais par leur demander : « Imaginez que vous ayez découvert une baguette magique qui a le pouvoir de faire disparaître, d'un seul coup d'un seul, toute la dette publique. Vous vous en servez ? » Aucune hésitation. Ils voulaient tous éliminer la dette. Cet ardent désir d'effacer l'ardoise une bonne fois étant posé, je leur posais une question *apparemment* différente : « Supposons que cette baguette ait le pouvoir de débarrasser le monde des bons du Trésor américains. Vous vous en servez ? » Là, c'étaient des regards perplexes, des sourcils froncés, des expressions pensives. Et finalement tout le monde décidait qu'il ne donnerait pas ce coup de baguette-là.

Cela me fascinait ! Ces personnes servaient dans une commission qui avait été justement créée pour traiter des problèmes liés au budget fédéral, et aucun d'eux ne semblait saisir l'astuce. Ils avaient tous une relation d'amour-haine avec la dette publique. Ils adoraient les bons du Trésor américains, tant qu'ils les pensaient en tant qu'*actifs* financiers détenus par le secteur privé. Mais ils haïssaient ces mêmes titres quand ils les voyaient comme des *obligations* de l'État fédéral. Malheureusement, on ne peut pas dire adieu à la dette publique sans éliminer aussi l'instrument qui constitue la dette publique – les bons du Trésor américains. Il s'agit d'une seule et même chose.

Pour finir, je leur faisais remarquer que je leur avais posé la même question sous deux formes différentes. Comme si je leur avais demandé s'ils préféraient qu'il fasse aujourd'hui 77° Fahrenheit ou 25° Celsius. Il y avait alors, parfois, un certain malaise. Certains m'ont dit qu'ils avaient compris qu'utiliser la baguette revenait à éliminer l'ensemble du marché des bons du Trésor américains, mais qu'ils voulaient malgré tout la disparition de la dette, parce qu'elle effraie les électeurs.

Elle est énO OOO OOO OOO OOO rme !

Bien sûr que les électeurs sont terrifiés ! Comment ne le seraient-ils pas ? À moins de se tenir au large de tout discours politique, il est pratiquement impossible de passer une semaine sans rencontrer une forme quelconque d'hystérie sur les déficits budgétaires et la dette publique. Les gros titres des journaux hurlent l'endettement record, le désastre imminent. À New York, sur la 43e Rue Ouest, une horloge de la dette surplombe les piétons et leur indique les chiffres glaçants en temps réel. Les caricaturistes muent la dette fédérale en tyrannosaure affamé qui dévore tout sur son passage, ou en ballon que l'on gonfle sans trêve et qui va exploser. Les librairies regorgent de titres choc à base d'expressions anxiogènes : *Fin de partie*, *Dans le rouge*, ou *Thérapie budgétaire*. Les réseaux sociaux diffusent des alertes de dernière minute pour annoncer les dernières projections épouvantables du Congressional Budget Office. Les radios d'actualité diffusent les propos alarmistes de l'ex-secrétaire d'État Hillary Clinton qui nous met en garde : « Notre endettement croissant menace la sécurité nationale. » Même des citoyens ordinaires, comme la conductrice qui a fixé l'autocollant d'un Oncle Sam désargenté sur le pare-chocs de sa voiture, sont devenus des prophètes de malheur.

C'est un miracle que nous ne soyons pas tous terrés dans un bunker à attendre l'apocalypse. La fin du monde est proche en permanence.

La vérité, c'est que nous sommes en parfaite sécurité. L'horloge de la dette sur la 43e Rue Ouest affiche simplement un récapitulatif historique du nombre de dollars que l'État fédéral a mis dans les poches des gens sans les leur reprendre par l'impôt. Ces dollars sont épargnés sous forme de bons du Trésor américains. Si vous avez la chance d'en posséder quelques-uns, félicitations ! Ils font partie de votre fortune. Si d'autres l'appellent *horloge de la dette*, c'est en fait une *horloge de l'épargne* en dollars. Mais cela, personne au Congrès ne vous le dira. Vous imaginez bien pourquoi. Vous voyez un ou une parlementaire, de retour dans sa circonscription, tenter de persuader une salle comble d'électeurs paniqués que leur pire terreur n'est en réalité qu'une grosse baudruche ? Avec toutes les autres voix autorisées qui tiennent le discours diamétralement opposé ? Son parler vrai tomberait à plat. Pétard mouillé. « Il est parfois plus facile, écrit Mark Twain, de duper les gens que de les convaincre qu'ils se sont fait duper. »

Même si leur propre pensée n'était pas aussi détraquée, certains parlementaires du Congrès pourraient avoir des raisons de ne pas souhaiter que nous, citoyens, voyions la prétendue dette pour ce qu'elle est vraiment : rien d'autre que ces dollars jaunes portant intérêt, nommés bons du Trésor américains, dont nous avons parlé au chapitre 1. Pour certains politiques, attacher le mot *dette* à un chiffre réellement *énorme* crée le repoussoir idéal. La mégarithmophobie – la peur des grands nombres – n'est peut-être pas un « trouble anxieux » reconnu par la médecine, mais quantité de responsables politiques semblent penser qu'elle existe bel et bien.

Je me souviens d'en avoir été abasourdie pendant une réunion avec des membres de la commission budgétaire du Sénat. Le Congressional Budget Office (CBO) venait de publier ses perspectives budgétaires 2015-2025, et les sénateurs examinaient les conclusions de ce rapport[2]. Selon les projections du CBO, le déficit budgétaire allait se situer à 1,1 billion de dollars et la dette fédérale brute atteindre 27,3 billions de dollars en 2025. Le président de la commission, Mike Enzi, trouvait ces chiffres effrayants. Mais pas assez. Il craignait qu'en utilisant le mot « billion », le rapport ne suscite pas la bonne réaction émotionnelle chez les citoyens. Pour dramatiser les choses, il a suggéré que le CBO soit tenu d'écrire les nombres sous leur forme longue, entièrement en chiffres : 1 100 000 000 000,00 dollars et 27 300 000 000 000,00 dollars.

Souvenons-nous que le sénateur Enzi gérait un magasin de chaussures avant de s'engager en politique. En tant qu'entrepreneur, il avait sûrement compris l'importance d'une bonne campagne de marketing. Le confort d'une chaussure parfaitement ajustée, une gamme plus large, un design plus tendance. Trouver le bon message qui séduit les acheteurs est essentiel pour développer sa clientèle. Faites appel aux bonnes émotions et les gens vont passer la porte au lieu de rester dans la rue. Si l'on y réfléchit, Enzi cherchait surtout à vendre l'information sur les finances publiques d'une façon qui susciterait une certaine réaction émotionnelle des électeurs. Une fois qu'ils ont réussi à nous angoisser sur la simple dimension de cette chose que nous nommons dette, des politiques comme le sénateur Enzi peuvent utiliser notre peur comme une arme, à diverses fins.

En persuadant les électeurs qu'il faut faire quelque chose face à ces grands nombres effroyables, ces élus peuvent réclamer des coupes claires dans des programmes très appréciés comme la Social Security et Medicare[3]. Pour rallier l'opinion à leur douloureux projet de rétrécissement des droits sociaux, il leur faut entretenir l'indignation populaire autour de nos finances publiques. Les programmes attaqués bénéficient à des bases sociales gigantesques. Les gens se battront bec et ongles pour les protéger. Sauf, bien sûr, si l'on parvient à les convaincre qu'il n'y a pas d'autre solution que les réduire. Qu'il faut agir pour « régler le problème de la dette » avant qu'il ne soit trop tard.

La TMM démontre que le « problème à régler », ce n'est pas la dette. C'est notre façon de penser. Pas seulement pour prévenir des coupes absurdes dans des programmes qui soutiennent financièrement des dizaines de millions d'Américains, mais aussi pour avoir un débat plus éclairé sur tout ce que nous pourrions faire si nous n'étions pas aussi paniqués. Ce n'est pas la dette qui nous empêche d'avoir ce que nous souhaitons. C'est notre pensée détraquée. Pour la réparer, nous devrons surmonter bien d'autres obstacles qu'une simple aversion aux grands nombres assortis de l'étiquette « dette ». Il nous faudra battre en brèche tous les mythes destructeurs qui nous empêchent de réfléchir.

La Chine, la Grèce et Bernie Madoff

Était-ce simplement l'envergure du marché des bons du Trésor américains – c'est-à-dire de la dette publique – qui rendait nerveuse la dame à l'autocollant de pare-chocs ? J'en doute. Il est fort possible qu'elle ait eu d'autres sujets d'inquiétude. Peut-être avait-elle entendu le candidat à la présidence Barack Obama déplorer que les États-Unis empruntent à la Chine et alourdissent ainsi « notre dette publique, qu'il nous faudra rembourser ». L'horloge de la dette sur la 43e Rue Ouest n'indique pas seulement le chiffre en temps réel du total dû. Elle le divise aussi par celui de la population américaine, pour calculer « votre part » de la dette publique.

Peut-être cette conductrice était-elle une mère tenaillée par le sentiment de culpabilité, parce qu'elle avait entendu le représentant du Wisconsin Paul Ryan déclarer que nous devions régler le problème de la dette pour « protéger nos enfants et petits-enfants d'un fardeau écrasant de dettes et d'impôts ». Ou peut-être se disait-elle que notre pays était ruiné. Nous savons tous ce qui est arrivé à la Grèce. Peut-être avait-elle peur pour notre grande nation. Après tout, Obama avait qualifié la dette publique d'« irresponsable » et d'« antipatriotique ».

Je suis mère et patriote, mais nullement inquiète. C'est que je suis aussi économiste, éclairée par la TMM : je vois tout cela sous un jour radicalement différent. Je peux lire l'avant-dernier rapport du CBO sans paniquer sur les projections de hausse de la dette publique. « Ma part » de cette dette ne me tourmente pas, et je n'ai jamais craint que les États-Unis finissent comme la Grèce. Je ne me fais pas un sang d'encre à l'idée que la Chine pourrait un jour fermer le robinet et priver les États-Unis des dollars dont ils ont besoin pour payer leurs factures. Vous savez quoi ? Je ne pense même pas que nous devrions appeler « emprunt » la vente de bons du Trésor américains, ni nommer ces titres eux-mêmes « la dette publique ». Cela ne fait qu'embrouiller la question et tracasser les gens inutilement. Pire encore : ces peurs peu judicieuses nous privent d'une meilleure politique. Et nous en souffrons tous. Donc, essayons de remettre de l'ordre dans notre pensée.

C'est lors d'une halte de campagne électorale à Fargo, dans le Dakota du Nord, qu'Obama a déclaré à une petite foule : l'Amérique vit avec « une carte de crédit de la Banque de Chine ». Le choix des mots est important, car il réveille deux de nos angoisses fondamentales. La première est la peur de compter sur de l'argent emprunté pour payer les factures. Nous savons, par notre expérience personnelle, que le surendettement peut créer une situation financière inextricable. Emprunter pour acheter une maison, une voiture ou même pour faire ses courses rend redevable de paiements futurs. La mensualité du prêt immobilier, du prêt automobile ou la facture de la carte de crédit ne vont pas tarder à arriver, et il faudra alors trouver l'argent pour rembourser. Lorsqu'on entend dire que notre pays a des milliers de milliards de dollars de dettes de carte de crédit, cela suffit à inquiéter n'importe qui. Et lorsqu'on apprend que nous devons cet argent à un pays étranger – à un adversaire, même –, l'angoisse devient encore plus vive.

Non que nous n'ayons rien à craindre dans nos rapports avec nos partenaires commerciaux internationaux. Comme nous le découvrirons plus loin au chapitre 5 (« Gagner dans les échanges commerciaux »), il y a des raisons légitimes de s'inquiéter. Mais la peur de dépendre de la Chine pour payer nos factures n'en fait pas partie. Si nous voulons savoir pourquoi, prenons un peu de recul et demandons-nous d'abord comment la Chine (comme d'autres pays étrangers) en est venue à détenir des bons d'État américains[4]. Où a-t-elle acquis les 1 110 milliards de dollars en bons du Trésor américains qu'elle possédait en mai 2019 ? L'Oncle Sam s'est-il rendu à Pékin, son haut-de-forme constellé d'étoiles à la main, pour solliciter un prêt du gouvernement chinois ? Pas du tout.

Le fait premier, c'est que la Chine décide qu'elle veut vendre une part de ce qu'elle produit à des acheteurs situés hors de ses frontières, notamment aux États-Unis. Ceux-ci le font aussi, mais ils exportent moins qu'ils n'importent des autres pays. En 2018, les États-Unis ont exporté 120 milliards de dollars de biens manufacturés américains en Chine, tandis que la Chine a expédié 540 milliards de dollars de ses produits aux États-Unis. La différence a valu à la Chine un excédent commercial de 420 milliards de dollars (et les États-Unis ont eu l'inverse : un déficit commercial de 420 milliards de dollars avec la Chine). Les Américains ont payé ces produits en dollars, et ces paiements ont été crédités sur le compte bancaire de la Chine à la Réserve fédérale. Comme tout autre détenteur de dollars aux États-Unis, la Chine a le choix entre laisser dormir ses dollars ou les utiliser pour acheter quelque chose. L'Oncle Sam ne paie pas d'intérêt sur les dollars qu'elle garde sur son compte chèque à la Fed. Donc elle préfère en général les transférer sur ce qui est, de fait, son compte d'épargne à la Fed.

Elle le fait en achetant des bons du Trésor américains. L'« emprunt à la Chine » n'est rien d'autre qu'un jeu d'écritures : la Réserve fédérale soustrait des nombres du compte réserves de la Chine (son compte chèque) et les ajoute à son compte titres (son compte d'épargne). La Chine continue à ne rien faire de ses dollars, mais elle détient à présent des dollars jaunes au lieu de dollars verts. Pour rembourser la Chine, la Réserve fédérale n'a qu'à inverser les entrées comptables : diminuer le solde de son compte titres et augmenter celui de son compte réserves. Tout se fait en n'utilisant rien d'autre qu'un clavier à la Réserve fédérale de New York.

Ce qui échappait à Obama, c'est que les dollars ne viennent pas de Chine. Ils viennent des États-Unis. Nous n'empruntons pas vraiment à la Chine, nous lui fournissons des dollars, puis nous lui permettons de muer ces dollars en bons du Trésor des États-Unis. Le problème, en fait, se situe dans les mots que nous utilisons pour décrire ce qui se passe réellement. Il n'y a pas de carte de crédit nationale. Et des termes comme *emprunt* sont trompeurs. Appeler ces titres « la dette publique » est fallacieux. Il n'y a aucune obligation *réelle* d'honorer une créance. Comme se plaît à dire Warren Mosler, « tout ce que nous devons à la Chine, c'est un relevé bancaire ». On pourrait soutenir que c'est en réalité une mauvaise affaire pour la Chine (et pour les autres pays qui ont des excédents commerciaux avec les États-Unis). Après tout, cela signifie que ses travailleurs utilisent leur temps et leur énergie à produire des biens et services réels que la Chine ne conserve pas pour sa propre population. En ayant des excédents commerciaux, la Chine, au fond, autorise les États-Unis à prendre ces biens en échange d'une entrée comptable qui dit que nous gardons trace de la valeur globale de sa production que nous avons prise. Mais, comme nous le verrons au chapitre 5, la Chine bénéficie du commerce avec les États-Unis à plusieurs titres.

Bien que la Chine soit le plus gros détenteur étranger de bons du Trésor américains, elle possédait, à l'heure où j'écris, moins de 7 % du total détenu par l'ensemble des investisseurs. Néanmoins, certains craignent que cela ne donne à la Chine un énorme pouvoir sur les États-Unis, parce qu'elle pourrait décider de vendre ses bons, ce qui ferait baisser le prix des bons du Trésor américains et augmenter leur rendement (c'est-à-dire leur taux d'intérêt). Les intéressés s'inquiètent donc de voir l'Oncle Sam perdre l'accès à un financement abordable si la Chine refuse de continuer à acheter ses bons. Ce raisonnement pose plusieurs problèmes. D'abord, la Chine ne peut éviter de posséder des actifs en dollars qu'en supprimant son excédent commercial avec les États-Unis. Et elle ne veut pas le faire, puisque réduire radicalement ses exportations aux États-Unis ralentirait sa croissance économique. En supposant qu'elle veuille maintenir intact son excédent commercial, elle finira forcément par détenir des actifs en dollars. Comme le dit le commentateur financier et ancien banquier d'affaires Edward Harrison, « la seule question pour la Chine est de décider quels dollars elle va acheter [des dollars verts ou des dollars jaunes], pas si elle va faire la grève du dollar[5] ». Et même si elle décide de détenir moins de bons du Trésor américains (de dollars jaunes) dans son portefeuille, cette situation ne laissera pas l'Oncle Sam à court de liquidités. Souvenons-nous : les États-Unis sont un émetteur de monnaie, ce qui veut dire qu'ils ne pourront jamais se trouver à court de dollars. De plus, comme l'a observé Marc Chandler, commentateur vedette de la télévision et auteur du livre *Making Sense of the Dollar* [Comprendre le dollar], la Chine a réduit son portefeuille de bons du Trésor américains de 15 % de juin 2016 à novembre 2016, et le rendement du bon du Trésor à dix ans « est resté pratiquement inchangé[6] ».

Même si cela ne peut pas arriver aux États-Unis, il est possible pour un pays de perdre son accès à un financement abordable. C'est ce qui est arrivé à la Grèce en 2010. Mais c'est parce que la Grèce a détruit sa souveraineté monétaire en abandonnant la drachme en faveur de l'euro en 2001. L'adoption de l'euro a tout changé. La dette existante de l'État grec a été entièrement relibellée en euros, devise que cet État ne pouvait pas émettre. À partir de là, toute personne qui achetait des bons d'État grecs assumait un nouveau type de risque : le risque de défaut de paiement. Prêter à la Grèce, désormais, c'était comme prêter à l'un des États qui composent les États-Unis – la Géorgie ou l'Illinois. Comme nous l'avons vu au chapitre 1, ces États, individuellement, sont des utilisateurs de monnaie, pas des émetteurs de monnaie. Ils sont réellement dépendants des recettes fiscales et de l'emprunt pour payer leurs factures. Ils peuvent vendre des bons pour lever de l'argent, certes, mais les marchés financiers exigent normalement une prime, puisqu'ils prennent le risque supplémentaire de prêter à un débiteur qui pourrait être dans l'impossibilité de rembourser. C'est une leçon que la Grèce a apprise dans la douleur (avec l'Irlande, le Portugal, l'Italie et l'Espagne).

Lorsque la crise financière de 2008 s'est étendue à toute l'Europe, l'économie grecque a subi une grave récession. Les emplois se sont mis à disparaître à toute allure et les recettes fiscales ont coulé à pic. En même temps, l'État grec dépensait davantage pour soutenir son économie fléchissante. Cette conjonction de forces – effondrement des recettes fiscales et hausse des dépenses publiques – a propulsé le déficit budgétaire de la Grèce en 2009 au-dessus de 15 % de son PIB. Selon les règles fondatrices de l'euro, les États membres étaient censés empêcher leur déficit budgétaire de dépasser 3 % du PIB de leur pays. Mais la récession était si forte qu'elle avait fait monter le déficit grec loin au-dessus de la limite des 3 %. Pour couvrir ce déficit, la Grèce devait emprunter. Le problème est qu'avec l'euro, l'État grec n'avait plus de banque centrale nationale pouvant agir en son nom et autoriser l'ensemble de ses paiements. Pour financer ses dépenses, il avait vraiment besoin de « trouver l'argent » avant de s'en servir. Le modèle I&E —› D ne s'applique pas à un État qui émet sa monnaie, comme les États-Unis, mais il s'applique bel et bien à un pays comme la Grèce, qui s'est elle-même transformée en utilisateur de monnaie quand elle a tranché le lien entre la Banque de Grèce et le parlement grec. Le problème, comme la Grèce l'a vite découvert, c'est que les prêteurs ne voulaient pas acheter de bons d'État grecs, sauf s'ils obtenaient une prime substantielle pour le risque évident qu'ils prenaient en prêtant des milliards d'euros à un utilisateur de monnaie qui aurait peut-être du mal à rembourser. De 2009 à 2012, le taux d'intérêt des bons d'État grecs à dix ans a bondi de moins de 6 % à plus de 35 %.

Comparons cette situation avec ce qui s'est passé dans des pays émetteurs de monnaie comme les États-Unis ou le Royaume-Uni, où les déficits budgétaires ont plus que triplé de 2007 à 2009. En 2009, les deux pays avaient vu leurs déficits monter en flèche de moins de 3 % à environ 10 % du PIB. Et pourtant, au cours de la même période, le taux d'intérêt moyen sur les bons d'État à dix ans a *baissé*: il est passé de 3,3 % à 1,8 % aux États-Unis et de 5 % à 3,6 % au Royaume-Uni. Explication: les deux pays ont une banque centrale qui agit au nom de l'État comme unique fournisseur de la devise, dont elle a le monopole. Ce ferme soutien rassure les investisseurs, qui comprennent que la banque centrale contrôle d'une poigne de fer ses taux d'intérêt à court terme et exerce une forte influence sur les taux des titres à plus long terme[7]. Or la Grèce a abandonné cette sécurité en adoptant l'euro. Elle pouvait se trouver à court d'argent, au sens littéral du terme, et tout le monde le savait. C'est pourquoi elle n'a pu tenir en respect les *vigilantes* des bons d'État. L'expression «*vigilantes* des bons d'État» renvoie au pouvoir dont disposent les marchés financiers (ou, plus exactement, certains investisseurs sur ces marchés) d'imposer des variations brutales du prix d'un actif comme un bon d'État, si bien que son taux d'intérêt subit des oscillations inattendues. Finalement, la Banque centrale européenne a bel et bien tenu en respect les *vigilantes*, mais non sans contribuer à imposer une douloureuse austérité au peuple grec[8].

En 2010, de nombreux pays européens, dont la Grèce faisait partie, ont été pris au piège d'une vraie crise de la dette. Les agences de notation comme Fitch Group, Moody's et Standard & Poor's ont dégradé la note des bons d'État grecs et les coûts d'emprunt ont échappé à tout contrôle. La crise s'exacerbant, l'État grec est passé tout près du défaut de paiement sur sa dette. Voyant la tourmente engloutir certaines régions de la zone euro, des élus américains se sont mis à presser le Congrès d'agir pour réduire les déficits ici, chez nous, en faisant valoir qu'une crise de la dette à la grecque pourrait très vite s'abattre sur l'Amérique[9]. Un investisseur avisé comme le milliardaire Warren Buffett, P-DG de Berkshire Hathaway, n'a pas été dupe. Les États-Unis, a-t-il expliqué, ne peuvent « connaître aucune forme de crise de la dette tant que nous continuons à émettre nos titres dans notre propre monnaie[10] ». Buffett comprenait aussi pourquoi la crise de la dette grecque s'était produite : parce que « la Grèce a perdu le pouvoir d'imprimer sa monnaie. Si elle pouvait imprimer des drachmes, elle aurait d'autres problèmes, mais elle n'aurait pas de problème de dette[11] ».

Malgré tout, n'y a-t-il pas une limite ? Comme nous l'a appris Isaac Newton, « ce qui monte doit redescendre ». La dette ne peut pas continuer à augmenter éternellement, non ? Si l'État ne rembourse jamais, il doit alors trouver sans cesse de nouveaux acheteurs pour ses bons[12]. Cela paraît risqué. Pour citer le célèbre sarcasme de Margaret Thatcher, le problème est qu'« on finit par être à court de l'argent des autres ». Aux yeux de certains, trouver de nouveaux investisseurs pour acheter une montagne de dette publique qui augmente à l'infini commence à ressembler beaucoup à une pyramide frauduleuse[13]. Du genre de celle qu'avait organisée l'escroc tristement célèbre Bernie Madoff. Eh bien, pas du tout.

Madoff dépouillait les investisseurs. Le Trésor ne le fait pas. Comme l'a expliqué Alan Greenspan lorsqu'il est passé à l'émission de NBC *Meet the Press*, avec les bons du Trésor des États-Unis, les investisseurs sont confrontés à « une probabilité zéro de défaut de paiement[14] ». Et nous devons faire ici la distinction entre défaillance volontaire et défaillance involontaire. La déclaration de Greenspan renvoyait à la seconde. Il voulait dire que les États-Unis ne pouvaient pas finir comme la Grèce, qui souhaitait effectuer les paiements prévus aux détenteurs de ses bons mais n'avait pas l'autorité d'ordonner à sa banque centrale de procéder au règlement. Le Congrès pouvait prendre une décision stupide – refuser de relever le plafond de la dette, par exemple –, ce qui pouvait déclencher un défaut de paiement *volontaire*. Mais il y a un risque zéro de voir les États-Unis acculés au défaut de paiement par leurs créanciers. Pour une raison simple: l'État fédéral pourra toujours assumer son obligation de retransformer les dollars jaunes en dollars verts. Tout ce qu'il a à faire, c'est de changer les chiffres pertinents au bilan de la Réserve fédérale. Et il n'y pour lui aucun risque non plus d'être à court de « l'argent des autres ». Souvenons-nous que Thatcher pensait à l'envers. Son modèle traitait l'État britannique comme un ménage qui n'avait d'autre choix que de lever des impôts ou d'emprunter l'argent des autres pour payer ses factures.

La TMM retourne la situation, en montrant que l'ordre chronologique le plus approprié, celui du monde réel, est D —› I&E. L'État dépense d'abord, et il rend ainsi disponibles des dollars pour payer les impôts ou acheter les bons d'État. Prenons un exemple. Supposons que D (dépense) égale 100 dollars, ce qui veut dire que l'État dépense 100 dollars dans l'économie. Supposons maintenant que le fisc nous prélève 90 dollars, ce qui signifie que le déficit de l'État nous a laissés avec 10 dollars entre les mains. Actuellement, l'État coordonne toute dépense de déficit avec la vente d'un montant équivalent de titres, c'est-à-dire un « emprunt ». Le point important est que les 10 dollars nécessaires pour acheter ces bons ont été fournis par la propre dépense de déficit de l'État. En ce sens, la dépense de l'émetteur de monnaie *s'autofinance*. Il ne vend pas de bons parce qu'il a besoin de dollars. Les ventes de bons permettent simplement aux détenteurs de soldes réserves (de dollars verts) de les échanger contre des bons du Trésor américains (des dollars jaunes). L'État organise ces ventes pour soutenir les taux d'intérêt, pas pour se financer.

Puisque nos législateurs n'ont pas encore l'avantage de voir tout ce qu'a compris la TMM, ils perçoivent le service de la dette comme un fardeau financier croissant qui pèse sur l'État fédéral. C'est une erreur. En vérité, verser les intérêts des bons d'État n'est pas plus difficile qu'effectuer n'importe quel autre paiement. Pour régler les intérêts, la Fed n'a qu'à créditer le compte de la banque concernée. Aujourd'hui, le Congrès regarde le budget fédéral comme un jeu à somme nulle. Les parlementaires voient monter les dépenses d'intérêt du même œil que nous regardons grimper la facture de la télévision par câble – cela signifie moins d'argent à dépenser sur tout le reste. Donc, quand le CBO dit que l'État fédéral est sur une trajectoire qui le conduira à « consacrer en 2046 plus de fonds aux paiements d'intérêts qu'à l'ensemble des budgets discrétionnaires, qui comprennent la défense et tous les programmes intérieurs », de nombreux élus se mettent à paniquer[15]. Ils pensent que cela fait fondre le montant qui reste, ce qui les oblige à dépenser moins sur d'autres priorités. Mais ce n'est pas vrai. Le budget du Congrès n'est limité que par le Congrès. S'il veut éviter de réduire les dépenses sur des programmes tenus en haute estime par la population, le Congrès peut décider d'autoriser *un budget plus important* pour les financer. L'argent n'est pas une somme fixe dans un pot. Toutefois, il n'y a qu'une marge précise dans l'économie pour absorber sans risque une dépense plus élevée. C'est de cette contrainte-là que le Congrès doit se soucier.

La limite, on l'a vu au chapitre 2, c'est la capacité de notre économie à intégrer cette dépense supplémentaire sans faire monter l'inflation. Chaque dollar payé sous forme d'intérêts devient un *revenu* pour les détenteurs de bons. Si ces versements d'intérêts deviennent trop importants, on risque de voir la dépense totale pousser l'économie à dépasser sa limite de vitesse. La TMM a souligné qu'une augmentation du revenu issu des intérêts peut servir de forme potentielle de stimulation budgétaire. L'État fédéral est un payeur net d'intérêts, et tous ceux qu'il verse sont reçus par les détenteurs de bons d'État. Une part au moins de ces intérêts va à des gens qui reviennent dépenser ce revenu dans l'économie, en achetant des biens et services fraîchement produits. Si un gros pourcentage du revenu issu des intérêts était redépensé de cette façon, il pourrait propulser la dépense globale au-dessus du potentiel de production, ce qui alimenterait quelques pressions inflationnistes. Toutefois, comme le fait remarquer l'ex-économiste en chef de Joe Biden quand il était vice-président, Jared

Bernstein, il paraît improbable que les paiements d'intérêts de l'État puissent déclencher une surchauffe de l'économie dans un avenir prévisible, l'une des raisons étant qu'« environ 40 % de notre dette publique [est] aujourd'hui détenue par des étrangers », ce qui veut dire qu'« une part croissante des versements d'intérêts s'écoule à présent hors du pays[16] ». Même si les détenteurs de bons ne consacrent pas aux dépenses de consommation une fraction suffisante des intérêts qu'ils touchent pour stimuler une *inflation ordinaire des prix* (comme le CPI), ils pourraient malgré tout alimenter une *inflation du prix des actifs* en utilisant ces revenus pour acheter des matières premières, de l'immobilier, des actions, etc., et faire ainsi monter leurs prix.

Il y a le risque potentiel d'inflation, et il y a des effets de *répartition*, mais payer les intérêts des bons d'État ne pose aucun problème financier à l'État fédéral. Certains estiment que l'État ne devrait pas du tout payer d'intérêts. Ils considèrent les bons du Trésor comme une sorte de produit de luxe, un bien qui n'est accessible qu'à ceux qui ont déjà beaucoup d'argent. En transformant leurs dollars verts en dollars jaunes, l'État finit par grossir leur fortune au fil du temps, ce qui élargit potentiellement l'écart entre la base et le sommet de la pyramide des revenus. C'est une des façons de voir les choses. Évidemment, les bons du Trésor sont aussi des actifs sûrs qui contribuent à diversifier le risque, donc ils offrent une certaine protection à beaucoup de membres de la classe ouvrière, puisque les plans de pension ou autres types de plans retraite investissent une part de leur argent en bons d'État. Si on laisse de côté les problèmes de répartition, il reste que l'Oncle Sam pourra toujours effectuer les paiements d'intérêts.

Nous pourrions la rembourser demain matin

En avril 2016, le magazine *Time* a consacré son article de couverture à la dette publique américaine. Il commençait ainsi : « Cher lecteur, vous devez 42 998 dollars et 12 cents. Ce chiffre représente ce que chaque homme, chaque femme et chaque enfant en Amérique devrait payer pour effacer les 13 900 milliards de dollars de dette des États-Unis[17]. » Vous, je ne sais pas, mais moi, je n'ai pas 43 000 dollars dans un tiroir. Je ne mets pas non plus de l'argent de côté pour le jour où l'on pourrait me demander de payer « ma part » de la dette publique en faisant un très gros chèque à l'Oncle Sam. Cela n'arrivera jamais. L'idée que nous sommes tous personnellement redevables d'une fraction de la dette publique est ridicule. C'est une extension de la philosophie « budget de l'État = budget d'un ménage », qui postule à tort que l'État dépend en définitive de nous, les contribuables, pour payer ses factures. J'espère qu'à présent le lecteur a compris clairement pourquoi cette logique n'a aucun sens quand elle s'applique à un État qui émet sa propre monnaie. Car la vérité, la voici : la dette publique pourrait être remboursée intégralement demain matin, et aucun de nous n'aurait à sortir un centime.

Ce n'est pas ainsi que la plupart des économistes voient la chose. Certains soutiendront qu'accélérer la croissance nous aiderait à faire face à notre « problème d'endettement », car c'est le rapport de la dette à l'envergure de notre économie (dette sur PIB) qui compte vraiment. Le numérateur (la dette) augmente, mais si le dénominateur (l'économie) augmente encore plus vite, le rapport diminuera. Pour de nombreux économistes, telle est la bonne façon d'envisager le problème. L'astuce, dans ces conditions, est d'empêcher le rapport dette sur PIB de grimper à perpétuité. À certains moments, il doit redescendre, faute de quoi la trajectoire de l'endettement sera jugée mathématiquement insoutenable. La pensée conventionnelle affirmait depuis des décennies que la dette des États-Unis se trouvait sur une trajectoire insoutenable parce que les modèles formels qui servaient à évaluer sa courbe montraient tous que le rapport dette sur PIB augmentait régulièrement et indéfiniment[18].

Aujourd'hui, certains des économistes les plus influents dans le monde nous disent qu'après tout, la dette pourrait être soutenable, du moins pour l'instant. Ces économistes orthodoxes ne parviennent pas aux conclusions radicales de leurs collègues inspirés par la TMM – à un changement de paradigme –, mais certains d'entre eux ont suffisamment adouci leur rhétorique pour modérer les inquiétudes sur l'imminence d'une crise de la dette. En janvier 2019, par exemple, Olivier Blanchard, spécialiste de renommée mondiale et ancien économiste en chef du Fonds monétaire international, a fait de cette thèse l'idée force de son allocution présidentielle à l'assemblée générale annuelle de l'American Economic Association[19]. Dans ce discours, il a expliqué que les trajectoires d'endettement de nombreux pays, notamment les États-Unis, semblent sur une lancée soutenable, du moins à court terme. Blanchard raisonne ainsi parce qu'il pense que l'avenir ressemblera beaucoup au passé récent ; autrement dit, il s'attend à voir l'intérêt de la dette (r) rester inférieur au taux de croissance de l'économie (g), une condition ($r < g$) qui garantit que le rapport dette sur PIB ne montera pas à l'infini. S'il a raison, son modèle prédit que les États-Unis ne connaîtront pas de crise de la dette dans un avenir prévisible. Mais Blanchard n'écarte pas la possibilité d'une crise plus tard. Selon lui, nous sommes en sécurité jusqu'au jour où les marchés financiers propulseront le taux d'intérêt au-dessus du taux de croissance de notre économie ($r > g$). Quand ce jour arrivera, nous rebasculerons sur une trajectoire d'endettement insoutenable, sauf si, entre-temps, le budget est devenu excédentaire. En attendant, nous pouvons nous détendre un peu et peut-être même augmenter sans risque l'envergure du déficit budgétaire. Puisque les conclusions de Blanchard heurtaient de front le récit journalistique et politique dominant sur la dette publique, elles ont beaucoup retenu l'attention des médias. Dans les jours qui ont suivi son discours, MarketWatch a publié un article intitulé « Un économiste de premier plan dit qu'une dette publique élevée "n'est peut-être pas si mauvaise"[20] ». Peu après, le *Wall Street Journal* interrogeait : « Inquiets sur la dette ? Pas si vite, disent certains économistes[21]. » C'étaient des conclusions importantes, mais il convient de remarquer que l'économiste Scott Fullwiler, qui se réclame de la TMM, avait fait une observation du même ordre treize ans plus tôt[22].

La différence entre ce travail précoce de Fullwiler et l'étude récente de Blanchard est que le premier appréhende la question de la soutenabilité de la dette à travers le prisme de la TMM[23]. À la différence de Blanchard, il comprend qu'un État qui emprunte dans sa propre monnaie souveraine pourra toujours maintenir la condition cruciale de la soutenabilité ($r < g$). Il n'est jamais tenu d'accepter un taux d'intérêt fixé par le marché. Pour Fullwiler, « l'idée que se fait Blanchard de la soutenabilité budgétaire est fausse, parce qu'il postule qu'une variable essentielle – le taux d'intérêt payé sur la dette publique de l'État – est fixée sur les marchés financiers privés[24] ». Autrement dit, l'attitude plus prudente de Blanchard sur la soutenabilité repose sur l'hypothèse d'une possible remontée des taux d'intérêt à vive allure dans le futur, ce qui conduirait à une crise de la dette de type grec ou argentin. Mais les États-Unis ne sont ni la Grèce (qui emprunte en euros) ni l'Argentine (qui s'est déclarée en défaut de paiement sur une dette libellée en dollars). Ils ne peuvent pas perdre le contrôle de leurs taux d'intérêt. Comme l'a observé Fullwiler, l'intérêt sur la dette publique est « une question d'économie politique » – autrement dit, une question où les décideurs publics peuvent toujours l'emporter sur le sentiment du marché[25]. Comme le résume avec humour James Galbraith : « C'est le taux d'intérêt, idiot ! » Pour empêcher le taux d'intérêt sur la dette de monter au-dessus du taux de croissance de l'économie, Galbraith conseille simplement à la banque centrale de « maintenir à la baisse ses projections sur le taux d'intérêt[26] ». C'est une idée d'une importance cruciale, qui distingue la perspective de la TMM sur la soutenabilité de la dette d'une pensée plus conventionnelle. Avec la TMM, c'est l'inflation qui compte – et non la relation entre taux d'intérêt et taux de croissance. Néanmoins, il est très facile aux États-Unis (et aux autres pays souverains sur le plan monétaire) de satisfaire les critères traditionnels de la soutenabilité.

Il suffit de regarder le Japon. À 240 %, son rapport dette sur PIB est le plus élevé du monde développé. À la fin septembre 2019, la dette publique japonaise a atteint le chiffre record de 1 335 500 milliards de yens[27]. Plus d'un billiard, de mille billions, d'un million de milliards ! Imaginez l'horreur que ressentirait le sénateur Enzi à l'idée de plus d'un billiard de dette ! C'est tout un tas de zéros ! Si le magazine *Time* en faisait sa une, on lirait en couverture : « Vous devez 10,5 millions de yens » (environ 96 000 dollars par personne). Mais le Japon, comme les États-Unis, va très bien, du moins pour la soutenabilité de sa dette, car c'est un État qui émet sa propre monnaie, avec une banque centrale qui peut honorer toute obligation de paiement arrivant à échéance. Les marchés financiers ne peuvent pas précipiter le Japon dans une crise, puisque la Banque du Japon (la BOJ) peut prévaloir sur tout mouvement indésirable des taux d'intérêt. Il serait possible aussi, au fond, d'éteindre l'ensemble de la dette du Japon en n'utilisant qu'un clavier d'ordinateur à la banque centrale japonaise.

La plupart des grandes banques centrales du monde ne fixent qu'un seul taux d'intérêt – un taux d'intérêt à très court terme qu'on appelle le taux à un jour. Celui-là, elles le fixent de façon rigide, après quoi elles laissent les autre taux, à plus long terme, refléter les attentes du marché sur la trajectoire future de ce taux directeur à court terme. Par conséquent, le taux d'intérêt payé par un État sur ses bons à plus long terme est lié au taux à un jour que fixe sa propre banque centrale. « Autant dire, résume Fullwiler, que les taux à long terme reposent sur les actes présents et attendus de la [banque centrale][28]. » Cela laisse aux investisseurs *une certaine* influence sur le taux d'intérêt que l'État américain paie sur ses bons du Trésor ou l'État britannique sur ses *gilts*. (Au Royaume-Uni, les bons d'État s'appellent des *gilt-edged bonds*, ou, en abrégé, des *gilts*.) Mais – et c'est un point vraiment important – l'État peut toujours priver les marchés de toute influence sur le taux d'intérêt des bons d'État. D'ailleurs, c'est exactement ce qu'a fait la Réserve fédérale pendant la Seconde Guerre mondiale et juste après, et c'est ce que fait la Banque du Japon aujourd'hui[29].

Pour empêcher toute hausse des taux d'intérêt pendant la Seconde Guerre mondiale, la Réserve fédérale « s'est officiellement engagée à maintenir un taux d'intérêt faible, fixé à 3/8 pour cent, sur les billets du Trésor à court terme» et «elle a aussi plafonné implicitement les taux des bons du Trésor à long terme à 2,5 %[30] ». Même quand les déficits ont explosé et que la dette publique a grimpé de 79 milliards de dollars en 1942 à 260 milliards de dollars à la fin de la guerre en 1945, l'État fédéral n'a payé que 2,5 % d'intérêt sur ses bons à long terme. Pour maintenir les taux à 2,5 %, la Réserve fédérale n'avait qu'à acheter de grosses quantités de bons du Trésor américains. Cela nécessitait un engagement illimité de sa part, mais la promesse était facile à tenir puisque la Fed achète des bons du Trésor (des dollars jaunes) en créditant simplement le compte du vendeur avec des réserves (des dollars verts). Même après la fin de la guerre, la Réserve fédérale a continué à fixer le taux d'intérêt à long terme pour le compte de l'État. Cette coordination avec la politique budgétaire a pris fin officiellement en 1951, année où l'«accord Trésor-Réserve fédérale» a donné à la Fed toute liberté d'appliquer une politique monétaire indépendante[31].

Ailleurs, des banques centrales reviennent à une coordination explicite des politiques budgétaire et monétaire[32]. Depuis plus de trois ans, la BOJ s'est engagée dans la politique dite du «contrôle de la courbe des rendements». Outre qu'elle ancre solidement le taux d'intérêt à court terme, elle a décidé de fixer les taux sur les bons d'État à dix ans (ce qu'on appelle les «emprunts d'État japonais» ou JGB) près de zéro. Pour mettre en œuvre cette politique, la BOJ a acquis massivement des titres de la dette publique: elle en a acheté pour 6 900 milliards de yens au cours du seul mois de juin 2019[33]. En raison de ce programme agressif d'achat de bons, la BOJ détient aujourd'hui environ 50 % des bons d'État japonais. Donc, si le Japon est souvent présenté comme le pays développé le plus endetté du monde, la moitié de sa dette a déjà été fondamentalement éteinte (c'est-à-dire remboursée) par sa banque centrale. Et il pourrait aisément poursuivre l'opération jusqu'à 100 %. S'il le faisait, le Japon deviendrait le pays développé le moins endetté du monde. Du jour au lendemain.

Les économistes éclairés par la TMM le comprennent. Mais, en dehors d'eux, ils ne semblent guère nombreux, ceux qui voient combien il serait facile pour un pays comme le Japon (ou pour d'autres pays souverains émettant leur propre monnaie) de rembourser l'ensemble de sa dette publique. Il pourrait le faire demain matin, sans collecter un centime auprès des contribuables.

L'un des rares à l'avoir parfaitement compris est l'économiste Eric Lonergan. En 2012, il a publié une expérience de pensée sur le thème: « Et si le Japon monétisait 100 % de ses JGB en circulation[34] ? » C'était une façon originale de demander ce qui se passerait si la banque centrale éteignait l'ensemble de sa dette publique. Comment? De la même façon que la BOJ a obtenu les bons qu'elle possède déjà: en créditant les comptes des banques des vendeurs. Puisque c'est une expérience de pensée, Lonergan imagine que la BOJ le fait d'un coup de baguette magique: « Supposons que la BOJ vienne acheter demain la totalité du stock de JGB en créant des réserves de banque (de la monnaie) et efface la dette. » Hop! Finie la dette! « Qu'arriverait-il à l'inflation, à la croissance et à la devise? » demande alors Lonergan. À son avis, « rien ne changerait si l'on avait une monétisation à 100 % du stock des JGB! ».

Aux yeux de certains, tout cela paraît peut-être extravagant[35]. Comment la BOJ pourrait-elle fabriquer 500 000 milliards de yens à partir de rien sans déclencher une inflation dévastatrice? En raison de la formation qu'ils reçoivent, la plupart des économistes admettent une version de la théorie quantitative de la monnaie (TQM). Il est fort probable que les adeptes de stricte obédience de cette théorie, tels les partisans de Milton Friedman, vont hurler: « Zimbabwe! », « Weimar! » ou « Venezuela! »[36]. Pour une raison simple: la TQM enseigne que « l'inflation est toujours et partout un phénomène monétaire[37] ». Parlez-leur de faire apparaître à partir de rien 500 000 milliards de yens de liquidités nouvelles pour racheter la dette de l'État et ils anticiperont aussitôt l'hyperinflation. Lonergan, qui travaille sur les marchés financiers, est mieux informé. Il observe à juste titre qu'échanger les JGB contre des liquidités a un effet nul sur la fortune nette du secteur privé. Au lieu de détenir des bons d'État, les investisseurs détiendront « la même valeur en liquide ». Si la *fortune nette* n'est pas touchée, le rachat des JGB a bel et bien un effet sur le *revenu*, puisque les bons rapportent un intérêt et que les liquidités n'en rapportent pas. Quand la BOJ remplace des bons par du liquide, le secteur privé perd tous les intérêts qui lui étaient versés. Donc éteindre la dette aspire un flux de revenu hors du secteur privé. Avec cette réalité à l'esprit, Lonergan demande : « Pourquoi diable le secteur des ménages japonais se ruerait-il dans une frénésie d'achats alors que son revenu d'intérêts a diminué, que sa fortune n'a pas changé et qu'il a l'habitude de voir baisser les prix ? » Réponse courte : il ne le fera pas. Si le transfert de toute la dette publique en circulation sur le compte de la banque centrale a un effet quelconque sur les prix, il les orientera à la baisse plutôt qu'à la hausse. J'y réfléchirais à deux fois avant de priver d'un seul coup le secteur privé de l'ensemble des bons d'État qui lui rapportent un intérêt, mais il est certain que l'État japonais pourrait le faire. Et les États-Unis aussi[38].

Une vie sans la dette ?

Pensons-y un instant ! Plus de « fermeture de l'État fédéral* » quand les parlementaires déclenchent des insurrections de théâtre autour du relèvement du plafond de la dette. Plus aucune possibilité de comparer l'Oncle Sam à un grand dépensier qui épuise sa carte de crédit et emprunte à la Chine. Plus de peur de perdre notre accès au marché obligataire et d'être acculés au défaut de

* Il s'agit d'un événement récurrent aux États-Unis, le *shutdown*. Les fonctionnaires ne sont plus payés et les services de l'État fédéral s'arrêtent. Il y a eu par exemple un *shutdown* de 16 jours en 2013, sous Obama. En général, la raison est que le Congrès n'a pas voté le budget, mais ce peut être aussi parce que le président y a mis son veto. Le record a été battu sous Trump avec un *shutdown* d'un mois et trois jours (22 décembre 2018-25 janvier 2019), le président exigeant que le budget prévoie 5 milliards de dollars pour son « mur » à la frontière avec le Mexique.

paiement comme la Grèce. Plus d'économistes qui se demandent si les taux d'intérêt seront ou non assez bas pour maintenir la dette sur une trajectoire soutenable. Et, cerise sur le gâteau, plus de stress sur la façon dont vous allez payer « votre part » de la dette publique. Nous pourrions arracher tout de suite l'autocollant du pare-chocs.

En fait, nous l'avons déjà fait, une fois[39]. C'était en 1835 – Andrew Jackson était président –, et c'est le seul moment dans l'histoire des États-Unis où la dette publique a été remboursée intégralement. Cela se passait longtemps avant la création de la Réserve fédérale, donc la dette n'a pas été avalée-supprimée par la banque centrale[40]. Elle a été éliminée à l'ancienne: en transformant les déficits budgétaires en excédents et en remboursant les détenteurs de bons. Cela ne s'est pas très bien terminé.

Il a fallu plus de dix ans pour éteindre l'ensemble de la dette. Cela s'est produit parce que l'État a engrangé des excédents budgétaires de 1823 à 1836. Puisque, pendant toutes ces années, il prélevait par l'impôt plus d'argent qu'il n'en dépensait, il n'a pas émis de nouveaux emprunts. Et quand les bons en circulation arrivaient à maturité, l'État les remboursait, tout simplement[41]. En 1835, les États-Unis n'avaient plus aucune dette. Ils se dirigeaient aussi vers l'une des pires récessions économiques que le pays ait jamais connue. Avec le recul, la raison pour laquelle les choses se sont passées ainsi semble évidente.

Les excédents budgétaires enlèvent de l'argent à l'économie. Les déficits budgétaires lui en injectent. Tant qu'ils ne sont pas excessifs, les déficits peuvent contribuer à maintenir une économie saine, en soutenant les revenus, les ventes et les profits[42]. Ils ne sont pas impératifs, mais, s'ils disparaissent trop longtemps, l'économie finit par aller dans le mur[43]. Comme l'a écrit en 1996 Frederick Thayer, auteur prolifique et professeur d'affaires internationales et publiques à l'université de Pittsburgh, « les États-Unis ont connu six dépressions économiques importantes » et « chacune a été précédée par une période prolongée de budgets en équilibre »[44]. Le tableau 1 détaille ses constats.

Tableau 1. – Histoire des excédents budgétaires et de la réduction de la dette aux États-Unis

Années de remboursement de la dette	**Pourcentage de réduction de la dette**	**Année où la dépression a commencé**
1817-1821	29 %	1819
1823-1836	100 %	1837
1852-1857	59 %	1857
1867-1873	27 %	1873
1880-1893	57 %	1893
1920-1930	36 %	1929

Les données historiques sont claires. Chaque fois que l'État a réduit substantiellement la dette publique, l'économie a sombré dans la dépression. Par une incroyable coïncidence, peut-être ? Thayer ne le pensait pas. Il accusait les « mythes économiques » qui conduisaient les gouvernants à mettre de force leurs budgets en excédent parce qu'ils croyaient, bien à tort, faire preuve de responsabilité morale et budgétaire en remboursant la dette[45]. Comme nous le montrent les éclairages de la TMM, les excédents de l'État *transfèrent les déficits* au secteur du « non-État »[46]. Le problème est que les utilisateurs de monnaie ne peuvent pas soutenir ces déficits indéfiniment. Le secteur privé finit par atteindre le point où il ne peut plus gérer la dette qu'il a accumulée. Quand cela se produit, la dépense s'affaisse nettement et l'économie chute dans la dépression.

Depuis la publication de l'étude de Thayer, les États-Unis ont connu une autre brève période d'excédents budgétaires consécutifs (1998-2001). C'était sous la présidence de Bill Clinton et de nombreux démocrates la considèrent encore comme un glorieux succès. L'encre rouge a été éliminée et l'Oncle Sam est repassé dans le noir pour la première fois depuis des décennies. Les excédents ont commencé en 1998, et en 1999 la Maison-Blanche était prête à faire la fête comme si l'on était en… 1999[47]. L'année suivante, les économistes de la Maison-Blanche ont entrepris d'élaborer un rapport intitulé « La vie après la dette ». Il était censé apporter une excellente nouvelle : les États-Unis étaient bien partis pour éteindre l'ensemble de leur dette publique en 2012.

À première vue, le remboursement intégral de la dette ressemblait au type d'exploit qui pourrait être digne d'un grand défilé de la victoire. La Maison-Blanche se préparait à lui donner la place d'honneur dans le *Rapport économique du président* de l'année. Mais ensuite tout le monde a eu la frousse, et ce chapitre du rapport a été dissimulé à la vue du public. Si nous connaissons son existence, c'est seulement parce que l'émission *Planet Money* de la National Public Radio « a obtenu un rapport secret du gouvernement exposant ce qui a été perçu à cette date comme une crise potentielle : la possibilité que l'État américain rembourse intégralement sa dette[48] ». Au lieu de crier sur les toits la nouvelle, les hauts responsables de la Maison-Blanche l'avaient discrètement rangée dans un tiroir. La raison : leur inquiétude face aux vastes conséquences de la disparition totale du marché des bons du Trésor américains. C'était un retour à la relation amour-haine de tant de hauts responsables publics avec la dette de l'État. D'un côté, la Maison-Blanche aurait adoré éliminer la dette publique. De l'autre, elle ne pouvait prendre le risque de se défaire de tous les bons du Trésor.

Ce qui inquiétait le plus les décideurs politiques, c'était la perspective de priver la Réserve fédérale de l'instrument essentiel dont elle se servait pour mener sa politique monétaire : la dette publique. À l'époque, la Fed s'appuyait sur les bons d'État pour gérer le taux d'intérêt à court terme. Quand elle voulait relever les taux, elle vendait certains de ses bons du Trésor. Les acheteurs les payaient en utilisant une partie de leurs réserves de banque. En retirant suffisamment de réserves, la Fed pouvait faire monter le taux directeur[49]. Pour réduire les taux, elle faisait le contraire : elle achetait des bons du Trésor qu'elle payait avec des réserves fraîchement créées. Sans bons du Trésor, il faudrait que la Fed trouve un autre moyen de fixer les taux d'intérêt[50].

Finalement, le problème s'est résolu de lui-même. En 2002, les excédents avaient disparu, et les États-Unis n'étaient plus sur une trajectoire permettant de continuer à réduire la dette publique, sans parler de la rembourser totalement. Le budget fédéral est redevenu déficitaire après 2001, quand la bulle boursière, qui avait soutenu la dépense de consommation, a éclaté. Une récession a commencé cette année-là. Elle a été assez modérée, mais le mal était fait[51]. Comme nous le verrons au chapitre suivant, les excédents de Clinton avaient affaibli les comptes du secteur privé, ce qui a amplifié les dommages causés par l'arrivée de la Grande Récession, qui a débuté en 2007.

La Grande Récession a changé la façon dont la Réserve fédérale conduit la politique monétaire. En novembre 2008, la Fed a lancé le premier de trois programmes dits d'assouplissement quantitatif – des achats massifs d'obligations[52]. Elle attendait de cet effort, entre autres, qu'il contribue à stimuler l'économie américaine en réduisant les taux d'intérêt à long terme. Quand il a pris fin, la Fed avait englouti des obligations à hauteur de 4500 milliards de dollars environ, parmi lesquelles les bons du Trésor américains pesaient près de 3000 milliards de dollars[53]. Outre ce recours à l'assouplissement quantitatif pour faire baisser les taux d'intérêt *à long terme*, la banque centrale a également modifié sa manière de gérer son taux directeur *à court terme*. Au lieu d'acheter ou de vendre des bons du Trésor pour ajouter ou soustraire des réserves, elle est passée à « une méthode plus directe et plus efficace de soutien des taux d'intérêt[54] ». Elle s'est mise à payer des intérêts sur les comptes réserves, tout simplement. Aujourd'hui, la Fed peut ajuster le taux d'intérêt à court terme quand elle veut : il lui suffit d'annoncer qu'elle va payer ces intérêts à un nouveau taux.

Ce que cela signifie ? Que les temps ont changé. Le dollar n'est plus lié à l'or. Les États-Unis émettent une monnaie *fiat* flottante, si bien qu'ils n'ont pas besoin de taxer ou d'emprunter avant de pouvoir dépenser. De fait, comme nous l'avons appris au chapitre 1, le modèle D ⟶ I&E reflète la façon dont l'économie fonctionne réellement. Si les impôts sont importants, ce n'est pas parce qu'ils aident l'État à payer ses factures. C'est parce qu'ils contribuent à empêcher les dépenses publiques de créer un problème d'inflation. De même, si les ventes de bons du Trésor sont importantes, ce n'est pas parce qu'elles permettent à l'État de financer ses déficits budgétaires. C'est parce qu'elles drainent les réserves excessives, ce qui permet à la banque centrale d'atteindre un taux d'intérêt cible positif. Mais puisque aujourd'hui la Fed paie des intérêts sur les comptes réserves, elle ne s'appuie plus sur les bons du Trésor pour atteindre son taux cible[55].

Donc pourquoi garder ces bons ? Faut-il les aimer ou les quitter ? La dette publique est-elle un « trésor national », comme le croyait Alexander Hamilton ? Ou est-elle « irresponsable » et « antipatriotique », comme l'a déclaré Barack Obama ? Devons-nous la chérir ou la mettre au rebut ?

Une chose est certaine. Il n'est pas bon d'éliminer les bons du Trésor par la mauvaise méthode. Celle de 1835. Celle de Clinton. En accumulant des excédents budgétaires sur le dos de déficits insoutenables dans le secteur privé. Comme nous le verrons au chapitre suivant, cette politique a des effets négatifs prévisibles sur notre économie. Si nous voulons réellement faire disparaître la dette publique, il existe des moyens plus indolores d'y parvenir. Le plus direct est celui qu'évoque Lonergan. Laissons la banque centrale racheter les bons d'État avec des réserves de banque. Une transaction en douceur qui retransforme les dollars jaunes en dollars verts. Pour la réaliser, on n'a besoin que d'un clavier à la Réserve fédérale. Une autre option serait de supprimer progressivement les émissions de bons du Trésor au fil du temps. Au lieu de vendre des bons pour drainer les comptes réserves gonflés par les dépenses de déficit, nous pourrions simplement laisser les réserves dans le système[56]. Nous pouvons le faire sans compromettre la capacité de la Réserve fédérale à conduire la politique monétaire, puisqu'elle n'a plus besoin des bons d'État pour atteindre sa cible de taux d'intérêt à court terme. Avec le temps, tous les bons en circulation arriveront à maturité et, graduellement, la dette disparaîtra[57].

Il y a une autre possibilité. Nous pourrions apprendre à vivre avec les bons d'État. Il n'y a rien d'intrinsèquement dangereux à offrir aux gens un moyen sûr, leur rapportant un intérêt, de détenir des dollars[58]. Si nous décidons de vivre avec les bons, voici ce que nous devons comprendre une bonne fois : ce que nous appelons « dette publique » n'est rien d'autre qu'un ensemble de traces de pas venues du passé. Elles nous disent où nous sommes allés, pas où nous allons. Elles enregistrent l'histoire des nombreux déficits que nous avons eus depuis la naissance de notre État en 1789[59]. Les guerres mondiales sanglantes, nos nombreuses récessions et les décisions prises par des milliers de personnes élues au Congrès au fil des années. Ce qui compte, ce n'est pas l'envergure de la dette (ou qui la détient), c'est de pouvoir ou non regarder derrière nous avec fierté, en nous disant que notre stock de bons du Trésor existe en raison des nombreuses initiatives positives (pour la plupart) qui ont été prises au nom de notre démocratie.

Si nous n'éliminons pas les bons du Trésor, nous devons trouver moyen de faire la paix avec la dette publique. Peut-être devrions-nous commencer par lui donner un autre nom. La dette publique n'a rien à voir avec la dette d'un ménage, donc utiliser le mot *dette* ne fait que semer la confusion et susciter une angoisse injustifiée. Nous pourrions juste en parler comme d'une composante de notre masse monétaire nette. Je doute que *dollars jaunes* va prendre, mais bon, cela vaut le coup d'essayer. Dans *Roméo et Juliette* de Shakespeare, Juliette pose une question célèbre : « Qu'y a-t-il dans un nom ? » Elle n'a pas frémi en apprenant que Roméo était un Montague. Pour elle, « ce que nous appelons une rose embaumerait autant sous un autre nom* ». L'amour est aveugle, dit-on. Sur la scène politique, les mots comptent. Il est temps d'imaginer un nouveau nom pour ces dollars qui rapportent un intérêt.

* William Shakespeare, *Roméo et Juliette*, II, II, in *Théâtre complet*, 3 vol., trad. fr. de François-Victor Hugo, Paris, Garnier, 1961, t. I, p. 795.

4
Leur déficit est notre excédent

MYTHE 4 : **Les déficits de l'État évincent l'investissement privé, ce qui nous appauvrit.**

RÉALITÉ : **Les déficits budgétaires augmentent notre fortune et notre épargne collective.**

La plupart du temps, nous sommes bombardés de mythes assez simples sur le déficit. On nous dit de penser l'État fédéral comme un ménage (*chapitre 1*) qui, imprudemment, dépense trop (*chapitre 2*) et épuise la carte de crédit nationale (*chapitre 3*). Ces mythes sont faits pour la consommation de masse. Ils font de belles phrases choc à la télévision et dans les discours électoraux : ils sont si faciles à formuler ! Nul besoin d'avoir étudié l'économie (ou autre chose) pour absorber aussitôt le message. D'autres mythes sont plus difficiles à utiliser pour une communication efficace parce qu'ils sont ancrés dans le jargon de la science économique orthodoxe, et surtout propagés par des universitaires ou de prétendus « experts » des politiques publiques. Nous n'allons peut-être pas les rencontrer aussi souvent, mais ils n'en sont pas moins fort dangereux. Le meilleur exemple de ce type de mythe est ce qu'on appelle « l'éviction ».

Sous sa forme la plus courante, le mythe de l'éviction affirme que les déficits budgétaires obligent l'État à emprunter, ce qui met l'Oncle Sam en concurrence directe avec les autres aspirants emprunteurs. Puisque tous se disputent une offre limitée d'épargne disponible, les coûts de l'emprunt augmentent. À cause de cette hausse des taux d'intérêt, certains emprunteurs – en particulier des entreprises privées – ne pourront pas s'assurer les fonds nécessaires à leurs projets. D'où une chute de l'investissement privé, donc un avenir où il y aura moins d'usines, moins de machines, etc. Avec un stock amoindri de biens d'équipement, la société finit par avoir une main-d'œuvre moins productive, une croissance des salaires plus lente et une économie moins prospère. Cela sent *vraiment* le désastre !

C'est un récit compliqué qui repose sur plusieurs assertions théoriques. Si vous en avez déjà entendu parler, c'est probablement sur C-SPAN plutôt que sur Fox News ou MSNBC*. Même ceux d'entre nous qui suivent d'assez près la politique peuvent passer toute leur vie sans que personne leur ait raconté en détail l'histoire de l'éviction. Mais à Washington, elle est partout.

Elle fait office de lieu commun dans la *Perspective budgétaire à long terme* du CBO, l'un des rapports annuels les plus attendus sur le budget. Prenez-en une édition au hasard, n'importe laquelle ou presque, et vous y trouverez une section qui expose la thèse de l'éviction. Celle de 2019 décrit en ces termes le risque supposé que nous font courir les déficits budgétaires : « La trajectoire projetée de l'emprunt fédéral réduirait la production à long terme. Quand l'État emprunte, il emprunte à des personnes et à des entreprises qui, sans cela, financeraient avec leur épargne un investissement privé dans du capital productif, comme des usines et des ordinateurs[1]. »

Une catégorie professionnelle d'experts du budget, d'universitaires et d'institutionnels de Washington a fait de cette thèse un article de foi. Le jargon technique et un saupoudrage massif

* Fox News et MSNBC sont des chaînes de télévision grand public d'information en continu. C-SPAN est un réseau de trois chaînes câblées qui couvrent en direct et en continu les interventions de la présidence et les travaux du Congrès.

de graphiques et de chiffres donne au récit un vernis de crédibilité impressionnant : le lecteur pourrait croire aisément que l'éviction est un phénomène mécanique, inévitable, résultant d'une de ces chaînes logiques de *si... alors...* qui établissent rigoureusement les propositions mathématiques. *Si* les déficits exigent davantage d'emprunts publics, *alors* l'offre d'épargne disponible pour financer l'investissement privé diminue. *Si* l'offre d'épargne diminue, *alors* les taux d'intérêt augmentent. *Si* les taux d'intérêt augmentent, *alors* l'investissement privé se réduit. *Si* l'investissement privé se réduit, *alors* la croissance économique ralentit progressivement. Poussons le premier domino et les autres tombent docilement.

Toute l'histoire est ancrée dans une version de l'économie orthodoxe qui domine notre discours public. Elle est propagée par des icônes progressistes comme Paul Krugman[2] du *New York Times* aussi bien que par des commentateurs conservateurs comme George Will[3] du *Washington Post*. Et si vous regardez C-SPAN, vous avez peut-être entendu quelqu'un comme Jason Furman, économiste formé à Harvard qui a travaillé à la Maison-Blanche d'Obama en qualité de président du Comité des conseillers économiques, l'invoquer dans ses témoignages au Congrès. Le 31 janvier 2007, par exemple, témoignant devant la commission budgétaire du Sénat, il a vivement incité les parlementaires à « endiguer le flot d'encre rouge ». Il a qualifié le profil du budget de « problème majeur » qui « fait baisser l'épargne nationale ». Et il a lancé cet avertissement : la réaction en chaîne qui finirait par menacer notre bien-être économique allait être « lente et graduelle, mais constante et inexorable[4] ».

L'éviction est un récit qui présente les déficits publics comme les méchants, les ennemis du progrès. L'épargne passe pour une vertu parce qu'on est persuadé qu'elle apporte le carburant financier qui dynamise les formes d'investissement du secteur privé grâce auxquelles notre société s'enrichit. Les déficits compromettraient cette prospérité en captant une partie de ce carburant à leur propre usage. Déficit budgétaire et investissement privé sont donc perçus comme en tension entre eux, puisque l'emprunt de l'État laisse nécessairement derrière lui une réserve d'épargne rétrécie pour financer les besoins de l'industrie privée[5]. Telle est la pensée conventionnelle des économistes orthodoxes. Elle peut paraître claire et convaincante, mais il est plus juste d'y voir une série de mythes alignés comme des dominos.

Deux seaux

Quand Furman, en 2007, avait incité les parlementaires à « endiguer le flot d'encre rouge », il s'inquiétait d'une prévision du déficit budgétaire qui l'anticipait à 198 milliards de dollars, environ 1,5 % du PIB. Il avait encouragé le Congrès à rétablir PAYGO pour empêcher les déficits de grimper encore plus haut. Il avait aussi déploré que « le taux d'épargne privée [fût] à son niveau le plus bas depuis 1939 ». Le déficit, selon lui, « faisait baisser l'épargne nationale ». Il comprenait tout à l'envers.

Afin de voir pourquoi, imaginons deux seaux. L'un appartient à l'Oncle Sam. L'autre nous appartient à nous, tous les autres – une sorte de seau collectif au nom de quiconque n'est pas l'Oncle Sam. C'est un moyen simple d'examiner comment les dollars coulent dans les deux sens entre ces deux composantes de toute économie : un seau de l'État d'un côté et un seau du non-État de l'autre.

L'intérêt de réfléchir de cette façon, je l'ai appris de Wynne Godley, un économiste britannique qui a été le pionnier de la logique des équilibres sectoriels. C'était en 1997. On venait de me décerner une bourse de recherche d'un an qui m'avait conduite au Levy Economics Institute, un institut de réflexion situé dans la vallée de l'Hudson (État de New York). C'est là que j'ai rencontré Godley. J'étais encore une étudiante de troisième cycle, mais on m'a donné le bureau à côté du sien et nous avons discuté pendant des heures.

Godley tenait d'une voix douce des propos tranchants. Il jouait du hautbois (souvent dans son bureau) et avait une formation de musicien professionnel. Il avait passé la majeure partie de son existence au Royaume-Uni, où il avait été premier hautbois dans le Welsh Orchestra de la BBC avant de diriger le Royal Opera (1976-1987). Son autre métier-passion était l'économie. Après une longue carrière au Trésor britannique, on l'avait persuadé de passer à l'université de Cambridge, où il était devenu président de la section d'économie appliquée. C'était une personnalité très admirée dans les cercles britanniques, l'un des « sept sages » du chancelier de l'Échiquier. Il semblait toujours capable d'anticiper la direction qu'allait prendre l'économie. « Le prévisionniste macroéconomique le plus perspicace de sa génération – mais souvent en rupture de ban[6] », avait écrit à son sujet le *Times* de Londres. Trois ans après sa mort, le *New York Times* a salué son apport, en lui consacrant un article intitulé « Le ralliement à Wynne Godley, économiste qui a modélisé la crise[7] ».

J'ai eu la chance d'arriver au Levy Economics Institute au bon moment : cela faisait deux ans à peine que Godley avait élu domicile à New York. Il était grand, élancé, avec des cheveux blancs clairsemés qu'il tortillait par frustration quand il cherchait péniblement la tournure parfaite, comme il le faisait toujours avant d'autoriser la publication du moindre de ses textes. Godley était macroéconomiste, comme moi, mais sa façon de penser l'économie semblait totalement originale. Il construisait des macromodèles et s'en servait pour analyser l'économie américaine. Un matin, il m'a invitée à m'asseoir à ses côtés pendant qu'il faisait tourner son modèle pour simuler les effets d'une augmentation des dépenses de l'État. « Vois-tu, m'a-t-il dit, chaque paiement doit venir de quelque part et aller quelque part. »

Godley était obsédé par la construction de modèles auxquels rien n'échappait. Il construisait d'énormes matrices, avec un nombre considérable de rangées et de colonnes, afin de lier entre elles toutes les pièces mobiles dans l'économie. C'était pour lui la seule façon, me disait-il, d'être sûr d'avoir pris en compte chaque versement financier dans sa trajectoire à travers le système. Chaque fois qu'un paiement était effectué par quelqu'un dans l'économie, il était nécessairement reçu par un autre. C'est ce qu'il entendait par sa formule : « Tout doit venir de quelque part et aller quelque part. » Il avait construit quelques modèles joliment sophistiqués, mais celui qu'il semblait trouver le plus utile était son « modèle du monde à une équation », comme il disait. Il ne ressemblait à aucun de ceux que j'avais étudiés à l'université. Le sien ne dépendait pas de conjectures. Aucun postulat comportemental caché n'y avait été introduit par la bande. En fait, ce n'était pas vraiment un modèle économique. C'était une simple identité comptable, vraie par définition en toutes circonstances.

Nul besoin d'une matrice compliquée pour comprendre le modèle le plus simple de Godley. Il n'a que deux pièces mobiles : le solde financier de l'État et le nôtre. Puisque les participants à ce jeu-là ne sont que deux – l'Oncle Sam et tous les autres réunis –, il est évident que chaque paiement effectué par l'État n'a qu'un seul endroit où aller. En vertu de la même logique, il n'existe qu'un seul endroit d'où tout paiement reçu par l'État peut venir. C'est une façon simple mais puissante d'examiner les effets que le solde financier de l'État – son excédent ou son déficit – a sur nous tous. Et elle montre pourquoi la thèse de l'éviction a tout faux, à commencer par le premier domino.

L'équation ressemble à ceci :

Solde financier de l'État + solde financier du non-État = 0

Puisque ce n'est pas une théorie, elle ne repose pas sur tel ou tel ensemble de postulats qui risquerait de ne pas tenir la route dans le monde réel. C'est une identité comptable dure comme l'acier, qui produira toujours un énoncé exact des faits. Pensons-la comme une variante de la troisième loi du mouvement d'Isaac Newton : « Pour chaque action, il existe une réaction égale et opposée. » Dans le modèle de Godley, nous pouvons voir qu'à chaque déficit qui existe dans une partie de l'économie correspond un excédent égal et opposé dans l'autre partie. Il n'y a aucun moyen d'y échapper. Si une partie de l'économie paie plus de dollars qu'elle n'en reçoit, l'autre partie doit recevoir ce même nombre de dollars exactement. En face de tout signe moins (-) se trouve un signe plus (+) de dimension égale. En formulant la même équation différemment, Godley écrit :

Déficit de l'État = excédent du non-État

C'est une observation extrêmement puissante, et qui porte un coup fatal au récit simpliste de l'éviction. Afin de voir pourquoi, traduisons le modèle de Godley en un langage encore plus simple. Nous n'aurons besoin que de deux seaux. L'objectif est d'examiner une composante du récit de l'éviction : celle qui affirme que les déficits de l'État dévorent une partie de notre épargne. Voyons d'abord, à l'aide d'un exemple, comment se meuvent les paiements entre les deux parties de notre économie. Supposons que l'État dépense 100 dollars pour une flotte de nouvelles voitures destinées au cortège motorisé présidentiel. Ces véhicules seront produits par des travailleurs et des entreprises dans la partie « non-État » de l'économie. Chaque dollar que dépense l'État doit aller quelque part, et il n'existe qu'une seule destination possible : le seau du non-État. Postulons aussi que nous, tous les autres, nous payons collectivement à l'État 90 dollars d'impôts.

Budget en déficit

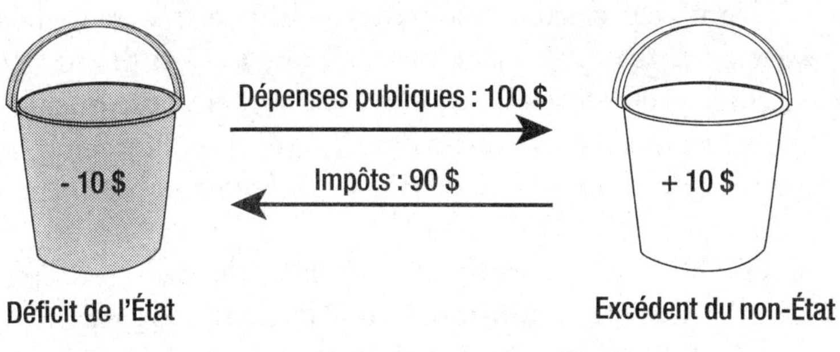

Figure 3. – L'État a un déficit budgétaire.

Si c'étaient les seuls paiements effectués par et à l'Oncle Sam, le CBO annoncerait que l'État est en déficit, et il inscrirait « moins 10 $ » dans son rapport annuel sur le budget. Mais attendez ! Ce n'est pas tout ! Il s'est passé aussi autre chose ! Le déficit budgétaire de l'État a un reflet, comme dans un miroir : un excédent financier égal et opposé de l'autre composante de notre économie, le non-État. L'encre rouge de l'Oncle Sam est notre encre noire ! Son déficit est notre excédent financier. Il suffit de suivre l'argent : 100 dollars entrent dans notre seau ; 90 en ressortent pour payer les impôts ; il nous reste 10 dollars. Tout déficit budgétaire apporte une *contribution financière* au seau du non-État.

Godley était un maniaque des détails. Ses modèles étaient, disait-il, « stocks-flux cohérents ». C'est une façon alambiquée de dire que l'addition de tous les *flux* financiers qui coulent dans notre seau au fil du temps sera exactement égale au *stock* d'actifs en dollars que nous finirons forcément par accumuler. Autrement dit, tout flux financier sortant de quelque part devient obligatoirement un flux financier entrant autre part, et avec le temps ces flux entrants doivent nécessairement s'accumuler dans des stocks correspondants d'actifs financiers. Pour bien saisir l'idée, pensez à votre baignoire. L'eau y entre quand on ouvre le robinet et en sort quand on ouvre la bonde. Si elle s'évacue au moins aussi vite qu'elle coule par le robinet, on ne la verra jamais s'accumuler dans la baignoire. Mais si elle arrive plus vite qu'elle ne s'en va par la bonde, le niveau d'eau va monter et la baignoire se remplir progressivement. C'est ce qui se passe à la figure 3 ci-dessus. L'État laisse couler 100 dollars dans notre seau et n'en retire que 90 par la bonde. Le flux d'encre rouge que déplore Jason Furman remplit notre seau de dollars. Les déficits budgétaires ne dévorent pas notre épargne ; ils l'augmentent !

Si l'Oncle Sam poursuit ses dépenses de déficit au même rythme, il va laisser à nouveau 10 dollars dans notre seau chaque année. Avec le temps, ces dollars vont s'accumuler et construire notre fortune financière. À ce rythme, dans une décennie, nous finirons avec un stock de 100 dollars dans notre seau. Nous allons examiner la question de l'emprunt dans un instant. Mais voyons d'abord ce qui se serait produit si le Congrès avait suivi le conseil de Furman : éliminer les déficits budgétaires et gérer le budget sur la base de PAYGO. C'est ce que montre la figure 4 :

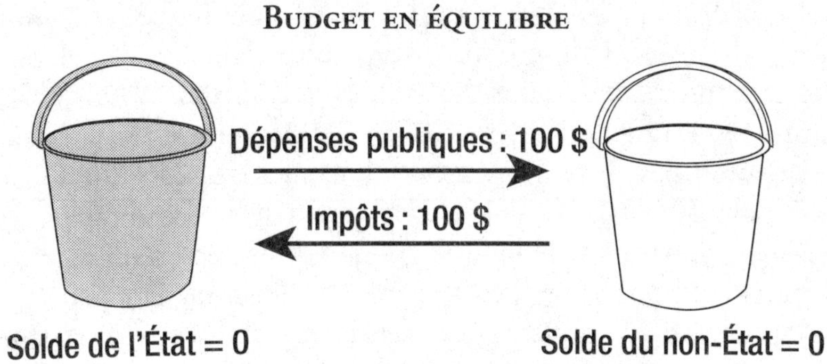

Figure 4. – L'État équilibre son budget.

En contenant les dépenses publiques au niveau des impôts, l'encre rouge tant redoutée a été éliminée. Mais que se passe-t-il ? Le seau du non-État a perdu son excédent financier. Cela dit, il est possible que ce soit un bon résultat. Souvenons-nous : la TMM nous demande de nous concentrer sur les effets *économiques*, pas sur les effets *budgétaires*. Donc, si un budget en équilibre peut créer des conditions générales satisfaisantes dans notre économie – c'est-à-dire le plein emploi et la stabilité des prix –, il n'y a aucune raison de se plaindre que l'État ait équilibré ses comptes. La plupart du temps, cependant, notre économie a besoin du soutien de déficits budgétaires pour maintenir son équilibre. La question est d'empêcher le déficit de devenir trop grand ou trop petit.

Comme on l'a vu au chapitre 2, trop dépenser ou trop peu prélever par l'impôt peut créer des problèmes. Imaginons un scénario extrême, où l'État nous permet de conserver tous les dollars qu'il met dans notre seau : le fisc ne prélève jamais rien. C'est comme si on fermait la bonde de la baignoire et qu'on laissait toutes les gouttes de dépenses s'accumuler dans notre seau. Peu après, on verrait la baignoire déborder et l'économie surchauffer. L'inflation s'installerait vite, car trop d'argent clapote dans notre seau. Le déficit bien proportionné est celui qui apporte juste assez de soutien pour maintenir notre économie en forme sans faire monter l'inflation.

Les déficits peuvent être trop grands, mais ils peuvent aussi être trop petits. Utilisons nos deux seaux pour examiner, une dernière fois, les excédents tant vantés de Clinton (1998-2001). Avant 1998, l'État était déficitaire en permanence. Puis, soudain, la situation s'est inversée. Au lieu de couler du seau de l'Oncle Sam dans le nôtre, les dollars ont commencé à se mouvoir en sens inverse. Comme le montre la figure 5, l'Oncle Sam a pris le signe (+) et nous avons pris le signe (-). Illustrons la situation à l'aide de chiffres simples. Pour mettre l'Oncle Sam en excédent, l'État a dû, en 1998, prélever plus de dollars sous forme d'impôts (100 dollars) qu'il n'en a dépensés dans notre seau (90 dollars). L'Oncle Sam n'a qu'un seul moyen de prélever *la même année* plus de dollars qu'il n'en dépense : il doit reprendre une partie des dollars qu'il nous avait fournis les années *précédentes*.

BUDGET EN EXCÉDENT

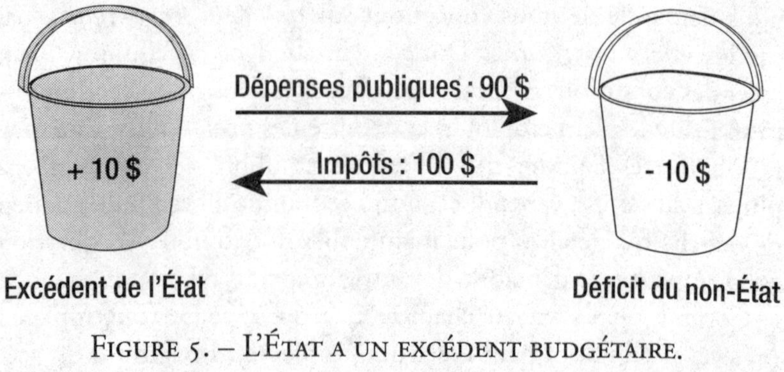

FIGURE 5. – L'ÉTAT A UN EXCÉDENT BUDGÉTAIRE.

Là encore, nous avons éliminé des comptes publics l'effroyable encre rouge. De fait, le solde de l'Oncle Sam est à présent écrit en noir. Mais il est trop tôt pour déboucher le champagne !

N'oublions pas qu'en face de chaque excédent financier il existe un déficit financier de taille égale. Autant dire que l'encre noire de l'État est devenue notre encre rouge ! Les excédents de Clinton nous ont forcés à sacrifier certains des dollars que nous avions épargnés dans notre seau. Le récit de l'éviction raisonne totalement à l'envers. Ce sont les excédents budgétaires, et non les déficits, qui dévorent notre épargne financière.

Pourquoi si peu d'économistes prennent-ils la peine de le faire remarquer ? Quand le CBO publie sa *Perspective budgétaire* annuelle, il ne raconte que la moitié de l'histoire. Il indique les soldes financiers actuels (et projetés) de l'État, mais il ne se fatigue pas à souligner ce que cela veut dire pour nous, dans l'autre seau. Il donne les chiffres – les gros chiffres effrayants du déficit – dont se servent les politiciens et les experts pour terroriser la population, mais il n'entreprend à aucun moment de montrer que ces déficits ont *nécessairement* un effet sur nos soldes financiers à nous. Le public est donc bombardé par une couverture médiatique unilatérale qui regarde les déficits budgétaires d'un seul et unique point de vue. Par exemple, en juillet 2019, le comité de rédaction du *New York Post* a publié une tribune intitulée : « On verrouille un avenir de déficits de plusieurs billions de dollars[8]. » Ce que le *Wall Street Journal* avait prévu un an plus tôt avec ce titre comparable : « Pourquoi les déficits de plusieurs billions de dollars pourraient être la nouvelle norme. » Le problème est que nul ne se soucie de montrer aux lecteurs comment les pièces s'ajustent entre elles. On présente la perspective budgétaire de l'État comme si c'était la totalité de l'histoire. Ce n'est pas vrai.

Pour améliorer le débat public, il nous faut penser en chouette du déficit. Les faucons et les colombes que nous avons rencontrés au chapitre 3 passent trop de temps à pousser des cris d'orfraie sur l'encre rouge et pas assez à éclairer la population sur ce que cette encre rouge signifie pour nous, tous les autres. Pour voir la situation dans son ensemble, il faut être en mesure d'observer le flux des paiements sous un autre angle. C'est ce qui fait de la chouette une bien brave bête budgétaire. (Dites-le trois fois très vite.) La chouette a une amplitude maximale de mouvement : elle peut tourner la tête pour voir ce qui échappe aux autres. C'est bien pratique d'en avoir une à proximité si vous voulez le panorama complet.

Godley était une chouette du déficit. C'est pourquoi il a été capable de voir ce que tant d'autres n'ont pas vu quand le budget de l'État est devenu excédentaire à partir de 1998. Tandis que les élus démocrates et l'immense majorité des économistes acclamaient les excédents de Clinton, Godley a sonné l'alarme[9]. Puisque rien n'échappait à son modèle, il pouvait voir que les excédents de l'État étaient en train d'aspirer une partie de notre épargne financière. Pendant que le Comité des conseillers économiques du président rédigeait fiévreusement son rapport de triste mémoire « La vie après la dette »[10], Godley publiait des rapports qui éclairaient d'une lumière crue les *déficits du secteur privé* que tous les autres, ou presque, ignoraient superbement. Il a été pratiquement le seul à prédire que les excédents de Clinton allaient miner la reprise et finir par replonger le budget fédéral dans le déficit[11]. Pour une raison simple : les excédents budgétaires nous arrachent collectivement une part de fortune financière, ce qui nous laisse moins de pouvoir d'achat pour alimenter la dépense qui fait fonctionner notre économie.

L'approche de Godley montre qu'*en termes purement financiers* tout déficit budgétaire est bon pour quelqu'un, car au déficit de l'État correspond toujours un excédent financier égal – au centime près – dans le seau du non-État. Au macroniveau (celui de la vue d'ensemble), l'encre rouge de l'Oncle Sam est toujours notre encre noire. Quand il dépense plus de dollars dans notre seau qu'il n'en prélève par l'impôt, nous accumulons forcément des dollars dans notre fortune financière. Mais *nous*, c'est qui, au juste ?

Vu de la stratosphère, tout ce que nous savons, c'est que ces dollars coulent dans un seau géant qui comprend tous ceux qui ne s'appellent pas Oncle Sam. Vous y êtes, et moi aussi. Des compagnies comme Boeing et Caterpillar y sont avec nous. Nos partenaires commerciaux – la Chine, le Mexique, le Japon, etc. – s'y trouvent également. Le président John F. Kennedy aimait répéter qu'« une marée montante soulève tous les bateaux ». Il voulait dire que, lorsque notre économie prospère, cela va mieux pour nous tous aussi. Le modèle de Godley montre que les déficits budgétaires soulèveront *toujours* notre bateau (financier) collectif du non-État. Mais qu'en est-il de tous les bateaux individuels qui flottent à l'intérieur de ce grand seau ?

Les déficits budgétaires ont le *potentiel* nécessaire pour soulever des millions de petits bateaux, mais ceux de l'Oncle Sam, trop souvent, ne répandent pas largement leurs bienfaits dans toute l'économie. Les réductions d'impôts qui profitent de façon disproportionnée aux entreprises les plus puissantes et aux particuliers les plus fortunés au sein de la société transfèrent les richesses dans leurs seaux à eux, tandis que des millions de familles ont du mal à maintenir leurs embarcations à flot. Si notre objectif est une prospérité largement partagée, il nous faut des déficits budgétaires qui orientent les ressources plus équitablement. Quand nous investissons dans la santé, l'éducation et les infrastructures publiques, par exemple, nos dépenses n'avantagent pas exclusivement les professions médicales et paramédicales, les enseignants et les travailleurs du bâtiment, qui sont payés pour accomplir ces tâches. Elles profitent aussi aux patients, aux étudiants et aux automobilistes, qui bénéficient de meilleurs services publics[12]. Et quand les déficits budgétaires aident des familles à revenu faible ou moyen, ces dollars ne sont pas thésaurisés sur des comptes offshore. Ils sont redépensés dans l'économie, ce qui contribue à soulever d'autres bateaux appartenant à d'autres familles du même type.

Conclusion : tout déficit ne sert pas forcément l'intérêt général. On peut utiliser les déficits pour le bien comme pour le mal. Ils peuvent enrichir une petite fraction de la population en soulevant les yachts des riches et des puissants sur des crêtes d'une hauteur inégalée tout en abandonnant au creux de la vague des millions de personnes. Ils peuvent financer des guerres injustes qui déstabilisent le monde et tuent des millions d'êtres humains. Ou ils peuvent servir à soutenir la vie et à construire une économie plus juste qui fonctionne pour le plus grand nombre et pas seulement pour quelques-uns. Ce qu'ils ne pourront jamais faire, c'est dévorer notre épargne *collective*[13].

Le taux d'intérêt est une variable déterminée par les pouvoirs publics

Le récit de l'éviction est ancré dans le modèle D —› I&E que nous avons présenté au chapitre 1. Souvenons-nous : ce modèle traite l'Oncle Sam comme un utilisateur de monnaie, qui doit financer ses dépenses soit en taxant soit en empruntant. S'il souhaite dépenser (D) plus que ce qu'il s'attend à percevoir par l'impôt (I), il doit couvrir la différence (c'est-à-dire le déficit) par l'emprunt (E). À en croire les économistes traditionnels – les faucons comme les colombes –, *si* l'État emprunte pour couvrir les déficits, *alors* il va utiliser une part de l'épargne qui, sans lui, aurait été à la disposition des entreprises privées et des autres emprunteurs. Le récit dit ensuite que, *si* l'offre d'épargne est ainsi réduite, *alors* les taux d'intérêt vont augmenter : les emprunteurs rivalisent pour un réservoir de financements disponibles qui se contracte, ce qui fait monter les coûts d'emprunt.

Nous avons déjà démontré que les dépenses de déficit augmentent notre épargne collective. Mais que se passe-t-il si l'Oncle Sam emprunte quand il est en déficit ? Est-ce cela qui dévore l'épargne et qui fait pression à la hausse sur les taux d'intérêt ? La réponse est non.

Le récit de l'éviction financière nous demande d'imaginer qu'il existe une offre *fixe* d'épargne, sur laquelle tout le monde peut tenter d'emprunter. Imaginons une énorme montagne de dollars empilés quelque part dans le monde. Supposons que ces dollars ont été mis là par les épargnants, les gens qui possèdent des dollars mais ne souhaitent pas dépenser tout ce qu'ils ont. Les épargnants mettent ces fonds à la disposition des emprunteurs, mais à un certain prix. Les premiers gagnent un intérêt sur l'argent qu'ils prêtent, les seconds les paient pour se servir de ces fonds. C'est une pure question d'offre et de demande : le taux d'intérêt équilibre la demande de financement et l'offre disponible. En l'absence de déficits de l'État, toute la demande vient des emprunteurs privés. Ces fonds prêtables font l'objet, malgré tout, d'une concurrence, mais les entreprises n'ont à rivaliser qu'avec d'autres acteurs du secteur privé pour obtenir une tranche de l'offre disponible[14]. L'Oncle Sam ne participant pas à cet affrontement, la totalité de l'épargne sert à financer l'investissement privé. Mais si le budget de l'État devient déficitaire, l'Oncle Sam va revendiquer une partie de ces liquidités. Par conséquent, l'offre de fonds disponibles pour financer l'investissement privé diminue, les coûts d'emprunt augmentent, et certaines entreprises se retrouvent privées de financement pour leurs projets. Ce ne sont pas les déficits de l'État en eux-mêmes, mais les déficits financés par l'emprunt, qui sont censés conduire à l'éviction par le biais d'une hausse des taux d'intérêt.

La TMM rejette ce récit sur les fonds prêtables, qui suppose que l'emprunt est limité par l'accès à des ressources financières rares. Comme l'écrit Scott Fullwiler, économiste éclairé par la TMM, l'analyse conventionnelle « est tout bonnement incompatible avec le mode de fonctionnement du système financier moderne[15] ». Afin de voir pourquoi, regardons de plus près ce qui se passe vraiment quand l'État fédéral vend des bons du Trésor en coordination avec sa dépense de déficit. Puisque la TMM comprend que l'État ne gère pas son budget comme un ménage, nous rejetons le modèle I&E ⟶ D et nous le remplaçons par celui de l'émetteur de monnaie, D ⟶ I&E. Ce dernier modèle, on s'en souvient, reconnaît que l'État n'a pas de contrainte de revenus (à la différence d'un ménage). Il peut donc dépenser d'abord et taxer ou emprunter ensuite. Supposons que le Congrès autorise 100 $ de nouvelles dépenses. Quand l'État commence à effectuer les paiements, ces dollars coulent dans le seau du non-État. Supposons aussi que 90 dollars servent ensuite à payer les impôts.

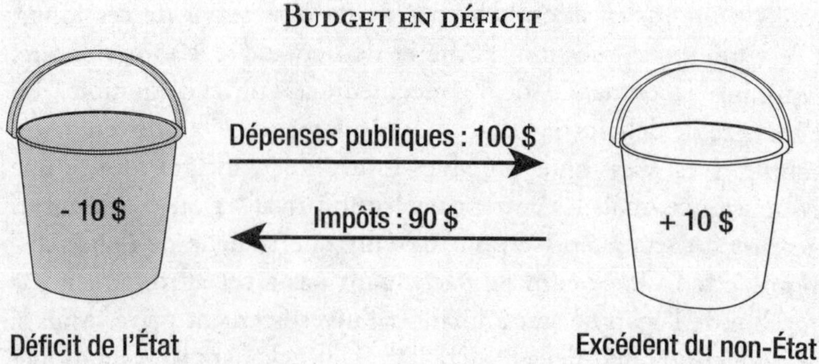

Figure 6. – L'État a un déficit budgétaire.

Comme le montre la figure 6, le déficit de l'État dépose 10 dollars dans le seau du non-État. S'il ne se passe rien d'autre, ces dollars vont rester là, sous forme de monnaie numérique ou physique – des dollars verts. (Souvenons-nous de notre définition du dollar vert au chapitre 1. Les dollars verts existent sous forme de réserves de banque, ou de billets et de pièces de monnaie.) Si l'État nous laissait simplement détenir ces dollars verts, il pourrait être en déficit budgétaire sans vendre les bons d'État qui finissent par s'ajouter à ce que nous nommons (d'un terme malheureux) la dette publique. Mais ce n'est pas ainsi que les choses se passent aujourd'hui. Dans les dispositifs actuels, l'État vend des bons du Trésor chaque fois qu'il est en déficit. Cette vente, on l'appelle normalement un « emprunt », mais, comme on l'a vu au chapitre 3, le terme est vraiment mal choisi. Pour la bonne raison que *c'est le déficit même de l'État qui fournit les dollars nécessaires pour acheter les bons.* Pour associer son déficit de 10 dollars à des ventes de bons, l'État prend 10 dollars verts dans notre seau et les recycle : il les transforme en 10 dollars jaunes – des bons du Trésor. C'est ce que montre la figure 7 : l'État retire des dollars verts du seau du non-État et les remplace par des bons d'État rapportant un intérêt.

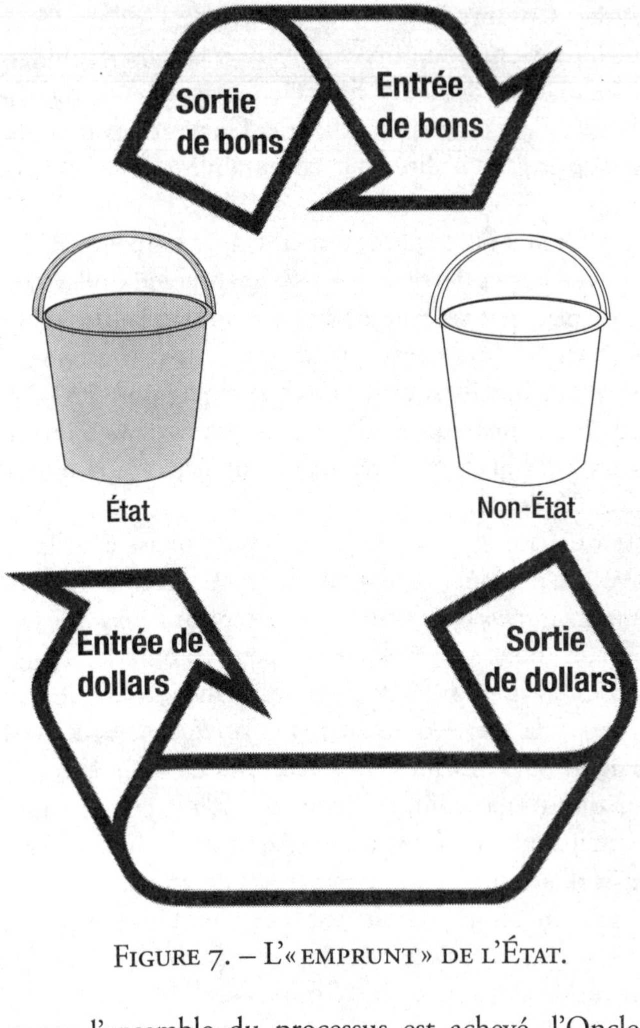

FIGURE 7. – L'« EMPRUNT » DE L'ÉTAT.

Lorsque l'ensemble du processus est achevé, l'Oncle Sam a dépensé (D) 100 dollars dans notre seau, récupéré par l'impôt (I) 90 dollars et transformé les 10 dollars restants en dollars jaunes, qu'on appelle bons du Trésor (E*). Ces bons font à présent partie de la fortune détenue par les épargnants, aux États-Unis et dans le

* On se souvient que cet E signifie « emprunt » – mais on voit qu'il ne s'agit pas vraiment d'un emprunt. L'abréviation anglaise B (pour *borrowing*) a l'avantage de pouvoir changer ici de sens et abréger *bonds* (bons du Trésor).

monde entier. Comme le révèle le modèle de Godley, les déficits de l'État aboutissent toujours à une *augmentation*, dollar pour dollar, de la quantité des actifs financiers nets détenus dans le seau du non-État[16]. Ce n'est pas une théorie. Ce n'est pas une opinion. C'est la froide et dure réalité de la comptabilité « stocks-flux cohérente ».

Donc les déficits budgétaires – même avec emprunt de l'État – ne peuvent pas laisser derrière eux une épargne en dollars rétrécie. Et si cela ne peut pas se produire, une contraction du volume de l'épargne en dollars qui provoquerait une hausse des coûts d'emprunt est impossible. Il est clair que cette réalité pose un problème pour la théorie conventionnelle de l'éviction, qui affirme que les dépenses publiques et l'investissement privé se disputent un volume *fini* d'épargne.

Si le récit des fonds prêtables n'est pas en phase avec la réalité, c'est parce qu'il nous demande de considérer l'État fédéral comme un *utilisateur* de monnaie. Dès l'instant où nous rejetons ce prisme naïf, nous voyons que des pays comme les États-Unis n'ont pas besoin d'emprunter pour se financer, et qu'ils ne sont pas non plus à la merci d'investisseurs privés quand ils vendent des bons du Trésor[17]. L'Oncle Sam n'est pas un mendiant qui doit aller, le chapeau à la main, solliciter des fonds pour financer les dépenses qu'il souhaite. Il est un émetteur de monnaie musclé ! Il peut choisir d'emprunter (ou pas), et le Congrès pourra toujours fixer le taux d'intérêt qu'il paiera sur tout bon d'État qu'il décidera d'offrir. Ce n'est pas vrai de tous les pays, mais c'est vrai de ceux qui disposent de leur souveraineté monétaire[18].

La distinction est d'une incroyable importance, car il y a un élément de vérité dans le récit conventionnel où les déficits budgétaires peuvent imposer une hausse des taux d'intérêt. Mais il faut faire preuve de discernement quand on évoque cette suite d'événements. En se concentrant sur les systèmes monétaires en vigueur et la mécanique réelle du financement par le déficit, la TMM nous permet d'écarter une vision bien trop simpliste des conditions de possibilité de cet enchaînement. Ce qui compte par-dessus tout, c'est le *régime monétaire* sous lequel opère le pays. À la différence de la Grèce, du Venezuela ou de l'Argentine, les pays qui disposent de leur souveraineté monétaire ne sont pas à la merci des marchés financiers. Afin de comprendre pourquoi, regardons de plus près ce qui se passe lorsqu'un pays souverain sur le plan monétaire, comme les États-Unis, a un déficit budgétaire.

La TMM montre que l'État américain dépense en créditant les comptes réserves de banques privées ; celles-ci créditent à leur tour les comptes en banque de ceux de leurs clients qui reçoivent des paiements de l'État. Si vous déposez un chèque de 1 000 dollars venu de l'Oncle Sam, votre banque sera créditée de 1 000 dollars sur son compte réserves à la Réserve fédérale, et vous serez crédité(e) de 1 000 dollars sur votre compte bancaire personnel. Les paiements que vous faites à l'État fédéral ont l'effet opposé. Si vous lui envoyez, par exemple, un chèque de 500 dollars pour payer l'impôt fédéral sur le revenu, votre banque débitera cette somme de votre compte courant et la Réserve fédérale débitera 500 dollars du compte réserves de votre banque. Quand l'État dépense plus qu'il ne taxe, il accroît la quantité de réserves dans le système bancaire. Autrement dit, les déficits budgétaires augmentent l'offre *totale* de réserves.

Ce qui se passe ensuite dépend entièrement de la réaction des pouvoirs publics. L'État peut emprunter, comme il le fait aujourd'hui, en remplaçant les réserves qu'il vient de créer par des bons du Trésor américains. Agir ainsi lui permet d'avoir des déficits budgétaires *sans modifier la quantité de réserves dans le système bancaire*. Du point de vue de la TMM, l'objectif de ces ventes de bons d'État n'est pas de « financer » les dépenses publiques (qui ont déjà eu lieu), mais d'empêcher qu'une injection massive de réserves fasse descendre le taux d'intérêt à un jour au-dessous du niveau cible de la Réserve fédérale[19]. Vendre des bons est un acte totalement volontaire, au sens où le Congrès pourrait toujours décider de faire les choses différemment[20].

Puisqu'ils jouissent de la souveraineté monétaire, les États-Unis ont de nombreuses options lorsqu'il s'agit d'emprunter et de gérer leur taux d'intérêt. Ils peuvent exercer un contrôle rigide sur le taux d'intérêt à court terme tout en permettant aux marchés financiers d'avoir *une certaine* influence sur les coûts d'emprunt à long terme. C'est ce qui se passe aux États-Unis aujourd'hui. Ils pourraient aussi prendre le contrôle des coûts d'emprunt à long terme, comme ils l'ont fait au cours et au lendemain immédiat de la Seconde Guerre mondiale ou comme le fait aujourd'hui la Banque du Japon (BOJ). Ils pourraient même se passer entièrement de bons du Trésor, ce qui rendrait pratiquement impossible à quiconque de raconter l'histoire de l'éviction, en soutenant que l'*emprunt* de l'État est à l'origine d'une hausse des taux d'intérêt. Conclusion : les déficits ne représentent aucun risque intrinsèque d'éviction. La théorie des fonds prêtables est fausse. Purement et simplement. Déficit budgétaire – avec ou sans vente de bons d'État – ne signifie pas hausse inévitable des taux d'intérêt.

Pour mieux en comprendre la raison, regardons brièvement comment tout cela fonctionne aujourd'hui. Actuellement, le Trésor des États-Unis émet des titres dits « sans risque » chaque fois qu'il a un déficit budgétaire. Ces titres sont jugés sans risque au sens où un État qui émet sa monnaie pourra toujours tenir sa promesse de rembourser des détenteurs de bons, du moment que ces bons sont libellés dans la propre unité de compte de cet État. Le Japon pourra toujours rembourser des yens. Les États-Unis pourront toujours payer des dollars. Et le Royaume-Uni pourra toujours satisfaire à toute obligation de paiement libellée en livres britanniques. Dans chacun de ces pays (et dans d'autres), l'État a adopté ses propres procédures pour placer ses bons d'État entre les mains d'acheteurs privés.

Les États-Unis ont recours à un système d'enchères pour vendre leurs bons d'État et les faire pénétrer sur le marché privé. Chaque fois que l'État fédéral s'attend à un déficit budgétaire, le département du Trésor offre une certaine quantité de titres qui correspond au déficit anticipé. Ses responsables décident du nombre de titres à offrir, et les participants à ce marché – les investisseurs – se disputent cette offre limitée. La vente initiale a lieu sur ce qu'on appelle le marché primaire, où une certaine catégorie d'acheteurs, les *primary dealers*, soumettent des offres pour les titres. Les *primary dealers* sont les contreparties de la Réserve fédérale de New York dans ces transactions. Actuellement, il y en a deux douzaines, parmi lesquels on reconnaît des noms familiers comme Wells Fargo, Morgan Stanley, Bank of America et Citigroup. Après leur achat initial sur le marché primaire, les bons du Trésor américains pourront changer de mains sur le marché secondaire. C'est là qu'ils deviendront accessibles aux fonds de pension, aux fonds spéculatifs, aux autorités des États de l'Union, aux municipalités, aux compagnies d'assurances, aux investisseurs étrangers et à tous les autres. Le taux d'intérêt des bons d'État résulte du processus concurrentiel des enchères, puisque les *primary dealers* « font le marché » en remettant des offres pour l'ensemble de la quantité offerte à chaque vente[21].

Si l'État s'attend à avoir un déficit budgétaire de 200 milliards de dollars, le département du Trésor va organiser une vente aux enchères de ce montant[22]. Avant chaque vente, les responsables du Trésor décident de sa date, de l'envergure qu'elle aura, de la valeur nominale des titres et des diverses maturités à proposer[23]. Dans le cadre de leur vente aux enchères de 200 milliards de dollars, ils offriront peut-être un bloc de bons du Trésor à dix ans à valeur nominale de 1 000 dollars chacun. Quand la vente aux enchères s'ouvre, chaque *primary dealer* fait une offre pour sa part de la quantité totale. L'un d'eux peut signaler qu'il est prêt à acheter un certain nombre de ces bons, mais seulement s'ils lui rapportent 20 dollars par an. Un autre va peut-être demander 18 dollars. Et un troisième soumettra une offre indiquant qu'il recherche 22 dollars par an. Chaque offre est porteuse d'un taux de rendement implicite. Dans cet exemple, les *primary dealers* veulent respectivement un taux de 2 %, de 1,8 % et de 2,2 %. Si celui qui cherche à obtenir 20 dollars remporte une part de la vente aux enchères, la Réserve fédérale lui facturera le montant approprié de réserves et lui créditera des bons du Trésor qui paieront annuellement 2 % d'intérêt pendant les dix prochaines années[24]. Au bout de dix ans, chacun de ces bons lui aura rapporté 200 dollars d'intérêts[25].

Les *primary dealers* sont tenus d'enchérir à des taux raisonnables, mais ils ne sont pas obligés de soumettre des offres identiques. S'ils pensent que 2 % c'est trop peu, ils peuvent tenter d'obtenir un rendement plus élevé en soumettant une offre d'achat plus faible. Mais les offres plus faibles réduisent la probabilité de remporter les enchères. Il y a un vieux truc qui aide à comprendre la relation entre le rendement des bons (les taux d'intérêt) et leur prix. On utilise ses pouces : on met un pouce en l'air s'il y a une forte demande des investisseurs. Les offres élevées signifient que les prix des bons sont « pouce en l'air ». Il y a une relation inverse entre le prix des bons et leur rendement. Donc un pouce en l'air quand les prix des bons sont plus élevés implique un pouce en bas pour les taux d'intérêt. Emprunter revient moins cher quand les *primary dealers* indiquent qu'ils sont prêts à acheter à des taux d'intérêt peu élevés. Quand les *dealers* soumettent des offres d'achat plus faibles, cela signifie qu'ils demandent des rendements supérieurs. S'il y a beaucoup d'offres faibles, le Trésor devra peut-être payer un peu plus que ce qu'il avait prévu en annonçant sa vente aux enchères.

En pratique, les ventes aux enchères du Trésor sont toujours sur-souscrites : il y a constamment plus d'offres que de titres proposés. « Il y a toujours plus de demande pour les bons du Trésor qu'on ne peut en allouer sur une offre limitée de nouvelles émissions à chaque vente, m'a écrit l'ancien secrétaire adjoint au Trésor Frank Newman. Les gagnants des enchères obtiennent de placer leurs fonds dans la forme d'instrument très liquide la plus sûre qui existe pour les dollars ; les perdants sont obligés de laisser une partie de leurs fonds dans les banques, avec le risque de banque[26]. » Puisque la demande est toujours supérieure à l'offre, soumettre une enchère relativement faible signifie qu'on repartira probablement les mains vides. Les enchérisseurs les plus enthousiastes pourront troquer une partie de leurs comptes réserves contre des bons du Trésor américains. Pour séparer les gagnants des perdants, l'État classe les offres de la plus élevée à la plus faible. L'offre directe la plus forte – c'est-à-dire le taux d'intérêt le plus bas – gagne toujours. Le lot suivant va au second enchérisseur le plus élevé, et ainsi de suite, en descendant, jusqu'au moment où les bons proposés ont tous été vendus.

Cela ressemble au marché des fonds prêtables imaginé dans le récit de l'éviction, se dit-on peut-être. Non, pas du tout. Le marché des *primary dealers* est un marché du monde réel, établi par l'État fédéral pour y vendre exclusivement les titres qu'il vient d'émettre[27]. Autrement dit, l'État a créé le marché des *primary dealers* à seule fin de placer ses bons du Trésor entre des mains privées dans le cadre de ses opérations budgétaires. L'Oncle Sam n'entre pas sur ce marché pour faire concurrence à d'autres emprunteurs. Au contraire, ce sont les deux douzaines de *primary dealers* (les prêteurs) qui se concurrencent entre eux pour gagner une part de la vente. Chaque vente aux enchères implique une coordination entre le Département du Trésor et la Réserve fédérale. Cela signifie que même des déficits budgétaires considérables et *imprévus* ne posent jamais le moindre problème de financement. Pour une raison simple : la Réserve fédérale soutient les *primary dealers*. « Soutenir » signifie ici, fondamentalement, que, s'il y a le moindre incident dans le processus, la Réserve fédérale fera en sorte que les *primary dealers* aient tout le financement dont ils ont besoin afin qu'il soit rentable pour eux de placer des offres raisonnables sur l'ensemble des titres alloués. Avec ce dispositif en place, il est clair que les taux d'intérêt payés sur les bons d'État sont un choix des pouvoirs publics et non une contrainte imposée à l'État fédéral par des créanciers.

Donc quelle est la relation *réelle* entre les déficits et les taux d'intérêt ? Sur un point, il y a une réponse indiscutable. Les déficits font *baisser* le taux d'intérêt à un jour. Dans un monde sans vente de bons d'État ou autre action défensive de la banque centrale, les déficits feront tomber les taux d'intérêt à court terme à zéro. On voit bien pourquoi : la dépense de déficit emplit le système bancaire de réserves excédentaires, et un gigantesque accroissement de l'offre de réserves va pousser le taux des fonds fédéraux jusqu'à zéro[28]. Si la banque centrale ne veut pas accepter le taux zéro, elle doit absolument faire quelque chose pour ramener le taux en territoire positif. Historiquement (avant 2008), elle agissait en effectuant des opérations d'open market, en vendant des bons du Trésor et en drainant les comptes réserves jusqu'au moment où le taux d'intérêt était remonté à son taux cible. Aujourd'hui, la Fed atteint sa cible de taux d'intérêt en la proclamant. Si elle veut ajuster les taux, elle annonce simplement une nouvelle cible – et *voilà* : le taux d'intérêt est désormais fixé à ce nouveau chiffre (plus élevé ou plus bas). L'important est que, sans une forme quelconque d'intervention explicite, les déficits budgétaires conduiraient naturellement le taux d'intérêt à court terme à zéro[29].

Que dire des autres taux d'intérêt ? Être un *primary dealer*, c'est un peu comme posséder la poule aux œufs d'or. On vous garantit un profit pour la simple raison que vous occupez une place spéciale dans l'appareil monétaire qui facilite les opérations budgétaires du Trésor. C'est une position privilégiée qu'aucun *primary dealer* ne veut compromettre. Pour la conserver, tout ce qu'ils ont à faire est de soumettre des offres raisonnables qui leur fassent gagner leur part des bons du Trésor à chaque vente aux enchères. Le mot clé, c'est *raisonnable*. Il signifie que les offres soumises doivent être très proches des taux d'intérêt existants, qui sont eux-mêmes régis dans une large mesure par la politique de la Réserve fédérale. Donc, si, officiellement, les *primary dealers* soumettent des offres qui expriment le taux de rendement qu'ils souhaitent, le taux d'intérêt qu'ils doivent en définitive accepter échappe largement à leur contrôle. Cela devient encore plus évident lorsqu'on regarde le reste du monde : on constate qu'environ un tiers du marché mondial des bons d'État opère à des taux d'intérêt (nominaux) négatifs. En effet, la Banque du Japon, la Banque centrale européenne, la Riksbank suédoise, la Banque nationale du Danemark et la Banque nationale suisse ont toutes fixé le taux d'intérêt à court terme au-dessous de zéro.

La vente de bons du Trésor à des investisseurs privés donne l'impression – l'illusion – que l'État dépend des épargnants pour se financer et que les marchés financiers peuvent l'obliger à emprunter à des conditions fixées par les créanciers privés. Ce n'est pas ainsi que cela fonctionne en pratique. Un État qui émet sa propre devise n'a pas besoin de l'emprunter à qui que ce soit pour dépenser. Et même s'il emprunte, il peut influencer considérablement l'intérêt qu'il paie sur ces titres. Les *primary dealers* peuvent signaler un *désir* de taux plus élevés, mais la Fed peut toujours s'arranger pour faire baisser les taux si elle le décide. Il y a un dicton populaire chez les investisseurs avisés : « *Don't fight the Fed!* » « Ne combattez pas la Fed ! » Si la Réserve fédérale est déterminée à réduire les taux, le mieux est de se préparer à une baisse des taux. Quand on parie contre une banque centrale déterminée, il est pratiquement certain qu'on subira des pertes financières. L'un des plus éclatants de ces (mauvais) plans a été exécuté par un investisseur nommé Kyle Bass. Il se sentait certain que la dette de l'État japonais était devenue insoutenable. Il a donc parié contre elle en vendant des JGB à découvert. Vendre des bons d'État à découvert, c'est parier que leur prix va baisser (prix pouce en bas) et que leur rendement va augmenter (taux d'intérêt pouce en l'air). Cette stratégie de *trading* s'est soldée par d'énormes pertes pour Bass (et pour d'autres qui pensaient comme lui). La vente des JGB à découvert y a gagné le surnom de *widowmaker's trade*, la « transaction qui fait des veuves », car peu d'investisseurs ont survécu aux pertes qu'elle leur a infligées.

Quoi qu'en disent la plupart des économistes, il n'y a aucune relation prédéterminée entre déficit budgétaire et taux d'intérêt. Si la banque centrale est décidée à maintenir les taux stables ou à les faire baisser, les déficits budgétaires ne peuvent pas les obliger à augmenter, comme l'imagine le récit conventionnel de l'éviction. Un peu d'histoire le prouve assez.

De 1942 à 1947, la Réserve fédérale – sur ordre du département du Trésor – a géré activement les coûts d'emprunt de l'État. Bien que les dépenses occasionnées par la Seconde Guerre mondiale aient porté le déficit fédéral à plus de 25 % du PIB en 1943, les taux d'intérêt ont été orientés à la baisse. Pour une raison simple : la Réserve fédérale a fixé à 0,375 % le taux des T-Bill (les billets du Trésor à court terme) et maintenu à 2,5 % le taux des bons à vingt-cinq ans. Comme l'explique l'économiste L. Randall Wray, qui se réclame de la TMM, « l'État peut "emprunter" (émettre des bons vendus au public) à n'importe quel taux d'intérêt que la banque centrale décide d'imposer. Celle-ci n'a guère de mal à immobiliser le taux d'intérêt des instruments à court terme de la dette publique en se tenant prête à les acheter à prix fixe en quantité illimitée. C'est précisément ce qu'a fait la Fed aux États-Unis jusqu'en 1951 – en procurant aux banques, pour leurs réserves excédentaires, une option alternative qui rapportait un intérêt, mais à un taux très faible[30] ».

L'accord Trésor-Réserve fédérale de 1951 a mis fin à l'engagement officiel de la seconde de gérer les taux pour le compte du premier, mais ne l'a nullement privée de sa capacité à le faire. De fait, la Réserve fédérale reste capable de faire baisser les taux même si les déficits grimpent. C'est une réalité qui devrait être évidente pour tout observateur, même distrait, de la politique de la Fed dans la dernière décennie. Quand l'économie américaine s'est effondrée en 2008, le déficit budgétaire s'est envolé à plus de 10 % du PIB. Tandis que les déficits grimpaient, la Réserve fédérale a baissé le taux à un jour à zéro et l'y a laissé pendant sept ans. En outre, elle a mené trois programmes d'assouplissement quantitatif en achetant des bons du Trésor américains et des titres adossés à des prêts hypothécaires, ce qui lui a permis de faire baisser également les taux d'intérêt à long terme. Quiconque prétend que les déficits budgétaires imposent nécessairement une hausse des taux d'intérêt a oublié son histoire de la Seconde Guerre mondiale et ignore l'expérience récente – et pas seulement aux États-Unis.

Depuis 2016, la banque centrale du Japon cible explicitement sa courbe des rendements[31]. Ce qui veut dire qu'elle ne contrôle pas seulement le taux d'intérêt à un jour (comme la Fed aux États-Unis), mais qu'elle fixe aussi de fait les taux à long terme.

Cette pratique s'appelle « contrôle de la courbe des rendements » parce qu'elle consiste à contrôler, au sens littéral du terme, le rendement des bons d'État à dix ans. Aujourd'hui, la BOJ est déterminée à maintenir ce taux à dix ans autour de 0 %. Comment ? En achetant autant de ces bons qu'il faudra pour empêcher leur rendement de monter au-dessus de zéro. Cette opération ressemble un peu à l'assouplissement quantitatif par son objectif : la baisse des taux d'intérêt. Mais le contrôle de la courbe des rendements est une forme d'engagement plus puissante, puisque le volume de bons que la BOJ achètera pendant une période donnée n'est pas déterminé à l'avance. Contrôler la courbe des rendements, c'est s'engager à tenir un taux cible (un prix) et non à acheter un certain montant de bons d'État (une quantité). La politique de la BOJ démontre clairement que la banque centrale peut fixer simultanément les taux d'intérêt à court et à long terme *même quand l'emprunt de l'État augmente*. En exerçant son pouvoir d'émetteur souverain de sa devise, le Japon pourra toujours empêcher le type de pression sur les taux d'intérêt imaginé dans le récit des fonds prêtables.

Ces pouvoirs, tous les pays ne les ont pas. « Ce que cela implique en politique économique, explique Fullwiler, c'est un changement de paradigme pour les États souverains sur le plan monétaire. » Disons-le simplement : le récit de l'éviction n'est pas applicable aux pays qui empruntent dans leur propre monnaie souveraine[32]. Aux États-Unis, au Japon, au Royaume-Uni et dans les autres pays souverains en matière de monnaie, le taux d'intérêt de la dette publique est une variable déterminée par l'État. En tant qu'émetteurs de monnaie, ces pays n'ont pas besoin d'emprunter leur propre devise pour dépenser. Leurs ventes de bons sont entièrement volontaires, et le taux d'intérêt payé sur les bons que l'État décide d'offrir est toujours un choix des pouvoirs publics[33]. Ce n'est pas vrai des pays qui ne jouissent pas de la souveraineté monétaire.

Des pays comme la Grèce et l'Italie, ainsi que les dix-sept autres membres de la zone euro, ont abandonné leur devise souveraine pour utiliser l'euro. Puisqu'ils ne peuvent pas émettre cette devise, les États membres sont contraints de couvrir leur déficit budgétaire en vendant des bons. Cela signifie trouver des investisseurs qui sont prêts à abandonner des euros en échange d'instruments de dette publique. Mais il y a un problème : depuis que ces pays se sont mis à promettre de rembourser les détenteurs de leurs bons d'État dans une monnaie qu'ils ne peuvent plus émettre eux-mêmes, leur prêter de l'argent est devenu particulièrement risqué. Cette réalité s'est clarifiée dans la douleur au lendemain de la crise financière de 2008, quand la récession mondiale a plongé dans un lourd déficit les budgets de la Grèce et d'autres pays de la zone euro. Pour financer son déficit, chaque pays a dû chercher des financements sur un marché qui n'était pas sans rapport avec celui qu'imaginait le récit de l'éviction. Les États n'avaient d'autre choix qu'emprunter sur les marchés financiers privés, et ils étaient obligés de payer tout ce qu'exigeait d'eux le marché pour s'assurer les financements dont ils avaient besoin. Prêter à des États qui ne pouvaient plus garantir le remboursement inquiétait les investisseurs – à juste titre. Pour compenser le risque supplémentaire qu'ils prenaient, les marchés financiers réclamaient des taux d'intérêt toujours plus élevés. Très vite, une vraie crise de la dette a eu lieu. En Grèce, cas d'école de cette crise, les taux d'intérêt sur les bons d'État à dix ans ont grimpé de 4,5 % en septembre 2008 à près de 30 % en février 2012. Finalement, l'émettrice de la monnaie – la Banque centrale européenne (BCE) – est venue à la rescousse, et les taux d'intérêt ont très nettement baissé[34].

Emprunter dans une monnaie qu'ils ne pouvaient pas émettre : c'est cela qui a exposé les pays de la zone euro au type de pression sur les taux d'intérêt que prédit le récit conventionnel de l'éviction. Une situation comparable peut apparaître quand les pays lient la valeur de leur monnaie nationale à l'or, ou à une autre devise – autrement dit, fixent leur taux de change. Pendant une période, la Russie et l'Argentine, par exemple, s'étaient engagées à convertir leur devise nationale – le rouble et le peso respectivement – en dollars à un taux de change fixe. Le problème est que, pour défendre le taux de change fixe, l'État doit renoncer au contrôle du taux d'intérêt.

Voici ce qui s'est passé en Russie. Chacun pouvait soit conserver ses roubles, la monnaie nationale, soit demander à la banque centrale de les convertir en autre chose. Il était possible d'échanger ses roubles contre des dollars au taux de change fixe. On pouvait aussi s'en servir pour acheter des bons d'État russes (qu'on appelle les GKO). Comme l'ont observé Forstater et Mosler, « cette situation est analysable comme une "concurrence" entre les bons d'État et l'option de convertir les roubles [en dollars][35] ». Tant que la plupart des gens ont été disposés à garder des roubles ou des GKO, tout s'est très bien passé. L'État russe pouvait émettre les deux. Mais en 1998, quand tout le monde, soudain, a voulu des dollars, ce fut l'apocalypse. Comme la demande de GKO s'évaporait, le prix des bons russes s'est effondré et leurs rendements ont très fortement augmenté. Tout comme l'État grec, qui a été incapable d'empêcher une montée en flèche de ses coûts d'emprunt, les pays qui fixent leurs taux de change sacrifient le contrôle de leurs taux d'intérêt. Selon la TMM, « cela explique le contraste entre les taux d'intérêt très élevés que paient les États perçus comme à risque de défaut de paiement dans les régimes de taux de change fixe et la facilité avec laquelle un pays comme le Japon maintient ses taux à zéro dans un régime de taux de change flottants, malgré des déficits qui feraient exploser un régime de taux de change fixes[36] ».

La leçon est simple. Les régimes monétaires comptent. Le récit simpliste de l'éviction a été conçu pour un monde qui n'existe plus. La théorie économique conventionnelle n'en traite pas moins la chute de cette série des dominos comme une inévitable conséquence de la dépense de déficit. En vérité, ce récit a un champ d'applicabilité limitée. « La théorie financière de l'éviction, rappelle Timothy Sharpe, a été initialement proposée et analysée dans le contexte d'un système de monnaies convertibles, c'est-à-dire l'étalon or et l'accord des taux de change fixes de Bretton Woods (1946-1971). » Prendre en compte les différences de systèmes monétaires change tout. C'est ce que Sharpe a découvert dans une vaste enquête empirique où il a séparé les pays qui correspondent au modèle de la TMM – qui jouissent de la souveraineté monétaire – et ceux qui fixent leur taux de change ou empruntent dans une devise étrangère. Sa conclusion, tout à fait compatible avec la TMM, a été claire : « Les données empiriques révèlent des effets d'éviction dans les économies non souveraines, mais pas au sein des économies souveraines. » Autrement dit, c'est une erreur d'appliquer le récit de l'éviction aux pays souverains sur le plan monétaire, comme les États-Unis, le Japon, le Royaume-Uni ou l'Australie[37].

La vérité, la voici : les déficits de l'État ne sont pas les méchants, les ennemis du progrès. Ils ne compliquent pas l'emprunt et l'investissement du secteur privé. Dans la quasi-totalité des cas, ils les facilitent. Pour une raison simple : les déficits de l'Oncle Sam alimentent notre seau en dollars. Que ces dollars parviennent sous forme de réductions d'impôts ou de hausse des dépenses publiques, ils augmentent le pouvoir d'achat de certains d'entre nous. Et la dépense est ce qui fait vivre le capitalisme. Sans elle, les entreprises n'auraient pas de clients, pas de ventes, pas de chiffre d'affaires et pas de profits pour les maintenir à flot. Des déficits bien ciblés, explique le prix Nobel d'économie William Vickrey, « vont engendrer un revenu disponible supplémentaire, renforcer la demande pour les produits de l'industrie et accroître la rentabilité de l'investissement privé[38] ». Autrement dit, les politiques budgétaires bien conçues, y compris celles qui augmentent les déficits, peuvent servir de catalyseur à l'investissement privé, en amorçant un cercle vertueux qui, loin de l'évincer, l'entraîne dans sa dynamique.

5
« Gagner » dans le commerce mondial

MYTHE 5 : Le déficit commercial signifie que l'Amérique perd.

RÉALITÉ : Le déficit commercial de l'Amérique est son excédent en produits réels.

Je me souviens d'avoir regardé à la télévision avec mon fils, Bradley, qui avait juste neuf ans à l'époque, Donald Trump s'ouvrir la voie de haute lutte dans les débats des primaires républicaines. C'était en 2015, et il fulminait au sujet du commerce international. Des pays comme le Mexique, la Chine et le Japon nous dépouillaient, déplorait-il, et il s'engageait à mettre fin à ce pillage si les électeurs le portaient à la Maison-Blanche. C'est devenu un thème central de sa campagne : *Nous perdons la guerre commerciale contre les étrangers.* « Nous ne gagnons plus », a tonné Trump au cours d'un débat des primaires de 2015 à Cleveland, dans l'Ohio. « Commercialement, nous ne battons pas la Chine. Nous ne battons pas le Japon, qui envoie des millions et des millions de voitures dans notre pays[1]. » Beaucoup d'Américains ont été sensibles à ce message, notamment dans des États comme l'Ohio, le Michigan, la Pennsylvanie, la Caroline du Nord et le Wisconsin, où de nombreux électeurs confrontés au dépérissement de leurs localités et à la disparition des emplois bien rémunérés ont fait le lien avec la concurrence des importations et l'envol des déficits commerciaux.

Devenu président, Trump est resté obsédé par l'écart entre les importations et les exportations, autrement dit par le déficit commercial des États-Unis avec le reste du monde. Pour lui, ce déficit prouve sans l'ombre d'un doute que les États-Unis perdent dans les échanges mondiaux. D'un côté, il voit ces pertes en termes monétaires, comme dans ce tweet : « Les États-Unis perdent depuis des années 600 à 800 milliards de dollars par an dans le commerce. Avec la Chine, nous perdons 500 milliards de dollars. Désolé, nous ne le ferons plus[2] ! » Le problème, semble-t-il croire, est que les étrangers s'enfuient avec notre argent. Et quand il regarde les *termes réels de l'échange* – les biens réels échangés entre Américains et étrangers –, là encore il voit l'Amérique en position d'infériorité dans la relation. En échange des millions de voitures que nous expédie le Japon, a expliqué Trump en 2019, « nous leur envoyons du blé, du blé. Ce n'est pas une bonne affaire[3] ». Sur quoi mon fils Bradley, qui à cette date avait treize ans, s'est tourné vers moi, l'air perplexe, et m'a dit : « Donc, le problème, c'est que nous prenons leurs voitures et qu'ils ne prennent que notre blé ? C'est comme si je donnais à Ian deux de mes cartes de collection bon marché en échange de dix de ses cartes les plus chères. Je serais bien content de faire cette affaire-là ! »

Si l'on voit les choses sous cet angle, on pourrait dire qu'un pays « gagne » quand il maximise ses avantages (ce qu'il importe) et minimise ses coûts (ce qu'il exporte). Mais on aboutirait à une conclusion contraire à ce que chacun pense intuitivement : les quelque 700 milliards du déficit commercial américain prouveraient que les États-Unis sont déjà gagnants dans le commerce mondial. Se pourrait-il que ce raisonnement soit juste? Trump pourrait-il avoir tout faux ? Au lieu d'utiliser les droits de douane dans une guerre commerciale pour réduire le volume des produits qui entrent aux États-Unis en provenance de Chine et d'ailleurs, notre pays devrait-il, au contraire, s'efforcer d'avoir des déficits commerciaux encore plus massifs ? Est-ce cela qui ferait de lui le champion incontesté du commerce international ? La question, nous allons le voir, est bien plus complexe que l'idée simpliste, en noir et blanc, de victoire et de défaite dans les échanges commerciaux.

Donc, pourquoi tant d'Américains ont-ils l'impression que tout le monde « nous massacre » dans le commerce international ? En un mot : les emplois. Richard Trumka, le dirigeant de la plus grande fédération syndicale, a expliqué à Trump, une semaine avant son inauguration, que les mauvais accords commerciaux ont coûté à des millions d'Américains leurs emplois syndiqués bien rémunérés. « Des localités entières ont perdu leur raison d'être et leur identité, a-t-il dit au président-élu, et nous devons régler ça[4]. » Il s'est engagé à soutenir la décision de Trump de renégocier l'Accord de libre-échange nord-américain (ALENA) et d'autres traités, et a lancé : « Les travailleurs attendent une nouvelle façon d'avancer sur le commerce mondial. »

L'Oncle Sam secoué comme un prunier

Comme tant de salariés en Amérique, des millions d'autres en Chine, au Japon et ailleurs dépendent de leurs postes de travail pour vivre. Si la demande pour ce qu'ils contribuent à produire se tarit soudain, leurs emplois pourraient disparaître. C'est pourquoi nous entendons souvent les élus et les syndicats demander aux consommateurs d'acheter américain ou presser des entreprises comme Ford ou Apple de fabriquer une plus large part de leurs produits aux États-Unis. Quand les Américains dépensent de l'argent pour acheter des objets produits à l'étranger, leur demande soutient l'emploi dans d'autres régions du monde et non dans leur propre pays.

Depuis 1994, date à laquelle le président Clinton, en signant l'ALENA, a inauguré une ère nouvelle de « libre-échange », la vie n'a cessé de se dégrader pour des millions d'Américains. Puisque les entreprises industrielles ont relocalisé leurs sites de production au Mexique – et finalement hors de l'Amérique du Nord, dans des pays où ils pouvaient verser aux travailleurs des salaires encore plus bas –, des millions d'emplois syndiqués bien rémunérés ont disparu. L'adhésion pleine et entière de la Chine à l'Organisation mondiale du commerce (OMC) en 2001 a semé un chaos du même ordre pour la classe ouvrière américaine. Les conclusions des économistes de l'Economic Policy Institute sont claires : la demande chinoise de produits d'exportation américains a peut-être soutenu 538 000 emplois aux États-Unis de 2001 à 2011, mais les importations chinoises ont coûté leur poste à plus de 3,2 millions d'Américains – soit une perte nette d'environ 2,7 millions d'emplois[5]. Et ce n'est pas tout : pour ceux de ces travailleurs évincés qui ont réussi à trouver un nouvel emploi, celui-ci était payé environ 22,6 % de moins que ce qu'ils gagnaient auparavant.

Cette forme d'éviction provoquée par le commerce international a dévasté des régions entières, où un grand nombre de localités vivaient économiquement de l'industrie ; elle a aussi condamné de vastes pans de la population américaine au chômage involontaire permanent ou à un sinistre cycle d'emplois à bas salaires dans les services. Et tout cela se passait dans des quartiers et des petites villes qui avaient déjà été radicalement bouleversés dix ans plus tôt par la concentration de l'agriculture sous l'égide de grandes sociétés. Ces localités seraient ensuite matraquées tout au long de la décennie suivante par les chocs commerciaux de l'OMC liés à la Chine : nombre des avantages pour les consommateurs de l'expansion du commerce avec Pékin, que l'on avait tant vantés, s'étaient accompagnés de coûts d'ajustement substantiels sur de nombreux marchés du travail régionaux, où étaient concentrées les industries exposées à une concurrence chinoise devenue soudain bien plus forte. Des années plus tard, la Grande Récession de 2008 porterait un autre coup mortel à l'emploi.

Quand Trump est arrivé en 2016, ses efforts pour inspirer la peur des migrants et la terreur du déficit commercial ont trouvé un auditoire réceptif chez les travailleurs déjà assiégés par des calamités économiques en série. Nombre d'entre eux se sont dit qu'ils n'avaient rien à perdre à soutenir son appel aux armes : gagner la guerre commerciale, ramener les emplois chez nous et *rendre à l'Amérique sa grandeur* !

Pendant ce temps, le parti démocrate répondait mollement. La campagne de Hillary Clinton vendait des casquettes de baseball bleues ornées du slogan « L'Amérique est déjà grande »[6]. Peut-être la secrétaire d'État se sentait-elle acculée dans un coin du ring, et sa campagne, en conséquence, a-t-elle fait le choix stratégique d'ignorer les électeurs écrasés par les relations commerciales des États-Unis et par les malheurs en cascade qui les avaient accompagnées. Au lieu d'élaborer un plan convaincant pour restaurer les emplois bien rémunérés et venir en aide aux localités en difficulté, les dirigeants démocrates ont simplement renoncé aux voix de nombreux électeurs de la classe ouvrière. Le leader de la minorité démocrate au Sénat Chuck Schumer, par exemple, raisonnait ainsi : « Pour chaque col bleu démocrate que nous avons perdu dans l'ouest de la Pennsylvanie, nous allons gagner deux républicains modérés dans les banlieues aisées de Philadelphie, et ce sera pareil dans l'Ohio, l'Illinois et le Wisconsin[7]. » Ce fut une stratégie perdante pour le parti démocrate.

Ayant remporté l'election de 2016, Trump s'en est tenu à son message : les États-Unis sont enfermés dans une concurrence commerciale où ils sont condamnés à perdre. Même certains de ses adversaires présomptifs ont fait écho à ces sentiments. Le sénateur Bernie Sanders, par exemple, a tweeté : « Il est faux de prétendre que la Chine n'est pas l'un de nos concurrents économiques majeurs. Quand nous serons à la Maison-Blanche, nous gagnerons cette compétition en rectifiant nos politiques commerciales. » Certes, Sanders avait (et a toujours) pour objectif de rectifier les politiques commerciales en protégeant les travailleurs et l'environnement. Mais il y a une pointe d'angoisse que les progressistes partagent avec les conservateurs : la peur du déficit commercial lui-même.

La vérité, c'est qu'un déficit commercial, en soi, n'est pas un phénomène à redouter. L'Amérique n'a pas besoin de ramener sa balance commerciale à zéro pour protéger ses emplois et reconstruire ses localités. Du moment que l'État fédéral est prêt à utiliser ses pouvoirs budgétaires pour maintenir le plein emploi dans son pays, il n'y a aucune raison de recourir à une guerre commerciale. Mieux vaut réfléchir à un nouvel ordre commercial mondial qui fonctionne mieux, pas pour les grandes entreprises qui cherchent à exploiter une main-d'œuvre bon marché et à échapper aux réglementations, mais pour les millions de travailleurs qui ont été tant maltraités par les politiques de « libre-échange » mises en œuvre depuis la signature de l'ALENA. Repenser le commerce international peut aussi permettre d'instaurer des politiques plus favorables aux pays en développement et à l'environnement mondial.

Trois seaux

Pour penser les déséquilibres commerciaux, il est utile d'ajouter un troisième seau au modèle utilisé au chapitre précédent. Jusqu'ici, nous avons mis l'Oncle Sam dans le premier seau et tous les autres dans le second. Chaque fois que l'Oncle Sam dépensait des dollars, ils n'avaient qu'une seule destination possible : le seau collectif que nous avons nommé le « non-État ». C'était une façon parfaitement raisonnable de montrer que les déficits de l'Oncle Sam déversaient des dollars dans « notre » seau. À présent, il est temps de regarder de plus près ce seau du non-État. Puisque ce chapitre porte sur le commerce international, nous voulons voir comment les dollars circulent entre l'économie américaine et le reste du monde. Pour y parvenir, il nous faut diviser le seau du non-État en deux seaux séparés. Faisons-le : nous voici avec un modèle à trois seaux. Nous avons toujours celui de l'État américain, mais nous avons maintenant un second seau qui appartient à toutes les familles et entreprises américaines (le seau du secteur privé intérieur) et un troisième seau qui appartient au reste du monde (le seau du secteur étranger).

Comme précédemment, il est impossible que tous ces seaux soient en excédent (ou en déficit) en même temps. S'il y a de l'encre rouge dans un seau, il doit y avoir de l'encre noire dans un au moins des deux autres seaux. Comme dit Godley, « tout doit venir de quelque part et aller quelque part ». Pour chaque paiement qui coule *hors* d'un seau, un paiement de taille égale doit être reçu *dans* un autre seau au moins. Au niveau comptable, cela signifie que l'équilibre des trois seaux a toujours la forme d'une addition qui fait zéro. La figure 8 montre ces relations :

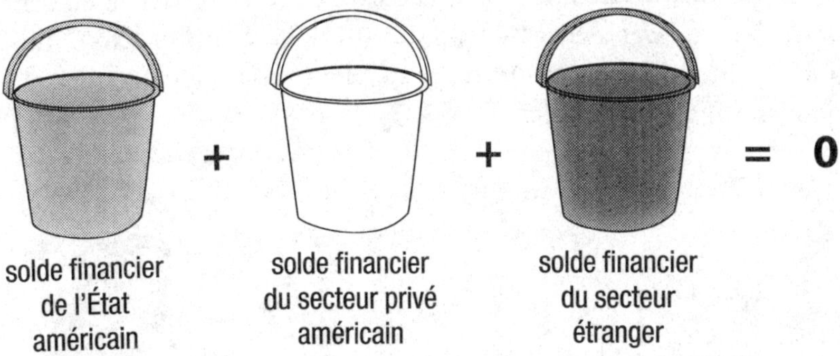

FIGURE 8. – L'IDENTITÉ COMPTABLE DES TROIS SECTEURS.

Dans le monde réel, des dollars coulent entre les trois seaux tous les jours. Si l'État fédéral achète des bulldozers à Caterpillar et embauche des travailleurs aux États-Unis pour construire un pont, les dollars couleront dans le seau du secteur privé américain quand il effectuera ces dépenses. Les travailleurs et (la plupart des) entreprises de notre pays paient aussi des impôts fédéraux. L'Oncle Sam va donc retirer certains de ces dollars du seau du secteur privé.

Pour faire simple, supposons, comme précédemment, que l'Oncle Sam dépense 100 dollars et retire en impôts 90 dollars, ce qui laisse un excédent de 10 dollars dans le seau du secteur privé américain. Ces dollars peuvent circuler à l'intérieur de ce secteur : ils changent de mains quand les Américains vont chez le coiffeur, achètent des billets de cinéma ou paient les frais de scolarité à l'université. Ils peuvent aussi changer de seau, quand il y a importation de produits de l'étranger. Supposons que les

Américains dépensent 5 dollars pour acheter des biens et services au reste du monde, tandis que les étrangers n'en dépensent que 3 pour acheter des produits aux États-Unis. Puisqu'elle importe plus qu'elle n'exporte, l'Amérique a un déficit commercial. Quand tout est dit et fait, le déficit commercial américain transfère 2 dollars dans le seau du secteur étranger. La figure 9 fait le bilan de tous ces paiements : elle montre que le déficit budgétaire de l'État américain (moins 10 dollars) est exactement équilibré par la somme des excédents des deux autres seaux (8 dollars + 2 dollars). Tant que l'économie américaine reste au plein emploi, ce résultat ne pose en soi aucun problème.

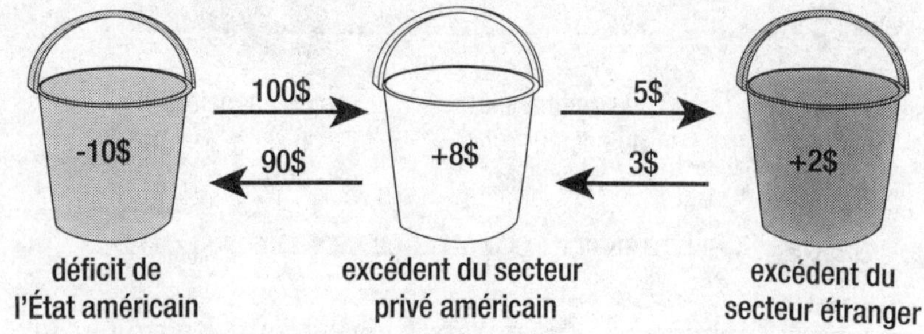

FIGURE 9. – DÉFICIT BUDGÉTAIRE DES ÉTATS-UNIS PLUS DÉFICIT COMMERCIAL DES ÉTATS-UNIS (DÉFICITS JUMEAUX).

Puisque l'Oncle Sam est l'*émetteur* du dollar, il n'a jamais à craindre de se retrouver à court d'argent. Son seau peut fabriquer des dollars à volonté. Mais tous les autres doivent recevoir la devise de quelque part. Et le secteur privé américain souhaite, normalement, accumuler plus de dollars qu'il n'en dépense – c'est-à-dire être en excédent. Non qu'il soit impossible qu'il ait un déficit. C'est possible : il en a eu un à la fin des années 1990 et au début des années 2000. Mais, comme nous en a prévenu Godley, c'est en général une situation insoutenable : quand elle se produit, c'est souvent parce que le secteur privé s'est surendetté[8]. (Ne l'oublions pas : il n'est pas un émetteur de monnaie, donc il ne peut pas supporter les déficits à la manière de l'Oncle Sam.) Pour empêcher le secteur privé américain de sombrer dans le déficit, *quelqu'un* doit fournir à ce seau des dollars en quantité suffisante pour le maintenir en excédent. Dans l'immédiat, ce «quelqu'un» est l'Oncle Sam. Pour une raison claire: les États-Unis ont des déficits commerciaux persistants (c'est-à-dire un excédent de «produits»), ce qui fait passer des dollars du seau du secteur privé au seau de l'étranger. Tant que cette situation perdure, seul l'Oncle Sam peut fournir assez de dollars pour que le secteur privé reste en excédent. Pour y parvenir, l'État doit avoir un déficit budgétaire *supérieur* au déficit commercial des États-Unis[9]. La figure 10 montre ce qui se passe si le déficit de l'État est inférieur au déficit commercial.

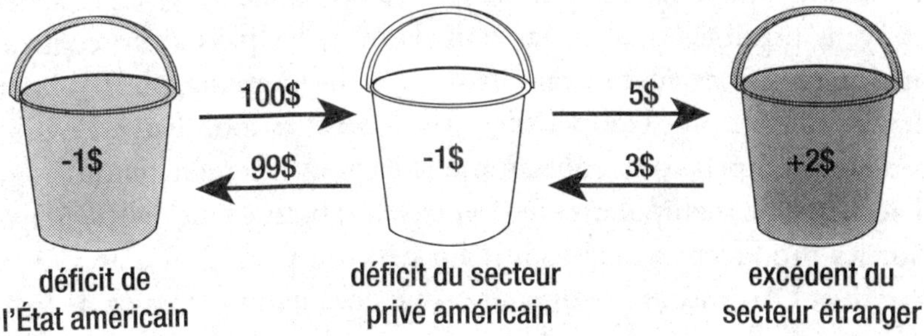

FIGURE 10. – DÉFICIT BUDGÉTAIRE DES ÉTATS-UNIS INFÉRIEUR AU DÉFICIT COMMERCIAL DES ÉTATS-UNIS.

Dans cet exemple, l'État a *presque* équilibré son budget. Mais pas tout à fait. L'Oncle Sam a un petit déficit: il dépense 100 dollars dans l'économie américaine et il prélève par l'impôt 99 dollars[10]. Par conséquent, son déficit n'ajoute que 1 dollar au seau du secteur privé américain. Mais les États-Unis envoient ce dollar, et 4 de plus, au reste du monde. Et les étrangers ne leur renvoient que 3 dollars. Donc les États-Unis sont en déficit commercial: ils dépensent 5 dollars pour des biens et services produits par le reste du monde mais ne reçoivent que 3 dollars pour ce qu'ils vendent eux-mêmes à l'étranger. Si l'on regarde l'ensemble de ces paiements, le secteur étranger accumule un excédent de 2 dollars, tandis que l'État fédéral et le secteur privé américain finissent chacun avec un déficit de 1 dollar. Quand on laisse le déficit budgétaire tomber au-dessous du déficit commercial, la conséquence inévitable est un déficit du secteur privé.

Que faut-il faire pour ramener le secteur privé à sa situation excédentaire habituelle ? La première possibilité est simple : l'Oncle Sam ajoute des dollars dans le seau du secteur privé, soit en dépensant plus dans l'économie américaine, soit en prélèvant moins au titre du paiement de l'impôt. Dès l'instant où le déficit de l'État dépasse le déficit commercial, le solde financier du secteur privé américain devient excédentaire. On peut aussi éliminer le déficit du secteur privé d'une autre façon : en essayant de réduire ou d'inverser le déficit commercial. Il y a plusieurs moyens possibles pour y parvenir. Parfois, les pays s'efforcent de maintenir à bas niveau la valeur de leur monnaie pour rendre leurs produits plus compétitifs sur les marchés mondiaux. Le président Trump fustige constamment le gouvernement chinois en l'accusant de manipuler sa devise, le *yuan*, pour prendre l'avantage sur les producteurs américains. En décembre 2019, il a accusé le Brésil et l'Argentine d' « organiser une dévaluation massive de leur monnaie, ce qui n'est pas bon pour nos agriculteurs[11] ». Certains pays n'ont pas la possibilité d'affaiblir leur devise. Dix-neuf États européens, par exemple, ont constitué une union monétaire, l'Union économique et monétaire (UEM), ce qui les met dans l'impossibilité de modifier la valeur de leurs monnaies les unes par rapport aux autres (un euro égale un euro dans toute la zone euro). Quand une dévaluation *externe* (c'est-à-dire de la monnaie) n'est pas possible, les pays suivent souvent des politiques de dévaluation *interne* pour essayer de « gagner » dans l'arène du commerce mondial. Le terme technique néolibéral pour désigner cette stratégie particulière est *réforme structurelle*. C'est ainsi qu'on nomme poliment un programme dont le but est de réduire les coûts du travail (salaires et retraites) afin d'accroître la compétitivité par la baisse des coûts de production. Fondamentalement, cela signifie qu'un pays utilise l'affaiblissement de ses travailleurs comme substitut à l'affaiblissement de sa monnaie. Quand on évoque cette stratégie, l'Allemagne est le cas d'école en Europe. Après s'être engagé résolument dans cette voie au début des années 2000, l'État allemand a pu remplacer ses déficits commerciaux traditionnels par des excédents commerciaux massifs[12]*.

L'idée qui sous-tendait la politique de Trump consistait à utiliser les droits de douane (c'est-à-dire les impôts sur les importations) pour réduire le déficit commercial américain. En renchérissant certains produits étrangers, Trump pense suivre une stratégie du type « l'Amérique d'abord », qui aura pour effet de modifier les comportements des consommateurs américains : ils achèteront moins de produits importés et consacreront plus d'argent à acheter des biens produits dans le pays. Il y aura donc moins de dollars qui passeront du seau du secteur privé américain au seau de l'étranger. Trump voit cette situation comme une « victoire » parce que toute sa vision du monde s'organise autour des cash-flows. Celui qui a le plus d'argent dans son seau gagne. La TMM comprend l'importance de maintenir des soldes financiers sains, mais les droits de douane lui paraissent largement contre-productifs. On voit bien pourquoi : parce qu'elle sait que les importations sont des bénéfices *réels*. Vus sous cet angle, les droits de douane de Trump sont en réalité une taxe sur les avantages américains. Il existe de meilleurs moyens de maintenir une situation financière saine dans le secteur privé et, nous le verrons, de meilleurs moyens de protéger l'emploi aux États-Unis.

Pas de plein emploi, pas de juste commerce

Maintenant que nous comprenons les flux financiers simples, reprenons notre réflexion sur les effets humains et économiques du commerce international. Trop souvent, les États-Unis ne cèdent pas seulement des dollars au reste du monde, mais aussi

* Il s'agit ici de la balance du commerce des biens et services, selon la Banque mondiale (<https://donnees.banquemondiale.org/indicateur/NE.RSB.GNFS.CD?locations=DE>). Toutes les sources ne concordent pas, mais, lorsqu'on affirme que l'Allemagne a toujours eu un excédent commercial depuis les années 1950, on parle en général du seul commerce des biens.

des emplois. À l'origine de l'angoisse ressentie par la population quand elle pense aux déficits commerciaux américains, il est clair qu'il y a une souffrance – surtout celle qu'inflige le chômage quand des entreprises américaines ferment leurs usines et expédient les emplois outre-mer. Comme l'a montré l'économiste Pavlina Tcherneva, qui se réclame de la TMM, le chômage ressemble à une épidémie. Tel un virus, il touche les autres de proche en proche, et n'a pas seulement pour effet une perte de revenu : il provoque aussi une hausse de la mortalité et des taux de suicide, ainsi qu'un déclin permanent du bien-être[13]. Mais il est plus facile d'accuser les travailleurs migrants, les manipulateurs de devises étrangères ou même la technologie mondiale que de regarder en face cette réalité : le chômage est une politique officielle aux États-Unis.

À mon avis, l'une des meilleures réponses au slogan : « Ils nous prennent nos emplois ! » est : « Tout le monde a un emploi ! » La solution de la TMM au chômage involontaire est l'instauration d'une garantie fédérale de l'emploi, qui établit le droit légal à un bon emploi avec un bon salaire et de bons avantages sociaux. On éliminerait ainsi l'un des effets les plus pernicieux des échanges internationaux : le chômage, qui s'abat trop souvent sur des localités entières quand la concurrence étrangère fait disparaître des postes de travail. Il ne suffit pas d'assurer des formations et d'autres formes d'assistance temporaire aux travailleurs privés de leur emploi par les importations. Des programmes fédéraux comme l'Aide à l'adaptation au commerce international (Trade Adjustment Assistance, TAA)[14] sont importants, mais il faut faire plus.

Ce plus, c'est une garantie fédérale de l'emploi. Il ne s'agit nullement d'une panacée, mais au moins c'est une mesure qui commence à s'attaquer au chômage directement (au lieu d'utiliser des fonds publics à combattre ses effets). Dans les hauts et les bas du cycle des affaires, nous laissons des dizaines de millions d'Américains inactifs en croyant que c'est politiquement, économiquement et socialement raisonnable. Prenons la fermeture de l'usine de fabrication des Harley-Davidson à Kansas City, Missouri, la ville où j'ai enseigné pendant dix-sept ans. Les huit cents travailleurs de la compagnie ont été abasourdis par cette annonce, qui s'est finalement soldée par une perte nette de 350 emplois[15]. Le choix du moment était particulièrement odieux : l'entreprise venait de décider une augmentation de dividende pour ses actionnaires et de faire savoir qu'elle allait dépenser des millions pour racheter jusqu'à 15 millions de ses propres actions. Si un programme de garantie fédérale de l'emploi avait été en place, il aurait amorti le choc de la fermeture. Au minimum, il aurait donné aux travailleurs qui perdaient leur poste un moyen de rester employés là où ils étaient, dans leur localité. Mais il aurait fait plus encore.

Les avantages d'une garantie fédérale de l'emploi ne se limitent pas à la production de biens, de services et de revenus. La garantie, c'est aussi la formation sur le lieu de travail et le développement des qualifications ; l'allègement de la pauvreté ; le renforcement du lien social et des communautés locales ; la stabilité économique, politique et sociale ; et des multiplicateurs sociaux (des boucles de rétroaction positives et des dynamiques de consolidation qui créent un cercle vertueux d'avantages socio-économiques). Avec ce type de programme en place, l'État aurait atténué les ravages localisés causés par la destruction des communautés humaines qui ont subi directement la perte des emplois industriels américains bien rémunérés.

On a peut-être du mal à imaginer une économie qui n'abandonne pas à leur triste sort des millions de personnes. Mais c'est parce que l'Amérique n'a presque jamais réussi à s'approcher du véritable plein emploi. C'est une situation que nous avons rarement connue, en dehors des périodes de guerre. L'un des traits les plus importants d'un programme de garantie de l'emploi est qu'il maintient une forme de plein emploi en réembauchant immédiatement les chômeurs dans des tâches de service public, ce qui leur assure un revenu et le recyclage nécessaire quand ils sont évincés par des chocs commerciaux. Ainsi, la garantie de l'emploi permet d'apporter une réponse de fond tant au « libre-échange » qu'à la « guerre commerciale ». Avec elle, le libre-échange n'est plus une menace contre le plein emploi et les guerres commerciales ne sont plus nécessaires pour empêcher le chômage.

Les négociations commerciales peuvent alors se concentrer sur les normes de qualité et de sécurité de l'emploi et la durabilité environnementale, les États-Unis utilisant leur pouvoir de marché pour promouvoir des conditions de travail acceptables et des normes favorables à l'environnement au niveau mondial[16]. Aujourd'hui, les entreprises chinoises vendent aux ménages américains de nombreux produits écologiquement contestables. De plus, dans le monde entier, beaucoup subissent actuellement des conditions de travail qui ne sont ni saines ni sûres pour fournir à l'Amérique son excédent de produits. Si nous voulons privilégier le bien-être des travailleurs du monde entier, des collectivités humaines et de la planète dans son ensemble, il nous faut une approche nouvelle du commerce mondial.

À une époque de crise climatique planétaire, en particulier, nous ne devons pas nous laisser duper par la rhétorique simpliste des pays qui « gagnent » et qui « perdent » dans le commerce mondial. La *qualité* des échanges est au moins aussi importante que leur *quantité*. Quelles fins nos relations commerciales servent-elles, et les intérêts de qui ? Comme pour la politique budgétaire, le « grand nombre effrayant » du déficit commercial n'est pas digne de tant d'attention. Comme nous le rappelle la TMM, ce sont les ressources réelles, les besoins sociaux réels et les avantages environnementaux réels qui comptent vraiment en matière de politique commerciale.

À ce stade, il est important d'en savoir un peu plus sur nos partenaires commerciaux dans le monde – et sur les privilèges spéciaux dont jouissent les États-Unis comparés aux autres pays. Jusqu'à présent, nous avons montré comment le commerce mondial touche les États-Unis et comment la TMM peut rendre plus productifs et plus humains les flux commerciaux qui entrent dans notre pays et qui en sortent. Mais qu'en est-il de la Grande-Bretagne, de la France, de l'Arabie Saoudite, de la Turquie, du Venezuela et des autres pays du monde ?

La position spéciale du dollar américain

Depuis les années 1970, le mode opératoire de notre système monétaire a fondamentalement changé. Ce tournant redéfinit la façon dont il faut penser la macroéconomie et le rôle d'un État national qui émet sa propre monnaie. Malheureusement, en matière de commerce international comme sur tant d'autres sujets, les décideurs politiques restent enfermés dans un cadre de réflexion anachronique qui appartient à l'ère révolue de l'étalon or.

Du milieu du XIXe siècle au « choc de l'or » de Nixon qui, au début des années 1970, a mis fin à la convertibilité du dollar, l'étalon or (sous une forme ou sous une autre) a été le cadre monétaire commun qui régulait les économies nationales et les échanges commerciaux qu'elles effectuaient entre elles. Certes, les contraintes du système ont été graduellement assouplies, mais le principe directeur est resté le même : dans tous les pays, l'autorité monétaire liait réellement la valeur de sa monnaie à l'or, en se tenant prête à acheter ou à vendre de l'or (ou des dollars) pour répondre à tout déséquilibre issu du commerce international, côté offre ou côté demande. Afin d'effectuer ces interventions, la banque centrale (ou son équivalent de l'époque) devait conserver suffisamment d'or (ou de dollars) pour soutenir la monnaie en circulation à un taux de change fixe.

Un étalon or n'est crédible que si l'État peut tenir sa promesse de convertir sa monnaie en or à prix fixe. Il était donc essentiel de posséder de l'or en quantité suffisante. Et avoir un commerce international en excédent était le plus sûr moyen d'accroître les réserves d'or du pays. Inversement, les déficits commerciaux provoquaient des sorties d'or, puisque les pays payaient leurs importations en or. Pour tenter de prévenir la perte de ses réserves d'or, un pays déficitaire relevait souvent les taux d'intérêt, afin d'attirer à nouveau sur son territoire un flux de lingots d'or. La stratégie était claire : la hausse des taux d'intérêt allait ralentir la demande intérieure (il y aurait alors moins d'importations, donc moins de sorties d'or) et, simultanément, les meilleurs rendements promis par ces taux plus élevés allaient encourager les entrées d'or. Mais, lorsqu'un État devait relever les taux d'intérêt pour inverser un flux sortant d'or, il n'était pas libre de les maintenir à bas niveau pour soutenir son économie nationale. Même quand les taux d'intérêt élevés réussissaient à protéger les réserves d'or, cette politique avait souvent des conséquences dévastatrices. On voit bien pourquoi : la hausse des taux mettait l'économie sur la pente descendante, donc de nombreux citoyens du pays concerné devaient subir récession intérieure et chômage durable. Autant dire que l'étalon or créait un biais récessionniste dans les pays qui avaient des déficits commerciaux. La rigidité du système empêchait les États de se concentrer sur le plein emploi.

Le système de l'étalon or a été suspendu pendant les deux guerres mondiales : les États-Unis (et les autres pays) avaient besoin d'une marge de manœuvre bien plus large s'ils voulaient se permettre les gros déficits nécessaires pour faire ces guerres – la création de quantité de « dollars verts ». Il a été rétabli dans l'entre-deux-guerres, ce qui a soumis l'économie mondiale à des tensions considérables pendant la Grande Dépression. Si nous avions encore ce type de système aujourd'hui, le désir de Donald Trump de supprimer le déficit commercial américain serait beaucoup plus sensé.

Après la Seconde Guerre mondiale, un nouveau système monétaire international est né. Il a rétabli la convertibilité en remplaçant le vieil étalon or par un nouveau « Gold Exchange Standard ». Mais au lieu de maintenir le lien direct entre les monnaies et l'or à prix fixe, il l'a remplacé par une convertibilité dans le dollar, ce qui reflétait le fait que les États-Unis dominaient le commerce mondial (et que les Alliés avaient gagné la guerre !). Ce nouveau système – celui qu'on appelle Bretton Woods – exigeait que le dollar ait une valeur fixe en or. Toutes les autres devises participantes étaient ensuite définies par une valeur en dollars. Le taux de change appliqué à l'époque a fixé le prix de l'or à 35 dollars l'once.

Bretton Woods a recréé de fait un système d'étalon or, avec une étape intermédiaire : le dollar servait désormais d'anneau central dans la chaîne monétaire. Les États pouvaient à présent vendre de l'or au prix de 35 dollars l'once au Trésor des États-Unis, et celui-ci devait honorer les termes de cet échange. En 1971, à la suite de déficits commerciaux américains croissants en partie causés par la guerre du Vietnam, les autres pays ont commencé à craindre que les réserves d'or des États-Unis ne soient plus suffisantes pour couvrir le nombre de dollars en circulation au taux de change fixe. Afin de contenir les pressions sur le dollar, le président Richard M. Nixon a traumatisé le monde en annonçant une suspension temporaire de la convertibilité du dollar en or. Un second choc a suivi en 1973 : il a fait savoir que cette suppression ne serait plus « temporaire » mais permanente. Nixon a agi ainsi parce qu'il a compris que, pour déployer leur politique économique, il fallait aux États-Unis plus d'espace qu'ils n'en avaient dans le cadre de Bretton Woods.

« Nous devons créer davantage d'emplois et de meilleurs, a-t-il déclaré en annonçant ce tournant. Nous devons stopper la hausse du coût de la vie. Nous devons protéger le dollar des attaques des spéculateurs internationaux[17]. » Pour avancer vers ses deux premiers objectifs, il a proposé des réductions d'impôts et un gel des prix et des salaires pendant quatre-vingt-dix jours ; pour atteindre le troisième, il a ordonné la suspension de la convertibilité du dollar en or.

En définitive, l'instabilité sociale qui en a résulté dans le monde entier a provoqué l'effondrement du système. Dans les années 1960, il avait été mis sous pression par une série de « dévaluations compétitives » : le Royaume-Uni et d'autres pays qui subissaient un chômage chronique élevé à cause de problèmes commerciaux persistants affaiblissaient leur devise pour améliorer leur compétitivité dans les échanges mondiaux. En 1971, Richard Nixon a donné le coup de grâce. Sa décision a mis fin à l'étalon or. À partir de là, la plupart des grandes devises n'ont plus eu de taux de change fixe. En laissant flotter leurs monnaies, les États émetteurs de leur propre devise, comme les États-Unis, jouissaient d'une marge de manœuvre accrue pour soutenir le plein emploi.

Malgré l'effondrement du système de taux de change fixes instauré à Bretton Woods, la *pensée* de l'étalon or domine encore notre vision de la politique du commerce extérieur. C'est pour cela que tant de responsables jugent toujours les déficits commerciaux intrinsèquement dangereux : dans un système d'étalon or, un État en déficit commercial risque de se retrouver sans or.

Avec la fin de l'étalon or et/ou des taux de change fixes dans le monde, cette façon de penser ne tient plus. Bretton Woods n'a laissé qu'un seul héritage résiduel : le dollar joue encore un rôle central dans l'économie mondiale. Quand les entreprises et les États du monde entier commercent entre eux, ils libellent un énorme pourcentage de leurs contrats en dollars – même quand ni le pays qui achète ni celui qui vend n'utilise le dollar sur son territoire ! Une poignée d'autres grandes devises, comme l'euro, jouent aussi un rôle de ce genre. Mais aucune n'approche, même de loin, la position dominante du dollar sur les marchés. Il est présent dans près de 90 % des transactions sur les marchés des changes[18]. Telle est la situation à laquelle on fait allusion quand on qualifie le dollar de « monnaie mondiale dominante »[19]. Pourrait-elle changer ? Oui, bien sûr. Rien ne dure éternellement. Pour citer l'économiste L. Randall Wray, théoricien de la TMM, « le dollar ne régnera pas sans partage pour toujours, mais il lui reste longtemps à vivre en tant qu'actif le plus désirable à détenir dans les portefeuilles[20] ».

Les degrés de souveraineté monétaire

La souveraineté monétaire est un concept essentiel pour comprendre la TMM. Les États ont besoin d'en avoir beaucoup pour exercer leur autonomie politique – c'est-à-dire pour pouvoir gérer leurs politiques budgétaire et monétaire sans craindre un douloureux choc en retour des marchés financiers ou des marchés des changes. De nombreux pays disposent de leur souveraineté monétaire sans en profiter pleinement. Outre les États-Unis, des pays comme le Royaume-Uni, le Japon, le Canada et l'Australie (pour n'en nommer que quelques-uns) en jouissent à un haut degré. Tous émettent des devises *fiat* non convertibles et s'abstiennent, pour l'essentiel, d'emprunter dans d'autres monnaies que la leur. En général, les pays qui satisfont à cet ensemble de critères ont davantage de souveraineté monétaire, donc d'autonomie politique pour gérer eux-mêmes le destin de leur économie. Ils n'ont pas besoin de se tourmenter sur les déficits budgétaires ou commerciaux et ils sont libres de concentrer leur politique intérieure sur des objectifs macroéconomiques comme le plein emploi et la stabilité des prix. Les États ne jouissent pas tous d'une telle flexibilité dans leur action publique.

Certains pays ont affaibli leur souveraineté monétaire, soit en fixant leur taux de change (comme les Bermudes, le Venezuela ou le Niger), soit en abandonnant leur monnaie nationale (comme les dix-neuf pays de la zone euro, l'Équateur ou le Panama), soit en empruntant massivement en dollars ou dans d'autres devises étrangères (comme l'Ukraine, l'Argentine, la Turquie ou le Brésil). Le pays qui fait l'un de ces choix compromet sa souveraineté monétaire et réduit sa marge de manœuvre politique.

La plupart des économies en développement se trouvent au bas bout du continuum des degrés de souveraineté. Même celles qui sont en mesure d'émettre une monnaie *fiat* non convertible ne peuvent se permettre, en général, d'ignorer les déséquilibres budgétaires et commerciaux. Pour une raison simple : la plupart des pays pauvres en développement comptent sur des importations pour satisfaire des besoins sociaux vitaux (par exemple les denrées alimentaires, le pétrole, les médicaments, les technologies). Cela les oblige à trouver moyen d'obtenir suffisamment de devises étrangères (en général, de dollars) pour payer leurs importations. Beaucoup finissent par emprunter en dollars, puis ont du mal à rembourser ces prêts. C'est pour ces raisons, entre autres, que de nombreux pays du monde sont prisonniers d'une situation où ils ne peuvent pas prendre appui sur leurs propres pouvoirs d'émetteur de monnaie pour édifier une économie au service de toute leur population. Les pays en développement reçoivent de l'aide de la communauté internationale, ou des prêts d'institutions comme le Fonds monétaire international (FMI), mais il est clair que cela ne suffit jamais à les arracher au piège de la dépendance à l'égard d'une monnaie étrangère pour sa survie.

En ayant des déficits commerciaux, les États-Unis permettent à ces pays d'accumuler des réserves en dollars. Ces dollars sont essentiels pour accéder aux aliments, aux médicaments et aux autres importations vitales dont nombre d'entre eux ont besoin pour survivre. Les déficits américains aident aussi beaucoup de pays endettés à gagner l'argent qu'il leur faut pour rembourser leurs prêts au FMI et à d'autres créanciers étrangers. Il est très important de le comprendre : les déficits commerciaux des États-Unis n'ont rien de facultatif. Une grande partie du monde *ne peut se passer* d'avoir un excédent commercial avec l'Amérique.

Même des pays développés (comme la Corée du Sud, Taiwan ou le Japon) finissent par accumuler des dollars. Ils les détiennent en général sous forme de bons du Trésor américains. Quand des pays étrangers ont des excédents commerciaux avec les États-Unis, ceux-ci déversent des dollars dans le seau de l'étranger. Au même titre que tous les autres détenteurs de dollars verts, les étrangers peuvent les recycler en dollars jaunes – que nous appelons bons du Trésor. C'est ce qui rend nerveux certains Américains, car ils interprètent ce recyclage comme un signe de faiblesse des États-Unis. À leurs yeux, cela semble dire que les États-Unis dépendent de prêteurs étrangers pour payer leurs factures (souvenons-nous : Barack Obama a dit que les États-Unis « avaient pris une carte de crédit à la Banque de Chine »). Mais ce n'est pas ce qui se passe vraiment. En fait, si l'on regarde qui sont les principaux détenteurs internationaux de bons du Trésor américains, on découvre que pratiquement tous sont des *exportateurs nets* aux États-Unis (la Chine, le Japon, Taiwan, Hong Kong et les grands producteurs de pétrole brut du monde)[21]. Il est vrai que l'État américain paie des intérêts sur ces dollars jaunes, mais, nous l'avons vu, les ventes de bons d'État sont toujours un choix des pouvoirs publics dans un pays comme les États-Unis. Donner aux étrangers accès aux bons du Trésor, c'est simplement leur accorder la même possibilité qu'à tout autre détenteur de dollars verts. Si cela plaît bien au reste du monde, c'est pour la même raison que cela nous plaît, vous et moi, de pouvoir détenir une part de notre argent sur un compte chèque et le reste sur un compte d'épargne. L'important, c'est que nous ne dépendons pas des étrangers de la façon qui fait peur à beaucoup.

Bref, comme le déficit budgétaire de l'Oncle Sam vient du désir des entreprises et des ménages américains d'accumuler un excédent de dollars, le déficit commercial vient du désir du reste du monde d'accumuler un excédent de monnaie américaine. La faim mondiale de dollars est la grande raison pour laquelle nous avons un déficit commercial sans discontinuer depuis des décennies. Les États-Unis se trouvent à cet égard en position de force par rapport au reste du monde – pour le meilleur ou pour le pire.

Grâce au rôle unique du dollar en tant que monnaie de réserve mondiale, l'Oncle Sam n'a jamais à emprunter que dans sa propre devise (et même cela, il n'a pas besoin de le faire !). Cette situation confère aux États-Unis un avantage certain, mais n'en concluons pas qu'ils soient le seul pays capable de mettre en œuvre sa propre politique nationale. Tout pays qui jouit d'un haut degré de souveraineté monétaire est en mesure d'appliquer un programme intérieur qui vise à maintenir son économie en fonctionnement au plein emploi. Comme nous le verrons, même des pays en développement peuvent renforcer leur souveraineté monétaire et s'ouvrir un champ d'action suffisant pour leur permettre de suivre une politique de plein emploi sur leur territoire.

Beaucoup de pays avancés jouissent d'un haut degré de souveraineté monétaire. Ils ont de nombreux secteurs productifs à forte valeur ajoutée (nous y reviendrons plus loin). Ils se flattent d'offrir d'immenses opportunités à ceux qui désirent investir dans leur économie, acheter leurs actions, leur immobilier, etc. Puisque investir dans ces actifs intérieurs nécessite d'obtenir les monnaies respectives de ces pays, la demande pour leurs devises reste forte dans le monde entier. (En jargon économique, on dit qu'ils ont des marchés des capitaux profonds.) De même que, selon la TMM, la demande intérieure de dollars a pour force motrice la nécessité de payer les impôts fédéraux – et que cette demande soutient la valeur du dollar –, de même, au niveau international, le besoin d'actifs d'investissement est la force motrice de la demande à la fois de dollars et d'autres grandes devises, et contribue ainsi à stabiliser leur valeur. Comme les États-Unis, les autres pays avancés laissent flotter leur monnaie, ce qui veut dire qu'ils n'essaient pas de lier sa valeur à quoi que ce soit. Dans ces conditions, ils ne sont pas tenus de défendre un taux fixe en achetant, vendant ou empruntant des devises qu'ils ne contrôlent pas. C'est une autre raison qui leur permet de jouir de degrés très élevés de souveraineté monétaire.

De nombreux pays affaiblissent leur souveraineté monétaire en continuant à fixer leur devise au dollar (par exemple l'Arabie Saoudite, le Liban et la Jordanie), ou même en faisant de lui leur monnaie intérieure officielle (comme l'ont décidé l'Équateur, Panama et le Salvador). Dans les deux cas, il devient absolument nécessaire à ces États de redoubler d'efforts pour accumuler et conserver des dollars[22]. Un pays qui fixe sa monnaie à une autre devise risque aussi de compromettre sa souveraineté monétaire au fil du temps, car son secteur privé va s'habituer peu à peu à emprunter dans la devise à laquelle il s'est fixé. Simultanément, les États eux-mêmes peuvent être contraints de s'endetter de plus en plus lourdement en dollars, ce qui réduira encore davantage leur souveraineté monétaire.

En descendant encore plus bas dans le continuum, un autre choix prive les pays de leur souveraineté monétaire : l'adhésion à une union monétaire. La France, l'Espagne ou l'Italie, bien qu'elles soient des économies avancées dotées de marchés des capitaux profonds, ne peuvent pas opérer comme des émettrices de monnaie. Pour une raison claire : elles sont membres de la zone euro, et utilisent donc une monnaie qui ne peut être émise que par la Banque centrale européenne (BCE). Cette réalité relègue l'ensemble des pays membres de la zone euro au statut de simples utilisateurs de monnaie. C'est un point crucial pour comprendre les crises de la dette apparemment interminables que subit la Grèce, par exemple.

Enfin, au bas bout du continuum des souverainetés monétaires, au plus loin des États-Unis, il y a les pays en développement pauvres d'Afrique, d'Asie et d'Amérique latine. Nous terminerons ce chapitre en analysant leur situation en détail, car, malgré les épreuves infligées par la politique commerciale à la classe ouvrière américaine, les États-Unis sont très loin d'être la victime la plus maltraitée de l'ordre commercial international moderne.

Des bois (de Bretton Woods) aux flammes du libre-échange

Par définition, les pays en développement n'ont pas les industries mûres et diversifiées dont disposent les pays développés, avancés. Des États comme le Bangladesh, le Vietnam ou le Ghana doivent en général fournir au reste du monde une main-d'œuvre industrielle bon marché ou des ressources naturelles, comme le pétrole, les métaux ou les minerais, et ces branches exportatrices dominent leurs économies. Pour obtenir des produits à fort contenu technologique et de grande valeur comme les ordinateurs, les véhicules, les médicaments ou les robots industriels avancés, les pays en développement doivent les importer des économies développées. Nombre d'entre eux n'ont pas non plus la capacité de produire suffisamment de denrées alimentaires, d'énergie et de médicaments pour satisfaire leur propre demande intérieure – ou on leur a assuré qu'ils ne l'avaient pas. Par conséquent, ils comptent aussi sur les pays développés pour leur fournir tout cela. Enfin, nous l'avons vu, ils ont presque toujours besoin de dollars pour payer ces importations vitales.

Comme l'explique Fadhel Kaboub, économiste qui se réclame de la TMM, ce positionnement, tout en bas des chaînes d'approvisionnement mondiales, expose à des problèmes économiques fondamentaux – dont beaucoup proviennent, en fait, de l'héritage historique de la colonisation elle-même[23]. Puisqu'ils exportent de la main-d'œuvre bon marché et des matières premières et importent à grands frais des articles de valeur, les pays en développement ont un commerce extérieur perpétuellement déficitaire. Le problème est qu'il n'existe pas d'appétit robuste et permanent pour les actifs financiers ou l'immobilier de ces pays. Ils n'ont pas de marchés des capitaux profonds, disent les économistes. Certes, les investisseurs viendront spéculer sur les marchés émergents, ils achèteront des actifs financiers libellés dans la devise locale d'un pays en développement, mais ils ne feront pas le type d'investissement à long terme qui permettrait à ces pays de s'assurer un accès durable à des monnaies comme le dollar. Tant que le reste du monde refusera d'accepter les devises des pays en développement en paiement de leurs importations essentielles, ils seront obligés d'emprunter des dollars et autres devises étrangères qu'ils ne contrôlent pas. Non seulement cette situation compromet leur souveraineté monétaire, mais elle les piège dans un cercle vicieux : pour obtenir la devise étrangère dont ils ont besoin, ils doivent vendre leur propre monnaie, ce qui fait baisser sa valeur et renchérit, par conséquent, les importations vitales qu'ils doivent acheter – processus qui peut aisément provoquer une inflation importée et même des troubles politiques, comme on l'a vu au Venezuela, en Argentine et dans la Tunisie natale du professeur Kaboub[24].

Puisque les pays moins développés n'ont ni industries avancées ni marchés des capitaux profonds, ils sont vulnérables à toute une gamme de risques extérieurs imprévisibles. Par exemple, les économies affamées de dollars connaissent souvent une flambée d'investissements effectués par des spéculateurs occidentaux : ils s'abattent sur un pays, placent fiévreusement de l'argent dans son économie, font ainsi monter la valeur de sa monnaie, puis prennent peur et retirent soudain leurs liquidités, ce qui provoque l'effondrement de la devise locale[25]. Ou c'est la demande mondiale pour les produits d'exportation essentiels d'un pays qui peut s'écrouler brutalement, et ce pays doit alors faire feu de tout bois s'il veut gagner assez de devises étrangères pour financer ses importations. C'est ce qui est arrivé au Venezuela et à la Russie quand le boom du gaz naturel aux États-Unis (dû à la fracturation hydraulique) a fait chuter fortement les cours du pétrole ; et à l'Argentine quand le cours du soja s'est écroulé, privant le pays d'une source essentielle de dollars. Dans les deux cas – panique des investisseurs ou effondrement du marché –, la devise du pays en développement plonge, ce qui provoque la hausse des prix et la révolte.

Lorsque surviennent des événements extérieurs de ce genre, même des pays qui suivaient en théorie des politiques économiques soutenables peuvent se retrouver en situation financière périlleuse, contraints de renégocier des dettes libellées en devises étrangères, de solliciter l'aide de prêteurs comme le FMI ou simplement de se déclarer en défaut de paiement[26]. Puisque de nombreux pays en développement ont des déficits commerciaux ou des dettes libellées en dollars (ou dans d'autres monnaies étrangères), ils peuvent avoir de graves problèmes quand quelque chose compromet leur aptitude à gagner (ou à emprunter à des conditions abordables) suffisamment de devises étrangères pour financer leurs importations et rembourser leurs dettes extérieures. Les pays qui disposent d'une souveraineté monétaire plus puissante – comme les États-Unis, le Royaume-Uni ou l'Australie – ne sont pas confrontés aux mêmes risques.

En fait, le rôle hégémonique de la devise américaine a une conséquence précise : le monde entier est vulnérable au contrôle qu'exercent les États-Unis sur les taux d'intérêt du dollar. Les décisions prises par la Réserve fédérale peuvent avoir des effets considérables sur les pays en développement, mais ces pays ont souvent peu de moyens de se défendre. Par exemple, à partir de 1979, Paul Volcker, alors président de la Réserve fédérale, a effectué une série de fortes hausses des taux d'intérêt, cette stratégie lui paraissant la seule capable de dompter l'inflation à deux chiffres qui emportait l'économie américaine. Quand il l'a fait, les pays latino-américains endettés à l'égard des États-Unis et les pays d'Afrique subsaharienne endettés à l'égard des anciennes puissances coloniales européennes se sont trouvés brutalement confrontés à une augmentation considérable de leurs coûts d'emprunt. Ils étaient coincés dans le rôle d'exportateurs de biens manufacturés à faible valeur ajoutée, mais ils dépendaient des pays riches pour leurs importations vitales. Simultanément, la hausse des taux d'intérêt américains faisait monter le taux de change du dollar, puisqu'elle stimulait furieusement la demande internationale d'actifs d'investissement aux États-Unis. Pour les pays en développement, c'était comme un double coup à l'estomac : la valeur de leur devise coulait à pic et leurs coûts d'emprunt s'envolaient sur une accumulation croissante de dettes libellées en devises étrangères. Finalement, les hausses de taux de Volcker ont précipité un grand nombre de ces pays dans la crise, en provoquant un effondrement économique rapide dont certains d'entre eux ne se sont toujours pas relevés pleinement[27].

Au temps où les accords de Bretton Woods étaient opérationnels, ils avaient créé quantité d'organisations internationales, notamment le FMI, la Banque mondiale et le General Agreement on Tariffs and Trade (le GATT, devenu aujourd'hui l'Organisation mondiale du commerce, l'OMC). Dans le cadre du système d'alors, elles avaient pour fonction de régir activement les conditions du commerce entre les pays. Elles utilisaient pour cela toute une gamme d'instruments comme les droits de douane et les contrôles des flux de capitaux, afin de maintenir la stabilité des flux commerciaux et de garder les économies nationales isolées les unes des autres, au moins dans une certaine mesure.

Quand Bretton Woods a pris fin, les institutions mondiales qu'il avait créées sont restées. Mais la philosophie qui les animait a progressivement changé : elles se sont converties à la religion du libre-échange, et ont démantelé les droits de douane et les contrôles des capitaux au nom de la libéralisation du commerce. Les élites occidentales ont décidé qu'il fallait exposer pleinement les pays en développement au commerce mondial et aux flux massifs, entrants et sortants, des capitaux des investisseurs : cela disciplinerait leurs économies qui ne s'en porteraient que mieux. *Protectionnisme* et *intervention de l'État* sont devenus des gros mots. Les propagateurs de ce nouveau mode de pensée affirmaient que le libre-échange finirait par apporter le plein emploi et des relations commerciales harmonieuses à l'économie de chaque pays participant[28].

Ce n'est pas du tout ce qui s'est passé, bien sûr. Le FMI, l'OMC et la Banque mondiale, souvent dirigés par des banquiers et des diplomates des pays riches, ne visent nullement à instaurer le plein emploi sur toute la planète. Au contraire. Quand des pays en développement sont frappés par des crises, ces institutions leur recommandent un ensemble de mesures bien connues : baisse radicale des dépenses publiques (austérité budgétaire) plus politique monétaire restrictive (taux d'intérêt très élevés) pour faire monter la valeur de leur devise et séduire à nouveau des investisseurs – et encore davantage de libre-échange, évidemment. Souvent, elles conseillent aussi à ces pays de fixer la valeur de leur monnaie à une devise forte, comme l'euro, le yuan ou le dollar. Ce *policy mix* revient à recommander au pays en développement d'abandonner toute tentative de renforcer sa souveraineté monétaire.

Quelles qu'aient été les intentions de ses promoteurs, les résultats concrets de ce programme sont pernicieux : quand un pays sacrifie ainsi sa souveraineté monétaire mais ne peut pas acquérir la devise étrangère en quantité suffisante pour défendre le taux de change cible, son « taux fixe » ne tient pas, sa monnaie dévisse, et tout cela risque fort de provoquer l'effondrement de son économie, puisque l'État, les entreprises et même les ménages ne peuvent plus changer favorablement la monnaie nationale pour rembourser leurs dettes libellées dans la « devise forte »[29]. L'hyperinflation peut s'installer, car la chute du taux de change fait monter en flèche le coût des importations vitales, donc les prix intérieurs. On recommande alors au pays l'austérité et une politique monétaire restrictive qui écrasent son économie et font grimper le chômage et la pauvreté, le tout afin de séduire un nouveau groupe d'investisseurs occidentaux qui relancera l'ensemble du cycle depuis le début.

Et ce n'est pas tout. Historiquement, des organisations internationales (comme le FMI) ont recommandé aux pays en développement, notamment à ceux qui avaient obtenu leur indépendance des puissances coloniales après la Seconde Guerre mondiale, de ne produire et de ne vendre aux pays riches que quelques biens seulement, sur lesquels ils devaient concentrer tous leurs efforts[30]. Cette suggestion découle d'une idée d'un économiste anglais du XIXe siècle, David Ricardo – il l'a baptisée l'*avantage comparatif*. Ricardo conseillait en fait à chaque pays de se spécialiser dans la production des biens et services qui correspondaient le mieux à ses aptitudes et pour lesquels il était le plus efficace. Mais beaucoup d'économistes influents poussent l'idée d'avantage comparatif à l'extrême. Ils soutiennent, par exemple, que les pays en développement doivent se concentrer sur ce qu'ils peuvent produire le moins cher à court terme, au lieu de développer de nouvelles industries qui, avec le temps, accroîtraient leur souveraineté monétaire.

Autrement dit, les élites occidentales internationales ont dit aux pays pauvres qu'ils *ne devaient pas* se laisser tenter par des stratégies de développement orientées vers la création d'emplois, l'indépendance énergétique ou tout objectif étranger à la production spécialisée. En fait, s'ils suivent cette recommandation, les pays en développement resteront éternellement « en développement » : ils ne parviendront jamais au type d'économie avancée et diversifiée qui caractérise l'Occident moderne. L'orientation qu'on leur conseille est diamétralement *opposée* à la trajectoire historique suivie par les États-Unis, le Japon et la plupart des autres puissances économiques. Ces économies se sont souvent efforcées de produire les biens vitaux sur leur territoire au lieu de les importer de l'étranger. La Chine, par exemple, pays gigantesque disposant de ressources réelles multiples et diversifiées, s'est considérablement développée en augmentant simplement son commerce intérieur, et c'est aussi ce qu'ont fait les États-Unis, par tous les moyens et pendant des siècles. Comme on pouvait s'y attendre, l'État chinois a aussi strictement limité le rôle de la finance, des assurances et de l'immobilier dans le processus industriel[31].

Adieu, guerre commerciale – bonjour, paix commerciale ?

Si la TMM n'a sûrement pas toutes les réponses, elle peut être un outil précieux pour défaire les nœuds dans lesquels toutes les parties – États-Unis, monde occidental avancé et monde en développement – se trouvent enchevêtrées.

Pour faire advenir une réforme de l'ordre commercial mondial, ce sont les États-Unis qui doivent parcourir le plus long chemin. À bien des égards, c'est à eux d'aller le plus loin. Pas en gagnant ou perdant une guerre commerciale. Simplement en comprenant ce que ce chapitre, je l'espère, a démontré : dans les échanges internationaux, le facteur déterminant n'est pas la concurrence entre pays mais le rapport de forces entre des intérêts précis au sein d'un même pays[32]. Si nous voulons un monde sûr pour les citoyens ordinaires et pour la planète, il nous faut penser un peu moins en termes de guerre commerciale et commencer à voir les choses un peu plus sous l'angle de la paix commerciale.

Tout d'abord, cessons de considérer le commerce extérieur comme un affrontement où nous pouvons « battre » d'autres pays en dégageant un excédent commercial. L'excédent d'un pays est le déficit d'un autre, donc, par définition, tout le monde ne peut pas gagner de cette façon-là en même temps. Mais il ne s'ensuit pas que le pays en déficit doive subir une perte économique réelle s'il déploie correctement les grands axes de son action publique. L'approche trumpienne du commerce international crée le conflit et déclenche une course vers le pire – dans un jeu à somme nulle, puisqu'on se dispute les emplois disponibles au niveau mondial, qui sont en nombre insuffisant. On voit déjà quel est le bilan des droits de douane du président Trump : ils n'ont pas atteint leur objectif de ressusciter l'industrie américaine, ils ont augmenté les prix pour les consommateurs américains, ils ont incité la Chine à des mesures de représailles et ils ont contribué à un ralentissement de l'économie mondiale. Le tout par soumission au mythe du déficit commercial.

Loin d'une telle démarche, comprenons bien ceci : l'État américain peut fournir à notre secteur privé intérieur tous les dollars dont il a besoin pour atteindre le plein emploi, *et* fournir aussi au reste du monde tous les dollars qu'il lui faut pour accumuler ses réserves et protéger ses flux commerciaux. Au lieu d'utiliser leur hégémonie monétaire pour mobiliser les ressources de la planète au service de leurs propres intérêts étroits, les États-Unis pourraient prendre la tête d'un effort pour les mettre au service d'un New Deal Vert mondial, en maintenant les taux d'intérêt bas et stables pour promouvoir la tranquillité économique du monde.

Il est clair que les États-Unis et les autres pays avancés qui jouissent d'un haut degré de souveraineté monétaire peuvent organiser leurs propres programmes de garantie de l'emploi. Mais qu'en est-il des pays à revenu moyen et en développement ? Le Mexique pourrait-il mettre en œuvre une garantie de l'emploi, et éliminer ainsi une part de cette souffrance humaine qu'est le chômage ? C'est possible. En matière de création directe d'emplois, l'histoire suggère que les pays en développement sont peut-être confrontés à moins d'obstacles que l'élite internationale ne veut bien le dire.

Par exemple, on présente généralement l'Argentine comme un cas d'école des problèmes financiers. Mais, pendant la crise inflationniste qu'elle a subie en 2001, elle a opéré un tournant spectaculaire : elle a adopté une stratégie de croissance orientée vers l'économie intérieure[33]. D'abord, Buenos Aires a cessé de fixer son taux de change et de thésauriser des dollars. Les décideurs politiques ont fait le choix de ne plus rembourser leur dette extérieure et d'investir dans leur propre peuple. L'Argentine s'est alors lancée dans un programme massif de création directe d'emplois qui a assuré du travail aux chefs et cheffes de famille pauvres. Comme l'indiquent les économistes favorables à la TMM L. Randall Wray et Pavlina Tcherneva, le Plan Jefes y Jefas de Hogar Desocupados (plan pour les chefs et cheffes de famille au chômage) a créé des emplois pour deux millions de participants, environ 13 % de la population active. Ces personnes, qui étaient en majorité des femmes, se sont concentrées sur des projets à base locale, comme les cultures maraîchères, la rénovation des centres sociaux, les cantines ou l'enseignement de la santé publique[34]. Le programme Jefes de Hogar, qui a aidé l'Argentine à éviter nombre des problèmes qu'entraîne le recours au capital étranger, offre peut-être une piste sur la façon dont nous pourrions tous avancer vers une planète plus prospère, plus durable et plus pacifique.

En dernière analyse, comme l'a suggéré Tcherneva, il nous faudra une forme de garantie mondiale de l'emploi[35]. À l'heure où j'écris ce livre, l'Organisation internationale du Travail estime que près de deux cents millions de personnes dans le monde sont au chômage involontaire[36]. La croissance fondée sur les exportations peut être présentée comme une politique de l'emploi pour divers pays, mais elle réussit rarement. De plus, la politique de plein emploi qu'il nous faut doit être préventive – nous voulons un dispositif qui ne commence pas par admettre d'emblée que le chômage est naturel. L'emploi doit être un droit humain comme l'envisage la Déclaration universelle des droits de l'homme des Nations unies, pas un radeau ballotté par les vents des forces du marché mondial.

Les États-Unis ne peuvent pas gérer la politique intérieure des autres pays. Mais nous pouvons gérer la devise dominante d'une façon qui ferait du plein emploi mondial un objectif réaliste pour tous. Avec des emplois décents garantis à tous, les travailleurs pourront s'engager dans une politique industrielle dirigée par les pouvoirs publics, dont l'objectif sera de produire des infrastructures durables et d'élargir la gamme des services publics.

À nos propres frontières, quand on voit l'écart des niveaux de vie entre Mexicains et Américains, il est bien difficile de soutenir que le Mexique a tiré profit de ses relations commerciales avec les États-Unis, comme l'affirme Trump[37]. À la différence de la Chine et du Japon, le Mexique a souvent appliqué les réformes néolibérales de combat préconisées par Washington et par les institutions internationales. Dans le cadre de l'ALENA, par exemple, il a réduit les barrières douanières qui le protégeaient des capitaux financiers des États-Unis et du Canada, et, ce qui est peut-être encore plus important, de leurs produits agricoles. Même si de nombreuses compagnies américaines ont relocalisé leurs emplois industriels au sud de la frontière, le flux entrant des denrées américaines au Mexique, notamment le maïs, a évincé des millions de travailleurs agricoles mexicains. Et c'est cela qui a poussé nombre d'entre eux à franchir la frontière pour aller chercher du travail aux États-Unis[38].

Cela nous amène à la question des accords dits de libre-échange, qu'il faudra repenser de fond en comble.

Aujourd'hui, ces accords favorisent les riches investisseurs du monde entier en négligeant totalement les travailleurs – pour ne rien dire de l'environnement. De nombreux traités de commerce en vigueur comprennent des mécanismes de règlement des différends entre investisseurs et États (RDIE), par exemple. Ces mécanismes offrent aux entreprises un système judiciaire parallèle qui leur permet de porter plainte contre des gouvernements démocratiquement élus pour avoir adopté des politiques qui, pensent-elles, menacent leurs profits – des mesures de restriction, de réglementation ou autres protections. Alors que ces différends devraient se régler devant la justice du pays, le RDIE prévoit un arbitrage privé rendu par un tribunal arbitral international que l'on juge plus favorable aux intérêts des entreprises. Et il y a l'action pour faire respecter au niveau international les droits de propriété intellectuelle : ils permettent aux compagnies pharmaceutiques, notamment, de facturer aux pays en développement des prix outranciers et des redevances exorbitantes avant de les autoriser à fabriquer des médicaments génériques à prix abordable. Pour les malades du SIDA dans les pays les plus pauvres du monde, les dispositions sur les brevets contenues dans des accords de libre-échange comme le Partenariat transpacifique sont une condamnation à mort.

Ces traités de « libre-échange » consolident les clivages mondiaux entre riches et pauvres. Ils contraignent les régions pauvres du monde à extraire des combustibles fossiles, ce qui contribue à accélérer le changement climatique. Ils ne donnent aux pays en développement d'autre choix que de se soumettre à la logique de la croissance dynamisée par les exportations, qui signifie en réalité assemblage de produits bon marché pour le compte des pays avancés et prospères, avec des conditions de travail relevant de l'exploitation. Ces accords aboutissent même à renforcer la souveraineté monétaire des pays riches aux dépens des pays pauvres.

Les États-Unis peuvent prendre la tête d'un effort mondial pour réformer ces traités de commerce, en fixant des normes dans ceux qu'ils contribuent à élaborer. Ils peuvent exiger de leurs partenaires commerciaux le respect de critères écologiques stricts et de mesures fortes pour protéger les travailleurs, telle une garantie de l'emploi, dont la grande mission serait d'aider les pays pauvres à acquérir leur souveraineté alimentaire et énergétique. Ils peuvent aussi demander à leurs partenaires commerciaux de partager avec d'autres pays la propriété intellectuelle et la technologie verte, d'une façon qui soulèvera vraiment tous les bateaux. Une OMC rénovée pourrait imposer, elle aussi, ce type de dispositions dans les accords de commerce, au lieu d'y graver dans le marbre les privilèges existants des puissantes multinationales, comme elle le fait aujourd'hui.

En même temps, comme le recommande Fadhel Kaboub, des partenariats commerciaux Sud-Sud pourraient aider les pays en développement à faire grandir des industries complémentaires et à sortir de leur position actuelle dans la chaîne mondiale de production, où ils sont condamnés à importer des produits finis très coûteux et à exporter des biens intermédiaires moins chers. À défaut, il faudra un système qui transfère ressources productives et savoir-faire technologiques du monde développé au monde en développement[39]. Il donnerait aux régions pauvres de la planète la capacité industrielle dont elles ont besoin pour édifier leur souveraineté dans l'énergie (renouvelable) et l'alimentation (durable) – et pour échapper ainsi au piège évoqué plus haut : dépendre des importations pour l'accès à des ressources vitales.

En théorie comme en pratique, la non-souveraineté alimentaire et son équivalent énergétique sont des problèmes qu'on peut résoudre. Même de grands pays importateurs de denrées qui ont un climat en majeure partie « désertique » peuvent adopter un programme d'agriculture durable, en investissant dans la production alimentaire économe en eau grâce à l'hydroponie et à l'aquaponie. Et même des pays qui n'ont aucun gisement de pétrole ou de gaz naturel peuvent adopter un programme d'énergie renouvelable, en installant des fermes solaires et éoliennes et en investissant dans le logement et les transports économes en énergie. Enfin, si nous incitons à un effort mondial pour endiguer les effets du changement climatique, les politiques qui aident les pays en développement à décarboniser leur économie ont un double effet : elles réduisent leur dépendance envers les dollars, dont ils avaient besoin pour acheter les combustibles fossiles, mais aussi renforcent la coopération mondiale pour réduire les émissions carboniques nocives qui continuent à menacer la survie à long terme de notre planète.

Tant que la plupart des pays en développement devront importer des produits de première nécessité, ils resteront « en développement » – piégés dans une course désespérée pour acquérir les monnaies du monde riche. Les entreprises du monde entier continueront fiévreusement à partir à la chasse aux profits à court terme, à extraire des ressources naturelles rares, à polluer de précieux écosystèmes et à licencier implacablement des personnes en détresse, à seule fin de « maximiser la valeur pour l'actionnaire ». Si rien n'est fait pour la corriger, cette situation invite ouvertement des démagogues comme Trump à venir fustiger les « étrangers » et attiser les tensions entre les peuples du monde.

Aux accords commerciaux Sud-Sud, les pays en développement doivent ajouter un retour à la réglementation des transactions financières transfrontières. Peut-être n'ont-ils pas les moyens de mettre en œuvre la forme classique de contrôle des capitaux qu'on appliquait du temps de Bretton Woods, car elle s'appuyait sur la coopération mondiale, mais ils peuvent sûrement faire mieux que ce qu'ils font aujourd'hui. Il faut poser des bornes aux investisseurs étrangers – ne leur autoriser que certains types d'investissement dans les actifs intérieurs et limiter leur possibilité de tout vendre et de créer une pression à la baisse sur le marché des changes, comme ils peuvent le faire aujourd'hui. Ces mesures réduiront le besoin d'accumuler des réserves de dollars et aideront les pays en développement à comprendre les avantages que peuvent procurer les taux de change flottants. Autrement dit, ces pays devraient voir la réglementation des flux de capitaux internationaux, non comme une mesure d'urgence qui « colmate une brèche » à court terme, mais comme une politique permanente qui va les aider à atteindre des degrés de souveraineté monétaire toujours plus élevés.

Nous ne partageons qu'une seule planète. Pour répondre aux défis économiques et sociaux du chômage et de la pauvreté dans le monde, notre système commercial international actuel n'est pas à la hauteur. En même temps, pour combattre le changement climatique, nous avons besoin d'un vaste effort mondial. Tout le monde sur le pont ! La paix commerciale n'est pas seulement un objectif que nous pouvons atteindre ; c'est un objectif que nous ne pouvons nous permettre de manquer.

6
Vous y avez droit !

MYTHE 6 : **Les programmes qui paient des prestations sociales, comme la Social Security et Medicare, sont financièrement insoutenables. Nous ne pouvons plus nous les offrir.**

RÉALITÉ : **Du moment que l'État fédéral s'engage à effectuer les paiements, il pourra toujours se permettre de financer ces programmes. L'important est la capacité de notre économie, sur le long terme, à produire les biens et services réels dont leurs bénéficiaires auront besoin.**

On nous le dit depuis des décennies : les coûts des programmes qui paient des prestations sociales, comme la Social Security, Medicare et Medicaid, devraient nous affoler. On nous répète qu'ils grossissent trop vite, qu'ils dévorent le budget fédéral, qu'ils sont insoutenables. Si nous ne les réformons pas radicalement, on nous assure qu'ils vont faire faillite et entraîner dans leur chute l'État tout entier.

Le problème paraît clair à la plupart des gens : tôt ou tard, ces programmes sociaux dépasseront les capacités de paiement de l'État, il ne pourra plus se les offrir. En prévision de ce trou financier qui menace, beaucoup soutiennent qu'il n'existe qu'une seule solution pratique : rétrécir les droits et vivre désormais « dans la limite de nos moyens ». D'autres répliquent qu'il faut résoudre ce problème de solvabilité en injectant davantage d'argent dans ces programmes.

Les deux camps ont tort. Il s'agit de programmes *financés sur fonds fédéraux*. L'argent sera toujours là.

Le mythe du déficit fausse notre compréhension de toutes les dépenses publiques. Mais celles qui ont trait au paiement des droits sociaux ont été particulièrement touchées, en partie à cause de décisions initiales qui avaient pour but de les protéger. Quand Franklin D. Roosevelt a créé la Social Security, il a essayé de la mettre à l'abri en fixant des règles spéciales pour son mode de financement. La suite a montré que c'était une erreur. Il a mis l'accent, politiquement, sur l'origine des fonds de ce programme, alors que nous devrions mettre en avant tout autre chose : nos valeurs, nos priorités et la capacité productive réelle de notre pays.

Avant d'analyser la prétendue crise financière à laquelle seraient confrontés ces programmes, commençons par une question plus fondamentale sur les droits sociaux. Qui y a droit, et pourquoi ?

Qui appelle-t-on « ayant droit » ?*

Tout programme de l'État qui garantit des avantages à certaines catégories de personnes, notamment les personnes âgées, handicapées ou défavorisées, est désigné aux États-Unis par le mot *entitlement* [droit à prestation]. Le site Internet du Sénat le définit en ces termes[1] :

> *Entitlement* : programme fédéral ou disposition législative imposant d'effectuer des paiements à toute personne ou administration publique qui répond aux critères fixés par la loi pour

* En français, on distingue l'« assuré », bénéficiaire direct, et les « ayants droit », les personnes auxquelles il ouvre des droits, comme les membres de sa famille. En anglais, tous sont désignés par le terme *entitled*, et c'est dans ce sens que nous emploierons ici « ayants droit ».

> l'admission à ses bénéfices. Les *entitlements* constituent pour l'État fédéral une obligation contraignante et les ayants droit peuvent avoir recours à la justice si l'obligation n'est pas satisfaite. La Social Security et les indemnités et pensions des anciens combattants sont des exemples de programmes d'*entitlement*.

Autrement dit, si vous répondez aux critères, vous y avez droit. Vous vous qualifiez parce que vous appartenez à l'une des catégories de personnes que le programme a pour but de servir. C'est tout. Vous avez le droit légal de recevoir ses prestations et nul ne peut vous les refuser. À ce stade, l'État les paie automatiquement.

Les programmes qui versent des prestations sociales seront utiles à la plupart d'entre nous à un moment ou à un autre. La quasi-totalité des Américains bénéficieront de la Social Security et de Medicare quand ils prendront leur retraite. Ceux qui en bénéficient actuellement peuvent être nos grands-parents, nos parents, nos voisins, ou nous-mêmes.

La Social Security, c'est aussi une assurance invalidité, qui nous protège tous si nous devenons invalides alors que nous sommes encore en âge de travailler. En 2018, elle a versé une pension à près de dix millions d'Américains en situation de handicap[2]. Il y a parmi eux des personnes comme Shaun Castle, directeur général adjoint des Paralyzed Veterans of America [Anciens combattants paralysés d'Amérique], qui, dans un témoignage personnel émouvant, affirme que sans la Social Security il aurait dû vivre un temps en sans-abri. Alors qu'il était en service actif comme officier de la police militaire, il a subi une lésion à la moelle épinière, et après son retour à la vie civile cette blessure a provoqué sa paralysie. Comme il l'a expliqué dans des interviews[3] et un témoignage au Congrès[4], c'est grâce à l'assurance invalidité de la Social Security (Social Security Disability Insurance, SSDI) qu'il a pu joindre les deux bouts en attendant que sa demande de pension militaire soit acceptée.

La Social Security aide aussi les dépendants des personnes qui meurent pendant leurs années d'activité professionnelle. Le décès prématuré d'une de mes amies me l'a rappelé il y a quelque temps. Elle exerçait une profession bien rémunérée, et la perte de son revenu a infligé d'effroyables difficultés à sa famille. Son mari, devenu veuf, devait trouver moyen d'élever deux enfants seul. C'était terrible pour tout le monde, en particulier pour les enfants. Mais au moins la famille a été aidée financièrement, car la Social Security a envoyé un chèque tous les mois pour compenser en partie la perte du revenu de mon amie disparue. Cet argent a aidé son mari à prendre soin des enfants jusqu'à leurs dix-huit ans.

Beaucoup, parmi nous, auront également besoin de l'aide d'un programme antipauvreté. Près de six personnes sur dix aux États-Unis vivront au moins un an sous le seuil de pauvreté entre leurs vingt ans et leurs soixante-cinq ans[5]. Près d'un enfant sur cinq vit déjà dans la pauvreté.

Recevoir des allocations sociales n'est ni une défaillance morale ni un signe de faiblesse. La sécurité financière de base ne doit tout de même pas être réservée à qui peut mettre de côté une belle somme pour les mauvais jours ! Il est bon de faire des économies, bien entendu. Mais des millions de personnes ont du mal à s'en sortir et ne peuvent pas se permettre de conserver de l'argent pour plus tard. Tout le monde mérite de savoir qu'il sera soigné par des médecins quand il en aura besoin, qu'on veillera à sa sécurité financière quand il sera âgé ou s'il se retrouve en situation de handicap, et qu'on lui viendra en aide s'il perd son emploi ou traverse une période difficile.

Du moins est-ce ainsi que le système est *censé* fonctionner. Mais la protection sociale américaine – qui comprend la Social Security, Medicare, Medicaid et des programmes antipauvreté comme l'assistance alimentaire, les bons de logement et des crédits d'impôts – est prise pour cible depuis des décennies. Ces attaques sont parfois motivées par l'intérêt personnel : les particuliers riches et les grandes sociétés combattent souvent les programmes qui pourraient justifier des appels à augmenter les impôts. Certains adversaires des programmes sociaux sont animés par une idéologie qui les perçoit comme un mécanisme de redistribution du revenu

– des riches, qui le méritent, à une classe fort peu méritante de familles pauvres et de gagne-petit.

Le débat peut prendre un tour odieux. Les réalités quotidiennes de la vieillesse, du handicap et des épreuves économiques n'ont pas empêché certains adversaires des droits sociaux d'attaquer personnellement ceux qui en bénéficient. Le sénateur Alan Simpson, nommé par le président Obama pour coprésider une commission sur le déficit, a qualifié les retraités de « vieux schnocks cupides » – tentant ainsi, selon certains, d'échauffer les esprits contre eux et de semer la zizanie entre jeunes et personnes âgées. Simpson a aussi traité de « Panthères roses » les militantes féministes engagées dans la défense de la Social Security, qu'il a qualifiée devant l'une d'elles de « vache à lait aux 310 millions de pis ». Il a lancé à la même avocate des droits des femmes âgées, Ashley B. Carson : « Rappelez-moi quand vous aurez trouvé un travail honnête[6] ! »

Les attaques personnelles contre les bénéficiaires n'ont pas commencé avec Simpson. Elles sont aussi anciennes que les droits sociaux eux-mêmes. Une couverture de magazine de 1882 caricaturait un ancien combattant qu'elle surnommait « le glouton insatiable » : il raflait de l'argent public à l'aide de ses multiples « bras » dont chacun était un vague stéréotype d'allocataire[7]. Un dessin humoristique du XXIe siècle, intitulé « Les grandes menaces contre les États-Unis en 1991, 2001 et 2011 », représente Saddam Hussein, Oussama Ben Laden et une femme âgée avec la pancarte « Droits sociaux »[8].

Ceux qui s'en prennent à la protection sociale et à ses bénéficiaires le font parfois par rancœur ou hostilité à l'État. Parfois, c'est simplement parce qu'ils ont été « désinformés ». Quelle que soit la motivation, la fausse conscience économique joue un rôle immense dans ce débat. Heureusement, la TMM nous montre que rien n'impose de dresser une catégorie de la population contre une autre dans un effort désespéré – et tout à fait superflu – pour résoudre une « crise financière ». Examiner la soutenabilité des programmes sociaux en termes *financiers*, nous explique-t-elle, est hors sujet, et les plus grands défis auxquels ils sont confrontés n'ont rien à voir avec la capacité de l'État à se les « offrir ».

La grande erreur de la Social Security

Nous en apprendrons beaucoup sur les effets corrosifs du mythe du déficit en étudiant l'histoire de la Social Security.

Il s'agit de l'un des succès les plus éclatants de l'État fédéral. La Social Security fait sortir des millions de personnes de la pauvreté tous les ans, et assure une certaine sécurité économique à des millions d'autres. Elle aide les personnes âgées et les invalides. Elle est aussi le programme d'assistance aux enfants le plus important du pays[9]. Puisqu'elle apporte des avantages d'une telle ampleur à tant de gens, elle jouit en permanence, nul ne s'en étonnera, d'un soutien très élevé dans le peuple américain[10].

Donc, pourquoi ce programme efficace et populaire est-il la cible d'attaques politiques constantes ? Pour le comprendre, il faut remonter à son année de naissance : 1935.

Roosevelt avait des projets ambitieux, qui allaient bien au-delà de la Social Security telle que nous la connaissons aujourd'hui. Il percevait sa loi de 1935 comme le premier volet d'un système bien plus large, qui allait assurer la sécurité financière à tout le monde dans le pays, en protégeant les Américains « du berceau à la tombe »[11]. En signant la loi de 1935 sur la Social Security, il l'a définie comme « la pierre angulaire d'une structure en cours de construction mais loin d'être achevée[12] ».

Le nom même, Social Security, nous donne une idée de ce que Roosevelt avait à l'esprit. Dans son discours sur l'état de l'Union de 1944, il a formulé sa vision générale en termes de droits économiques – qui comprenaient le droit à « un travail utile et rémunérateur », comme il l'appelait, ainsi que le droit à un revenu suffisant, à un logement décent, à des soins médicaux adéquats et à la protection contre les épreuves économiques dues à la vieillesse, au chômage, à l'accident ou à d'autres malheurs.

« Tous ces droits, a-t-il déclaré, constituent la *sécurité*. »

Certaines de ces extensions des droits sociaux ont été votées depuis ce premier exposé de ses objectifs par Roosevelt. La loi de 1935 sur la Social Security a encouragé les États de l'Union à instaurer des programmes d'assurance chômage. En 1965, une vision plus large de l'assurance maladie a commencé à prendre forme, avec la création de Medicare pour les personnes âgées et les invalides et de Medicaid pour les personnes à faibles revenus. (Les moins de soixante-cinq ans en situation de handicap ont été admis au bénéfice de Medicare en 1973, ce qui a encore élargi le mandat de cette institution.)

Roosevelt savait que la Social Security allait être confrontée à l'opposition permanente de certains milieux. Il avait raison. Aux yeux de ses adversaires, lui-même était un « socialiste » et la Social Security rien d'autre qu'un nouvel assaut de l'État contre la liberté. Mais, en tentant de la protéger pour les générations futures, il a commis une erreur fondamentale. Cette faute a mis en danger le programme et renforcé le mythe du déficit, avec des conséquences qui dépassent la Social Security.

Pour bien souligner que la Social Security s'autofinançait, la loi de 1935 a lié le versement des pensions à une taxe sur les salaires, qui avait pour but de montrer comment le programme serait « payé ». Les travailleurs allaient cotiser en versant une partie de leurs salaires et plus tard ils toucheraient les pensions. La plupart des gens croyaient (et croient toujours) que la taxe sur les salaires rapporte les revenus qui servent à payer les pensions.

Le premier fonds fiduciaire de la Social Security a été créé peu après. L'argent qui n'était pas nécessaire pour payer les pensions au cours d'une année donnée était investi en bons du Trésor américains et placé dans ce fonds pour y être conservé en sécurité. Cette mesure a renforcé la conviction qu'on avait déjà : les liquidités qui maintenaient à flot la Social Security venaient des taxes prélevées sur les salaires des travailleurs – et non de l'État fédéral dans son ensemble.

Roosevelt avait une autre raison de financer le programme de cette façon-là. Il voulait que les gens voient qu'ils mettaient de l'argent dans le système, pour qu'ils se sentent en droit de toucher les pensions qu'ils finiraient par recevoir. Si vous travaillez actuellement, vous avez sûrement remarqué la déduction de la taxe sur les salaires : on la retire de votre rémunération chaque mois, et l'opération apparaît comme un retrait de la FICA (Federal Insurance Contributions Act, « Loi sur les cotisations à l'assurance fédérale »). En rendant cette cotisation bien visible, raisonnait Roosevelt, on allait développer chez chaque bénéficiaire un sentiment très puissant d' « avoir droit » aux prestations. Dans ces conditions, a-t-il confié, « aucun salopard de politicien ne pourra jamais détruire mon programme de sécurité sociale[13] ».

Roosevelt a pris une autre initiative qui a aggravé la vulnérabilité politique du système. Dans les amendements de 1939 à la loi sur la Social Security qui ont créé les fonds fiduciaires, il a aussi doté le programme d'un conseil d'administrateurs de ces fonds. Aujourd'hui ces administrateurs ont mission d'évaluer la solvabilité budgétaire de la Social Security en élaborant des projections de ses recettes et de ses dépenses à un horizon de soixante-quinze ans. Ils ne peuvent le faire qu'en multipliant les postulats sur tout ce qui peut déterminer, pendant toutes ces années, le montant des ressources que percevra la Social Security et celui des paiements qu'elle devra elle-même effectuer. Les administrateurs des fonds doivent répondre à des questions comme celles-ci, entre autres : combien de personnes travailleront dans soixante-quinze ans, et dans les années intermédiaires ? Quel va être le rythme de croissance de l'économie, et de combien les salaires vont-ils augmenter ? Quelle sera la longévité moyenne de la population quand nous approcherons du XXIIe siècle ? Combien de personnes deviendront invalides ? Qu'arrivera-t-il au taux d'inflation ? Combien de bébés vont naître ?

Personne ne peut le savoir avec certitude, bien sûr, donc les experts du conseil effectuent ces prédictions du mieux qu'ils peuvent. Selon leur rapport de 2019, leur meilleure conjecture est que le principal fonds fiduciaire du programme sera épuisé en 2035 – c'est-à-dire qu'à cette date son solde descendra à zéro[14].

Les salariés continueront à verser des cotisations pour la Social Security. Mais les administrateurs estiment que le montant ainsi déduit de leurs salaires sera inférieur à ce qu'il faudra pour payer l'intégralité des pensions. Si c'est bien ce qui se produit, la loi fédérale stipule que l'État doit réduire les dépenses en conséquence. Ce qui imposerait une baisse des pensions de 22 %.

Roosevelt pensait que ses adversaires politiques auraient du mal à attaquer le programme tant que tout le monde pourrait « voir » que l'argent permettant de payer les pensions était bien là. Et c'est tout le problème. Aujourd'hui, tout le monde peut voir que l'argent *n'est pas là*. L'excédent des cotisations déjà prélevées qui est crédité aux fonds fiduciaires va permettre au système de perdurer un certain temps. Mais, finalement, les comptes de ces fonds seront vides (sauf si un facteur quelconque change), et cela déclenchera des coupes dans les pensions – non parce que l'État ne peut se permettre de les payer, mais parce que le Congrès a voté une loi stipulant qu'il ne paierait pas les pensions complètes si les soldes des fonds fiduciaires tombent au-dessous de zéro.

Une tribune libre de Marc Goldwein, premier vice-président d'une organisation nommée Comité pour un budget fédéral responsable (Committee for a Responsible Federal Budget, CRFB), déploie certains éléments rhétoriques couramment utilisés contre la Social Security. Goldwein commence par affirmer qu'elle est en « crise » et court à la « catastrophe ». Pourquoi ? Parce que, dit-il, « dans le cadre de la loi en vigueur, nous ne pouvons pas promettre une pension complète même au nouveau retraité moyen, sans parler des salariés actuels ou futurs[15] ».

Ce que Goldwein ne précise pas, c'est que le Congrès pourrait changer la loi en vigueur par un simple vote, sur quoi la « crise » disparaîtrait pour toujours. Après tout, c'est le Congrès qui, à la demande de Roosevelt, a organisé la Social Security de cette façon au départ. Comme le montre la TMM, un État qui émet sa monnaie comme les États-Unis n'est jamais sous contrainte financière. Tant que les obligations de paiement d'un programme sont libellées dans sa propre unité de compte – le dollar –, l'État fédéral peut toujours se permettre de les financer. Ce qui lui manque, ce n'est pas la *capacité financière* de payer, c'est l'*autorisation légale* de payer.

Donc, pourquoi ne pas changer la loi, tout simplement ? Peut-être parce qu'il n'y a jamais eu de débat sérieux sur le sujet. Au lieu de contester la structure même du financement, les défenseurs de la Social Security ont pour la plupart estimé, comme Roosevelt, que la meilleure façon de protéger le programme consiste à montrer qu'il y a des moyens de redresser la situation financière des fonds fiduciaires, afin que leurs administrateurs puissent écrire dans leur rapport que le programme est pleinement financé à l'horizon des soixante-quinze prochaines années[16].

Mais même si la Social Security était perçue comme entièrement financée pour soixante-quinze ans, elle resterait vulnérable aux attaques de certains adversaires. L'économiste Laurence Kotlikoff est tristement célèbre pour presser les parlementaires d'évaluer la viabilité budgétaire du programme à un horizon temporel encore plus éloigné. Jusqu'à quand, alors ? Aussi loin que c'est humainement possible (et au-delà !) : il veut que nous essayions de prédire combien d'argent entrera dans la Social Security et en sortira dans un avenir illimité. Toute l'entreprise est d'un ridicule achevé, mais de nombreux parlementaires ont pris Kotlikoff au sérieux, et il a été invité à témoigner dans des auditions des commissions de la Chambre et du Sénat. Pointant son Buzz l'Éclair* intérieur, Kotlikoff a révélé aux élus du Congrès que les obligations non financées de la Social Security – c'est-à-dire les sommes qui vont lui manquer sur un horizon temporel infini – se montent à 43 000 milliards de dollars[17]. Évaluée de cette façon, la Social Security n'est pas seulement en difficulté, elle est en faillite « jusqu'à l'infini et au-delà ! ».

La façon dont on a organisé le financement de la Social Security a déjà provoqué des coupes dans les pensions. Au début des années

* Jouet anthropomorphe qui, dans un dessin animé, se prend pour un vrai « patrouilleur de l'espace » en lutte pour sauver l'humanité. Sa devise est : « Jusqu'à l'infini et au-delà ! »

1980, des projections de déficits futurs ont conduit le Congrès à les réduire de fait, par plusieurs moyens. Il a repoussé la date d'effet annuelle des augmentations pour hausse du coût de la vie, ce qui a légèrement réduit le montant global des pensions. Il a prélevé un impôt sur celles des récipiendaires à haut revenu. Et surtout, il a progressivement relevé l'âge de la retraite de soixante-cinq à soixante-sept ans.

Le relèvement de l'âge de la retraite n'a pas seulement pour effet que les gens travaillent plus longtemps ; c'est aussi une réduction de leurs pensions, puisqu'ils reçoivent moins sur l'ensemble de leur vie de retraité. Et ceux qui prennent leur retraite tôt, souvent parce qu'ils ne sont plus capables de travailler, recevront moins encore, parce que la formule de calcul de la pension reflète leur rémunération totale plus faible. De fait, en relevant l'âge de la retraite de deux ans seulement, le Congrès a imposé une réduction de 30 % des pensions totales de ceux qui la prennent avant soixante-cinq ans[18]. L'ajustement touche aussi ceux qui commencent à recevoir leur pension après l'âge officiel de la retraite.

Mais la structure de financement de la Social Security ne l'expose pas uniquement aux attaques des républicains conservateurs. Elle a conduit de nombreux démocrates à proposer des coupes dans un des programmes identitaires de leur parti. Selon certaines informations, le président Bill Clinton a essayé, en 1997, de parvenir à un compromis avec Newt Gingrich, alors président de la Chambre, pour rétrécir la Social Security et Medicare, mais l'enquête visant à le destituer a empêché le projet d'aboutir[19].

Dans sa campagne pour la présidence en 2000, Al Gore a utilisé l'image du « coffre-fort » pour expliquer comment il allait protéger la Social Security de futures coupes. Le budget fédéral était alors en excédent, et Gore estimait que l'État devait enfermer à double tour ces dollars excédentaires dans les fonds fiduciaires pour améliorer la santé financière de la Social Security. C'est une idée qu'il n'a cessé de répéter comme un mantra au cours du premier débat de l'élection présidentielle de 2000 avec George W. Bush.

La métaphore du coffre-fort, certes bien intentionnée, était un nouvel exemple de fausse conscience économique. Elle reposait sur une idée erronée : l'Oncle Sam n'a qu'un nombre limité de dollars pour fonctionner, donc, si l'on enferme certains de ces dollars dans un fonds fiduciaire, il sera plus facile à l'État de s'offrir le luxe de payer les futures pensions. Politiquement, la métaphore du coffre-fort s'est retournée contre Gore. George W. Bush s'est moqué de lui pour cette expression, en disant aux électeurs que les fonds fiduciaires de la Social Security n'étaient rien d'autre qu'un « meuble de bureau plein de reconnaissances de dette ». Un mécanisme de Ponzi*, en fait. Devenu président, Bush a présenté les grandes lignes d'un projet de loi qui donnait le coup d'envoi de la privatisation de la Social Security. Heureusement, il n'a pas réussi[20].

Gore avait le cœur du bon côté. Mais n'aurait-il pas mieux fait de dire simplement : « La Social Security est en parfaite santé. Aucun changement majeur n'est nécessaire. L'État fédéral pourra tenir toutes les promesses qu'il a faites parce qu'il est impossible qu'il soit jamais à court d'argent. » Malheureusement, aucune personnalité politique n'a donné (à ce jour) ce type d'assurances au peuple américain.

En 2013, le président Obama a proposé une coupe de son cru dans les pensions, à l'aide d'un indice qu'on appelle le « CPI enchaîné** ». Un nom insolite pour une idée simple : augmenter les pensions de la Social Security plus lentement que l'inflation afin que leur valeur réelle se réduise constamment au fil du temps. « Pour le travailleur moyen qui prend sa retraite à soixante-cinq ans, explique le Center for Economic and Policy Research, cela représenterait une baisse d'environ 650 dollars par an à soixante-quinze ans et d'environ 1 130 dollars par an à quatre-vingt-cinq ans[21]. »

* Charles Ponzi, célèbre escroc de Boston des années 1920, utilisait les capitaux des nouveaux investisseurs pour payer de solides intérêts aux anciens, afin d'inciter de nouvelles victimes à lui confier leur argent.

** CPI est l'abréviation anglaise correspondant à notre IPC, « indice des prix à la consommation ». Le « CPI enchaîné » est publié avec une valeur initiale inférieure à la réalité (qui sera corrigée dix ou seize mois plus tard).

Le CPI enchaîné réduirait de près de 10 % les pensions des retraités les plus âgés (qui sont en général les plus pauvres)[22]. Il serait plus équitable d'utiliser un indice comme le CPI-E (le E est l'abréviation d'*elderly*, « personnes âgées ») : il mesure l'évolution du coût de la vie en donnant plus de poids aux dépenses qui pèsent le plus lourd dans la vie quotidienne des invalides et des personnes âgées, notamment les soins médicaux et les transports[23]. Indexer les pensions sur le CPI-E aiderait les seniors en difficulté : elles augmenteraient au lieu de diminuer.

Certains ont aussi proposé un nouveau relèvement de l'âge de la retraite, comme celui des années 1980 : on le porterait cette fois à soixante-dix ans, voire plus. Chaque année de recul de l'âge de la retraite réduit les pensions de 6 à 7 %[24]. Et ce type de mesure aggrave aussi l'inégalité[25].

Parfois, des parlementaires préconisent de soumettre la Social Security à des conditions de ressources, en réduisant ou en supprimant les pensions de ceux qui ont de hauts revenus. À première vue, cela peut paraître raisonnable. Pourquoi l'État verserait-il une pension de la Social Security à Bill Gates ou Oprah Winfrey ? Ces personnes sont parées pour la vie ! Il y a deux réponses. D'abord, Roosevelt a créé la Social Security en tant que programme universel. Cette décision a contribué à lui valoir un large soutien public pendant près d'un siècle. La mettre sous conditions de ressources compromettrait ce soutien en la transformant en programme d'aide sociale, qui ne verse des pensions qu'à une sous-catégorie de la population jugée « dans le besoin » d'une assistance publique. L'autre réponse est que la proposition des conditions de ressources, comme tant d'autres réformes – le CPI enchaîné, le relèvement de l'âge de la retraite, etc. –, prend un problème de comptabilité pour un problème de financement. Trouver des moyens de laisser sur un livre de comptes davantage de dollars pendant plus d'années prolongera le droit légal du programme à verser les pensions, mais ne changera rien à la capacité financière de l'État à les payer. C'est un fardeau injustifié, imposé par un Congrès précédent, qui expose la Social

Security (et certaines composantes de Medicare) à des attaques depuis des décennies.

Il existe un moyen de voir que l'approche des fonds fiduciaires sème la confusion sur la viabilité du programme : comparer le traitement des fonds de la Social Security (il y en a deux) et celui des fonds qui ont été créés pour Medicare (il y en a également deux). Chaque année, les conseils des administrateurs de la Social Security et de Medicare publient leurs rapports annuels, qui examinent respectivement la situation financière actuelle et projetée des fonds fiduciaires de la Social Security (celui de l'Old-Age and Survivors Insurance [OASI] et celui de la Disability Insurance [DI]) et les finances présentes et futures des fonds fiduciaires de Medicare (celui de la Supplementary Medical Insurance [SMI] et celui de la Hospital Insurance [HI]*). Depuis des années, un résumé de ces rapports conclut : « Tant la Social Security que Medicare sont confrontées à une insuffisance de financement à long terme dans le cadre des rentrées d'argent et des pensions actuellement prévues[26]. » Pour être précis, les fonds fiduciaires de l'OASI, de la DI et de la HI sont tous trois jugés « en crise ».

Selon le rapport de 2019, le fonds de l'OASI sera épuisé en 2034, celui de la DI à court d'argent en 2052, et celui de la HI à zéro en 2026. Si rien ne change, ces programmes cesseront d'être autorisés à payer l'intégralité des prestations. Mais il y a un fonds fiduciaire qui n'a pas de problème : celui de la SMI (c'est-à-dire les parties B et D de Medicare). Pourquoi celui-là est-il en bonne santé alors que les autres, suivant les projections, vont se retrouver à sec ? La réponse est simple : la SMI a l'autorisation légale de payer les prestations complètes si les fonds fiduciaires sont épuisés, et les autres ne l'ont pas. « Pour la SMI, les administrateurs prévoient que la partie B et la partie D resteront toutes deux suffisamment financées dans l'avenir, et cela indéfiniment, parce que

* L'OASI concerne les pensions de retraite et les pensions versées aux ayants-droit d'un défunt ; la DI les pensions d'invalidité ; la HI les frais liés aux soins hospitaliers ; la SMI les frais médicaux hors hôpital (partie B de Medicare) et les achats de médicaments (partie D de Medicare).

la loi actuelle garantit leur financement[27]. » Voilà pourquoi la SMI reste financièrement sûre à l'infini et au-delà !

C'est aussi simple que cela. Les programmes de la Social Security et la Hospital Insurance de Medicare sont jugés insoutenables parce que l'État ne s'est pas engagé à effectuer les paiements, tandis que les parties B et D de Medicare obtiennent une attestation de parfaite santé parce que, pour elles, le Congrès a octroyé l'autorité légale d'effectuer les paiements quoi qu'il arrive.

Le Congrès pourrait, en fait, modifier la loi en vigueur, afin d'appliquer la même formulation aux autres programmes. S'il ne l'a pas fait, c'est un choix politique, pas un choix économique. Mais on n'en saura rien en lisant la plupart des journaux, ou en écoutant la plupart des commentateurs. Tout ce qu'on nous dira, c'est que la Social Security va faire faillite.

Cette campagne de peur quasi permanente marque les esprits des jeunes. Je donne des cours à l'université. Chaque année, je demande à mes étudiants combien pensent, parmi eux, qu'ils pourront avoir une pension de la Social Security quand ils prendront leur retraite – et, chaque année, je vois moins de mains se lever. Cela confirme les conclusions d'une enquête du Transamerica Institute : « 80 % des actifs milléniaux [nés entre 1981 et 1996] se disent inquiets : ils pensent que la Social Security n'existera plus pour eux[28]. »

C'est terriblement déprimant, parce qu'il n'y a absolument aucune raison que la Social Security ne soit pas là pour les générations futures. Et c'est d'autant plus malheureux que ces attaques contre la Social Security surviennent au moment précis où le pays est confronté à une crise de plus en plus grave des retraites – qui rend la Social Security plus importante que jamais.

Autrefois, on concevait la retraite comme un tabouret à trépied. Les trois pieds, c'étaient la pension liée à l'emploi, l'épargne personnelle et les prestations de la Social Security. Malheureusement, pour des millions d'Américains, deux de ces pieds ont été sciés. L'épargne a été frappée par la stagnation des salaires et les employeurs « réduisent les coûts » des plans retraite fiables.

Le *Washington Post* a rapporté ce qui est arrivé aux ouvriers de l'usine McDonnell Douglas à Tulsa : ils ont perdu leur emploi, et leur pension de retraite, quand la compagnie a fermé l'usine[29]. Cette fermeture ne devait rien au hasard. Les travailleurs ont porté plainte, et les documents du procès ont prouvé que, si McDonnell Douglas avait décidé de fermer l'usine de Tulsa, c'était parce que beaucoup de salariés approchaient de l'âge de la retraite, où ils pourraient recevoir une pension complète.

En fermant l'usine, la compagnie a pu n'en payer qu'une partie. Les salariés ont gagné leur procès, mais les indemnités qui leur ont été accordées (30 000 dollars en moyenne) représentaient beaucoup moins que la valeur de leurs pensions. Résultat : au lieu de jouir de leur retraite après toute une vie de travail, beaucoup ont été obligés de continuer à travailler. Pour s'en sortir financièrement, un ancien salarié, âgé de soixante-dix-neuf ans, s'est fait embaucher comme agent d'accueil chez Walmart, debout huit heures par jour. Un de ses ex-collègues est entré dans l'équipe de nuit, où il chargeait les camions à soixante-treize ans. Un autre, qui en avait soixante-quatorze, est devenu agent de la circulation chargé de faire traverser les piétons, et un autre encore, à soixante-seize ans, s'est mis à acheter et vendre des babioles afin de gagner de l'argent en plus pour survivre.

Si leurs situations sont extrêmes, ces salariés ne sont pas des cas isolés. Dans tout le pays, des entreprises ont réduit leurs coûts en diminuant les avantages retraite. C'est l'une des raisons pour lesquelles tant d'Américains âgés ont des problèmes. Une étude a conclu que 40 % des Américains de la classe moyenne connaîtraient une mobilité descendante à la retraite – ils sortiraient de la classe moyenne –, et que 8,5 millions de personnes risquent fort de tomber dans la pauvreté ou la quasi-pauvreté[30]. Pour beaucoup de ces retraités, la Social Security est le seul dispositif qui leur épargne l'indigence.

Les employeurs ont réduit radicalement le nombre des plans à prestations définies qui garantissent, après le départ en retraite, un versement fixe tous les mois. Nombre d'entre eux proposent plutôt, à présent, des plans à cotisations définies, comme les 401(k)*, qui créent des comptes d'épargne spéciaux pour la retraite. En 1975, neuf salariés du secteur privé sur dix avaient un plan à prestations définies, souvent obtenu dans des négociations syndicats-patronat avant que les syndicats ne perdent leurs moyens de pression. En 2005, ils n'étaient plus qu'un sur trois[31].

Certes, mieux vaut un plan 401(k) que rien du tout, mais l'argent qui s'y trouve doit durer pendant la totalité de la retraite de son détenteur. Ces plans apportent rarement le niveau de revenu mensuel que les retraités pouvaient attendre des plans à prestations définies. Le changement a été nuisible aux travailleurs à faible revenu. Comme l'explique un rapport de l'Economic Policy Institute (EPI), « les travailleurs à revenu élevé (mieux à même de verser des cotisations) sont plus susceptibles de participer aux plans à cotisations définies[32] ».

Le même rapport constate aussi que « le passage des plans à prestations définies aux plans à cotisations définies a exacerbé les inégalités raciales et ethniques** », créé « des problèmes particuliers » aux personnes seules et aux femmes, et élargi l'écart entre les actifs qui ont un diplôme universitaire et ceux qui n'en ont pas.

Des millions d'autres travailleurs américains n'ont aucun plan retraite de l'employeur. « Dans de nombreuses catégories d'Américains (les petits revenus, les Noirs, les Hispaniques, ceux qui n'ont pas fait d'études supérieures et les non-mariés), la famille médiane ou l'individu médian en âge de travailler *ne possède absolument aucune épargne* sur des comptes retraite, conclut le rapport de l'EPI. Et pour ceux qui en ont, les soldes médians de ces comptes sont très faibles » (c'est l'original qui souligne).

* Autorisés par la section 401(k) du Code des impôts, d'où leur nom.

** Les mots « race », « racial », sont employés dans le livre au sens que leur donne le Bureau du recensement des États-Unis, qui divise officiellement la population en « races ». Les catégories actuelles sont : Blancs, Noirs, Amérindiens, Asiatiques, Océaniens et Autres. Par ailleurs, le recensement distingue « Hispaniques » et « Non-Hispaniques », et c'est surtout cette distinction que désigne l'adjectif « ethnique ».

La crise des retraites est liée à celle, plus vaste, de la stagnation des salaires, ainsi qu'à la hausse des coûts de l'éducation, de la santé et d'autres besoins fondamentaux. Vus sous ce jour, les tabourets à trépied de la retraite ressemblent de plus en plus à un tas de bois inutile.

Les travailleurs actuels ne sont pas les seuls qui souffriraient de coupes dans la Social Security. Actuellement, celle-ci fait sortir de la pauvreté 15 millions d'Américains âgés et 1 million d'enfants[33]. Nombre d'entre eux restent proches du seuil de pauvreté. La pension de retraite moyenne était de 1 409,51 dollars par mois en 2018, et les femmes recevaient environ 20 % de moins. La même année, le seuil de pauvreté fédéral pour une personne seule était de 12 140 dollars par an.

Dans ces conditions, nous devrions chercher des moyens d'augmenter les pensions, pas de les réduire. Le programme ne va pas se retrouver à court d'argent si nous le faisons. Les contraintes qui pèsent sur la Social Security sont d'ordre politique et non économique.

D'autres programmes sociaux sont aussi en danger

J'ai parlé longuement de la Social Security parce que sa structure financière montre que le mythe du déficit inspire de mauvaises décisions et peut compromettre des objectifs sociaux. Mais les polémiques sur ses finances ont aussi contribué à renforcer les idées fausses sur d'autres programmes de protection sociale, notamment cette croyance tenace : ils deviennent de plus en plus inabordables.

Il est vrai que les droits sociaux constituent aujourd'hui un gros pourcentage des dépenses fédérales, mais ce n'est pas la première fois. Après la guerre de Sécession, l'État a versé des pensions aux anciens combattants invalides, pauvres et âgés qui s'étaient battus pour l'Union, ainsi qu'à leurs familles. En 1910, 28 % des hommes de plus de soixante-cinq ans et plus de 300 000 veuves recevaient des pensions fédérales[34]. Dans les trois décennies 1880-1910, l'État a consacré plus du quart de son budget à ces programmes sociaux. Ce premier plan d'*entitlement* a eu une longue vie. En 2017, la fille d'un ancien combattant de la guerre de Sécession recevait encore sa pension[35] !

Les droits sociaux fédéraux se sont à nouveau développés pendant la Grande Dépression, avec la création de la Social Security et des programmes de lutte contre le chômage de masse et la pauvreté généralisée. Il y a eu des alarmistes à cette époque également. Le sénateur Daniel Hastings a déclaré que la Social Security « pourrait mettre fin aux progrès d'un grand pays et ramener son peuple au niveau de l'Européen moyen[36] » – assertion qui prend un tour ironique aujourd'hui, puisqu'en Europe occidentale la protection sociale est meilleure.

Quand Medicare a été créée en 1965, pendant l'expansion économique de l'après-guerre, le débat s'est moins concentré sur les dépenses publiques que sur la peur du socialisme – attisée par Ronald Reagan[37], entre autres. Medicare a aussi été raillée pour sa générosité jugée débordante, par des adversaires comme le sénateur Barry Goldwater, candidat républicain à la présidence[38] : « Puisqu'on a offert à nos retraités leurs soins médicaux en nature, a-t-il lancé, pourquoi pas des paniers de denrées alimentaires, pourquoi pas des logements publics, pourquoi pas des stations de villégiature, pourquoi pas une ration de cigarettes pour les fumeurs et de bière pour les buveurs ? »

Les questions de Goldwater étaient rhétoriques, bien sûr. D'autres ont exprimé des préoccupations plus légitimes. « Va-t-on voir des queues de petits vieux aux portes des hôpitaux, s'interrogeait un journaliste du *New York Times*, parce qu'il n'y a aucune chambre où les mettre et que les médecins, infirmières et techniciens sont trop peu nombreux pour s'occuper d'eux[39] ? » En fait, aucune « queue de petits vieux » ne s'est formée devant les hôpitaux, mais il est toujours important de se demander si notre économie a la capacité productive de mettre à disposition les avantages réels – ici les médecins, les infirmières, les lits d'hôpitaux – nécessaires pour répondre correctement à la demande créée par les programmes de l'État.

Quand le débat budgétaire a mis le cap à droite, les adversaires de Medicare ont progressivement réorienté leurs objections pour cibler sa viabilité financière. Une tribune libre de 2012 formule bon nombre de leurs arguments caractéristiques. « Si nous ne réduisons pas le taux de croissance des dépenses de santé, écrivait un banquier d'affaires, elles vont dévorer le budget fédéral. Nous risquons une crise de la dette de l'envergure du krach de 2008-2009[40]. »

Gail Wilensky, ancien conseiller du premier président Bush, soutient que Medicare « n'est pas viable sous sa forme actuelle », et précise que « le vieillissement de la génération du baby-boom » et « toute hausse du niveau, historiquement faible, des dépenses de santé par habitant exigeront une réforme associant, d'une façon ou d'une autre, des baisses de prestations, des changements dans les droits d'accès au programme, une hausse du reste à charge, des augmentation d'impôts et une réduction des paiements aux fournisseurs de soins[41] ».

L'éditorialiste financier Philip Moeller écrit pour sa part : « Même s'il n'y a pas de gros changements à court terme, Medicare et la Social Security restent sur des trajectoires financièrement inabordables qui, sans réformes sérieuses, engloutiront une part toujours plus large des dépenses publiques, selon les synthèses annuelles publiées lundi par les administrateurs de ces programmes[42]. »

« Medicare est clairement insoutenable », déclare catégoriquement Diana Furchgott-Roth, du très conservateur Manhattan Institute. « Sous sa forme actuelle, conclut-elle, Medicare ne peut pas tenir ses promesses à l'égard des futurs seniors. Il incombe aux élus qui se sont engagés à s'attaquer au déficit de soumettre d'autres solutions à l'analyse et au débat[43]. »

Tous ces arguments sont faux, car tous reposent sur le mythe du déficit. Tant que nous aurons les fournisseurs de soins et les équipements pour satisfaire la demande, Medicare sera soutenable dans les seuls termes qui comptent : les ressources productives réelles de notre pays.

Les programmes sociaux sont aussi attaqués sur la base d'un taux nommé « rapport de dépendance », qui compare le nombre d'actifs actuellement au travail et le nombre de bénéficiaires des prestations. Pour Medicare et la Social Security, cette inquiétude s'exprime en termes de « rapport de dépendance des personnes âgées ». Un article du *Wall Street Journal*[44] donne un exemple typique de ce raisonnement :

> En 1980, il y avait 19 Américains âgés de soixante-cinq ans et plus pour 100 Américains âgés de dix-huit à soixante-quatre ans. Mais depuis, la situation change rapidement. En 2017, il y avait 25 Américains de soixante-cinq ans et plus pour 100 personnes en âge de travailler, selon les nouvelles statistiques du recensement publiées jeudi, qui donnent le détail des classes d'âge et des races pour chaque comté.

Ces changements du rapport de dépendance des personnes âgées sont généralement présentés comme alarmants et inattendus. (Ils ne sont ni l'un ni l'autre.) On les utilise même pour soutenir que le système actuel constitue une trahison des jeunes par les plus âgés, comme lorsqu'un auteur conservateur déclare au *Wall Street Journal* : « L'incapacité à regarder en face ce qui est évident, là, sous nos yeux, est une forme de vol générationnel[45]. »

Selon cette logique, les personnes âgées, par pur égoïsme, laissent l'État leur verser des prestations sur le nombre limité de dollars dont il dispose, alors qu'elles devraient sacrifier leurs intérêts personnels afin que ces dollars soient là pour les générations futures. Comme on l'a vu, c'est exactement la mauvaise façon de penser les dépenses publiques. Elle nous conduit à prendre des décisions qui nuisent non seulement aux plus âgés mais aussi à tous les autres.

Ces critiques s'accompagnent souvent d'une autre assertion : les Américains vivent plus longtemps. Malheureusement, ce n'est pas vrai. *Certains d'entre eux* vivent plus longtemps, mais un rapport de 2018 des Centres pour le contrôle et la prévention des maladies signale une baisse de l'espérance de vie globale aux États-Unis pour la troisième année consécutive[46]. Les morts dites du désespoir – de la drogue, de l'alcoolisme et du suicide – jouent un grand rôle dans ce recul. Les autres facteurs comprennent une hausse des décès provoqués par la grippe et des morts dues aux maladies chroniques des voies respiratoires inférieures et aux crises cardiaques.

Si l'espérance de vie pose un problème réel, c'est celui de la justice sociale. Elle est étroitement liée au revenu : à cet égard, les statistiques sont choquantes. Une étude parue dans le *Journal of the American Medical Association* révèle que les hommes les plus fortunés des États-Unis vivent près de quinze ans de plus que les plus pauvres, et les femmes riches dix ans de plus que les femmes pauvres[47].

Les adversaires des droits sociaux ont peut-être tort sur les faits, mais ils peuvent être très doués en rhétorique politique : pour qui s'attaque à des programmes populaires, il est important de bien choisir ses mots. Ne soyons donc pas surpris si, pour désigner leur offensive, ils ne parlent pas de réduction, ni d'élimination, mais de *réforme* des droits sociaux.

Même le mot anglais qui désigne ces droits, *entitlement*, a pris un sens très connoté politiquement. À l'origine, relève Hendrik Hertzberg du *New Yorker*, les décideurs appelaient ces programmes *earned entitlements*, « droits sociaux gagnés par le travail ». Avec le temps, l'expression a disparu. Puis, au milieu des années 1970, écrit Hertzberg, elle « a réapparu, mais sans le mot *earned*, "gagnés par le travail", dans les ouvrages de deux éminents universitaires conservateurs, Robert Nisbet et Robert Nozick[48] ».

Habile manœuvre. Ils ont ejecté le mot *earned* (« gagné par le travail, bien mérité »), que la plupart des gens entendent positivement, et mis l'accent sur le mot *entitlement*, qui, dans les années 1970, avait acquis des connotations négatives – on disait d'un enfant gâté, ou d'un privilégié : *he acts entitled*, « il se croit tout permis », « il croit avoir tous les droits ». Comme l'a observé le journaliste Richard Eskow, le terme est même entré dans le

« Manuel diagnostique et statistique des troubles mentaux », le DSM *(Diagnostic and Statistical Manual of Mental Disorders)*, pour décrire un symptôme du trouble de la personnalité narcissique[49] : « A un sentiment d'*entitlement*, c'est-à-dire des attentes déraisonnables de traitement particulièrement favorable ou de satisfaction automatique de ses désirs. »

Dans ses premiers discours, souligne Hertzberg, Reagan utilisait des expressions neutres comme « filet de sécurité sociale », mais il a vite suivi la suggestion de Nisbet et de Nozick et s'est mis à user du mot *entitlements*. La presse d'affaires lui a aussitôt emboîté le pas. Le terme stigmatisait subtilement les bénéficiaires des programmes sociaux, mais parfois la stigmatisation n'était pas si subtile. On sait que Reagan les a fustigés avec son odieux stéréotype raciste de la Welfare Queen, la « reine des prestations sociales ». (La plupart des allocataires sont blancs – et ça n'a aucune importance.)

Lorsque Obama a créé sa commission nationale sur la responsabilité et la réforme budgétaires (dite commission sur le déficit) et en a nommé Alan Simpson coprésident, l'autre coprésident était un cadre du parti démocrate et banquier d'affaires de Caroline du Nord nommé Erskine Bowles. Tandis que Simpson s'imposait sur le plan rhétorique, Bowles, plus discret, pouvait s'appuyer sur de précieuses relations qui remontaient au temps où il était secrétaire général adjoint de la Maison-Blanche de Clinton.

Mais nul n'a plus contribué aux campagnes contre les droits sociaux que Peter G. Peterson. S'il s'est éteint en 2018, son œuvre en ce domaine – et surtout son argent – lui survit. Le nom de Peterson n'a jamais été très connu du grand public, mais ce faucon milliardaire a déversé jusqu'à un milliard de dollars[50] dans une campagne de relations publiques qui se proposait, entre autres, de miner le soutien de l'opinion à des programmes sociaux populaires.

Peterson avait été P-DG de Bell & Howell, secrétaire au commerce de Richard Nixon et président de Lehman Brothers avant de gagner des milliards en qualité de cofondateur du Blackstone Group, une société d'investissement et fonds spéculatif. Il a financé toute une série d'instituts de réflexion, de colloques et de campagnes de relations publiques à l'eau de rose, et investi du temps et de l'argent pour cultiver les lumières des deux partis politiques. Dans les sommets budgétaires annuels qu'il organisait, des politiciens tant républicains que démocrates tenaient la vedette (Bill Clinton a été un orateur favori pendant des années), et d'éminents présentateurs des actualités télévisées (fort bien rémunérés, je présume) servaient d'animateurs, de maîtres de cérémonie et de modérateurs.

Avec les élus, commentateurs et conseillers politiques qu'il soutenait, Peterson a passé des décennies à tenter de convaincre le peuple américain que les dépenses publiques, notamment celles qui payaient les droits sociaux, sont en voie de précipiter l'économie dans l'abîme. Les éléments les plus radicaux de sa mouvance, comme Paul Ryan, préconisent la privatisation complète de la Social Security. Puisque celle-ci n'a plus d'argent, raisonnent-ils, mieux vaut, pour notre retraite, mettre tous nos œufs dans le panier de Wall Street. Qu'ils le disent par ignorance du fonctionnement des finances publiques ou pour œuvrer au funeste projet de réorienter une plus large part de notre argent vers Wall Street, ils utilisent le mythe du déficit pour compromettre la sécurité financière de millions d'Américains.

Quand Barack Obama a décidé de mettre l'accent sur la réduction de la dette avec sa commission sur le déficit, il semble qu'il ait fait une erreur de lecture sur l'humeur publique d'un pays encore assommé par la crise financière. Mais sa commission n'en a pas moins offert une tribune aux idées de Peterson. Par un arrangement fort peu orthodoxe, elle a aussi fait appel à Peterson pour recevoir des financements et des ressources. Comme l'a rapporté le *Washington Post* en avril 2010 :

> Le directeur exécutif [de la commission sur le déficit] Bruce Reed, qui est en congé du Democratic Leadership Council*, a déclaré que la commission allait établir des partenariats

* Il s'agit de l'association des « nouveaux démocrates », constituée en 1985 pour réorienter le parti démocrate dans un sens « modéré ». Bill Clinton en était membre.

> avec d'autres organisations pour répandre la bonne parole, notamment avec la Fondation Peter G. Peterson qui doit tenir vendredi prochain un sommet budgétaire où l'orateur principal sera l'ex-président Bill Clinton. En juin, les membres de la commission ont l'intention de participer à un meeting électronique simultané dans vingt villes sur le budget, organisé par l'association à but non lucratif America Speaks [La parole à l'Amérique][51].

America Speaks a reçu plus de 4 millions de dollars de la Fondation Peterson pendant la même période[52]. Fondation Peterson qui a également payé les salaires de deux des membres de l'équipe d'experts de la commission[53]. (Selon le *Washington Post*, un institut progressiste a aussi envoyé un expert à la commission sur le déficit, mais celle-ci lui a paru fort peu réceptive et il a conclu que « la commission avait déraillé ».)

Les membres de la commission ayant été incapables de se mettre d'accord sur un plan antidéficit, les coprésidents en ont promptement rédigé un bien à eux, sur des bases strictement petersoniennes. Il a été immédiatement salué par Peterson[54] et rendu public avec l'aide du CRFB[55]. (Le CRFB est l'une des très nombreuses organisations financées par Peterson.)

La confortable cordialité des relations entre les organisations de Peterson et la commission sur le déficit d'Obama reflétait l'influence que le milliardaire exerçait de longue date sur les hautes sphères politiques. On peut en dire autant de son sommet budgétaire 2012, organisé au moment où l'administration Obama tentait de négocier un « grand compromis » sur le budget avec le président de la Chambre John Boehner. Au nombre des orateurs, cette année-là, figuraient à la fois Boehner et le secrétaire au Trésor d'Obama Tim Geithner, deux personnages clés de cette négociation, ainsi que Bill Clinton, Paul Ryan et Alan Simpson[56].

Tandis que Simpson vilipendait des millions d'Américains dans ses fonctions officielles, d'autres républicains faisaient des déclarations outrancières sur la fraude aux pensions d'invalidité de la

Social Security[57]. C'était, là encore, une forme de diabolisation. Il est révélateur que les républicains du Sénat qui ont exigé le décompte des trop-perçus n'aient pas demandé celui des *paiements insuffisants*.

Contrairement à ce que suggéraient les républicains du Sénat, le programme invalidité n'est ni généreux, ni truffé de fraudeurs. Il est extrêmement long et difficile de se qualifier pour une pension d'invalidité de la Social Security, et plus difficile encore de faire appel en cas de refus. En 2018, le temps d'attente moyen pour être entendu était de 535 jours, et il dépassait 700 jours dans de nombreuses villes. À la fin de la même année, 801 428 personnes attendaient d'être reçues. 8 699 demandeurs sont morts en 2016 en attente d'un entretien qu'ils n'ont jamais eu[58].

Pourquoi cette diabolisation ? Pour que les allocataires aient honte de recevoir leurs prestations et que les autres le leur reprochent. J'ai ressenti toute l'injustice de ces attaques au début des années 2000, quand je suis allée parler de la Social Security devant un public de travailleurs syndiqués à Wichita, dans le Kansas. Un monsieur qui avait l'air d'un motard est venu me voir ensuite et m'a serré la main – du mieux qu'il a pu, puisqu'il avait du mal à lever la sienne et à étreindre quoi que ce soit après des années de travail manuel. Il m'a remercié de mon intervention et m'a dit qu'il attendait avec impatience sa retraite toute proche.

Cet homme et d'autres travailleurs comme lui ne méritent pas d'être insultés parce qu'ils veulent prendre leur retraite et toucher une pension après toute une vie de travail éprouvant et pénible.

Reagan et d'autres républicains ont eu des mots cinglants pour les bénéficiaires de l'aide sociale. Mais c'est un président démocrate, Bill Clinton, qui a signé la loi dite « de réforme de l'aide sociale » en 1996. Cette loi se fixait l'objectif de faciliter le retour à l'emploi. Son effet réel a été de radier les gens de force des registres de l'aide sociale, ce qui a réduit de nombreuses familles à la pauvreté. Une étude du National Poverty Center[59] a conclu que « l'extrême pauvreté s'est beaucoup étendue de 1996 à 2011 », en grande partie à cause de cette « réforme ».

Des données solides prouvent que les prémisses qui ont servi à justifier la loi de 1996 sont fausses et injustes à l'égard des pauvres. Les aides sociales en espèces décourageraient le travail ? Elles inciteraient les filles à devenir des mères célibataires ? Ce sont des mythes. Une étude citée par Eduardo Porter, du *New York Times*[60], établit que, même avant les réductions de ces allocations en 1996, « sur dix Américains inscrits aux registres de l'aide sociale, quatre ne s'y trouvaient que pour un an ou deux. Un tiers seulement y restait cinq ans ou davantage ». Porter signale également une étude de 1995 qui, avant même la suppression des prestations pour les mères sans travail, avait conclu : « Les aides sociales en espèces n'augmentent pas le nombre des mères célibataires. » Il ajoute qu'à en juger par l'expérience des vingt années qui ont suivi, « la suppression de ces aides ne le réduit pas non plus ».

Si ces attaques constantes n'ont pas réussi à miner le soutien de la population aux programmes sociaux, elles ont fragilisé sa confiance dans leur viabilité financière à long terme. Les adversaires des droits sociaux adorent s'autoféliciter de leur courage. Mais fustiger les programmes qui aident les personnes âgées, les invalides et les pauvres n'a rien de courageux, notamment quand de riches donateurs de campagnes électorales et des instituts de réflexion financés par des milliardaires sont tout prêts à récompenser cette « bravoure ».

Comment il faut parler des droits aux prestations sociales

J'espère vous avoir maintenant convaincu que ce qui se pense et se dit couramment sur les droits aux prestations sociales est totalement faux. Et, si je me suis concentrée sur les États-Unis dans ce chapitre, cette vision erronée a fait aussi d'innombrables victimes dans le monde entier. Elle a conduit à des coupes dans des programmes sociaux vitaux comme le National Health Service (NHS) au Royaume-Uni et à un terrible sous-financement des pensions de retraite au Japon[61]. Dans ces pays et beaucoup d'autres, le mythe du déficit a privé la population de meilleurs services publics parce que les gouvernements sont convaincus qu'ils n'ont pas l'argent nécessaire pour financer des programmes utiles à leur peuple. Cette logique ne fait pas seulement le malheur de ceux dont la vie aurait été améliorée par ces programmes. Elle nous fait du mal à tous. Nos filets de sécurité renforcent le lien social et contribuent à soutenir l'économie dans son ensemble. Il suffit de penser aux caissières de supermarché, aux routiers, aux petits commerçants et à tant d'autres : leurs emplois à toutes et à tous dépendent, au moins en partie, des personnes qui, dans chaque localité, d'un bout à l'autre du pays, dépensent les pensions, allocations ou prestations qu'elles reçoivent au titre de leurs « droits sociaux ».

C'est l'une des raisons pour lesquelles la rhétorique qui entoure ces programmes est si fallacieuse. L'État fédéral ne devrait pas s'efforcer de gérer son budget « comme une famille autour de la table de la salle à manger ». Nous n'avons pas besoin de nous serrer la ceinture par le sacrifice partagé et les restrictions budgétaires. (Avez-vous remarqué combien certains sont prompts à dire *sacrifice partagé* quand c'est quelqu'un d'autre qui subit tout le sacrifice ?)

Donc, comment devons-nous parler des droits aux prestations sociales ? L'essentiel à ne pas oublier, c'est qu'il y a trois problèmes différents, et que nous devons bien les distinguer quand nous évoquons des programmes comme la Social Security et Medicare : 1) la capacité financière de l'État à payer les prestations ; 2) l'autorité légale de les payer ; et 3) la capacité productive de notre économie à fournir les avantages réels du programme.

La TMM, on l'a compris, met l'accent sur le rôle de l'État en tant qu'émetteur de la monnaie. Dans des pays comme les États-Unis, le Royaume-Uni et le Japon, la capacité financière de l'État à payer ne peut jamais être mise en doute. C'est une bonne nouvelle, car elle signifie que leurs citoyens ne devraient jamais subir une effroyable austérité sous prétexte que l'État n'aurait pas les moyens de payer les soins médicaux, les pensions de retraite ou les pensions d'invalidité. Mais n'en concluons pas qu'il n'y a aucune limite aux sommes que ces États peuvent dépenser de façon responsable. Financer toujours plus généreusement des programmes de droits sociaux pourrait propulser l'économie au-delà de sa contrainte de ressources réelles (c'est-à-dire du plein emploi), donc alimenter l'inflation, qui est nuisible pour tous. C'est un élément essentiel du message, et il est presque entièrement absent de nos débats actuels.

Je n'oublierai jamais le moment où j'ai entendu une personnalité très prestigieuse essayer d'expliquer ce point à un élu du Congrès. Ce fut un échange remarquable, qui a eu lieu dans la grande salle de la Chambre des représentants. Il a commencé par une question de Paul Ryan, le président de la Chambre, aujourd'hui à la retraite. Sur le déficit, il était un faucon avoué, qui consacrait une grande partie de son temps au Congrès à tenter de privatiser la Social Security. À de multiples reprises, il avait pressé les parlementaires de se joindre à lui pour transformer ce programme de pensions de retraite garanties en un système de comptes retraite personnels privatisés, ce qui livrerait aux gestionnaires de fortune de Wall Street les revenus futurs des travailleurs. Depuis des années, Ryan prononçait des discours et intervenait à la télévision pour vendre son plan de privatisation en bonimenteur chevronné. Il exaltait les avantages du choix et de la liberté, et s'écriait qu'il était urgent d'agir avant que le système actuel ne s'effondre sous le poids de ses engagements financiers insoutenables.

Un jour, en 2005, Ryan a décidé de promouvoir son plan devant un témoin spécial au Congrès. Après avoir exposé sa position sur la prétendue crise financière à laquelle la Social Security était confrontée, il a demandé au témoin s'il était d'accord avec son analyse. Dès que son interlocuteur a commencé à répondre à la question, Ryan a changé de visage. Il est devenu livide. Ce n'était pas la réponse qu'il attendait. Elle séparait bien, pourtant, deux des principaux problèmes en matière de programmes sociaux : la capacité financière de l'État à payer et la capacité productive de notre économie à fournir les avantages réels promis.

Le témoin était Alan Greenspan. Comme beaucoup de lecteurs le savent, il a été président de la Réserve fédérale de 1987 à 2006. Nommé par Reagan, il n'était pas du tout ce qu'on appelle un progressiste. En posant au président de la Fed sa question sur la nécessité de « régler le problème des droits aux prestations sociales », Ryan avait sûrement l'impression de ne prendre aucun risque. Il supposait, c'est pratiquement certain, que Greenspan, libertarien* comme lui, allait abonder dans son sens : le financement de la Social Security était insoutenable et la remplacer par un système de comptes retraite personnels était une bonne idée. Avec la question qui suit, il lance donc la balle à Greenspan en s'attendant à le voir marquer, comme il se doit, un but spectaculaire.

« Avoir des comptes retraite personnels est un autre moyen de rendre les pensions des futurs retraités plus sûres pour leur période de retraite », a commencé Ryan, avant de poser à Greenspan sa question, assez longue et plutôt tortueuse :

> Pensez-vous que des comptes retraite personnels, en tant que composantes d'un système de solvabilité, aident nettement à améliorer la solvabilité parce que, quand vous avez une politique de comptes retraite personnels, si elle s'accompagne d'une réduction compensatoire de la pension**, avec cette caractéristique en place, pensez-vous que des comptes retraite personnels peuvent nous aider à assurer la solvabilité du système et à rendre les pensions des futurs retraités plus sûres[62] ?

Pour le dire simplement, Ryan demandait à Greenspan s'il convenait que la Social Security avait des problèmes financiers et que passer à un système de comptes retraite privés gérés par Wall Street aiderait à résoudre cette crise.

* Le mot signifie en fait « libertaire », mais il est traduit différemment parce qu'il désigne aux États-Unis un courant philosophico-politique très à droite, qui met les valeurs anarchistes de rejet de l'État et de défense de la liberté individuelle au service d'un projet de démantèlement de « l'État providence » et de déréglementation.

** C'est-à-dire : si la pension publique est réduite parce que le bénéficiaire reçoit aussi une pension de son compte personnel.

Reconnaissons-lui ce mérite : Greenspan n'a pas saisi la balle au bond. Il s'est penché vers le micro et a dit à Ryan quelque chose qui lui a fait un choc : la vérité. Greenspan a commencé par rejeter en bloc la prémisse qui sous-tendait la question de Ryan. « Je ne dirais pas que les systèmes de retraite par répartition ne sont pas sûrs, a-t-il dit, au sens où rien n'empêche l'État fédéral de créer autant de monnaie qu'il veut et de payer quelqu'un avec[63]. »

Mettez-vous bien ça dans la tête : « Rien n'empêche l'État fédéral de créer autant de monnaie qu'il veut et de payer quelqu'un avec. »

C'était très exactement la réponse juste, et elle anéantissait toute la prémisse de Ryan sur la capacité *financière* de l'État à payer. L'Oncle Sam peut toujours payer ! Telle était l'idée formulée par Greenspan. Parce que, si la question est la capacité de l'État fédéral à payer les pensions, l'argent n'est pas un problème. En tant que président de la Réserve fédérale, Greenspan savait que celle-ci effectuerait n'importe quel paiement ayant été autorisé par le Congrès, exactement comme l'affirme la TMM. Tout ce que le Congrès avait à faire était de s'engager à financer le programme, et l'argent serait là, toujours.

L'ironie de l'affaire, c'est que Greenspan n'en avait jamais dit un traître mot quand il présidait la commission qui a réduit les pensions de la Social Security en 1983. À cette date, il acceptait la prémisse d'une Social Security confrontée à une insuffisance de financement incontournable. La commission Greenspan, pour réagir à ce problème, avait rééquilibré les finances de la Social Security en relevant graduellement l'âge de la retraite et en augmentant la taxe sur les salaires, afin d'avoir « des fonds d'avance » pour couvrir les futurs paiements. Ces changements étaient entièrement motivés par une idée fausse : la seule façon de maintenir à flot la Social Security est de concevoir un plan qui fasse rentrer suffisamment de recettes fiscales pour payer les pensions promises.

La vérité est qu'aucune des réductions de pension ou des autres réformes recommandées par la commission Greenspan n'était nécessaire pour sauver le programme, et Greenspan devait le savoir depuis toujours. Mais quand il a répondu à Ryan ce jour-là, il a dit vrai, et il ne s'est pas arrêté là. La seconde partie de sa réponse a été encore meilleure. Il a ciblé l'un des autres problèmes essentiels dont nous devons parler. La question pertinente n'était pas celle que posait Ryan. Au lieu de parler des finances du programme, Greenspan lui a dit qu'il devait réfléchir à un autre problème : « Comment organisez-vous un système qui garantisse la création des biens réels que ces pensions servent à acheter[64] ? »

Autrement dit, nous sommes une société vieillissante. Des millions de personnes qui aujourd'hui travaillent pour produire les biens et services réels dont nous avons tous besoin pour survivre vont quitter la population active et prendre leur retraite. Par conséquent, des programmes comme la Social Security et Medicare vont servir de plus en plus d'Américains dans les années qui viennent. Lorsque nous pensons à la question des droits sociaux, nous devons nous demander comment faire en sorte que notre économie reste assez productive pour fournir les biens matériels – les soins et les biens de consommation – qu'il faudra pour pourvoir aux besoins des futurs bénéficiaires de ces droits.

Je ne suis pas sûre que Ryan ait pleinement compris l'idée de Greenspan. Quand on se demande si les droits sociaux sont *soutenables*, il faut penser en termes de capacité productive *réelle* de l'économie. Nous devons nous demander comment notre économie va absorber ces dollars, pas d'où vont venir ces dollars. Sortir l'argent pour payer les pensions, c'est le plus facile. Le vrai problème est de gérer les pressions inflationnistes qui pourraient apparaître quand cet argent sera dépensé dans l'économie réelle.

Il est normal que Ryan ait été surpris. Dans d'autres cadres, Greenspan parlait souvent comme si le problème majeur auquel était confrontée la Social Security était sa viabilité *financière*. Mais ce jour-là, répondant alors qu'il était sous serment au Capitole des États-Unis, Alan Greenspan a dit la vérité, toute la vérité, rien que la vérité : la Social Security sera en parfaite santé aussi longtemps que l'État sera décidé à payer les pensions promises.

Il n'est pas facile de trouver des experts prêts à déclarer aussi honnêtement que la prétendue crise de la Social Security est un problème politique, artificiel, et non un problème financier.

Je l'ai compris pour la première fois en 1998, après avoir lu un article intitulé « Sauvons la Social Security de ses sauveurs[65] ! ». Son auteur était Robert Eisner, professeur d'économie à la Northwestern University, une voix innovante, respectée et vraiment courageuse dans le monde de la science économique. Eisner n'avait peur de rien, et il a été l'un des premiers à percer à jour le mythe du déficit de la Social Security. Il n'hésitait pas à s'en prendre à tous ceux, à droite ou à gauche, qui faisaient un mauvais diagnostic du problème.

Comme Greenspan, Eisner ne croyait pas du tout que la Social Security devenait financièrement inabordable. Il écrivait :

> La Social Security n'est confrontée à aucune crise, ni maintenant ni dans le futur. Elle ne fera pas faillite. Elle « sera là », non seulement pour ceux d'entre nous qui en jouissent actuellement ou qui comptent en jouir dans un proche avenir, mais aussi pour la génération du baby-boom et pour la génération X qui la suivra. Telle est la vérité, tant que ceux qui veulent rétrécir la Social Security ou la détruire au nom de la « privatisation » n'auront pas la possibilité politique de le faire. Mais il est très probable qu'ils ne l'auront pas, puisque les personnes âgées – et leurs enfants – votent, et qu'ils voteront raisonnablement quand tous les aspects de la question deviendront clairs.

L'article d'Eisner se concentrait sur l'autre problème important que nous devons garder à l'esprit quand nous parlons de la Social Security et des autres programmes sociaux : les règles auto-imposées qui limitent l'autorité légale de l'État à payer certaines prestations. Comme Greenspan, Eisner comprenait que l'État fédéral a toujours la *capacité financière* de payer les pensions promises. C'est l'*autorité légale* de les payer qui sème la confusion et qui donne l'impression que des programmes comme la Social Security vont faire faillite. Le texte d'Eisner était une tentative brillante d'éclaircir le sujet en montrant les aspects qui comptent (et ceux qui ne comptent pas).

Alors que la quasi-totalité des responsables politiques sont obsédés par les projections à long terme qui prévoient l'épuisement final des fonds fiduciaires de la Social Security, Eisner rappelait que ces fonds sont des « entités purement comptables » : le maintien ou non de soldes positifs à l'OASI et à la DI ne change rien, en réalité, à la capacité financière de l'État à payer les pensions. Faire en sorte que les fonds fiduciaires restent bien garnis en entrées comptables positives permet de conserver l'*autorité légale* de payer les pensions, mais la Social Security est parfaitement viable avec ou sans ces entrées comptables, du moment que le Congrès s'engage à effectuer les paiements. « Que les comptables déclarent négatif ou positif le solde des fonds fiduciaires, écrit Eisner, le Trésor pourra continuer à effectuer toutes les dépenses prescrites par la loi. Le Trésor pourra payer toutes les prestations versées par la Social Security pendant que les comptables diront que les fonds sont de plus en plus dans le rouge. »

Attendez ! Suis-je en train de vous dire qu'un professeur d'économie très respecté pensait que, pour résoudre la « crise » de la Social Security, il fallait simplement que le Congrès s'engage à effectuer les paiements quel que soit le solde des fonds fiduciaires du programme ? Mais oui ! Après tout, c'est exactement ainsi que cela fonctionne déjà pour la SMI.

Nous ne pourrions jamais gérer nos finances de cette façon-là, vous et moi. Mais c'est parce que nous sommes des utilisateurs de monnaie, pas des émetteurs comme l'Oncle Sam. Eisner le comprenait. À la différence de nous tous, « notre État et notre Trésor ne feront pas faillite – ne peuvent pas faire faillite, en fait », expliquait-il. Son message était, au fond : cessez de vous faire du mouron pour une prévision de baisse sur un compte et tenez vos promesses, point ! Les gens ont droit à leurs pensions parce que c'est la loi.

S'il est vraiment aussi simple d'assurer le fonctionnement en douceur de la Social Security, pourquoi démocrates et républicains s'affrontent-ils en permanence sur les finances du programme ? Pourquoi, pour remettre à flot le système, tous ou presque ne pensent-ils qu'à réduire les pensions ou à augmenter les impôts ? Pourquoi ne voit-on pas un groupe d'experts au verbe haut intervenir pour calmer les esprits, comme Eisner (décédé en 1998) avait tenté de le faire ? Selon Barry Anderson, le plus haut fonctionnaire de l'Office of Management and Budget (OMB) de la Maison-Blanche, « parmi les universitaires ou analystes qui s'expriment sur la Social Security, très peu (voire aucun) ont assez de cran (ou peut-être de savoir) pour admettre ce fait fondamental[66] ».

À ceux qui manquaient soit du courage soit des connaissances nécessaires pour préconiser la solution simple – accordez à l'OASI et à la DI l'autorité légale que vous avez déjà octroyée à la SMI ! –, Eisner en proposait une autre. Ce n'était qu'une astuce comptable, mais avec elle la Social Security n'aurait jamais à subir des coupes à cause d'un solde insuffisant dans ses fonds fiduciaires. S'il y a suffisamment d'entrées positives sur les comptes, les administrateurs diront dans leurs rapports que la perspective à long terme est saine, l'autorité légale de payer les pensions restera intacte et la crise *perçue* disparaîtra. Ce n'était pas sa solution préférée, mais si, avec des chiffres plus élevés sur le livre de comptes, tout le monde allait mieux dormir, Eisner montrait qu'il y avait quantité de « remèdes simples et indolores à ce problème comptable ».

Alors que les démocrates en quête de moyens d'alimenter les fonds fiduciaires proposent souvent d'augmenter la taxe sur les salaires, ou de l'étendre aux revenus non salariaux, ou encore de la déplafonner pour que la totalité des revenus salariaux soient soumis aux retraits de la FICA, Eisner signalait l'existence d'une méthode sans douleur[67]. Puisque les fonds fiduciaires sont presque entièrement composés de bons d'État non négociables rapportant un intérêt, pourquoi ne pas décider que cet intérêt sera suffisamment élevé pour maintenir le solde de ces fonds à un niveau qui satisfera les comptables ? Si les bons payaient 25, 50 ou 100 % d'intérêt, les soldes des fonds fiduciaires exploseraient et l'ensemble du « problème » disparaîtrait pour toujours. C'est, à l'évidence, une astuce comptable, mais cela ne gênait pas Eisner. Il montrait simplement aux parlementaires qu'il y avait un moyen facile d'éviter que le programme subisse des coupes à cause de l'insuffisance des soldes des fonds fiduciaires. Après tout, écrivait-il, « ce n'est pas Dieu mais le Congrès et le Trésor qui déterminent le taux d'intérêt à créditer pour les bons du Trésor non négociables que les fonds ont sur leurs comptes ». Ce qu'il faut bien comprendre, c'est que, du point de vue d'Eisner, verser sur les fonds fiduciaires autant d'argent que nécessaire était à la fois incroyablement simple et absolument superflu.

Depuis l'époque d'Eisner, rares sont les économistes extérieurs à la communauté de la TMM qui ont contesté l'analyse conventionnelle sur des bases semblables. La TMM n'existait pas quand Eisner a publié son article, mais l'axe du raisonnement qu'il tient est entièrement compatible avec la perspective de cette théorie. Il savait que l'émetteur de monnaie pouvait toujours insérer sur le livre de comptes des entrées qui maintiendraient le programme en bonne santé (comptable).

Il nous faut discuter des programmes de paiement des droits sociaux avec les éclairages qu'apporte la TMM. En dernière analyse, notre conversation doit rester concentrée sur nos priorités, sur nos valeurs et sur les capacités productives réelles qui nous permettent de prendre soin de notre peuple. La TMM nous donne le prisme dont nous avons besoin pour tenir un débat intelligent.

Greenspan s'inquiétait de l'évolution démographique qui laisse aux États-Unis moins de travailleurs pour réaliser notre production nationale. Le rapport de dépendance est un souci légitime ici, non parce qu'il n'y aura pas assez d'argent, mais parce que nous aurons peut-être du mal à produire les biens et services réels dont les gens auront besoin et envie dans les années qui viennent. Greenspan a compris qu'il ne suffit pas de payer des revenus monétaires aux futurs retraités. La valeur de cet argent compte aussi. Pour se protéger contre le problème immémorial de l'inflation, de la situation où il y a « trop d'argent pour trop peu de biens », il nous faut une économie qui soit assez productive pour fournir le mix de biens et de services dont nous aurons besoin. Comment faire ?

D'abord, nous devons déterminer nos priorités. Les enquêtes d'opinion suggèrent que le paiement des prestations sociales est très bien placé sur la liste de nos objectifs sociétaux. Deuxièmement, nous devons réfléchir aux moyens de parvenir à nos fins, tout en veillant à rendre notre économie assez productive pour les atteindre sans provoquer d'inflation.

Prenons la retraite. Il est bon qu'un système assure une sécurité financière aux retraités : dans notre grande majorité, nous serons probablement d'accord sur ce point. Nous voulons une société qui n'abandonne pas les seniors quand ils sortent de la population active. La Social Security et Medicare sont là pour contribuer à garantir à ces personnes une protection fondamentale quand elles entrent dans une phase de la vie qui ne tourne pas autour de l'emploi. Ces programmes existent parce que nous voulons que les seniors puissent recevoir les soins médicaux dont ils ont besoin et jouir de la sécurité d'un complément de revenu stable qui leur permette de vivre décemment.

L'État fédéral a dépensé 1 000 milliards de dollars pour les programmes de santé en 2017. Les trois cinquièmes ont été consacrés au plus grand programme fédéral d'assurance maladie d'Amérique, Medicare. Le reste est allé à Medicaid, à la santé des enfants et aux subventions des primes d'assurance dans le cadre de l'Affordable Care Act*. Par ailleurs, 945 milliards de dollars ont été versés au titre des pensions de la Social Security aux personnes âgées, à leurs dépendants et aux invalides. En tout, ces programmes dits de paiement des droits sociaux coûtent près de 2 000 milliards de dollars, soit à peu près la moitié du budget fédéral[68]. C'est un gros chiffre. Mais, on l'aura compris, ce n'est que cela : un chiffre.

* L'Obamacare, la loi sur la « santé abordable » adoptée sous la présidence de Barack Obama : elle prévoit que tous les Américains ont l'obligation de contracter une assurance, mais l'État prend en charge une partie des primes de ceux dont le revenu est inférieur à un certain plafond.

Nous pouvons nous l'offrir. Qu'en est-il maintenant des ressources réelles ?

Un nombre record de personnes nées pendant le baby-boom, entre 1946 et 1964, quittent la population active. Dans les dix-huit prochaines années, dix mille Américains par jour, en moyenne, atteindront leurs soixante-cinq ans. Beaucoup continueront à travailler quelques années de plus, mais tous auront droit à Medicare dès qu'ils auront cet âge. En 2030, pour la première fois de leur histoire, les États-Unis auront plus d'habitants de soixante-cinq ans et davantage que de moins de dix-huit ans[69]. La génération du baby-boom représentera un cinquième de la population.

Nous devons être prêts. Lorsqu'on a soixante-dix ans, on consomme plus de soins médicaux et on a moins besoin d'équipements destinés aux enfants que lorsqu'on en a trente-cinq. L'économie devra donc produire davantage de certains biens et services et moins d'autres. De plus, sauf augmentation surprise de notre future population active – comme un autre baby-boom ou un nouvel afflux de migrants –, il nous faudra satisfaire ces besoins avec une main-d'œuvre de moins en moins nombreuse.

Il serait bon de commencer à nous y préparer dès à présent. Nous devons former davantage de personnel médical et infirmier, construire un plus grand nombre de résidences médicalisées et investir dans les infrastructures, l'éducation et la recherche-développement (notamment l'automation). Avec les bons investissements, nous pourrons dynamiser la capacité productive à long terme de notre économie et éviter les pressions inflationnistes qui pourraient résulter d'une concurrence accrue pour une offre de biens et services réels en contraction.

La TMM ne prétend nullement que l'État, parce qu'il a le pouvoir d'émettre la monnaie, peut faire tout ce qu'il veut. En fait, nous attirons l'attention sur les limites réelles auxquelles nous sommes confrontés, afin de trouver les meilleures solutions possibles. C'est ainsi que le débat doit avancer – en prenant des décisions sur le monde réel fondées sur les ressources du monde réel.

Les propositions de réduction des droits sociaux me frappent par leur inhumanité. Peut-être partagez-vous mon sentiment. Les personnes âgées, les personnes en situation de handicap et les indigents ont droit à une vie décente et à la sécurité financière parce qu'ils sont des êtres humains, et pas parce qu'un fonds fiduciaire dit qu'il y a assez d'argent pour s'occuper d'eux. Les programmes de protection sociale, et les valeurs qu'ils incarnent, doivent faire partie de l'étoffe de notre société. Mais même si vous n'êtes pas d'accord avec moi, nous devons en discuter sur la base d'une vision exacte des finances publiques.

Lorsque nous envisageons l'avenir et réfléchissons aux meilleurs moyens de satisfaire nos besoins, cessons de nous demander : comment allons-nous payer ça ? Demandons-nous désormais : comment allons-nous trouver les *ressources réelles* pour le faire ?

Nous ne vivons pas dans un monde parfait. Nos ressources réelles ne sont pas infinies. Si nous voulons réaliser un projet qui améliorera notre vie – assurer des soins médicaux à tous, ou faire en sorte que chacun puisse prendre sa retraite en jouissant d'une sécurité financière, ou encore protéger tous les citoyens de la pauvreté –, il y aura des moments où il faudra choisir entre ces objectifs et d'autres.

Nous devons nous préparer dès aujourd'hui, en investissant dans ce qui pourra nous rendre assez productifs pour atteindre les buts que nous nous fixons sans provoquer d'inflation. Tout ce qui nous y aidera – l'automation, l'amélioration des infrastructures, l'accès à l'éducation, la recherche-développement ou les progrès de la santé publique – est un investissement intelligent dans l'avenir.

Nous avons pu nous offrir nos programmes de droits sociaux après la guerre de Sécession, nous avons pu nous les offrir au XXe siècle et nous pouvons nous les offrir aujourd'hui. À la racine de la guerre contre les droits sociaux, il y a des idées dépassées sur la nature de la monnaie et sur la finalité réelle de l'impôt. Elles nous empêchent d'avoir un débat approfondi sur nos priorités, sur le type de société où nous voulons vivre et sur les ressources nécessaires pour la construire.

Le grand défi auquel nous sommes confrontés n'est pas le coût. C'est de faire en sorte que notre économie produise le bon dosage de biens et services dans les décennies qui viennent. Le problème n'est pas un manque de 0 et de 1 sur une feuille de calcul électronique. Le problème est un manque de vision. Il y a bien des façons d'améliorer notre vie à tous, même dans un monde aux ressources limitées, si nous avons l'intelligence de les imaginer et le courage de les essayer.

7
Les déficits qui comptent

> Quand l'abondance est là, la pauvreté est un mal. L'État doit être présent partout où il faut un adversaire au mal et où il y a des personnes en détresse.
>
> ROBERT F. KENNEDY

Je suis arrivée à Washington en 2015 pour rejoindre les experts et assistants des démocrates à la commission budgétaire du Sénat.

Nous étions alors bien avancés dans la pénible reprise qui a suivi la Grande Récession.

Depuis des décennies, l'Amérique accordait sa confiance et du pouvoir à un réseau mondial d'élites financières et politiques qui avait totalement échoué à répondre aux préoccupations économiques de la plupart des habitants de la planète. L'effondrement de l'économie nous avait brièvement donné l'occasion de repenser nos priorités. Le président Obama avait été élu au lendemain immédiat de la crise avec le mandat de changer les choses et une solide majorité dans les deux chambres du Congrès. Mais, au moment où je suis arrivée, les républicains avaient pris le contrôle de la Chambre des représentants et du Sénat, et l'absurde statu quo de prudence et circonspection sur la dépense de déficit était revenu en force – du moins pour les programmes sociaux.

Les démocrates étaient en minorité, ce qui laissait les républicains maîtres du jeu: c'étaient eux qui fixaient l'ordre du jour. Nous étions réduits à jouer en défense. En assistant aux réunions et en préparant les points à souligner, j'imaginais les possibilités qu'aurait offertes une position majoritaire: elle aurait permis de mettre en avant les multiples problèmes auxquels faisait face le peuple américain et de rédiger un budget qui aurait aidé des millions de personnes à mener une vie plus sûre, plus productive et plus heureuse. Mais, les démocrates étant minoritaires, je ne pouvais pas faire grand-chose.

En vérité, ce n'était peut-être pas si important. Malgré toute l'animosité qui régnait entre les deux partis, tout le monde donnait à peu près la même réponse à la question: comment l'État fédéral «obtient-il» l'argent qu'il dépense dans l'économie? Les démocrates comme les républicains regardaient le budget fédéral du même œil que leur propre budget familial – en utilisateurs de monnaie, pas en émetteur. Les deux camps étaient en gros d'accord sur le diagnostic: le pays était confronté à une terrible crise budgétaire. Ils n'échangeaient des piques que sur la cause première de cette situation: pour les démocrates, c'étaient les réductions d'impôts et les guerres ruineuses; pour les républicains, les dépenses excessives de programmes comme la Social Security, Medicare et Medicaid.

Même si nous avions été au pouvoir, je crois bien que les démocrates auraient fait allégeance au mythe du déficit. Avec le sénateur Sanders aux commandes, l'accent aurait été mis sur une approche «Robin des bois»: imposer les riches (ou réduire les dépenses militaires) pour dépenser plus généreusement ailleurs. Mais, étant donné les réalités politiques, éviter toute augmentation du déficit serait probablement resté une priorité absolue.

J'étais ici au sommet du pouvoir, en qualité d'économiste en chef des démocrates, et j'aurais dû être en mesure de faire entendre les acquis de la TMM. En fait, je me demandais si mes idées pouvaient avoir la moindre influence. Pour moi, c'était insupportable: j'avais pris un congé de mon poste d'enseignement, je m'étais éloignée de mes amis et de ma famille, je m'étais installée à demeure à Washington, et tout ça pour quoi ? Pour me retrouver entourée de gens qui passaient le plus clair de leur temps à s'angoisser sur le déficit budgétaire ! Je passais le plus clair du mien noyée dans la frustration.

Puis une idée m'est venue : un déficit n'est qu'un écart entre ce que nous avons et ce dont nous avons besoin. Le *Merriam Webster's Collegiate Dictionary* le définit très précisément en ces termes : une « insuffisance en quantité ou en qualité » ou « l'absence ou la détérioration d'une aptitude ou d'une capacité fonctionnelle ». Le déficit budgétaire de notre État n'était pas inquiétant, mais l'Amérique était confrontée à d'autres déficits qui, eux, comptaient énormément : le déficit de bons emplois, d'accès aux soins médicaux, d'infrastructures de qualité, d'environnement propre, de durabilité climatique et bien d'autres. Si les sénateurs de la commission budgétaire tenaient tant à parler de déficits, pourquoi ne pas discuter plutôt de ceux-là ?

La chance a voulu qu'une comparution du directeur du Congressional Budget Office (CBO) – à l'époque, c'était Doug Elmendorf – soit prévue au calendrier de la commission budgétaire du Sénat. C'était très fréquent, et je savais exactement à quoi m'attendre. Elmendorf allait arriver – lunettes, costume impeccable jusqu'au dernier bouton – avec un exemplaire de la toute dernière perspective à long terme du CBO. Il commencerait par faire parcourir à la commission les grandes conclusions du rapport, en attirant l'attention de ses membres sur les déficits budgétaires projetés et en les mettant en garde contre le risque d'une possible crise de la dette si l'État n'y mettait pas bon ordre. Puis les sénateurs allaient tour à tour multiplier les effets de tribune ou les arguments sur le thème : devons-nous régler le problème du déficit en réduisant les dépenses ou en augmentant les impôts ? Je ne pouvais supporter l'idée d'assister de bout en bout, passivement, à une séance aussi absurde. Donc j'ai conçu un plan.

Mon patron occupait la deuxième place dans l'ordre hiérarchique de la commission, et il était habituel qu'il fasse une intervention préparée d'avance immédiatement après la déclaration liminaire du président. Il avait chargé l'équipe technique de la rédiger. J'ai décidé que ce serait mon point d'entrée, ma seule chance d'imposer un discours entièrement neuf. J'ai proposé à l'équipe d'ignorer totalement le déficit budgétaire et de parler des déficits qui comptent vraiment.

Heureusement, le sénateur Sanders écoutait les citoyens ordinaires, et il était extrêmement sensible à leur sort. Il regardait le budget fédéral du même œil que moi – comme un document moral et une expression de nos priorités nationales. Nous étions tous deux persuadés que, loin d'être une nation d'individualistes durs et atomisés, les Américains partageaient un destin qui les liait tous ; que nous étions ensemble, en tant que peuple, dans l'ascension comme dans la chute. Avec cet état esprit comme base commune, nous nous sommes mis d'accord, Bernie, son équipe et moi, pour rédiger autrement son intervention d'ouverture : au lieu d'expliquer pour la énième fois comment réduire les futurs déficits budgétaires, nous allions parler de nos autres déficits – dans les infrastructures, l'emploi, l'éducation, la santé et le reste.

Il incombait à Bernie lui-même de « vendre » cette réorientation des projecteurs. Et il l'a fait : après l'audition, *The Hill* – la publication spécialisée sur le Congrès – a titré : « Bernie Sanders renverse la vapeur avec un plan sur "les" déficits[1]. »

Les déficits que nous avons identifiés sont ceux qui touchent le plus les simples citoyens, et ils avaient été ignorés beaucoup trop longtemps. Ils sont au cœur de toute société décente. Nos infrastructures nationales se délabrent. Le coût d'une éducation universitaire est de plus en plus inabordable, et 45 millions d'Américains ont sur les bras plus de 1 600 milliards de dollars de dettes d'études. L'inégalité des revenus et des fortunes atteint des niveaux pratiquement record ; le travailleur moyen n'a vu son salaire réel augmenter que de 3 % depuis les années 1970. Près d'un Américain sur quatre déclare qu'il ne pourra jamais se permettre de prendre sa retraite. Notre système de santé est inadéquat, c'est le moins qu'on puisse dire, puique 87 millions de personnes sont sans assurance ou sous-assurés. « Renverser la vapeur » reste aussi nécessaire aujourd'hui qu'alors.

Au niveau conceptuel le plus élémentaire, le processus d'élaboration du budget fédéral aux États-Unis est complètement chaotique, absolument incapable de s'attaquer à toutes ces crises qui s'accumulent. Il postule que l'État subit des contraintes de liquidités au lieu de le percevoir en émetteur de monnaie. Par sa nature même, il aveugle ses participants, qui ne voient plus aucune autre finalité ultime que d'« équilibrer » le budget à long terme. C'est un processus conçu par des technocrates pour menotter les options politiques et faire passer les besoins d'entrées comptables abstraites avant ceux d'êtres humains de chair et d'os.

Aujourd'hui, plus que jamais, nous devons parler des déficits qui comptent. Donc faisons-le !

Le déficit de bons emplois

Quand elle a fermé dans les premiers mois de 2019, Rick Marsh avait consacré vingt-cinq ans de sa vie à l'usine General Motors de Lordstown, Ohio, où son père, responsable syndical élu, avait travaillé avant lui. C'est, écrit le *New York Times*, « le seul emploi réel qu'il a eu ».

Marsh est propriétaire d'une maison, et il a une fille qui souffre de paralysie cérébrale. Il pourrait se faire embaucher dans les champs de gaz naturel de l'ouest de la Pennsylvanie pour environ la moitié du salaire qu'il gagnait chez General Motors. Il pourrait aussi faire valoir son ancienneté pour obtenir son transfert dans une autre usine du constructeur automobile, ailleurs. Mais son épouse et lui se refusent à choisir l'une de ces options, car il leur faudrait renoncer au vaste réseau de soutien – à l'école, dans de nombreux services locaux – qu'ils ont eu tant de mal à construire pour leur fille[2].

L'histoire de Marsh n'a rien d'original. L'emploi industriel aux États-Unis reste très inférieur aux niveaux constatés avant l'ALENA, les accords de l'OMC et les autres traités de commerce favorables aux grandes entreprises, qui ont sapé les bases de la branche où travaillait Marsh et de tant d'autres. La crise financière n'a pas aidé non plus. Dans les huit ans qui ont suivi 2008, les Américains ont perdu 212 000 emplois dans les télécommunications et 122 000 dans l'industrie manufacturière. L'emploi a diminué aussi dans les services publics – qui procuraient en général un salaire décent et de bons avantages sociaux. Les États et les municipalités ont supprimé 361 000 emplois environ, et la Poste des États-Unis a licencié 112 000 salariés.

Oui, l'économie s'est lentement redressée depuis l'effondrement de 2008, et elle continue à créer des emplois à l'heure où j'écris*. Début 2020, le chômage était à 3,7 %, bien au-dessous des 10 % atteints au plus fort de la Grande Récession. Mais cette croissance de l'emploi s'est essentiellement concentrée dans des métiers peu qualifiés et mal payés. C'est pourquoi des millions de personnes s'efforcent de s'assurer un revenu suffisant pour survivre en ayant deux ou trois emplois. « Il est impossible de vivre avec 8,25 dollars l'heure », a expliqué Rocio Caravantes au *Chicago Tribune* en 2014[3]. À l'époque, elle devait avoir deux emplois : elle frottait les sols au balai-brosse et nettoyait les toilettes dans des hôtels de luxe du centre de Chicago, ce qui ne lui rapportait que 495 dollars toutes les deux semaines. Son loyer était de 500 dollars par mois, elle devait faire une heure de trajet quotidien en transports en commun pour aller travailler et elle ne pouvait se permettre de manquer une seule journée. Elle avait d'abord cru que, si elle faisait du bon travail, on augmenterait son salaire. « J'avais tort », a-t-elle confié au *Chicago Tribune*. Le salaire minimum dans l'Illinois reste de 8,25 dollars l'heure. Le salaire minimum fédéral n'est que de 7,25 dollars l'heure.

Aujourd'hui, 40 % des Américains se disent incapables de sortir 400 dollars en cas d'urgence[4]. Ne nous y trompons pas : c'est parce que le travail est mal payé. S'il y avait beaucoup de bons emplois

* Au début de l'année 2020, juste avant la pandémie. En avril 2020, le taux de chômage allait grimper à 14,2 % ; il repasserait sous la barre des 10 % au mois d'août.

dans le pays, ce ne serait pas le cas. Si le marché du travail était réellement sain et vigoureux, les employeurs seraient contraints d'augmenter les salaires pour attirer les travailleurs.

Nous avons peut-être retrouvé le nombre de postes disponibles, mais la qualité des nouveaux emplois est bien inférieure. La restauration, par exemple, en a créé deux millions, et le commerce de détail 1,2 million. Selon un « communiqué de presse économique » du département du Travail des États-Unis, le salaire médian annuel des employés du commerce de détail est de 28 310 dollars, tandis que, dans la restauration, les employés qui préparent et servent les aliments reçoivent moins encore : en moyenne, à peine plus de 22 000 dollars. En fait, près des trois quarts des emplois créés depuis la crise de 2008 ne paient pas plus de 50 000 dollars par an, et la plupart nettement moins. Le salaire réel du travailleur moyen (réel signifie ajusté pour tenir compte de l'inflation) n'a augmenté que de 3 % des années 1970 à 2018. Les travailleurs qui appartiennent au quintile inférieur de l'échelle des revenus ont vu leur rémunération baisser pendant la même période[5].

Pourquoi les emplois du commerce de détail ou de la restauration devraient-ils être moins bien payés que ceux qui les ont précédés ? Y a-t-il une raison intrinsèque ? Non, aucune. Mais ce sont des secteurs où les syndicats n'ont jamais réussi à s'implanter comme ils l'avaient fait dans l'industrie manufacturière du milieu du XXe siècle. Les employeurs ont toutes les cartes en main et ils utilisent toutes les manœuvres imaginables pour maintenir les salaires et les avantages sociaux le plus bas possible – de l'externalisation des tâches à la franchise et à l'embauche d'indépendants sous contrat au lieu de salariés à temps plein.

Il y a aussi un aspect géographique à tout cela : les zones où l'on trouve du travail ne sont pas les mêmes qu'avant. Il y a plusieurs décennies, après la récession de 1990-1991, les marchés ruraux et les petites villes du centre du pays ont eu certains des taux de création d'emplois les plus élevés des États-Unis. Mais depuis, cette aptitude à rebondir s'est étiolée. Au cours de la reprise qui a suivi la Grande Récession, les taux de croissance de l'emploi les plus élevés ont été constatés dans les agglomérations urbaines et les très grandes villes, comme Los Angeles, New York et Houston. Dans les zones à moindre densité de peuplement et dans les régions rurales, le taux de croissance de l'emploi a été de moins d'un tiers de son niveau antérieur[6]. Dans certains endroits, en fait, il n'y a pas eu de reprise après 2008. Le marché du travail a plié bagage et s'en est allé.

Cairo, dans l'Illinois, était une petite ville très animée au confluent du Mississippi et de l'Ohio, avec des commerces, des drive-in, des boîtes de nuit. Mais la désindustrialisation et les ravages du racisme l'ont durement frappée – la grande majorité de sa population est afro-américaine. Aujourd'hui, on n'y trouve que deux Dollar Generals et quelques autres magasins. Quand le photographe et auteur Chris Arnade a demandé à Marva, une enseignante locale de quarante-sept ans, pourquoi elle restait, elle a été directe : « [Cairo], c'est chez moi. C'est une petite localité, et c'est ma famille. On ne peut pas abandonner ceux avec qui on a grandi[7]. » Il y a quelque chose de cruel dans la façon dont l'économie américaine moderne force souvent les êtres humains à choisir entre leurs racines et leurs moyens d'existence. Et même pour ceux qui préfèrent réellement s'en aller, s'installer dans une ville entièrement inconnue est souvent coûteux, difficile et risqué.

Simultanément, les Américains qui ont la chance de vivre dans les zones où l'emploi se développe doivent souvent accepter, malgré tout, un poste inférieur à celui qu'ils avaient. Ils se font licencier d'emplois bien rémunérés et ne peuvent les remplacer que par un poste mal payé, au-dessous de leurs compétences et de leur niveau d'instruction : ce phénomène, les économistes l'appellent le « sous-emploi ». Par exemple, Lisa Casino-Schuetz, mère de deux enfants, a passé un master et avait autrefois un emploi à durée indéterminée avec un salaire à six chiffres. Puis est venu le krach. Son poste a disparu et elle a dû se faire embaucher à 15 dollars l'heure dans un centre médico-sportif. Ce centre l'a ensuite licenciée et elle a trouvé du travail au service clients d'Amazon. Après quoi cet emploi précaire s'est évanoui, lui aussi. « On se demande : "Pourquoi moi ?", s'exclame-t-elle. "Qu'est-ce que j'ai fait de mal[8] ?" »

Le sous-emploi touche un si large éventail de personnes que la journaliste Andrea Thompson a consacré tout un blog à réunir leurs récits. On y trouve même celui de sa propre grand-mère, qui a soixante-quatre ans. Cuisinière toute sa vie, elle a dû subir une série d'opérations chirurgicales et occupe aujourd'hui un emploi sous-payé à la cantine du lycée local. Récemment diagnostiquée diabétique, elle ne peut pas s'offrir les soins que nécessite sa maladie.

Tout le monde est jetable : c'est un sentiment qui se répand à grande vitesse, et atteint les Américains de mille façons au-delà de l'emploi et du salaire. Dans une enquête de 2018 menée par l'American Psychiatric Association, les deux tiers des personnes interrogées ont dit avoir peur de ne pas pouvoir régler leurs dépenses. Leurs seules inquiétudes comparables concernaient leur propre santé et la sécurité de leur famille – qui dépendent en partie, l'une et l'autre, de la situation financière. « Près des trois quarts des femmes, près des trois quarts des jeunes adultes (de dix-huit à trente-quatre ans) et près de quatre adultes hispaniques sur cinq sont un peu ou très anxieux au sujet du règlement de leurs factures », note le site Internet de l'APA. Une enquête de 2017 parue dans le *Journal of Community Health* a révélé que, parmi les Américains employés, un sur trois pense que son emploi n'est pas sûr[9]. Ce sentiment de vulnérabilité est corrélé avec des risques nettement plus élevés d'obésité, de troubles du sommeil, de tabagisme, de pertes de jours de travail et de dégradation de l'état de santé général. Étudiant la hausse abrupte de la mortalité chez les Américains blancs d'âge moyen depuis 1999, les économistes Susan Case et Angus Deaton ont constaté que ses causes principales étaient le suicide, la drogue et l'alcoolisme – les morts dites « du désespoir ». Mais la cause première, la force motrice essentielle qui a provoqué ces décès, c'est l'angoisse économique.

Les travailleurs des États-Unis ne sont pas les seuls à faire face à ces défis. David N. F. Bell et David G. Blanchflower ont constaté que, dans le sillage de la crise financière de 2008, le sous-emploi a fait baisser les salaires dans la plupart des vingt-cinq pays européens qu'ils ont étudiés[10]. Mais les travailleurs américains ont à gravir une montagne encore plus redoutable que leurs homologues européens. La situation de l'emploi aux États-Unis se compare défavorablement à celle de nombreux pays d'Europe. Et les États-Unis sont le seul pays développé qui n'impose pas à ses employeurs de payer des congés maternité – en fait, c'est le seul qui ne leur impose pas d'assurer à leur personnel des congés payés, à quelque titre que ce soit. Certains patrons le font de leur propre chef, bien sûr. Mais, globalement, les travailleurs américains n'ont guère plus que le quart du temps de vacances des salariés britanniques, français ou espagnols.

On a beaucoup parlé des emplois industriels bien payés qui partent à l'étranger, et de l'effet du phénomène sur le rêve américain. Dans le Midwest industriel, Trump a gagné à l'arrachée en 2016 en promettant un retour à la grandeur, et à une époque où il était possible de travailler dans l'industrie et de vivre une vie stable et enrichissante. Ce que les gens regrettent réellement, je crois, c'est le temps où une seule personne pouvait faire vivre de son travail toute une famille, acheter une maison, mettre deux voitures dans le garage, envoyer les enfants à l'université, emmener la famille en vacances une fois par an et prendre sa retraite avec une pension décente. Cela s'exprime par des formules comme « ramener les emplois industriels » ou « rendre à l'Amérique sa grandeur ». Mais ce dont il s'agit vraiment, c'est de retrouver le sentiment disparu de sécurité de l'emploi et la situation matérielle qu'un emploi à revenu moyen pouvait autrefois assurer.

En dernière analyse, le déficit de bons emplois renvoie aux flux monétaires qui parcourent l'économie. Aujourd'hui, ils coulent en apportant de bons salaires et d'excellents avantages sociaux à un petit pourcentage d'Américains fortunés et une maigre rémunération avec avantages faibles ou inexistants à un nombre infiniment plus important. Mais l'argent, souligne la TMM, est la seule ressource dont l'État fédéral ne peut pas être à court. Il n'y a aucune raison que chaque emploi ne soit pas un « bon emploi », avec un salaire digne, des horaires dignes, la sécurité et les avantages sociaux – chaque emploi, jusqu'au poste le plus modeste d'employé de magasin, de serveur de fast-food ou de portier dans un hôtel de luxe de Chicago.

Nous le verrons au chapitre suivant : la garantie fédérale de l'emploi que la TMM propose de créer peut fixer à tous les employeurs une norme plancher, puisqu'elle donne à toutes les personnes qui le souhaitent un salaire permettant de vivre convenablement et un ensemble d'avantages sociaux. La TMM offre aussi d'autres outils pour régler le problème des congés payés et de la durée des vacances, afin d'améliorer notre qualité de vie et avec elle notre santé et notre sentiment de bien-être. Ces idées peuvent instaurer le véritable plein emploi, accroître les revenus au bas de l'échelle sociale et étendre les avantages sociaux à toute l'échelle des salaires, donc éliminer de fait le déficit d'emplois bien rémunérés en Amérique.

En transformant notre économie pour que l'avenir soit plus vert, plus sûr et plus sain, nous pourrons donner aux Américains la qualité de travail qu'ils méritent.

Le déficit d'épargne

Le déficit de bons emplois a toutes sortes d'effets secondaires dans l'ensemble de la société américaine. En perdant les bons emplois, on a perdu les bons salaires, donc on ne peut plus épargner. Il fut un temps où beaucoup d'Américains pouvaient raisonnablement espérer qu'un diplôme universitaire leur vaudrait un emploi bien rémunéré, qui leur offrirait la sécurité, une assurance maladie convenable (voire excellente) et la possibilité d'avoir plus tard une retraite stable. Plus maintenant. Au lieu d'épargner pour leurs vieux jours, les actifs continuent à rembourser leurs dettes d'étudiants à quarante ou même cinquante ans passés. Ils se demandent bien comment ils auront jamais des économies suffisantes pour prendre leur retraite. S'ils ont des enfants, ils sont très inquiets à l'idée d'avoir à payer leur éducation.

Bonjour le déficit d'épargne.

En fait, on peut dire sans risque d'erreur que le travailleur américain ordinaire n'a pas du tout d'argent de côté pour sa retraite. Une étude a révélé que le solde du compte retraite médian chez les personnes en âge de travailler aux États-Unis est… zéro[11]. D'autres travaux concluent que le pourcentage d'Américains qui n'ont aucune épargne pour leur retraite se situe entre 21 %[12] et 45 %[13] – et ces chiffres deviennent encore plus élevés quand on inclut les personnes qui n'ont que 5 000 à 10 000 dollars de côté. Lorsqu'on leur demande pourquoi ils n'ont rien, les raisons les plus importantes qu'invoquent les intéressés, et de loin, sont l'insuffisance de leurs revenus et la lourdeur de leurs paiements. 67 % des Américains estiment qu'ils vivront plus longtemps que ne le permettent leurs économies[14]. Les Américains en âge de travailler sont un peu plus de 200 millions, et plus de 100 millions ne possèdent aucune forme d'investissement retraite – ni 401(k) parrainé par l'employeur, ni comptes individuels, ni plans de pension[15]*. Les travailleurs à faible revenu sont évidemment encore moins bien lotis : 51 % n'ont aucune épargne pour leur retraite[16]. Quant aux membres de la population active qui disposent d'un compte retraite, leur solde moyen est de 40 000 dollars. Globalement, 77 % des Américains n'ont pas une épargne retraite suffisante pour leur âge et leur niveau de revenu. En juin 2019, chez les plus de soixante-cinq ans, un sur cinq travaillait encore – ou même cherchait activement un emploi. Selon une enquête de 2019 menée par l'Associated Press-NORC Center for Public Affairs Research, près du quart des Américains pensent qu'ils ne prendront jamais leur retraite[17].

* Les 401(k) sont les plans à cotisations définies gérés par l'employeur. Les comptes individuels sont des comptes d'investissement indépendants de l'employeur. Les plans de pension sont les plans à prestations définies.

Il n'en a pas toujours été ainsi. Les Américains de la génération du baby-boom sont arrivés à l'âge adulte à une époque de croissance économique relativement calme. Leurs parents – la « grande génération » – étaient nés pendant la Grande Dépression mais avaient connu des périodes de progrès, avec la création de la Social Security, la mise en œuvre du GI Bill*, l'extension de l'assurance chômage et l'expansion économique de plusieurs décennies qui a suivi la Seconde Guerre mondiale. Certes, cette croissance était inégale. Les Afro-Américains en étaient largement exclus par la ségrégation, et certaines de ces périodes ont été marquées par des conflits politiques. Mais ces générations s'attendaient à vivre mieux que leurs parents. Le rêve américain était vivant et, pour l'essentiel, effectif, du moins pour la majorité. L'espérance de vie et les autres statistiques de santé s'amélioraient pour tous, et les gains de productivité étaient répartis entre employeurs et salariés. Sears**, qui vient de se déclarer en faillite, a partagé ses profits avec son personnel tout au long des années 1960 et 1970. Des appariteurs aux cadres supérieurs, tout le personnel bénéficiait des options sur titre, de l'intéressement et des plans de pension.

Les scénarios catastrophe sur la Social Security, on l'a vu, sont de simples reprises du mythe du déficit. Mais il s'est produit un grand changement qui, lui, a réellement anéanti la sécurité de la retraite des Américains : la disparition des plans à prestations définies.

Ce type de plans – qui garantissait aux retraités un revenu mensuel fixe – allait de soi pour la génération de l'immédiate après-guerre (de même qu'une assurance maladie exhaustive et, dans bien des cas, la carte d'un syndicat). Mais, vers 1980, les employeurs ont commencé à remplacer ces « plans de pension » par des plans à cotisations définies, tels les 401(k), où le revenu payé au retraité dépend du montant que ce dernier a pu verser

* La loi de 1944 qui a permis aux soldats démobilisés de bénéficier d'une formation supérieure ou professionnelle aux frais de l'État.

** La chaîne de grands magasins Sears, Roebuck & Co.

dans le plan au cours de sa vie professionnelle. Actuellement, on demande en général aux salariés d'épargner pour leur retraite. Or ils ne peuvent pas épargner puisqu'ils ont tant de mal à joindre les deux bouts.

De nombreuses familles confirment aujourd'hui le titre du livre *The Two-Income Trap: Why Middle-Class Parents Are Going Broke* [Le Piège des deux revenus: pourquoi les parents de la classe moyenne courent à la ruine], que la sénatrice Elizabeth Warren a co-écrit avec sa fille, Amelia Warren Tyagi. La stagnation des salaires et la hausse des coûts de santé et des frais de scolarité universitaires obligent les deux parents à travailler pour couvrir les dépenses de base; ils ont le plus grand mal à maintenir leur famille dans la classe moyenne et leur sentiment d'insécurité face à l'avenir est très vif. Bien que l'ouvrage ait été publié en 2004, le phénomène central qu'il étudie, la disparition progressive de la classe moyenne, est encore plus urgent et omniprésent aujourd'hui. Avec la hausse du coût de l'éducation, ces familles doivent payer davantage pour les frais de scolarité des enfants, et ce qui arrive aux coûts de la santé – l'augmentation des dépenses et la baisse des prestations des employeurs – érode encore davantage leur capacité d'épargne. La disparition graduelle des plans à prestations définies prive ces personnes et ces familles de la sécurité des revenus. Il leur est donc encore plus nécessaire d'épargner au moment même où il devient plus difficile de le faire.

Le déficit d'épargne a persisté tout au long de la «reprise» d'après la Grande Récession. Un récent article du *Wall Street Journal* a montré que les familles, au lieu d'épargner pour l'avenir, s'endettent à coup de prêts personnels non garantis et d'autres formes de financement pour demeurer, dans un équilibre précaire, au sein des revenus moyens. Hors prêts immobiliers hypothécaires, la dette a grimpé de 1000 milliards de dollars de 2013 à 2019. Cette hausse est essentiellement attribuable à la montée des dettes d'études, des prêts automobiles et des soldes impayés des cartes de crédit. Prenons l'exemple d'un jeune couple de West Hartford, dans le Connecticut: vingt-huit ans l'un et l'autre, ils travaillent dans la technologie et gagnent à eux deux 130000 dollars. Leurs dettes d'études réunies font 51 000 dollars, et ils ont aussi 18 000 dollars de prêts automobiles et 50 000 dollars de dette de carte de crédit. Ajoutons un prêt hypothécaire de 270 000 dollars, ainsi que les coûts qu'occasionne un bébé – une petite fille – et ses frais de garderie. Ils ne vont plus au restaurant et ont dû s'endetter plus encore après un accident de voiture. Autre exemple : un couple de la région de Seattle. Trente-quatre ans l'un et l'autre, ils ont des revenus cumulés de 155 000 dollars, 88 000 dollars de dettes d'études et 1 200 dollars par mois de frais de garderie pour leur fils. Ils paient un loyer de 1 550 dollars par mois, car ils ne peuvent se permettre d'acheter un deux-pièces à Seattle, où la valeur médiane d'un logement avoisine les 750 000 dollars. Ces deux couples, même avec leurs revenus conjoints relativement élevés, ne peuvent pas épargner[18].

Le déficit d'épargne, nul n'en sera surpris, est plus ou moins prononcé selon les catégories raciales et ethniques. Une étude de l'Economic Policy Institute indiquant l'épargne retraite des familles dirigées par une personne de trente-deux à soixante-cinq ans a mis au jour de graves discordances entre Blancs, Afro-Américains et Hispaniques. Tandis que 65 % des familles blanches possédaient une certaine épargne en 2013, seules 26 % des familles hispaniques et 41 % des familles afro-américaines avaient de l'argent de côté pour la retraite. Et ces deux derniers pourcentages représentaient de fortes baisses par rapport à la situation d'avant la Grande Récession : celle-ci avait réduit le nombre de familles disposant d'une épargne de 12 % pour les Hispaniques et de 6 % pour les Noirs. Si l'on examine la catégorie des familles noires et hispaniques qui ont une épargne, le montant dont elles disposent est faible comparé à celui des Blancs. L'épargne médiane des familles blanches disposant de comptes retraite se montait à 73 000 dollars, tandis qu'elle n'était que de 22 000 dollars pour les familles noires et hispaniques. Là encore, à la différence des familles blanches, les comptes retraite des Noirs et des Hispaniques n'ont pas rebondi après la Grande Récession : tandis que l'épargne médiane des Blancs s'est accrue de 3 387 dollars de 2007 à 2013, celle des Hispaniques a diminué de 5 508 dollars et celle des Noirs de 10 561 dollars.

L'injustice économique persiste aussi entre les hommes et les femmes. « À tous les niveaux d'instruction, relève l'Economic Policy Institute, les femmes sont régulièrement moins payées que leurs homologues masculins, et le salaire moyen d'un homme ayant un diplôme d'études supérieures courtes est plus élevé que le salaire moyen d'une femme ayant un diplôme d'études supérieures longues. » Les femmes sont à la tête de plus de ménages que jamais, et elles ont encore plus de mal à épargner, en raison de la discrimination salariale dont elles sont victimes. L'absence de garderies à un prix abordable joue dans le même sens[19].

Le déficit d'épargne peut paraître insurmontable. Mais nous avons vu au chapitre 6 qu'il n'y a aucune raison de douter de la solvabilité financière de la Social Security, et qu'il y a toutes les raisons de préconiser une expansion de ses prestations et un système de retraite public plus robuste. La TMM nous donne aussi les outils qui peuvent remettre à la portée de tous les Américains un emploi bien rémunéré, effacer immédiatement leur dette d'études et mettre à leur disposition des garderies à prix abordable ou même gratuites : ces deux dernières mesures libéreraient des milliers de dollars que les familles pourraient utiliser pour garnir leur épargne retraite ou se doter d'un capital en achetant une maison. Les familles qui vivent du travail doivent épargner, mais nous devons d'abord construire une économie où elles pourront le faire.

Pour y parvenir, l'un des plus gros problèmes qu'il nous faudra régler est notre déficit en matière de santé.

Le déficit de santé

Le déficit du système de santé américain, nous le payons de nos vies. En 1970, les États-Unis avaient l'espérance de vie la plus longue de tous les pays développés. En 2016, ils étaient au-dessous de la moyenne des pays les plus avancés – les membres de l'Organisation de coopération et de développement économiques (OCDE). Aujourd'hui, ils ont l'espérance de vie la plus courte des membres les plus avancés et développés de longue date de l'OCDE. Le taux de mortalité infantile des États-Unis représente plus du double de la moyenne des pays développés – seuls le Chili, la Turquie et le Mexique ont des chiffres plus élevés.

Notre déficit en matière de santé n'existe pas seulement entre l'Amérique et le reste du monde. Il y a de grandes différences de longévité entre Américains en fonction, par exemple, de leur situation socio-économique ou de leur race. De 1980 à 2010, aux États-Unis, l'espérance de vie des hommes les plus riches a connu une hausse spectaculaire, qui l'a portée à 88,8 ans. Au cours de la même période, celle des hommes les plus pauvres a légèrement diminué : elle est descendue à 76,1 ans. Chez les femmes, cet « écart de vie » se situait entre 91,9 ans pour les plus riches et 78,3 ans pour les plus pauvres.

Nous pouvons aussi prendre un endroit précis, comme Baltimore : dans les zones défavorisées de cette ville, l'espérance de vie est inférieure de près de vingt ans à ce qu'elle est dans ses secteurs les plus prospères. Pour les habitants de quartiers comme Madison-Eastend, noirs à 90 %, elle est de moins de 69 ans ; mais elle est de 76,5 ans dans des quartiers voisins comme Medfield, Hampden, Woodberry et Remington, blancs à 78 %[20].

Le problème n'est pas que les États-Unis ne dépensent pas d'argent pour la santé. Nous dépensons en réalité beaucoup plus que tout autre pays développé : 10 586 dollars par habitant selon les chiffres de l'OCDE. C'est plus du double des dépenses par habitant du Canada, 4 974 dollars, par exemple. L'Espagne dépense 3 323 dollars, et, selon les prévisions, elle devrait avoir l'espérance de vie la plus élevée en 2040 : 85,8 ans. Les États-Unis, eux, devraient occuper à cette date la soixante-quatrième place : l'Américain moyen aura une espérance de vie de 79,8 ans. Alors, quel est le problème ? Si nous dépensons plus, pourquoi ne vivons-nous pas plus longtemps et en meilleure santé ?

Environ 28,5 millions d'Américains n'ont toujours pas d'assurance maladie, ce qui signifie que les personnes totalement dénuées de couverture santé sont beaucoup plus nombreuses aux États-Unis que dans tout autre pays comparable. En fait, le nombre d'assurés diminue, en raison des efforts des républicains pour affaiblir l'Affordable Care Act. De plus, même les assurés ont souvent du mal à s'offrir les soins dont ils ont besoin, parce que la couverture qu'on leur offre est inadéquate. C'est le problème dit de la « sous-assurance ». Et lorsqu'on ajoute ces sous-assurés à ceux qui n'ont pas du tout d'assurance, le nombre total d'Américains qui ne disposent pas de la couverture santé dont ils ont besoin atteint 87 millions de personnes en 2019[21].

Quant à ceux qui ont une assurance maladie – même une « bonne » couverture attribuée par l'employeur –, beaucoup sont souvent obligés de payer de leur poche des milliers de dollars de franchises et de restes à charge s'ils ont besoin de soins médicaux. Dans le cadre de l'Affordable Care Act, par exemple, un plan bronze*, en 2017, prévoyait une franchise moyenne de plus de 6000 dollars pour un individu et de près de 12400 dollars pour une famille[22]. En cas d'urgence médicale inattendue, cet individu ou cette famille devrait payer jusqu'à 6000 ou 12400 dollars, respectivement. Vous vous souvenez que 40 % des Américains disent avoir du mal à trouver 400 dollars supplémentaires en cas de problème imprévu[23] ? Selon le Bureau du recensement [Census Bureau], les dépenses de santé ont précipité 8 millions de personnes sous le seuil de pauvreté en 2018[24]. Des recherches indiquent que, pendant la seule année 2019, 137 millions d'Américains ont été confrontés à des choix difficiles en raison de la dette médicale[25]. De plus, la raison numéro un que donnent les gens quand ils vident leur compte retraite, c'est la dette médicale – le déficit de santé est donc l'un des facteurs d'explication du déficit d'épargne.

* L'Obamacare donne le choix entre bronze, argent, or et platine. Le plan bronze est celui où les primes sont les moins chères et les franchises les plus élevées. Ceux qui peuvent payer les primes les plus chères (plan platine) ont les franchises les plus faibles.

Près d'un Américain sur quatre dit avoir renoncé à consulter un médecin parce que c'est trop cher, et près d'un sur cinq, pour la même raison, n'a pas acheté les médicaments qu'on lui avait prescrits. Beaucoup de gens que l'on pense assurés doivent donc se passer, en fait, des soins dont ils ont besoin. Souvent, le contrat d'assurance habituel ne couvre pas non plus certains soins essentiels, ceux qui concerne la vue, l'audition ou la santé mentale par exemple, donc beaucoup d'autres assurés ne sont pas soignés parce que leurs problèmes de santé tombent dans ces trous de leur couverture.

L'analyste des politiques publiques Matt Bruenig donne un autre exemple, éloquent, de l'ampleur du problème de la sous-assurance. Il montre que, si les républicains avaient réussi à faire annuler l'Affordable Care Act en 2017, il y aurait eu, au cours des dix années suivantes, 540 000 morts faute de couverture santé – mais que, même avec l'échec de leurs efforts, il y en aura 320 000. C'est un point important : même avec l'Obamacare, des millions d'Américains sont toujours non assurés[26].

Additionnez tous ces facteurs, et vous ne serez pas surpris que, pour l'accès aux soins, les États-Unis soient toujours loin derrière les pays développés comparables, même après l'entrée en vigueur de l'Affordable Care Act en 2010. La conséquence de notre déficit de santé, c'est du temps de travail et de loisir perdu, mais aussi le pire de tous les temps perdus : les années avec les amis et les êtres chers que tant de gens n'ont pas eues parce qu'ils sont morts trop tôt.

Au strict minimum, nous savons par la TMM que, si nous sommes incapables de fournir une assurance et des soins convenables à tous les Américains, ce n'est pas parce que l'État ne peut « s'offrir le luxe » d'en couvrir les coûts. En optant pour un régime d'assurance maladie qui procède par le truchement d'un réseau éclaté d'assureurs privés, de plans santé d'entreprise et de programmes publics en patchwork, nous avons créé un système de goulots d'étranglement dans lequel les hôpitaux, les fournisseurs de soins, les compagnies pharmaceutiques et les compagnies d'assurances privées peuvent nous presser comme des citrons pour nous soutirer jusqu'au dernier dollar – et dans lequel plus on réussit à compliquer aux gens l'accès à la santé, plus on engrange de profits. Si nous mettons en place un système où tout le monde a droit aux soins médicaux dont il a besoin, nous devrons nous assurer que nous avons bien les ressources réelles pour le faire fonctionner. Le financement n'est pas une contrainte ; les ressources réelles en sont une. Combler le déficit de santé exigera plus de médecins généralistes, de personnel infirmier, de dentistes, de chirurgiens, d'équipements médicaux, de lits d'hôpitaux, etc. Pour prendre soin convenablement de toute notre population, il nous faudra construire davantage d'hôpitaux et de centres de santé locaux, investir plus massivement dans la recherche médicale et créer une économie où la formation de la prochaine génération de professionnels de la santé n'endette pas des Américains jusqu'au cou – ce qui nous conduit à un autre déficit qu'il nous faut combler aux États-Unis.

Le déficit d'éducation

Nous avons dans l'éducation des inégalités qui commencent à la maternelle et persistent jusqu'au lycée et au-delà. Notre système de validation des connaissances attire les étudiants dans une quête apparemment interminable de diplômes universitaires – qui n'est pas sans lien avec le déficit de bons emplois, puisque les employeurs exigent des niveaux d'instruction plus élevés pour un nombre croissant de postes qui, jusqu'ici, ne les nécessitaient pas[27]. Le déficit d'épargne est aussi lié au déficit d'éducation : des millions d'étudiants ne peuvent s'offrir les coûts toujours plus élevés des universités, et la montagne géante de dettes d'études qui en résulte est un frein colossal sur notre économie.

Notre déficit d'éducation commence tôt : il part du préscolaire. Certains de nos territoires font des efforts pour apporter ce qu'il faut à leurs citoyens. La ville de New York, par exemple, tente d'offrir l'école maternelle gratuite à certains de ses habitants[28].

Mais, globalement, le préscolaire pèse lourd sur les finances de la famille du travailleur médian : il lui coûte 9 120 dollars par an, soit 760 dollars par mois. L'administration Obama a effectué quelques avancées sur cette question, en proposant Preschool for All [Le préscolaire pour tous] et en créant un partenariat État fédéral-États de l'Union pour financer des écoles maternelles de qualité à l'intention des enfants de quatre ans issus de familles à revenus faibles ou moyens. Dans le cadre du programme Preschool Development Grant Birth Through Five [Subventions pour le développement du préscolaire de la naissance à cinq ans], plus de 28 000 élèves ont eu droit à des environnements préscolaires améliorés dans dix-huit États[29]. De plus, Obama a signé en décembre 2015 l'Every Student Succeeds Act (ESSA) – la loi « Chaque élève réussit » –, une loi bipartisane qui vient en aide aux élèves nécessiteux et à leurs familles tout en consolidant les investissements que je viens d'évoquer dans des établissements préscolaires de qualité[30]*. Malheureusement, Trump a exprimé à maintes reprises son intention de supprimer l'ESSA et de réduire les crédits des programmes d'éducation de l'ère Obama.

Au niveau du primaire et du secondaire, l'essentiel du financement des établissements scolaires vient des impôts fonciers locaux. Et ce mécanisme a créé d'immenses inégalités dans la qualité de l'éducation. Il est évident qu'il y a une différence considérable entre les recettes de la taxe foncière dans le Mississippi pauvre et rural et à Greenwich, Connecticut. La qualité de leurs écoles respectives reflète cet écart. Il est clair que ce système prive de nombreux élèves des possibilités et des ressources dont ils ont besoin dans des matières scolaires traditionnelles comme la lecture et les mathématiques, ce qui les décourage. Mais ses ravages

* L'initiative Preschool for All est une proposition avancée en 2013 par le président Obama pour améliorer et égaliser l'enseignement préscolaire. Le programme Preschool Development Grant Birth Through Five a été conçu sur cette base : il distribue 250 millions de dollars de subventions aux États pour l'amélioration de leurs écoles maternelles. C'est dans le cadre de la loi bipartisane ESSA qu'il a pu être lancé en 2015.

s'étendent même au domaine sportif. Le sport est censé être un grand niveleur. Or le *New York Times* a récemment examiné le cas des lycées des grandes villes de l'Iowa, régulièrement battus à plates coutures par leurs voisins des banlieues pavillonnaires, plus riches, qui ont de l'argent pour mieux s'entraîner et s'équiper. Dans la dernière décennie, les équipes du lycée public de Des Moines ont joué contre leurs homologues des banlieues aisées. Leur score : 0 à 104. « C'est dur de perdre, commente l'élève de terminale Dustin Hagler, dix-sept ans. Mais ce n'est pas seulement qu'on perd. C'est dur de ne pas se sentir démoralisé. Comme si on n'avait aucune chance. » Cela fait du football une métaphore du système scolaire américain en général. Et le sentiment de défaite qu'exprime Hagler montre probablement comment, dans tout le pays, les enfants de familles défavorisées ressentent les choses quand ils constatent qu'ils n'ont pas les mêmes ressources que leurs pairs des districts scolaires aisés, tout simplement[31].

Le déficit de notre système d'éducation se poursuit dans l'enseignement supérieur. Pendant l'année 1987-1988, les frais de scolarité dans un établissement privé proposant des études supérieures de quatre ans se montaient à 15 160 dollars ; en 2017-2018, c'était plus du double. Ceux des établissements publics évoluent dans le même sens : en 1987-1988 ils étaient de 3 190 dollars, mais en 2017-2018 ils avaient grimpé à 9 970 dollars[32].

La hausse des frais de scolarité a conduit à une crise nationale de la dette d'études : l'emprunteur moyen de la classe 2017 devait 28 650 dollars*. Pour les Américains qui suivent les cours des collèges et universités privés à but non lucratif, le montant moyen de l'endettement est de 32 300 dollars ; pour ceux qui étudient dans les établissements à but lucratif, la moyenne se situe à 39 950 dollars. Les étudiants de couleur sont touchés de façon disproportionnée, là aussi. En 2012, les étudiants noirs ont emprunté, en moyenne, 3 500 dollars de plus que les étudiants

* Il s'agit du montant moyen dû en 2017 par les étudiants endettés qui ont terminé leurs études supérieures de quatre ans cette année-là.

blancs. Et ce fardeau financier disproportionné se traduit par des taux d'abandon des études plus importants chez les Afro-Américains dans toutes les formes d'enseignement supérieur : dans les collèges et universités à but lucratif qui proposent quatre ans d'études, 65 % des emprunteurs noirs ont renoncé, contre 44 % des emprunteurs blancs. Globalement, 39 % des étudiants noirs endettés ont abandonné leurs études en 2009 – et les deux tiers disent qu'ils l'ont fait en raison des coûts élevés[33].

Au total, notre déficit d'enseignement supérieur laisse quarante-cinq millions d'Américains accablés par une dette d'études, qui restreint leurs libertés et leur interdit de contribuer pleinement à la société et à l'économie. Le chiffre officiel des prêts d'études en souffrance s'est monté à 166 milliards de dollars au quatrième trimestre 2018, mais la Réserve fédérale de New York estime que le chiffre réel de ce trimestre pourrait être de 333 milliards de dollars. Comme le souligne Alexandre Tanzi de Bloomberg, on n'est pas loin des 441 milliards de dollars distribués par l'État dans le cadre du TARP (Troubled Assets Relief Program, « programme de sauvetage des actifs à problèmes ») après la crise financière de 2008[34]*.

Enfin, si la dette d'études moyenne de la classe 2017 était proche de 30 000 dollars, beaucoup devaient bien davantage – certains nettement plus de 100 000 dollars. Les étudiants paient en général 350 à 1 000 dollars par mois en principal et en intérêts, et c'est pour cela qu'il leur est souvent si difficile de quitter le domicile de leurs parents, de fonder une famille, d'acheter une voiture ou même d'aller au restaurant. Notons bien que toutes ces activités soutiendraient des emplois dans notre économie.

Nous avons dit aux jeunes : pour monter haut sur l'échelle des revenus, il faut aller à l'université ; c'est la voie à suivre pour avoir une meilleure rémunération globale dans sa vie et davantage de sécurité financière. Ce n'est plus vrai. Il faut un diplôme universitaire pour se tenir aux barreaux de l'échelle, c'est tout. Sans lui,

* Les crédits votés pour le TARP étaient de 700 milliards de dollars, mais les dépenses réellement effectuées ont été de 441 milliards de dollars.

on risque de dégringoler. Le problème est que les rémunérations n'augmentent pas pour les diplômés qui ont fait des études supérieures courtes (de quatre ans) ; de fait, les salaires de 60 % d'entre eux sont plus bas aujourd'hui qu'en 2000[35]. Fondamentalement, les revenus de ces diplômés sont bloqués (en termes réels) à leur niveau d'il y a deux ou trois décennies, tandis que les coûts des études universitaires connaissent (en termes réels) une hausse spectaculaire. Donc, on s'épuise, et on accumule des dettes, en croyant que c'est ainsi qu'on va faire la course en tête. En réalité, c'est ainsi qu'on fait du surplace.

En quoi la TMM peut-elle aider à sortir du déficit d'éducation ? L'essentiel du financement du primaire et du secondaire vient des impôts fonciers locaux et se situe donc hors du champ contrôlé par l'État fédéral. Mais nous verrons de plus près au chapitre suivant comment, à l'aide de subventions provenant de programmes fédéraux, on peut canaliser des fonds qui contribueraient à assurer la gratuité des frais de scolarité des systèmes universitaires des États, ou du moins à les rendre bien plus abordables qu'aujourd'hui. Le prisme de la TMM montre aussi que nous pourrions aisément et rapidement éteindre l'ensemble de la dette d'études par intervention de l'État fédéral, et libérer ainsi un revenu qui pourrait être redépensé dans l'économie, ce qui créerait des millions d'emplois nouveaux dans le secteur privé[36]. Enfin, les tendances jumelles et associées de la stagnation des salaires et de la hausse des diplômes requis pour se porter candidat aux emplois résultent toutes deux d'une même cause : les employeurs ont toutes les cartes en mains. Avec les instruments de la TMM, nous pouvons rétablir le plein emploi et des marchés du travail tendus, et cela aidera à rendre aux travailleurs la possibilité de négocier en position de force.

Comme pour les autres déficits que nous avons examinés, dès l'instant où nous ne nous demandons plus : « comment allons-nous payer ? » et où nous envisageons le problème à travers le prisme de la TMM, les solutions – et l'espoir – ne sont pas seulement possibles mais palpables.

Le déficit d'infrastructures

Vous êtes-vous déjà trouvé assis dans une voiture sur une autoroute embouteillée ? Ou à patienter ce qui vous a paru une éternité dans l'un ou plusieurs des aéroports de notre pays, en attendant que le trafic aérien s'éclaircisse suffisamment pour que vous puissiez décoller ? Ne serait-il pas agréable d'avoir des moyens plus propres et plus efficaces de nous déplacer ? Le *New York Times* a publié en 2019 un photoreportage intitulé « Vos récits sur l'enfer de l'aéroport LaGuardia », l'un des trois principaux de la ville de New York[37]. Il est actuellement en réfection : on va lui faire un lifting de 8 milliards de dollars – mais il n'aura toujours aucune liaison ferroviaire avec la ville. Combien d'entre nous restent bloqués dans la circulation tous les jours parce que nous roulons sur des autoroutes qui ont trop peu de voies, ou, pour celles qui en ont davantage, parce qu'il faut régulièrement en fermer une ou plusieurs pour colmater les nids-de-poule qui ne cessent d'apparaître ? Combien d'entre nous sont arrivés en retard au travail, en cours ou à un rendez-vous parce que les transports publics sont loin d'être à l'heure ou complètement à l'arrêt ? Combien de fois avez-vous entendu vos enfants s'exclamer : « Internet est encore en panne » ? Combien parmi vous sont restés des heures dans la salle d'attente des urgences de votre hôpital avant d'être examiné par un médecin ? Ou pire : après avoir été admis en soins, combien sont restés sur un lit médicalisé dans le couloir à attendre qu'une salle d'examen se libère ?

Nous savons tous que les infrastructures d'un pays – ses routes, ses ponts, ses barrages, ses digues, ses écoles, ses hôpitaux, ses voies ferrées, ses réseaux d'électricité, d'Internet haut débit, d'eau et d'assainissement, ses équipements de traitement des déchets, etc. – permettent à sa société et à son économie de fonctionner sans interruption et en douceur : elles ont vraiment la même importance à cet égard qu'une population instruite. Mais nous savons tous aussi que les infrastructures des États-Unis ne sont plus à la hauteur de la tâche. C'est cela, le déficit d'infrastructures.

Cette frustration est générale, nous la partageons tous. Mais parfois ce déficit ne devient que trop évident et tragique : quand un pont s'effondre, que des trains entrent en collision, qu'un barrage cède, que l'eau potable d'une ville devient toxique – quand des personnes subissent des coûts supplémentaires, sont blessées ou perdent la vie.

Les récentes inondations dans le Midwest ont apporté une démonstration éclatante de notre déficit d'infrastructures. Pendant l'été 2019, les Nebraskiens se sont retrouvés sous les eaux, et ont perdu 340 entreprises et plus de deux mille habitations. Les plus durement touchés ont été les agriculteurs, les éleveurs et les auxiliaires d'élevage : on estime que, pour les ranches et les récoltes, les pertes ont dépassé les 800 millions de dollars. Le barrage Spencer, construit en 1927, a cédé, emportant la maison et la vie de la Nébraskienne Kenny Angel. Ce barrage avait bien été inspecté en 2018 et jugé « en bon état », mais le rapport du département des ressources naturelles du Nebraska précisait : « Il existe des points faibles qui pourraient conduire à une défaillance du barrage dans de rares cas d'évenements tempêtueux extrêmes. » D'autres digues et barrages sont sur le point de céder[38]. Selon l'Infrastructure Report Card* de 2017, 15 498 barrages ont été classés « potentiellement à haut risque », expression définie en ces termes : « Barrage dont l'effondrement ou le dysfonctionnement devrait provoquer des pertes de vies humaines, et pourrait aussi causer d'importantes pertes économiques, notamment des dommages aux propriétés ou à des infrastructures essentielles en aval, des dégâts environnementaux ou l'interruption d'équipements vitaux. » Le nombre de barrages potentiellement à haut risque qui présentent des signes de faiblesse a augmenté : il y en a 2 170, voire plus[39].

Nous avons pris tellement de retard, en fait, que l'American Society of Civil Engineers (ASCE) – la Société américaine des ingénieurs en génie civil – attribue la note D+ aux infrastructures

* Publication annuelle de l'ASCE (voir plus loin) qui fait le point sur l'état des infrastructures aux États-Unis.

des États-Unis. Ces ingénieurs estiment qu'il faudra 4590 milliards de dollars sur dix ans pour les remettre aux normes qui conviennent. Après cette remise à niveau, les infrastructures américaines auraient la note B, que l'ASCE définit en ces termes: «L'état du système ou du réseau est bon à excellent; quelques éléments donnent des signes de détérioration générale qui demandent attention; un tout petit nombre d'éléments présentent des faiblesses sur des points importants. Sûr et fiable, avec problèmes de capacité minimes et risque minimes.» L'ASCE conclut que nos points faibles infrastructurels les plus graves sont les suivants: aviation, eau potable, énergie, gestion des déchets, digues, routes, écoles et d'autres formes d'infrastructures essentielles à notre santé, notre bien-être et notre prospérité future. Autant dire que la crise de l'eau de Flint, qui s'est produite en 2014, est la pointe émergée de l'iceberg[40].

En août 2019, par exemple, on a constaté que l'eau potable de la ville de Newark, dans le New Jersey, avait des niveaux de plomb dangereux[41], peut-être parce que les filtres distribués en 2018 ne faisaient pas correctement leur travail. Selon les chiffres de l'ASCE, l'État du New jersey a la note D+, la même que celle des États-Unis dans leur ensemble. L'ASCE a établi que les grandes raisons qui compromettent le fonctionnement satisfaisant des réseaux d'eau sont leur âge et le manque de réinvestissement.

Les rapports récents de l'ASCE n'évoquent pas ce qui est peut-être le plus élémentaire de nos besoins d'infrastructures: des logements abordables et de qualité. Au sein même du déficit d'infrastructures, il y a aussi un déficit national du logement.

Le chercheur Peter Gowan et le journaliste Ryan Cooper ont étudié ce problème, en particulier pour les locataires, et ont conclu que la situation s'était encore aggravée depuis 2008. Ils écrivent:

> Le nombre de locataires pressurés reste nettement supérieur à son niveau d'avant la crise. En 2007, 8 millions de ménages consacraient au loyer 30 à 50 % de leurs revenus; en 2017, il y en avait 9,8 millions. En 2007, 9 millions de ménages

consacraient au loyer 50 % de leurs revenus ou plus encore ; en 2017, il y en avait 11 millions. Ces ménages pressurés (qui consacrent au loyer 30 % de leur revenu ou davantage) représentent à présent 47 % des locataires[42].

Cette pénurie d'infrastructures élémentaires prive les familles désargentées de lieux sûrs et sains pour vivre. La plupart des familles qui louent ont des dépenses de logement supérieures au niveau recommandé de 30 % du revenu. Les plans locaux d'occupation des sols et le droit de l'urbanisme entravent aussi la construction de logements neufs, ce qui fait monter les prix. Et ce n'est pas tout : l'incapacité des familles à s'assurer un logement abordable contribue même à aggraver le déficit d'éducation. Plus le district scolaire où l'on habite est riche, plus la qualité de l'école où l'on envoie ses enfants est élevée.

Le déficit du logement dont ont souffert historiquement les Afro-Américains persiste aussi. Le taux de propriété immobilière des Noirs dans l'Amérique actuelle est à peu près le même qu'à l'époque où la discrimination dans le logement était légale. Celle-ci a commencé dans les années 1930, quand l'État a conçu un plan de développement du logement – mais essentiellement pour les Blancs à revenu faible ou moyen. La ségrégation a été poussée encore plus loin avec la création de la Federal Housing Administration (FHA). La FHA a inauguré le *redlining* – le refus de garantir les prêts immobiliers – dans et autour des quartiers afro-américains, tout en subventionnant simultanément les promoteurs engagés dans la production massive de lotissements, à condition qu'aucune des maisons qu'ils construisaient ne soit vendue à des Afro-Américains. Exigence que la FHA justifiait par cette théorie : si des Afro-Américains achetaient des maisons dans ces banlieues pavillonnaires, la valeur des propriétés immobilières allait baisser et les résidences des Blancs qu'elle garantissait allaient se dévaloriser. Le racisme des Américains et leur désir de maintenir à haut niveau la valeur de leurs maisons s'associaient dans une boucle de rétroaction autojustificatrice. Le Fair Housing

Act a été adopté en 1968 pour permettre aux Afro-Américains d'acheter des maisons dans ces quartiers « blancs ». Mais des statistiques de 2015 indiquent un taux de propriété immobilière des Noirs de 33 % chez les personnes âgées de trente-cinq à quarante-quatre ans : c'est moins que dans les années 1960, époque où la discrimination dans le logement était légale et où la politique de la FHA imposait encore activement la ségrégation. Tout effort pour remédier à notre déficit de logements doit donc s'attaquer hardiment à l'odieux héritage de la discrimination raciale, qui a restreint l'accès aux logements abordables et aux districts scolaires mieux financés.

Bref, nous pouvons faire bien plus que ce que nous faisons aujourd'hui. La note D+ est une honte pour un pays qui aspire à la grandeur. Il nous faut rénover le parc immobilier commercial et résidentiel en l'équipant de sources d'énergie durables ; construire des logements abordables pour l'ensemble de notre population ; réparer les ponts présentant des faiblesses structurelles ; couvrir le territoire d'un réseau de voies ferrées à grande vitesse ; réhabiliter nos aéroports ; consolider nos digues, nos barrages, nos réseaux d'eau et d'assainissement ; et réaliser bien d'autres efforts. La mise en place de ces infrastructures rendra notre existence plus confortable, sauvera des vies, stimulera la productivité à long terme du pays, renforcera l'égalité des chances – et créera, cela va sans dire, nombre des postes de travail bien rémunérés dont nous avons besoin pour combler le déficit de bons emplois.

Le nouveau prisme de la TMM peut permettre à nos élus de passer à l'action, de canaliser l'investissement dans des projets plus ambitieux. On en a un bon exemple avec le plan de la sénatrice Elizabeth Warren sur le logement abordable – avancé pendant sa campagne pour l'investiture démocrate à l'élection présidentielle. Elle a proposé de consacrer 500 milliards de dollars en dix ans à construire, réhabiliter et entretenir des appartements destinés aux familles à faibles revenus. Répétons-le : ce n'est jamais l'argent qui manque à l'État fédéral pour satisfaire des besoins comme les infrastructures et le logement ; la vraie contrainte, ce sont les ressources réelles. Et il n'y a aucune raison de penser que l'Amérique soit sur le point de manquer de béton, d'acier, de bois ou de métaux. En fait, si l'on prend la question du logement, nous avons en réalité beaucoup plus de maisons vides que d'Américains sans abri[43]. Les matériaux sont là ; le seul problème est que nous n'avons pas envoyé l'argent là où il est nécessaire. Et nous l'avons laissé aller là où il n'est pas nécessaire parce que nous restons entravés par le mythe du déficit.

Le déficit climatique

Tous les déficits que nous avons examinés jusqu'ici existent entre nous, les Américains, ou sur notre territoire. Mais aucun homme n'est une île, et aucun pays, aucune société n'en est une non plus, ni même l'ensemble de l'humanité. Ni l'Amérique ni la communauté mondiale des nations ne peuvent se perpétuer sans une planète vivable – sans un air et une eau propres, des sols fertiles, une météorologie stable, des températures fiables et des écosystèmes en bonne santé. Ce qui nous amène au déficit climatique.

Pour éviter les pires scénarios du changement climatique, nous dit la science, nous devons limiter le réchauffement de la planète au cours de ce siècle à 1,5° C au-dessus des niveaux préindustriels. Mais les plans actuels ne limiteraient la hausse des températures qu'à 3 ou 4° C au-dessus de ce seuil.

Que se passe-t-il si nous ne parvenons pas à combler l'écart entre la situation où nous sommes et celle où nous devrions être ? Les tout derniers rapports du Groupe d'experts intergouvernemental sur l'évolution du climat (GIEC) brossent un sinistre tableau : hausse des niveaux marins, inondations plus dévastatrices, aggravation des sécheresses, montée en puissance des tempêtes et des ouragans et vagues de chaleur provoquant bien plus de décès. Partout dans le monde, de nombreuses villes littorales, petites ou grandes, risquent de devenir inhabitables, et d'importants changements des structures climatiques pourraient compromettre les récoltes et l'approvisionnement en eau douce, ce qui créerait des centaines de millions de nouveaux réfugiés climatiques. La maladie, la famine, l'effondrement des infrastructures et les crises économiques s'aggraveront dans le monde entier[44].

Le simple écart entre 1,5° et 2° de réchauffement aurait des conséquences majeures. Il exposerait une fois tous les cinq ans à des chaleurs extrêmes 37 % des êtres humains (contre 14 % au-dessous de 1,5° de réchauffement[45]) ; la hausse des niveaux marins mettrait en danger dix millions de personnes de plus[46] ; et, globalement, plusieurs centaines de millions d'êtres humains supplémentaires seraient exposés à un risque lié au climat en 2050. Si nous réussissons à limiter le réchauffement à 1,5°, nous assisterons néanmoins, selon les estimations, à la mort de 70 à 90 % des récifs coralliens dans le monde, puisque les océans vont absorber davantage de dioxyde de carbone dans l'atmosphère et s'acidifier. Si la planète se réchauffe de 2° ou plus, pratiquement tous les coraux mourront[47].

À 3° de réchauffement ou davantage, environ 550 000 Américains dans plus de 300 000 logements sur les côtes actuelles risquent fort de subir en 2045 des « inondations chroniques », c'est-à-dire d'être inondés à peu près une semaine sur deux. À la fin du siècle, ces chiffres auraient fortement augmenté : il s'agirait de 4,7 millions de personnes dans 2,4 millions de logements, ce qui équivaut *grosso modo* à toutes les maisons et appartements de Los Angeles et de Houston réunis[48]. Pour prendre un exemple précis : à Charleston, en Caroline du Sud, les inondations liées aux marées feraient bien plus que décupler, puisqu'elles passeraient de 11 par an en 2014 à 180 par an en 2045.

En juillet 2019, les chaleurs estivales en Alaska ont battu tous les records, en montant jusqu'à un pic inégalé de 33° C. Si le réchauffement de la planète se poursuit sans contre-mesures parce que nous aurons choisi que « les affaires continuent comme avant* »,

* On appelle souvent *business as usual* les scénarios où l'on ne fait rien de sérieux pour modérer le changement climatique.

ce type de record sera battu de plus en plus souvent. En 2050, certaines régions et grandes villes d'Amérique subiront en été des vagues de chaleur qui dureront un mois entier, avec des périodes de plusieurs jours consécutifs si torrides qu'il sera dangereux de sortir de chez soi. Pluies et précipitations seront plus violentes et plus rares, au lieu d'être régulièrement réparties. Ne serait-ce qu'en 2019, la Californie, par exemple, a été projetée des inondations[49] aux incendies favorisés par la sécheresse[50], et, selon les projections, ce « coup du lapin » entre pluies torrentielles et périodes terriblement sèches devrait s'intensifier[51]. Déjà sous tension, les nappes phréatiques seront soumises de ce fait à une pression encore plus forte. Les recherches indiquent que 96 des 204 bassins qui fournissent les États-Unis en eau douce pourraient ne pas satisfaire la demande mensuelle en 2071[52]. Parallèlement, la moitié de la population mondiale vivra dans des zones en situation de stress hydrique dès 2025, estime l'Organisation mondiale de la santé[53]. Vous imaginez ce qui arriverait à des activités économiques locales aussi différentes que l'agriculture et les stations de ski si les structures météorologiques sur lesquelles elles reposent changeaient radicalement dans les décennies qui viennent ? Et, quand les nappes phréatiques s'amenuiseront encore plus, que feront les villes et les États américains qui sont déjà confrontés aujourd'hui à des pénuries d'eau ?

Sur toute la planète, les vagues de chaleur et les tempêtes de poussière s'aggravent, les zones froides se contractent, les déserts s'étendent. Entre 1961 et 2013, la sécheresse a élargi chaque année son territoire de 1 %. Déjà, l'agriculture européenne est pilonnée par les vagues de chaleur, et l'agriculture américaine subit des inondations massives au printemps et en été. Si le réchauffement se poursuit, des régions agricoles majeures, dans le monde entier, pourraient subir simultanément « des effondrements multiples de greniers à blé », affirme Cynthia Rosenzweig, scientifique de haut niveau à la NASA et coauteure de l'un des rapports du GIEC[54].

Nathan Hultman, de la Brookings Institution, fait une analogie utile : pendant la dernière glaciation, où la température mondiale était inférieure de 4 à 7° C à celle d'aujourd'hui, la ville de Chicago se trouvait sous 800 mètres de glace – ce qui veut dire que quelques degrés d'écart au niveau de toute la planète peuvent conduire à d'immenses changements dans le climat, la météorologie et les écosystèmes. Si nous ne dévions pas de notre cap actuel, la population mondiale connaîtra un changement de 3 ou 4° dans l'autre sens. Quel est l'équivalent dans un monde plus chaud d'une montagne de glace par-dessus l'une des plus grandes villes d'Amérique ? Quelle que soit la réponse, nous nous dirigeons vers la limite basse de la fourchette de réchauffement qui en ferait une réalité[55].

L'activité humaine menée en toute négligence punit les écosystèmes sur d'autres plans également, et le changement climatique va aggraver les dégâts. À cause de la surpêche, la faune océanique sous toutes ses formes est déjà moitié moins abondante qu'en 1970, selon un rapport de 2015 du World Wide Fund for Nature et de la Zoological Society de Londres. S'il continue sur sa lancée, le changement climatique va la décimer encore plus, par la hausse des températures et de l'acidité des océans[56]. Nous sommes aussi confrontés à une extinction massive potentielle des populations mondiales d'insectes, qui se réduisent de 2,5 % par an, selon une analyse de 2019. Un tiers des espèces sont en péril, et 40 % en déclin[57]. Le grand coupable ? Le recours de l'agriculture humaine au défrichage par coupe claire et aux pesticides – qui contribue directement au changement climatique au titre de l'utilisation des terres. Mais la hausse des températures dans diverses régions accélère aussi la mort des espèces d'insectes qui ne peuvent pas s'adapter assez rapidement. On imagine aisément quelles seront les conséquences planétaires pour la biodiversité, l'agriculture, l'industrie et l'approvisionnement alimentaire si la vie marine et celle des insectes continuent à dépérir.

Quand on les brûle, les combustibles fossiles libèrent du dioxyde de carbone, mais également des matières particulaires (c'est-à-dire de la suie), de l'ozone et d'autres polluants, et ces diverses émissions tuent beaucoup de gens : elles aggravent les maladies cardiovasculaires et ont d'autres effets sur la santé. À elles seules, les matières particulaires provoquent jusqu'à 30 000 décès prématurés par an, selon une estimation de 2014[58]. Limiter les émissions à 1,5° de réchauffement au lieu de 2° éviterait aussi qu'en 2100 la pollution ne tue prématurément 150 millions de personnes dans le monde, notamment dans les grandes agglomérations d'Asie et d'Afrique[59].

Enfin, en raison de l'inégalité aux États-Unis et dans le monde, certains vont se retrouver plus directement dans la ligne de mire du changement climatique. Au cours des deux dernières décennies, 4,2 milliards de personnes ont déjà subi des catastrophes météorologiques, et les populations des pays en développement et à faible revenu sont les plus durement touchées. « Malheureusement, les personnes les plus exposées aux risques liés aux aléas climatiques sont les personnes pauvres, vulnérables et marginalisées qui, dans de nombreux cas, ont été exclues du progrès socio-économique », a souligné l'ex-secrétaire général des Nations unies Ban Ki-moon. Aux États-Unis, les Afro-Américains au revenu modeste ont subi les pires épreuves et les plus lourdes pertes quand l'ouragan Katrina a frappé La Nouvelle-Orléans en 2005, et ils ont eu le plus de mal à s'en relever[60].

Certes, le réchauffement de la planète ne détruira peut-être pas la civilisation humaine. Néanmoins, les scénarios les plus probables où « les affaires continuent comme avant » suggèrent que la réduction de la pauvreté mondiale pourrait prendre un retard de plusieurs décennies – ce qui signifie, en soi, des centaines de millions de morts supplémentaires[61]. Mais attention : tout cela, c'est en supposant que le consensus des rapports du GIEC ne sous-évalue pas très nettement le danger[62]. Ce sont seulement les scénarios les plus *probables* ; peut-être sous-estimons-nous des effets de cascade et des boucles de rétroaction ; autrement dit, il existe un risque limité mais réel de voir les scénarios où « les affaires continuent comme avant » conduire à des résultats infiniment plus désastreux.

« Nous sommes déjà à 1° de réchauffement et nous voyons certaines conséquences importantes », écrit Hultman en résumant les conclusions du GIEC. « 1,5° aura des effets plus graves ; 2°, encore plus graves ; et nous ne souhaitons probablement pas faire l'expérience de ce qui se passe au-dessus de 2° – bien que notre dynamique actuelle nous mette clairement sur une trajectoire qui mène à un monde à 3° ou plus. »

Pour atteindre l'objectif des 1,5°, il faudra que le monde ait réduit de moitié son usage des combustibles fossiles en 2030 et n'en consomme plus du tout en 2050[63]. Disons-le franchement : cela exige une remise à plat complète de la civilisation américaine et mondiale. Notre façon de pratiquer l'agriculture et d'utiliser les terres, de produire l'énergie, de concevoir nos villes et nos moyens de transport – tout devra changer en profondeur. Il nous faudra accroître énormément l'efficacité énergétique de nos logements, de nos bâtiments, de nos usines, de nos moyens de transport et de tout le reste, ce qui nécessitera un déploiement général des toutes dernières technologies, tant en Amérique qu'à l'étranger. Et ce n'est pas tout : il faudra aussi réorganiser complètement notre infrastructure nationale pour qu'elle ait une meilleure résilience climatique, et électrifier toutes les formes d'utilisation de l'énergie, des voitures au chauffage des habitations et à l'industrie lourde. Nous aurons également besoin de développer massivement le solaire, l'éolien, le stockage de l'énergie et d'effectuer d'autres investissements, pour que la totalité de notre électricité vienne des renouvelables – et le plus tôt possible[64].

Les États-Unis ont aussi une responsabilité spéciale à cet égard. Nous sommes le second producteur mondial de gaz à effet de serre : 15 %, après la Chine, 25 % – mais les émissions américaines *par habitant* représentent plus du double des émissions chinoises.

Cette rénovation générale de la société américaine est possible. Le GIEC et d'autres scientifiques ont conclu que les changements nécessaires, aux États-Unis et dans le monde, peuvent s'effectuer, en gros, avec une technologie déjà disponible. Là encore, si nous comprenons bien que la limite, ce sont les ressources réelles, et pas l'argent ou le « fardeau » du déficit public, nous voyons clairement qu'il nous est possible de combler le déficit climatique en agissant vite. De plus, tout le travail nécessaire pour supprimer le déficit climatique contribuera à mettre fin au déficit de bons emplois, et les initiatives que nous prendrons pour renforcer nos petites et grandes villes contre les ravages du changement climatique feront partie intégrante de l'effort pour éliminer le déficit d'infrastructures.

Le Mercator Research Institute on Global Commons and Climate Change (MCC – Institut de recherche Mercator sur les communs mondiaux et le changement climatique) tient une horloge du carbone, qui compte les jours qui nous restent jusqu'au moment où l'humanité aura émis la totalité des gaz à effet de serre qu'elle peut s'offrir tout en restant sous les 2° de réchauffement[65]. Elle est du même ordre que l'horloge de la dette publique américaine installée à New York, qui indique le récapitulatif historique des dépenses de déficit passées[66]. Mais, à la différence de celle de la dette, l'horloge du carbone suit l'évolution d'un déficit qui compte.

À l'heure où j'écris, et aux taux d'émission actuels, il nous reste un peu moins de vingt-six ans pour combler notre déficit climatique.

Le déficit de démocratie

Peut-être jugez-vous impossible qu'il puisse exister un déficit aux conséquences encore plus lourdes que celui qui touche au destin du climat mondial, sur lequel repose la civilisation humaine. Mais il y a encore un écart dans la vie américaine qui, s'il ne couvre pas nécessairement un champ plus vaste, nous nuit encore plus, car ce déficit explique tous nos autres déficits. C'est à cause de lui que nous sommes perpétuellement incapables de créer suffisamment de bons emplois ; que tant d'entre nous doivent se passer de soins médicaux adéquats ou d'éducation convenable ; que nous avons poussé notre écologie planétaire jusqu'au bord du gouffre – en toute désinvolture, on le voit bien. C'est l'écart entre les quelques privilégiés et la multitude ; entre les puissants et les impuissants ; entre ceux qui ont la parole et ceux qui ne l'ont pas. C'est notre déficit de démocratie.

Bien que la démocratie repose sur des droits, des valeurs et des constitutions, le déficit de démocratie commence, encore une fois, par les ressources – par l'écart entre ceux qui ont de l'argent, de la fortune, de l'influence, des moyens d'agir, et ceux qui n'en ont pas.

Souvenons-nous : le déficit de l'État est toujours l'excédent de quelqu'un d'autre, affirme la TMM. Or, aux États-Unis, depuis quelques décennies, quand le déficit public s'accroît, les dollars coulent hors de toute proportion dans les poches des riches, ce qui crée un immense écart entre eux et le reste de la population. L'inégalité économique n'a rien de nouveau en Amérique, mais elle a atteint ces dernières années des sommets qu'on n'avait pas vus depuis l'Âge doré et les barons voleurs.

Prenons le coefficient de Gini, mesure de l'inégalité des revenus qu'utilisent souvent les économistes. Sa valeur « zéro » correspond à une économie parfaitement égalitaire, et sa valeur « un » signifie – au sens strictement littéral – qu'une seule personne accapare la totalité du revenu engendré. Aucun pays ne connaît l'un ou l'autre de ces cas extrêmes. Mais le Forum économique mondial indique que, parmi les pays avancés et développés de longue date, aucun n'a un coefficient de Gini plus élevé que les États-Unis. Et la croissance rapide de nos inégalités ne montre aucun signe de ralentissement[67].

Cela dit, beaucoup demanderont peut-être : où est le problème ? À en juger par quantité d'autres mesures, l'économie américaine semble fort bien se porter. L'inégalité, c'est la vie, non ? N'est-ce pas un effet naturel du dynamisme et de la créativité dans notre pays où chacun peut saisir sa chance ? N'est-ce pas l'attrait de sommes princières qui pousse certains à atteindre des sommets d'inventivité et de réussite, pour notre plus grand profit à tous ? Bref, l'inégalité, est-ce vraiment important ?

Oui. C'est important. L'économique n'est pas séparable du social et du politique. Le revenu et la fortune sont des mesures du pouvoir politique et du prestige social dont jouissent les êtres humains – si les premiers sont répartis inégalement, les seconds le sont tout autant.

Le revenu permet aux gens de satisfaire leurs principaux besoins matériels, mais un salaire convenable et des horaires de travail décents leur donnent aussi le temps et la stabilité nécessaires pour participer aux activités familiales et à la vie locale. C'est un fait bien connu en sciences sociales : le capital social – terme technique qui désigne les liens avec des collectifs (ceux que l'on a, par exemple, en participant à des clubs, en allant à l'Église, en étant mariés, en entretenant des rapports avec ses voisins) – augmente manifestement, lui aussi, avec la fortune et le revenu. La recherche montre qu'humainement, les Américains accablés de travail se sentent plus souvent isolés, en décalage avec les autres[68].

La part du revenu qui va au 1 % supérieur a doublé depuis 1980, celle des 50 % inférieurs a chuté : elle est passée de plus de 20 % à 13 % tout juste. Libre au président Trump de se vanter de l'expansion en cours, mais la réalité est claire : la moitié des Américains vivent d'une paie à l'autre et 40 millions sont sous le seuil de pauvreté. Un enfant sur cinq vit dans la pauvreté[69]. En les soumettant à un stress psychologique permanent et à l'insécurité alimentaire, en les exposant à la pollution, au plomb et à la maladie, la pauvreté inflige des dommages considérables aux êtres humains de tout âge – mais particulièrement aux enfants : leur développement physique et mental en porte la marque indélébile, ce qui les piège dans des cycles de souffrance auxquels il est très difficile d'échapper[70]. Bref, la pauvreté prive de toute possibilité de s'épanouir et de participer au rêve américain.

Pour les questions de pouvoir et de démocratie, la fortune est aussi fondamentale que le revenu. Qui possède une part importante des actions d'une compagnie, par exemple, sera amené à décider comment elle investit, si elle externalise ou non, et si elle crée des postes à bas salaires ou des emplois de qualité bien rémunérés et assortis de bons avantages sociaux. Qui possède des biens immobiliers dans un quartier a un immense pouvoir de décision sur la possibilité ou non pour ses habitants de s'offrir le logement et les factures d'eau, d'électricité, etc. – sans parler de l'influence qu'il exerce sur l'orientation du développement économique du quartier. (C'est le cœur du problème de la gentrification, par exemple : qui possède, et ne possède pas, les biens immobiliers – donc qui va décider de leur devenir.) Si l'on va au fond des choses, les personnes extrêmement fortunées sont amenées à décider du destin des moyens d'existence de leurs concitoyens. En 2016, les 10 % les plus riches des ménages américains disposaient de plus de 70 % de la fortune du pays. À la même date, le 1 % supérieur en contrôlait près de 40 %[71] : jamais sa part n'avait été aussi large depuis 1929, juste avant la Grande Dépression.

Lorsqu'elles deviennent extrêmes, les inégalités de fortune et de revenu commencent à aggraver les inégalités dans le champ politique. Quand on est riche et puissant, on peut assister aux collectes de fonds de haut niveau, et payer ces contributions maximales qui permettent d'avoir accès au processus politique et de l'influencer. Simultanément, des millions de personnes se désengagent, convaincus que leurs voix (et leurs votes) ne comptent pas. Plus de 80 % des Américains ayant un revenu annuel supérieur à 150 000 dollars ont voté aux élections de 2012, mais 47 % seulement de ceux qui gagnent moins de 10 000 dollars. Cette tendance s'était déjà vérifiée en 2010 et en 2008[72]. Environ la moitié des citoyens ayant le droit de vote n'ont pas participé à l'élection de 2016. Le taux de participation électorale à Milwaukee, dans le Wisconsin, par exemple, a été le pire depuis seize ans, et sa chute de 2012 à 2016 a été bien plus forte dans les quartiers les plus pauvres de la ville. Quand le *New York Times* a demandé à Cedric Flemming – un coiffeur pour hommes local sur la corde raide, aux prises avec de lourdes primes d'assurance maladie – pourquoi tant de gens n'avaient pas voté à l'élection de 2016, sa réponse a été brutale : « Milwaukee est fatiguée. Les deux étaient épouvantables. Ils ne font jamais rien pour nous de toute façon[73]. »

Circulez dans beaucoup de grandes villes et vous verrez des quartiers en difficulté, avec des gens qui s'en sortent de justesse, des immeubles dégradés, pas de commerces d'alimentation, etc. Allez un peu plus loin et vous entrerez peut-être dans un quartier où les maisons valent plusieurs millions de dollars et où les immeubles huppés ont des concierges en uniforme : ses habitants vivent une vie entièrement différente. À New York, San Francisco et Los Angeles, des sans-abri couchent dans des rues qui bordent des pâtés de maison où les bars et les restaurants gagnent un argent fou. Des athlètes professionnels signent des contrats de plusieurs millions de dollars ; chaque petit pincement ou élancement dans leur corps est soigné instantanément par les meilleurs spécialistes, tandis que des millions d'Américains ne peuvent s'offrir une assurance maladie de base. Des P-DG qui ont misérablement échoué dans leurs fonctions reçoivent des indemnités de départ chiffrées en millions de dollars, pendant que, dans l'économie qu'ils ont détruite, on laisse les simples citoyens payer les pots cassés.

L'Amérique rurale a été lourdement frappée, elle aussi, par ces inégalités économiques. Tandis que les compagnies pétrolières, Walmart, Amazon, les entraîneurs du football universitaire et les télévangélistes gagnaient énormément, les petites villes subissaient des ravages. Magasins fermés, chômage, districts scolaires appauvris, drogue : c'est sur ces bases que s'est écrite l'histoire tragique des petites villes et des centres ville d'aujourd'hui. *The Nation* a publié récemment un article qui esquisse le profil des « sans-abri cachés » de l'Amérique rurale – des personnes comme Holly Phelps, ex-détenue et mère célibataire qui a atterri à Marion, Illinois, avec ses deux filles. Elle travaillait dans une laverie automatique mais ne pouvait pas se payer un logement. Sa mère, alcoolique, vivait à plus d'une heure de là. « Je n'avais aucun endroit sain où aller, confie-t-elle. Je ne savais plus où j'en étais. J'avais mis mes affaires dans un abri de jardin… et personne n'a compris ce que je vivais. » Puisqu'elle ne couchait pas dans la rue ni dans un refuge, elle n'était pas considérée comme sans-abri, même si, chaque soir, sa famille n'avait aucun endroit sûr pour dormir[74].

Après l'élection de 2016, Anthony Rice, un Afro-Américain vivant à Youngstown, dans l'Ohio, a expliqué au journaliste et photographe Chris Arnade que « la plupart des gens du quartier » n'étaient pas allés voter : « Nous n'avions pas de chien dans ce combat. » Rice lui a dit qu'il avait voté Clinton, mais en précisant : « Ça m'est égal que ce soit Trump. » La victoire de Trump ne l'a pas surpris non plus : « Obama a beaucoup promis et il n'en est pas sorti grand-chose. Peut-être qu'il a tenu ses promesses à New York. Ici, cette rue est toujours pleine de maisons en ruine[75]. »

« Personne ne nous aide, ici. On nous jette en prison », a déclaré à Arnade un monsieur plus âgé à Bakersfield, en Californie. « Les gens au pouvoir sont des criminels et protègent leurs amis puissants qui sont aussi des criminels. Et nous dans la rue, les électeurs, nous subissons[76]. »

C'est bien simple : les Américains qui n'ont pas de gros revenus ont le sentiment que les décideurs de l'action publique et les élus au pouvoir ne prêtent aucune attention à leurs récits et à leurs luttes, ou même qu'il ne vaut pas la peine de participer à la démocratie américaine. Et ils ont peut-être raison. Un article de sciences politiques paru en 2014 est parvenu à une conclusion frappante : il y a un large chevauchement entre les préférences politiques des simples citoyens américains et celles des élites riches, mais, quand les intérêts des deux catégories divergent, le système politique sert presque invariablement les désirs des riches[77]. En termes de résultats concrets, la participation de la grande majorité des Américains à notre démocratie semble souvent vaine – on en vient donc à se demander si une démocratie sérieuse est même possible dans un pays où les inégalités économiques ont une telle ampleur.

Les démocrates se plaignent souvent que le problème, avec les Américains extrêmement riches, est qu'ils « ne paient pas leur juste part de l'impôt ». Et l'impôt fait sans aucun doute partie de l'histoire. Mais il est loin d'être toute l'histoire. La TMM n'emprunte pas le chemin de « Robin des bois », taxer les riches pour donner aux pauvres. Nos impôts fédéraux, on l'a vu, ne paient rien du tout, et ils ne paieront pas non plus l'amélioration du niveau de vie de qui que ce soit. En même temps, le mythe qui présente le déficit de l'Oncle Sam comme inquiétant est l'une des forces motrices de notre déficit très réel de démocratie : si nos dirigeants élus sont persuadés qu'ils doivent, soit mendier de l'argent auprès des riches avant de pouvoir le dépenser pour l'intérêt général, soit combattre les riches pour leur prendre ce même argent, les faiblesses, tics et désirs politiques donquichottesques de nos concitoyens les plus fortunés deviendront évidemment l'obsession première de notre gouvernement.

Mais les impôts sont importants sur d'autres plans. Comme le note le *Rapport sur les inégalités mondiales*, « la trajectoire d'inégalité des revenus observée aux États-Unis » s'explique en partie par « une fiscalité de moins en moins progressive[78] ». On peut utiliser l'impôt pour freiner l'accumulation astronomique de la fortune. C'est capital, justement parce que les riches utilisent leur argent pour obtenir toujours plus de pouvoir et d'influence sur le processus politique : ils ont truqué le code des impôts en leur faveur ; ils ont réécrit le droit du travail, les accords de commerce, les lois qui régissent brevets et protections, et bien d'autres législations. Ils ont remodelé l'action publique pour la mettre au service de leurs intérêts économiques. C'est *pour cela* que tant de nos compagnies paient des montagnes d'argent liquide à leurs actionnaires et à leurs dirigeants, des sommes plus limitées à la classe supérieure instruite et pratiquement rien à tous les autres. C'est pour cela que la Silicon Valley a des gratte-ciel rutilants au centre de San Francisco alors que les quartiers ouvriers de Flint, dans le Michigan, n'ont pas accès à une eau non toxique. C'est pour cela que nos systèmes de protection sociale, de santé et de retraite sont en lambeaux, et que nous nous retrouvons face au canon d'un fusil pointé droit sur nous : une crise climatique que nul ne combat. Les profits et le pouvoir que peuvent s'assurer les élites fortunées en *ne réglant pas* ces problèmes sont vraiment trop supérieurs à ceux qu'elles auraient en les réglant.

Pendant l'expansion économique largement partagée de l'après-guerre, époque où l'inégalité aux États-Unis était au plus bas, il n'y avait pas moins de *vingt-quatre* tranches d'imposition. La plus élevée, qui s'appliquait à tout revenu individuel ou familial dépassant, en gros, 1 900 000 dollars (en dollars 2013), était de *91 %*[79]. L'objectif de ces tranches d'imposition n'était évidemment pas de financer les dépenses publiques; il s'agissait de plafonner le montant que toute personne ou famille pouvait extraire de l'activité économique commune, interdépendante, de tous les Américains. Renforcer la progressivité de notre code des impôts est l'une de nos tâches essentielles pour inverser la tendance, vieille de plusieurs décennies, à l'aggravation de l'inégalité des revenus et des fortunes.

Mais taxer les riches ne suffit pas. Ces concentrations extraordinaires de fortune et de revenu menacent de déchirer la société. Pour rétablir une répartition plus équilibrée de l'une et de l'autre, il nous faut des politiques qui empêchent une minuscule poignée de personnes, à la pointe du sommet, de prendre dès le début tellement plus que leur juste part. Comme l'a souligné l'ancien secrétaire au Travail Robert Reich, il nous faut un ensemble de politiques ciblant la prédistribution au moins autant que des mesures traditionnelles de « prélèvement fiscal et redistribution »[80]. Nous devons réformer en profondeur notre droit du travail pour renforcer les syndicats et en finir avec les pressions arbitraires que les employeurs exercent sur les salariés par des moyens comme l'arbitrage obligatoire et les clauses de non-concurrence. Nous pourrons aussi refondre le droit des brevets et de la propriété intellectuelle, afin de réduire leur utilisation par les oligarques et les grandes sociétés pour étouffer la concurrence et aspirer de l'argent dans nos poches à tous. Et nous devons absolument faire remonter les salaires, les avantages sociaux et le rapport de forces des travailleurs, en facilitant les négociations collectives et en soutenant le type de marché du travail tendu que nous avons vu aux États-Unis pendant la Seconde Guerre mondiale – par des moyens comme la garantie de l'emploi, l'investissement public et une meilleure politique macroéconomique.

Tant que nous n'aurons pas pris ces mesures, le déficit de démocratie nous laissera avec « un système éducatif où l'on peut acheter son inscription; un système politique où l'on peut acheter le

Congrès ; un système judiciaire où l'on peut acheter sa mise en liberté » et « un système de santé où l'on peut acheter des soins que d'autres ne peuvent s'offrir »[81].

Au-delà du déficit de démocratie, l'immense écart créé par l'inégalité en Amérique a des conséquences économiques concrètes. Imaginons qu'il continue à grandir sans répit jusqu'à ce qu'une minuscule poignée de personnes – au sens littéral – possède absolument tout. L'économie s'effondrerait, car il n'y aurait plus assez de gens recevant un revenu pour maintenir à flot nos entreprises. Les compagnies feraient naufrage et il ne resterait finalement qu'un petit nombre de travailleurs employés à construire des yachts pour les très riches, à leur servir de jardinier ou à piloter leurs jets privés. Une étude de 2015 du FMI a déjà conclu qu' « un élargissement de la part des 20 % inférieurs (les pauvres) dans le revenu s'accompagne d'une croissance plus forte du PIB », tandis que « la croissance du PIB, en fait, ralentit » quand « la part des 20 % supérieurs (les riches) dans le revenu augmente »[82]. Si l'on accroît les revenus des plus défavorisés, ils consomment généralement davantage, en dépensant cet argent directement dans l'économie. Au contraire, nous constatons que l'accroissement des revenus des riches se traduit par une hausse des achats en bourse et de l'épargne et non par un retour de l'argent dans l'économie. Voilà pour le ruissellement !

Pendant le quart de siècle qui a suivi la Seconde Guerre mondiale, les salaires horaires réels des Américains ont augmenté au même rythme que les gains de productivité du travail[83]. Réalité reflétée par une prospérité largement partagée et par un climat général où chacun pensait que le dur travail et l'intégrité personnelle étaient récompensés et que l'on pouvait améliorer sa situation. Puis la « révolution Reagan de 1980 », comme on dit, a inauguré une ère de cupidité sans frein : réductions d'impôts pour les riches, démantèlement des réglementations applicables aux entreprises et offensive accélérée contre les droits des travailleurs à s'organiser et à gagner un salaire permettant de vivre convenablement. Surtout, depuis 1980, un écart béant s'est ouvert entre la productivité et les salaires. La productivité poursuit sa hausse régulière, mais pas les salaires – ils augmentent modestement ou pas du tout. Si le taux du salaire horaire avait suivi la même trajectoire de croissance que la productivité de 1973 à 2014, il n'y aurait eu aucune augmentation de l'inégalité des revenus pendant cette période[84].

Où sont allés tous ces gains de productivité ? Ils ont été écumés au sommet. En 1950, le P-DG moyen des 500 premières entreprises de l'indice Standard & Poor's gagnait 20 fois plus que le travailleur moyen. En 2017, c'était 361 fois plus[85]. Depuis 1980, le 1 % mondial a profité deux fois plus de la croissance que les 50 % les plus pauvres[86]. Vingt-cinq personnes ont, ensemble, une fortune équivalente à celle de 56 % de la population du pays[87]. Trois personnes seulement – Bill Gates, Jeff Bezos et Warren Buffett – ont, ensemble, une plus grande fortune que tous les Américains de la moitié inférieure de la répartition, qui sont environ 160 millions.

Les travailleurs ont incontestablement créé de nouvelles richesses au cours des quatre dernières décennies, mais ils ne sont pas parvenus à en obtenir une part, car le déficit de démocratie se trouve aussi *au sein même* des entreprises américaines. Beaucoup de nos compagnies sont aujourd'hui des fiefs économiques où, comme sous le régime féodal, un petit groupe de propriétaires fortunés donne des ordres à un très grand nombre d'Américains ordinaires et extrait de la valeur de leur travail.

En nous aidant à voir sous un jour nouveau les dépenses publiques, la TMM nous offre beaucoup plus d'options quand nous nous demandons comment nous pourrions nous attaquer à l'inégalité économique et au déficit de démocratie : pas seulement en taxant les riches, mais aussi en investissant dans les types de programmes qui feront réellement monter le niveau de vie des Américains à faible et moyen revenu. Il y a démocratie quand nous pouvons tous nous faire entendre, que nous avons tous notre mot à dire et que nous comptons tous. Il nous faut une vie politique qui le reconnaisse, et qui rétablisse l'équation fondamentale de la société démocratique : une personne, une voix. Et nous devons rétablir cette équation aussi fermement dans le champ économique que dans le champ politique parce que, en dernière analyse, les deux sont indissociables.

La Constitution attribue le « pouvoir de la bourse » au Congrès, à nos représentants élus. Mais, en pratique, le mythe du déficit budgétaire empêche le Congrès d'user de ce pouvoir pour s'attaquer aux déficits réels qui entravent notre économie. La TMM réoriente le débat budgétaire, aujourd'hui concentré sur la dette et les déficits financiers, vers les déficits qui comptent : elle attire toute l'attention sur eux. Elle nous donne ainsi les moyens d'imaginer une nouvelle politique et une nouvelle économie, en nous faisant passer d'un discours de la pénurie à un discours des possibilités d'action.

8
Construire une économie pour le peuple

C'était au cours de l'été 2010. Warren Mosler (que nous avons rencontré au chapitre 1) était venu me rejoindre à Kansas City, dans le Missouri, pour un entretien avec un membre du Congrès, Emanuel Cleaver. Ce pasteur de l'Église méthodiste unie avait été le premier maire afro-américain de Kansas City. En 2004, il avait été élu pour représenter au Congrès la cinquième circonscription du Missouri, une région du centre-ouest de l'État qui comprenait l'université du Missouri à Kansas City (UMKC), où j'enseignais. Cleaver avait accepté de nous recevoir pour faire plaisir à un ami commun, un élu local qui préparait un doctorat dans mon université[1]. Je n'oublierai jamais cette rencontre.

La Grande Récession (2007-2009) était techniquement terminée, mais l'économie restait en plein chaos. Près de 10 % de la population active était sans travail, et le taux de chômage des jeunes Afro-Américains (de seize à dix-neuf ans) était proche de 50 %. De l'avis de Mosler et du mien, le plan de stimulation de 787 milliards de dollars voté par le Congrès en février 2009 n'en avait pas fait assez, loin de là, pour en finir avec la crise des saisies de maisons et remettre des millions de personnes au travail. Mosler estimait que le Congrès pouvait régler l'essentiel du problème par trois mesures simples[2]. Premièrement, il voulait une garantie de l'emploi sur fonds fédéraux, afin que tout travailleur au chômage puisse retrouver immédiatement un emploi rémunéré. Deuxièmement, il préconisait une suspension de la taxe sur les salaires, qui aurait réduit pour un temps de 6,2 % à zéro les prélèvements de la Social Security sur les rémunérations. Cela revenait à accorder une augmentation de salaire de 6,2 % à environ 150 millions d'Américains. Quant aux travailleurs indépendants, qui payaient à la fois les charges patronales et salariales, cette mesure aurait accru leur rémunération nette de 12,4 %. Dans une période où les dépenses de consommation étaient faibles, elle aurait également amélioré le résultat financier de millions d'entreprises. Troisièmement, Mosler avait compris que la Grande Récession mettait à très rude épreuve les budgets des collectivités locales et des États de l'Union. Pour aider ces autorités *utilisatrices de monnaie* à supporter la chute brutale de leurs recettes fiscales, il proposait une subvention de 500 milliards de dollars répartis, proportionnellement à leur population, entre les cinquante États, le district de Columbia et les territoires insulaires des États-Unis. Cette initiative aurait protégé des dizaines d'enseignants, pompiers, policiers et autres travailleurs du secteur public, qui risquaient de perdre leur emploi puisque les revenus des États se tarissaient.

Quand nous sommes entrés dans le bureau du parlementaire sur la 31e Rue Ouest, le déficit budgétaire se montait à 1 400 milliards de dollars. Les élus du Congrès étaient en mode panique totale. Le Congressional Budget Office (CBO) venait de publier sa *Perspective budgétaire à long terme*, qui commençait ainsi : « Ces derniers temps, l'État fédéral a connu les plus gros déficits budgétaires, en pourcentage de l'économie, depuis la fin de la Seconde Guerre mondiale[3]. » Si rien n'était fait pour endiguer cette marée d'encre rouge, poursuivait le rapport, « l'alourdissement de la dette allait accroître la probabilité d'une crise budgétaire : les investisseurs perdraient confiance dans la capacité de l'État à gérer son budget, et l'État se verrait contraint de payer beaucoup plus cher pour emprunter[4] ». Pour faire face à ce qu'on *percevait* comme une crise budgétaire, le président Obama avait créé une commission bipartisane et l'avait chargée de trouver des moyens de réduire substantiellement le déficit. Nous étions là, Mosler et moi, pour encourager Cleaver à défendre un ensemble de politiques qui *augmenteraient* le déficit, au moins momentanément.

Le parlementaire nous a souhaité la bienvenue et nous a invités à nous asseoir. Avec un sourire chaleureux, il s'est calé dans son confortable fauteuil directorial, derrière un impressionnant bureau en bois. Mosler lui a dit d'emblée que le rapport du CBO ne l'inquiétait pas et qu'il ne doutait pas de la capacité de l'État fédéral à maintenir des déficits budgétaires, même importants. L'émetteur de la monnaie ne pourrait jamais être à court d'argent, contrairement à ce qu'avait un jour déclaré le président Obama. Ce qu'il fallait, a-t-il conclu, c'était un mix ambitieux de réductions d'impôts bien ciblées et de dépenses publiques supplémentaires pour rétablir la croissance et ouvrir la voie à une ère nouvelle de prospérité. Scepticisme de Cleaver. L'Amérique était ruinée. Où le Congrès allait-il trouver l'argent pour mettre en œuvre les propositions de Mosler ? Le déficit était déjà astronomique, et tout le monde au Congrès cherchait à faire rentrer de l'argent et à réduire les dépenses. Je voyais bien ce qu'il éprouvait : il se sentait victime d'une mauvaise farce.

Je le regardais se tortiller, mal à l'aise, sur son fauteuil surdimensionné. Toute la conversation s'est déroulée, en gros, dans l'ordre des chapitres de ce livre. Point par point, Mosler a fait à Cleaver un très long exposé, qui commençait par affirmer que l'État lève des impôts pour s'approvisionner et se terminait en expliquant pourquoi, même si les gens pensent le contraire, la Social Security ne court pas à la « faillite ». Je voyais bien que la situation était insupportable pour Cleaver. Son langage corporel disait tout. Pendant près de quarante-cinq minutes, il s'est tourné et retourné anxieusement sur ce grand fauteuil. Il n'a interrompu qu'une ou deux fois, et seulement pour s'entendre répondre par Mosler qu'un élément essentiel du raisonnement lui avait échappé. Il grimaçait, comme s'il ressentait une douleur physique, en entendant Mosler expliquer que percevoir des impôts sert à réguler l'inflation, que nous n'aurons jamais besoin de rembourser la dette publique, et que nous ferions mieux de penser les exportations comme des coûts réels et les importations comme des avantages réels. Je savais exactement ce que ressentait Cleaver, parce que j'avais eu la même réaction émotionnelle quand j'avais rencontré Mosler pour la première fois au milieu des années 1990. J'avais aussi éprouvé ce qui a suivi.

Alors qu'il ne restait que quelques minutes dans notre entretien d'une heure, c'est arrivé. Le moment copernicien. Je l'ai reconnu immédiatement. Les mots de Mosler avaient fait tilt. Ce fut la percée que nous avions espérée. Pour la première fois, le parlementaire voyait le monde à travers le prisme de la TMM et les choses venaient de lui apparaître clairement. À partir de là, toute son attitude a changé. Ses yeux se sont élargis. Sa posture s'est redressée. Puis il s'est penché en avant, il a croisé les mains, regardé Warren dans les yeux et murmuré : *« Je ne peux pas dire ça. »*

J'ai repensé à cette conversation au moins une centaine de fois. De quoi avait-il peur ? Pourquoi une analyse plus réaliste sur la monnaie, les impôts et la dette serait-elle à ce point indicible ? Il y a un verset de la Bible (Jn 8,32) où Jésus termine un discours au Temple en disant à ceux qui l'écoutent : « La vérité vous libérera. » Ce verset, le révérend Cleaver l'avait probablement prêché à ses propres ouailles à l'église méthodiste unie de St. James. Mais avec nous, en ce jour d'été, alors que des millions d'Américains luttaient pour trouver du travail ou résister à la saisie de leur maison, il a décidé que la vérité ne pouvait être dite. Du moins pas par lui.

Le représentant Cleaver est un homme de foi. Mais il est aussi un homme de raison, qui œuvre sur une scène politique totalement saturée par les mythes du déficit. Peut-être a-t-il été convaincu par le message de Mosler, mais il ne s'en ferait pas le messager[5]. C'était trop risqué. C'est pour cela qu'il n'y a qu'une seule et unique manière acceptable de parler de la monnaie, des impôts et de la dette publique, notamment à Washington et dans ses environs. Les impôts apportent des revenus à l'Oncle Sam, et c'est l'argent du contribuable qui finance notre État. Emprunter enfonce le pays dans la dette, qui va peser sur nos enfants et nos petits-enfants. Vous pouvez prononcer sans risque l'une de ces phrases et vous passerez pour un intellectuel sérieux. Mais écartez-vous de la pensée conventionnelle et vous serez aussitôt marginalisé par un cercle rapproché de spécialistes autoproclamés du budget, de parlementaires et d'experts techniques du Congrès qui, délibérément ou non, répandent le mythe du déficit. Prêcher les vertus de l'austérité budgétaire est toujours sans danger. Contester ces articles de foi est une hérésie. Cleaver le comprenait.

La TMM n'est pas une religion, elle ne cherche pas de disciples pour suivre un credo. Ce qu'elle apporte est une description réaliste du mode de fonctionnement d'une monnaie *fiat* moderne, assortie de certaines idées prescriptives sur les moyens de transformer cette analyse en meilleure politique publique. En nous aidant à voir plus clairement les obstacles qui existent (comme l'inflation) et ceux qui n'existent pas (comme l'État à court d'argent), elle ouvre la voie à une nouvelle façon de penser la gestion possible de notre économie. Dans la quasi-totalité des cas, elle montre que nous nous sommes laissés entraver par des mythes et des erreurs sur la monnaie, la dette et les impôts. En déboulonnant ces mythes, la TMM prouve qu'il est possible de construire un avenir plus solide et plus sûr pour nous, nos partenaires dans le monde et les générations futures. Donc, comment y arriver ?

J'estime que le représentant Cleaver est une personne de bonne volonté. Il veut le meilleur pour sa circonscription et pour son pays. Après notre entretien, il a compris que le Congrès a le pouvoir de faire beaucoup plus, même si le CBO et les commentateurs en vue de Washington jouent les prophètes de malheur sur les perspectives budgétaires. Mais il n'est qu'une personne, une seule. Et, si sa position d'élu au Congrès semble lui donner plus de pouvoir qu'au commun des mortels, à ce moment-là il s'est senti impuissant. L'emprise du mythe du déficit sur notre discours public lui liait les mains. Pour changer cela, il faut transformer la façon dont l'opinion publique comprend l'économie. Aucun membre du Congrès ne le fera. C'est nous qui le ferons. Comme dit et répète mon ex-patron Bernie Sanders : « Le changement ne descend jamais d'en haut. Il monte toujours d'en bas. » Si nous parvenons à bénéficier de l'espace que la TMM ouvre à l'action publique, ce sera parce qu'un nombre suffisant d'entre nous – des lecteurs comme vous – aideront à réorienter le débat public dans une nouvelle direction. Grâce au prisme de la TMM, nous pouvons voir un ensemble de possibilités différent et plus prometteur. C'est notre avenir. C'est notre économie. Et c'est notre système monétaire. Nous pouvons le faire fonctionner pour nous.

Le volet descriptif de la TMM

Même si nous examinons comment agir sur la base des éclairages de la TMM, je ne voudrais pas qu'on assimile cette théorie à quelque chose que tout État doit adopter ou mettre en œuvre. Elle ne s'accompagne pas d'un jeu de politiques préemballé à dérouler sur tout le paysage mondial. Il s'agit, d'abord et surtout, d'une *description* de la façon dont fonctionne une monnaie *fiat* moderne. En comprenant mieux le système monétaire, on devient capable de distinguer barrières artificielles et contraintes légitimes. Le volet descriptif de la TMM entend contribuer à nous libérer des mythes et des erreurs qui nous ont freinés. Avoir une vision exacte du mode de fonctionnement du système monétaire est un premier pas nécessaire dans la construction d'une économie qui travaille pour tous. Pour atteindre ce monde meilleur, il faudra aller au-delà du volet descriptif de la TMM – passer à son volet *prescriptif*, celui de l'élaboration de politiques. Il sera alors nécessaire de poser la question du rôle que nous voulons donner à nos institutions publiques – par exemple, le Congrès et la Réserve fédérale – en soutien à un programme d'action publique au service de nos intérêts collectifs.

L'aspect descriptif est comme le kit de diagnostic du médecin. Avant qu'un interne puisse prescrire un traitement à un patient qui souffre, il doit d'abord acquérir des connaissances de base sur le mode de fonctionnement du corps humain. Il lui faut s'instruire sur le système circulatoire, le système digestif, le système nerveux, etc. C'est seulement après avoir démontré sa compétence en la matière – prouvé qu'il comprend bien comment fonctionne le corps humain – qu'un interne est autorisé à devenir médecin et à prescrire des ordonnances à des patients. Notre problème aujourd'hui est que la politique économique est souvent prescrite par des gens qui, bien qu'ils détiennent des diplômes prestigieux en économie, ne comprennent absolument pas, en réalité, comment fonctionne notre système monétaire. En offrant un meilleur cadre descriptif, la TMM nous aide à voir une plus large gamme de traitements, de politiques, qui pourraient rendre notre économie plus forte et plus saine.

Avec la vision du système monétaire que nous apporte la TMM, nous donnons un autre sens à l'expression « vivre selon ses moyens » pour les pays qui émettent leur monnaie. Nous la comprenons en termes de contraintes de ressources réelles – d'inflation –, et non d'apparentes contraintes financières. Nous ne nous demandons plus : « Comment va-t-on *payer* cela ? », mais : « comment va-t-on trouver les *ressources réelles* pour cela ? » La TMM nous montre que, si nous avons le savoir-faire technologique et les ressources nécessaires – les personnes, les usines, l'équipement et les matières premières – pour envoyer un homme sur la Lune ou contrer le changement climatique par un New Deal Vert, le financement permettant de mener à bien ces missions pourra toujours être là. Sortir l'argent, c'est le plus simple. Gérer le risque d'inflation, c'est le problème essentiel. Plus que toute autre approche économique, la TMM met l'inflation au centre du débat sur les limites des dépenses publiques. Elle offre également, pour gérer les pressions inflationnistes, un éventail plus raffiné de techniques que celui dont nous disposons aujourd'hui.

Ce que décrit la TMM, c'est la réalité de notre système monétaire post-Bretton Woods. Nous ne sommes plus dans un étalon or, et pourtant une large part de notre discours politique reste enracinée dans ce mode de réflexion dépassé. Nous le voyons chaque fois qu'un journaliste demande à un élu : « Où allez-vous trouver l'argent pour faire ça ? » Il est plus que temps pour nous de comprendre ce que veut dire être l'émetteur d'une monnaie *fiat* souveraine. Pour l'émetteur de la devise, « l'argent » n'est ni un objet ni un obstacle. La monnaie n'existe pas sous une forme physique rare – comme l'or – que l'État a besoin de « trouver » pour dépenser. Elle apparaît comme par magie à partir d'un clavier d'ordinateur chaque fois que la Réserve fédérale effectue pour le compte du Trésor un paiement autorisé.

Voilà qui a un petit air de déjeuner gratuit, dira-t-on peut-être. Mais non. La TMM n'est pas un chèque en blanc. Elle ne nous donne pas carte blanche quand il s'agit de financer de nouveaux programmes. Et elle n'est pas un complot pour étendre l'envergure de l'État. En tant que cadre d'analyse, la TMM vise à identifier le potentiel inexploité de notre économie, que nous appelons notre espace budgétaire. S'il y a des millions de personnes qui cherchent du travail rémunéré et que notre économie a la capacité de produire davantage de biens et services sans faire monter les prix, nous avons l'espace budgétaire qu'il nous faut pour faire de ces ressources un usage productif. La façon dont nous choisissons d'utiliser cet espace budgétaire est une question politique, et là, la TMM peut servir à défendre des politiques traditionnellement plutôt de gauche (par exemple Medicare pour tous, la gratuité des universités ou les réductions d'impôts pour la classe moyenne) ou plutôt de droite (comme les dépenses militaires ou les réductions d'impôts pour les grandes entreprises).

Nous gérons notre économie comme une personne d'un mètre quatre-vingts qui se déplace courbée en deux en permanence sous un plafond qui est à deux mètres cinquante, parce qu'on l'a convaincue que, si elle tentait de se redresser, elle subirait un terrible traumatisme crânien. Voilà l'idée. Pendant trop d'années, nous sommes restés accroupis alors que nous aurions pu être debout et forts. Les craintes irrationnelles sur la dette publique et les déficits budgétaires ont amené les décideurs politiques aux

États-Unis, au Japon, au Royaume-Uni et ailleurs à abandonner les plans de stimulation budgétaire pour l'austérité dans les années qui ont suivi la crise financière mondiale. Ils ont ainsi imposé des souffrances incommensurables à des dizaines, voire des centaines de millions de personnes dans le monde. Des mouvements populistes, de gauche comme de droite, ont trouvé leur inspiration dans ces politiques d'échec. On ne peut pas tout régler par une dose plus généreuse de crédits fédéraux. L'austérité a aggravé nombre de nos problèmes sociaux et économiques, mais les coupes budgétaires ne sont pas les seuls facteurs à l'œuvre dans la stagnation économique et la montée de l'inégalité. Pour restaurer la sécurité économique de la classe ouvrière, il faudra s'attaquer au pouvoir de monopole et engager une réforme générale du code des impôts, du droit du travail et de diverses politiques – celles du commerce extérieur, du logement et bien d'autres[6].

Il faudra aussi un nouveau modèle économique. Confier à des banquiers centraux échappant à tout contrôle démocratique le soin de cibler le « bon » mix d'inflation et de chômage est une pratique cruelle et inefficace : nous devons y mettre fin. Si l'on veut construire une économie pour le peuple, la responsabilité de maintenir l'emploi et la sécurité des revenus doit incomber aux élus du peuple. Le Congrès, avec le grand pouvoir qu'il exerce sur le budget fédéral, doit jouer un rôle actif et permanent dans la stabilisation de la production et de l'emploi au fil du temps.

Le volet prescriptif de la TMM

Souvenons-nous du principe de Peter Parker (Spiderman) : « Un grand pouvoir implique de grandes responsabilités. » Le volet prescriptif de la TMM nous fait passer au-delà du miroir et ouvre le débat sur les politiques budgétaire et monétaire dans un monde informé par cette théorie. À quoi pourraient-elles ressembler ? La TMM nous incite à réduire l'importance de la politique monétaire (du moins sous sa forme actuelle) et à faire de la politique budgétaire l'instrument principal de la stabilisation macroéconomique.

Le Congrès détient le « pouvoir de la bourse », et nous devons mettre ce pouvoir au service de la construction d'une économie qui fonctionne pour nous tous. Je sais bien ce que vous pensez à cet instant. Pouvons-nous réellement faire confiance à l'État pour exercer ce type de pouvoir ? Ma réponse est oui. Et non.

Je dis oui parce que nous, le peuple, nous lui avons déjà confié ce pouvoir. La TMM ne donne au Congrès aucune autorité nouvelle sur notre système monétaire. Nous avons un gouvernement démocratiquement élu qui s'est affranchi de l'étalon or il y a près d'un demi-siècle. Cette décision a donné au Congrès un accès illimité à la bourse publique. Avoir le « pouvoir de la bourse », c'est ne jamais avoir à demander : où allons-nous *trouver* l'argent ? Pour réduire les impôts ou consacrer des milliers de milliards à des guerres sans fin, le Congrès a seulement besoin de trouver assez de voix – *et voilà !* L'argent sera là.

Aujourd'hui, le budget fédéral pèse environ 4 500 milliards de dollars, à peu près 20 % du PIB total. S'il le souhaite, le Congrès peut rédiger un budget de 5 000 milliards de dollars. Ou de 6 000 milliards. Ou encore plus élevé. Il peut déverser des milliers de milliards dans l'éducation, les infrastructures, la santé, le logement. Quel que soit le montant, toute dépense autorisée par le Congrès aura lieu. Le réseau complexe de *primary dealers* dont dispose la Réserve fédérale est là pour le garantir. Telle est la réalité du modèle D —› I&E, qui découple les dépenses publiques de toute nécessité préalable de lever l'argent par l'impôt ou l'emprunt. Mais comment voulons-nous que l'État fédéral *utilise* son pouvoir ? Telle est la vraie question. Combien doit-il dépenser ? Que doit-il financer ? Qu'en est-il de l'inflation ? Et des impôts ? Pouvons-nous avoir confiance dans le Congrès pour faire les bons choix, au bon moment, en effectuant des investissements productifs quand il y a un espace budgétaire et en faisant preuve de la retenue nécessaire quand les ressources se raréfient ? Peut-être suis-je trop méfiante, mais j'aimerais une sorte de police d'assurance.

Le budget fédéral a deux composantes. Il y a la partie *discrétionnaire*, dans laquelle le Congrès a toute… discrétion de changer le montant qu'il attribue aux programmes existants ou nouveaux chaque année. L'essentiel de l'argent dépensé pour la défense, l'éducation, la protection de l'environnement et les transports vient de crédits budgétaires annuels discrétionnaires. Mais il y a aussi une partie *non discrétionnaire*, obligatoire, qui est plus ou moins imposée d'avance par des critères légaux. Les dépenses de programmes comme la Social Security, Medicare et Medicaid appartiennent à cette catégorie. L'assurance chômage, le programme d'aide complémentaire à la nutrition (Supplemental Nutrition Assistance Program, SNAP, les anciens « bons d'alimentation »), les prêts d'études et les intérêts à payer sur les bons du Trésor américains sont également des engagements contraignants, qui font augmenter ou diminuer les dépenses indépendamment de toute action du Congrès. Quand quelqu'un devient handicapé, prend sa retraite, perd son emploi, atteint l'âge de soixante-cinq ans, investit dans des bons du Trésor américains ou contracte un prêt d'études fédéral, des dollars fédéraux sont créés *automatiquement* pour effectuer ces dépenses.

Au total, les dépenses obligatoires représentent un petit peu plus de 60 % des dépenses fédérales ; et les intérêts, près de 10 %[7]. Cela signifie que 70 % du budget fédéral est, au fond, en pilotage automatique, ce qui n'en laisse que 30 % sous le contrôle discrétionnaire des parlementaires[8]. Certes, avec suffisamment de voix, le Congrès a le pouvoir de changer n'importe quelle composante du budget. Il pourrait cesser d'émettre des bons du Trésor et laisser à la Réserve fédérale le soin de fournir des titres rapportant un intérêt[9]. Au bout d'un certain temps, les paiements d'intérêts disparaîtraient entièrement du budget fédéral[10]. Le Congrès pourrait voter une loi « Medicare pour tous » instaurant une assurance maladie à guichet unique, qui augmenterait substantiellement les dépenses obligatoires tout en nous faisant économiser à tous, au fil du temps, des milliers de milliards[11]. Ou alors il pourrait simplement voter des crédits discrétionnaires plus importants dans des domaines comme les transports ou l'éducation. Nous l'avons vu au chapitre 1 : le Congrès est un corps juridique disposant du pouvoir légal de suspendre ou de modifier toute contrainte qu'il s'est imposée à lui-même (comme PAYGO, la règle Byrd, le plafond de la dette, les allocations 302(a), la règle « pas de découvert », etc.*), susceptible, sans cela, d'interdire aux parlementaires d'attribuer des financements ou à la Réserve fédérale d'effectuer des paiements autorisés pour le compte du Trésor. Même le CBO et les commissions budgétaires du Sénat et de la Chambre, qui ont été créés par une loi du Congrès en 1974, pourraient être dissous ou recevoir l'ordre de suivre de nouveaux protocoles[12]. Et, bien entendu, la Réserve fédérale est une créature du Congrès, qui pourrait changer son mandat.

Avant de nous demander comment on pourrait améliorer la prise de décision politique dans un monde informé par la TMM, j'aimerais faire part d'une ou deux expériences qui montrent à quel point notre manière de procéder actuelle est dysfonctionnelle. Un de mes premiers souvenirs, après ma nomination au poste d'économiste en chef des démocrates à la commission budgétaire du Sénat, est une réunion convoquée pour débattre d'un projet de loi sur les infrastructures pesant 1 000 milliards de dollars. Une douzaine de collaborateurs de haut niveau des élus démocrates se sont réunis autour d'une grande table de conférence au troisième étage du Dirksen Building du Sénat. Aucun n'a mis en doute l'urgent besoin d'investir dans les infrastructures. Le montant de 1 000 milliards de dollars, certes ambitieux, ne règlerait qu'une petite partie du problème. Nul n'a pâli au vu du prix sur l'étiquette, mais il y a eu force discussions sur un point : fallait-il *payer cette dépense* (et comment) ?

Je vais vous rapporter ce qui s'est dit, mais, d'abord, il importe de bien comprendre le sens de cette expression pour les parlementaires et leurs collaborateurs au Capitole. Il n'existe, en réalité, qu'une seule façon de payer quoi que ce soit. Toute dépense

* Pour PAYGO, la règle Byrd et le plafond de la dette, voir le chapitre 1. Les « allocations 302(a) » sont des plafonds de dépenses à ne pas dépasser par secteurs. La règle « pas de découvert » concerne le compte du Trésor à la Réserve fédérale : en principe, il doit toujours être approvisionné.

publique fédérale s'effectue exactement de la même manière : la Réserve fédérale crédite le compte d'une ou de plusieurs banques, celle ou celles qui sont concernées. Mais, dans la langue parlée à Washington, on « paie » (*pay for*) ses dépenses publiques en montrant que l'on peut « trouver » assez d'argent pour couvrir le coût de ce que l'on propose de dépenser. Tout cela est un jeu, en fait – un jeu ancré dans le modèle mental erroné I&E —› D qui entrave une telle part de notre potentiel. Pour ne pas aggraver le déficit, les parlementaires cherchent des moyens de couvrir les coûts des dépenses qu'ils proposent *sans emprunter*. Ce qui veut dire, en général, qu'ils cherchent de nouvelles recettes fiscales[13].

Revenons maintenant au débat sur le projet de loi de 1 000 milliards de dollars pour les infrastructures. La conversation a commencé par une question posée aux participants : pensions-nous qu'il fallait attacher au projet de loi ce qu'on appelle un *pay-for*, un moyen de le payer ? C'était ma première semaine dans ces fonctions, et j'ai donc été soulagée de voir quelqu'un d'autre prendre la parole le premier. « Non, a répondu d'emblée cette personne, je pense que nous devons en faire un *clean bill.* » Un *clean bill* – « projet de loi propre » – est une proposition de dépense publique rédigée sans la moindre allusion à la façon dont elle sera financée. Un autre participant s'est déclaré d'accord, et je me suis aussitôt prononcée dans le même sens. Notre pays avait désespérément besoin de ces investissements. Il y avait, manifestement, un espace budgétaire suffisant pour les effectuer, et les infrastructures sont l'un des sujets qui jouissent traditionnellement d'un soutien bipartisan. Puisque le parti républicain contrôlait le Sénat, raisonnions-nous, le projet de loi avait besoin d'obtenir au moins un certain soutien des républicains pour être adopté. Proposer une augmentation d'impôts garantirait la défaite. Tout le monde n'a pas été de cet avis. Un autre collaborateur a objecté que la presse ne prendrait pas au sérieux ce projet de loi s'il ne précisait pas très exactement son mode de financement. Finalement, on a inclus une proposition de faire rentrer de l'argent en supprimant diverses failles du code des impôts, qui, dans leur écrasante majorité, bénéficiaient aux riches. Inutile de dire que le projet de loi n'a pas été voté. En attendant, le tout dernier rapport de l'ASCE montre comment ce retard dans l'entretien des infrastructures nous rattrape : le coût des améliorations nécessaires a grimpé au chiffre extraordinaire de 4 590 milliards de dollars[14].

Parfois, les parlementaires sont tout disposés à fermer les yeux et à voter l'autorisation de dépenses publiques sans se demander anxieusement d'où va venir l'argent. Prenons les dépenses militaires, par exemple. Chaque année, le Congrès approuve une loi sur la politique de défense. En 2017, un projet de loi de 1 215 pages, intitulé National Defense Authorization Act (loi d'autorisation de la défense nationale), a été voté sans encombre au Sénat par 89 voix contre 9. La Maison-Blanche avait demandé 700 milliards de dollars, mais le Sénat en a autorisé 737, en ajoutant 37 milliards supplémentaires sans se soucier le moins du monde de savoir où on allait « trouver » l'argent[15]. Les sénateurs ont simplement décidé par leur vote, à une écrasante majorité bipartisane, d'augmenter le budget discrétionnaire du Pentagone.

Voilà qui pourrait donner l'impression d'un deux poids deux mesures. « Nous rédigeons des chèques en blanc, illimités, pour la guerre », a déclaré la représentante Alexandria Ocasio-Cortez. « Nous venons d'en faire un de 2 000 milliards de dollars pour la loi fiscale, la réduction d'impôts des républicains, et personne ne leur a demandé, à ceux-là : “Comment allez-vous payer ça[16] ?” » Elle a raison. On ne sait comment, il y a toujours de l'argent pour la guerre et pour les réductions d'impôts. Mais pour pratiquement tout le reste, les parlementaires doivent démontrer qu'ils peuvent « payer » leurs dépenses. Au moins sur le papier.

Comme il y a 535 membres du Congrès – 100 au Sénat et 435 à la Chambre des représentants –, cette attente exige un flux régulier de nouvelles possibilités de financement. À l'époque où je travaillais au Sénat, j'ai entendu parler d'un « coffre au trésor » qui avait été créé à seule fin d'offrir aux parlementaires un accès direct à une litanie de *pay-for*. Si un élu avait besoin de trouver 10 milliards, 50 milliards, 500 milliards de dollars, ou plus, Calvin

Johnson avait ce qu'il lui fallait. Depuis des années, ce professeur de droit des affaires et des sociétés à la faculté de droit de l'université du Texas était un des animateurs d'un organisme appelé le Shelf Project, le Projet Étagère. Avec d'autres experts en fiscalité, il avait rassemblé toute une collection de propositions diverses « à prendre sur l'étagère quand le Congrès est prêt à faire rentrer de l'argent[17] ». Le témoignage de Johnson devant la commission des finances du Sénat en 2010 était intitulé « 50 façons de lever 1 000 milliards[18] ».

Pendant l'été, quand les parlementaires rentraient dans leurs circonscriptions, la plupart des dossiers restaient sur les étagères, à prendre la poussière. Mais, quand le Congrès siégeait et que des élus avaient besoin de *pay-for* plausibles à joindre à leurs projets de loi, le téléphone de Johnson sonnait en permanence. Ses collègues et lui étaient vraiment passionnés par leur travail. Ils ne bricolaient pas ces propositions à seule fin d'aider les élus à sauter à travers le cerceau du *pay-for*. De leur point de vue, l'objectif était de repérer des moyens de rendre le système fiscal plus juste et plus efficace. Mais beaucoup d'assistants parlementaires voyaient le Shelf Project du même œil que le meuble à tiroirs où l'on conserve, au siège de la confrérie étudiante, des dossiers contenant des centaines de vieux examens semestriels. Autrement dit, c'est là qu'on va pour contourner, par la triche, des obstacles comme PAYGO.

Le shopping des *pay-for* se passait à peu près ainsi : « Salut, je suis assistant parlementaire du sénateur X. Le sénateur a besoin de 350 milliards de dollars sur dix ans. Qu'est-ce que vous avez ? » Johnson pouvait alors recommander un changement unique dans une partie précise du code des impôts : il rapporterait les 350 milliards de dollars dans leur intégralité. Ou il pouvait sortir quelques dossiers qui, réunis, produiraient le montant total. Six de l'un, une demi-douzaine de l'autre. L'objectif était de trouver à votre patron assez de recettes fiscales pour qu'il puisse jouer le jeu.

Mon impression personnelle ? Pratiquement tout le monde, au Congrès, se rend compte, au moins un peu, que le jeu des *pay-for* est de la pure folie. J'en ai pris conscience pour la première fois en 2015, pendant une semaine de *vote-a-rama*[19]*. Le *vote-a-rama* est un cirque frénétique où les cent sénateurs se réunissent tous pour un feu nourri de votes rapides sur une pléthore d'amendements budgétaires non contraignants**. L'un après l'autre, ils se lèvent pour presser leurs collègues de soutenir leur amendement « neutre pour le déficit » qui propose d'étendre la Social Security, de réduire les impôts, de relever le salaire minimum, etc. Assise sur un banc du fond dans la grande salle du Sénat, j'ai regardé une partie du spectacle, et je me rappelle avoir ri en entendant la sénatrice de Californie Barbara Boxer lancer à l'un de ses collègues : « J'ai voté pour ton amendement malgré ton *pay-for* de merde. »

Je n'aurais pu mieux dire. L'idée qu'elle formulait ainsi était simple. Notre façon de rédiger, d'évaluer et de voter les textes législatifs est vraiment tordue. Nous faisons semblant que l'État fédéral doit tenir son budget comme un ménage. Nous pensons les impôts comme quelque chose dont il a besoin (c'est-à-dire un revenu), alors qu'ils existent pour nous retirer du pouvoir d'achat afin que les propres dépenses de l'État ne poussent pas l'économie au-delà de sa limite de plein emploi. Nous paralysons le travail législatif en exigeant que l'État compense toute nouvelle dépense par un *pay-for*, même quand l'économie pourrait absorber en toute sécurité cette dépense *sans* qu'il soit besoin d'augmenter les impôts. Et tout cela parce que nous avons décidé que ces pratiques budgétaires de type familial servent l'intérêt général. Elles ne le font pas.

Que se passerait-il si l'État, balayant les mythes du déficit, établissait son budget en émetteur de monnaie, au lieu de faire mine de devoir trouver l'argent pour payer ses dépenses exactement comme nous ? On pourrait avoir le sentiment que les mythes sont là pour nous protéger des dirigeants politiques qui, sans

* Au Sénat des États-Unis, brève période où l'on procède à de multiples votes.

** Il s'agit d'une sorte de motion, qui exprime le « sentiment du Sénat » sur un sujet sans effet direct sur le budget.

eux, dépenseraient trop et taxeraient trop peu. Il y a peut-être du vrai dans cette idée, mais le plus grave est qu'ils nous empêchent aussi de dépenser suffisamment. Quelque part entre les dépenses excessives et les restrictions budgétaires injustifiées, il y a une meilleure économie pour tous. Pour construire cette économie-là, il nous faut un nouveau plan. Donc, quelle est la prescription de la TMM ? Y a-t-il moyen d'améliorer le bien-être de notre peuple sans pousser les choses trop loin ? La politique budgétaire peut-elle réellement prendre le volant de l'économie ? Quelle place resterait-il à la politique monétaire ?

Passer le volant de l'économie à l'autorité budgétaire, cela veut dire compter sur les membres du Congrès, démocratiquement élus, pour desserrer les cordons de la bourse quand des déficits plus importants peuvent aider à soutenir l'économie, puis pour les resserrer quand l'économie atteint sa limite de vitesse au plein emploi. C'est l'essence de l'approche de la finance fonctionnelle dont Abba P. Lerner a été le pionnier dans les années 1940. Au lieu d'avoir l'obsession des déficits et d'essayer d'équilibrer de force le budget, Lerner voulait que les parlementaires établissent un budget capable de maintenir l'économie en équilibre au plein emploi.

La TMM s'inspire du travail de Lerner, mais l'assortit d'une mise en garde : demander au Congrès de prendre le volant à la Réserve fédérale ne suffira pas. Il faudra proposer des principes directeurs qui aideront les élus à exercer ce pouvoir avec responsabilité et au service de l'intérêt général. Il sera nécessaire pour cela d'instaurer de nouveaux garde-fou. On devra également fournir aux parlementaires des limites de vitesse clairement marquées, un tableau de bord d'indicateurs et une fonctionnalité « pilotage automatique » qui prenne en charge une bonne part de la conduite. Ainsi, la politique budgétaire pourra servir de force stabilisatrice puissante même quand notre vie politique sera au comble du dysfonctionnement.

Les dépenses obligatoires automatiques

Aujourd'hui, nous comptons sur la *politique monétaire* – sur la Réserve fédérale – pour régler en finesse les taux d'intérêt, à la hausse et à la baisse, par ses interventions qui visent à découvrir l'invisible NAIRU, censé maintenir l'économie à flot. La TMM considère la *politique budgétaire* comme un stabilisateur plus puissant, et utilisable pour cibler des mesures encore plus larges du bien-être. Lerner aussi était d'avis que la politique budgétaire devait occuper le siège du conducteur, mais il postulait que nous pouvions simplement remettre la clé de contact au Congrès et lui laisser le soin de trouver comment on manie le volant de l'économie. La TMM, en revanche, veut s'assurer que la voiture comme le conducteur sont bien équipés pour orienter la politique budgétaire de façon responsable. Le Congrès aura toujours le pouvoir de prendre des mesures discrétionnaires, mais, dans un climat politique de plus en plus polarisé, nous devons inclure aussi une fonctionnalité « mains libres ». Avec elle, la politique budgétaire va réagir à l'évolution des conditions économiques même si le Congrès ne veut rien faire. Disons que c'est une police d'assurance.

Avoir une composante du budget qui réagit automatiquement au changement des conditions sur le terrain est de la plus haute importance. C'est ce qui a empêché la Grande Récession de devenir une seconde Grande Dépression. Il y a eu la législation discrétionnaire, oui – le Congrès a voté en février 2009 les 787 milliards de dollars de l'American Recovery and Reinvestment Act –, mais ce qui nous a vraiment sauvés, ce sont les ajustements budgétaires qui se sont produits automatiquement, sans aucun besoin d'action législative. Ces ajustements ont eu lieu en raison de mécanismes appelés « stabilisateurs automatiques », qui sont intégrés au budget de l'État. Ils fonctionnent comme les amortisseurs d'une voiture. Lorsque la route est bonne, on les remarque à peine, mais quand elle devient mauvaise, ils font toute la différence.

En 2008, quand l'économie a connu ses heures les plus sombres, les stabilisateurs automatiques ont déclenché une réaction budgétaire « sans pilote » qui a aidé à amortir le choc. Les impôts ont coulé à pic, puisque des millions d'Américains perdaient leur emploi et que les entreprises avaient bien du mal à rester à flot. Simultanément, les dépenses publiques sont montées en flèche, puisque des millions de personnes ont reçu automatiquement un soutien financier de l'assurance chômage, des bons d'alimentation, de Medicaid et d'autres programmes de protection sociale. Le résultat a été un pic brutal du déficit budgétaire, qui a ajouté plus de 1 400 milliards de dollars au seau du non-État en 2009. L'encre rouge qui coulait à flots du seau de l'Oncle Sam est devenue noire en entrant dans ceux de millions de familles et d'entreprises en difficulté. Examinant cette dynamique, Paul Krugman écrit :

> C'est une façon intéressante de réfléchir à ce qui s'est passé – et elle suggère aussi une conclusion ahurissante : les déficits de l'État, qui résultent essentiellement des stabilisateurs automatiques et non de la politique discrétionnaire, sont le seul facteur qui nous a sauvés d'une seconde Grande Dépression[20].

Même s'ils nous ont épargné un plus sombre destin, les stabilisateurs automatiques n'ont pas été assez puissants pour empêcher une récession extrêmement douloureuse. Il a fallu sept ans pour récupérer de haute lutte tous les emplois qui ont disparu au lendemain de la crise financière. Des millions de personnes ont perdu leur maison. Certains ont même perdu la vie : leur décès a été une conséquence directe du chômage de longue durée. Comme l'a écrit le journaliste Jeff Spross, « le dommage infligé par le chômage de longue durée à la santé physique et mentale n'a d'égal que celui causé par la mort d'un conjoint[21] ».

Pour mieux protéger notre économie – et surtout les personnes, les familles et les localités en son sein –, la TMM recommande d'ajouter un nouveau stabilisateur automatique puissant : une garantie fédérale de l'emploi. Nous avons évoqué l'idée pour la première fois au chapitre 2, où nous avons montré que nous pouvions atteindre un véritable plein emploi – un poste de travail pour toute personne qui en veut un. Aujourd'hui, la Réserve fédérale définit le plein emploi comme un niveau de *chômage* qui laisse des millions de personnes chercher des emplois qui n'existent pas, dans un jeu de chaises musicales dont elles ne peuvent pas sortir. La TMM résout le problème par le financement direct d'un emploi pour ceux qui n'en ont pas. Puisqu'il s'agit d'un stabilisateur automatique, sans pilote, le volant tournera toujours dans le bon sens au bon moment.

Pour comprendre la logique économique qui sous-tend la garantie de l'emploi, repensons au chapitre I et à l'histoire des cartes de visite de Warren Mosler. Souvenons-nous : Mosler voulait une maison rangée, des voitures propres, un jardin parfaitement entretenu. Pour obtenir tout cela, il a soumis ses enfants à un impôt qui n'était payable qu'avec ses cartes de visite. L'objectif de cet impôt était de motiver les enfants à exécuter le travail requis pour gagner les cartes. De même, quand l'État demande que les impôts et d'autres paiements obligatoires lui soient réglés dans sa propre monnaie (en dollars aux États-Unis, par exemple), il entend motiver les gens à travailler une partie de leur temps pour obtenir cette devise. Peut-être souhaite-t-il une armée permanente, un système judiciaire, des parcs publics, des hôpitaux, des ponts, etc. C'est ce qui définit les demandeurs d'emploi : ce sont des gens qui cherchent un travail rémunéré dans l'unité de compte de l'État. Le dollar est fondamentalement un crédit d'impôt. La TMM est la seule approche macroéconomique à le comprendre, et la garantie de l'emploi découle directement de cette analyse.

Lorsqu'on a pris conscience de tout cela, on voit clairement que tout État qui émet sa propre monnaie a le pouvoir d'éliminer le chômage sur son territoire : il lui suffit de proposer d'embaucher lui-même les chômeurs. S'il décide de ne pas exercer ce pouvoir, *c'est lui qui choisit le taux de chômage*. À l'heure où j'écris*, le taux

* Début 2020, avant la crise déclenchée par la pandémie.

de chômage officiel aux États-Unis (3,5 %) est faible à l'aune des normes historiques. Une autre mesure du chômage, plus large, qui saisit mieux la véritable envergure du problème, est près de deux fois plus élevée (6,5 %). Selon cette mesure, appelée U-6 par le Bureau des statistiques du travail, près de douze millions d'Américains cherchent un moyen de gagner davantage de dollars, mais les emplois ne sont pas là. L'État pourrait les embaucher tous.

Actuellement, l'État fédéral choisit de ne pas le faire. Pour amortir le choc sur les revenus quand les gens perdent leur emploi, il préfère fournir une assurance chômage. Dans l'hypothèse où le travailleur remplit les conditions nécessaires pour recevoir les indemnités, cette assurance remplace une partie des salaires qu'il perd quand il devient chômeur. Le montant moyen est de 347 dollars par semaine. Ce système contribue à amortir le choc pour l'économie quand la demande globale entame sa chute, mais il ne protège pas les travailleurs d'une période de chômage. Certains trouveront un nouvel emploi assez rapidement, d'autres languiront des mois, voire des années, dans les rangs des demandeurs d'emploi. En cas de grave récession, beaucoup connaîtront le chômage de longue durée et, finalement, leurs droits aux indemnités vont s'arrêter et leurs qualifications s'atrophier.

Si l'assurance chômage est perçue comme le plus important stabilisateur automatique dont nous disposons aujourd'hui, elle n'est pas le plus puissant que nous pourrions concevoir. D'abord, les sans-emploi n'ont pas tous droit aux prestations, car l'assurance chômage ne couvre pas toutes les situations de travail. Certains ne peuvent y prétendre parce qu'ils ont démissionné, ou parce qu'ils ont été licenciés pour faute. D'autres n'ont pas été employés assez longtemps pour être couverts, ou ont déjà épuisé leurs droits sociaux. Même parmi ceux qui ont droit aux prestations, beaucoup ne les touchent pas. Selon le Bureau des statistiques du travail – un organisme d'État –, « en 2018, 77 % des chômeurs ayant travaillé dans les douze mois précédents n'ont pas demandé les indemnités d'assurance chômage après leur dernier emploi. Parmi eux, trois sur cinq n'ont pas fait la démarche parce qu'ils pensaient ne pas remplir les conditions pour recevoir une allocation[22] ». La garantie fédérale de l'emploi éliminerait l'incertitude, en instaurant un droit universel à l'emploi pour tous[23].

Voici comment elle fonctionnerait[24]. Au lieu de laisser des millions de personnes au chômage, l'État prendrait l'engagement d'assurer aux demandeurs d'emploi, sans aucune limite d'effectif, l'accès à sa devise en échange de l'exécution d'un travail de service public. La participation serait purement volontaire. Nul ne serait obligé de travailler dans le programme. Pour garantir que les emplois créés ne sont pas factices, qu'ils sont de *bons emplois*, des économistes se réclamant de la TMM recommandent que leur rémunération permette de vivre convenablement et que le travail lui-même serve un objectif public utile[25]. Puisque la garantie de l'emploi instaurerait un engagement permanent, elle deviendrait un programme de dépense publique fédérale obligatoire (et non discrétionnaire). Comme pour les autres programmes obligatoires – par exemple l'assurance chômage ou les bons d'alimentation –, les dépenses qu'elle provoquerait auraient des hauts et des bas, selon l'importance des flux entrants et sortants de travailleurs. Si l'économie glisse dans la récession, le nombre de personnes qui passeront à l'emploi de service public augmentera et le budget enregistrera automatiquement une hausse des dépenses pour financer ces emplois. Quand l'économie ira mieux et que le secteur privé se remettra à embaucher, les travailleurs sortiront du programme et, automatiquement, le budget diminuera. Cela fait de la garantie de l'emploi un nouveau stabilisateur automatique puissant : elle fortifierait les mécanismes « sans pilote » qui existent déjà au sein du budget fédéral[26].

D'un point de vue purement économique, l'avantage majeur de la garantie de l'emploi est sa capacité à stabiliser l'emploi d'un bout à l'autre du cycle des affaires. Cet effet ne bénéficie pas seulement à ceux qui pourront ainsi trouver rapidement un nouveau travail. Il est dans notre intérêt à tous. En ce début de l'année 2020, les États-Unis se trouvent au milieu de la plus longue expansion – période de croissance ininterrompue de l'emploi – depuis qu'on tient ces statistiques. Mais il arrivera un moment où cette expansion prendra fin*, et l'économie glissera dans la récession. C'est dans la nature du capitalisme. Les entreprises embauchent et investissent quand les clients affluent. Finalement, la demande s'affaisse (souvent parce que les clients concluent qu'ils se sont trop endettés et décident de serrer les cordons de la bourse)[27]. Quand la clientèle s'amenuise, les entreprises réduisent leur production et commencent à licencier certains de leurs travailleurs. Si nous avions une garantie de l'emploi en place aujourd'hui, elle pourrait employer bon nombre de ceux qui sont actuellement privés du travail dont ils ont besoin – 12 millions de personnes –, et accueillir beaucoup de ceux qui, sans elle, vont se retrouver au chômage quand arrivera la prochaine récession. Elle renforcerait le filet de protection sociale existant en offrant aux gens de nouvelles possibilités d'emploi au moment précis où ils sont licenciés. Or, la sécurité économique de chacun – qu'il possède sa propre entreprise ou effectue un travail salarié – est, la plupart du temps, étroitement liée à la sécurité du revenu des autres.

Compter sur l'assurance chômage ne suffit pas. Tout le monde n'y a pas droit, et la plupart des États de l'Union ne versent des allocations que pour treize à vingt-six semaines. Quand la Grande Récession a commencé (décembre 2007), il y avait déjà 1,3 million de chômeurs de longue durée (plus de vingt-sept semaines). En août 2009, alors que la récession *avait officiellement pris fin*, 5 millions d'Américains étaient sans travail depuis vingt-sept semaines ou plus. Un an plus tard, ils étaient 6,8 millions. Même si le Congrès a voté une prolongation de la durée d'indemnisation, cette période supplémentaire est finalement arrivée à son terme et des millions de personnes sont restées sans emploi ni revenu. Partout en Amérique, les entreprises et les localités ont accusé le coup. Puisque les chômeurs n'arrivaient pas à payer les mensualités des prêts immobiliers, des maisons ont été saisies, la

* Ce moment est venu plus tôt qu'on ne s'y attendait : juste après la rédaction de ces lignes, avec le choc de la pandémie.

valeur des biens immobiliers s'est effondrée, les recettes des impôts fonciers ont périclité, les États et les municipalités ont réduit considérablement leurs dépenses sur tous les postes, de l'éducation aux transports, le nombre d'élèves par classe a gonflé, les infrastructures se sont détériorées, etc. Une récession grave et prolongée nous frappe tous.

Le Congrès aurait pu actionner à nouveau le levier discrétionnaire – soutenir la demande globale par une nouvelle dose de stimulation budgétaire. Mais il ne l'a pas fait. À ce stade, les parlementaires pensaient plus à lutter contre le déficit budgétaire qu'à l'autoriser à grossir encore pour aider l'économie malade à retrouver la santé. Donc le Congrès a laissé à la Réserve fédérale le soin de faire ce qu'elle pourrait. Cette inaction nous coûte cher.

Si une garantie fédérale de l'emploi avait été en place, les choses se seraient passées tout autrement. Le volant économique aurait automatiquement tourné dans le sens de l'augmentation des déficits budgétaires. Mettre le cap sur des déficits encore plus gros ne paraissait pas judicieux au parlementaire Cleaver et à ses collègues, mais c'était exactement ce qu'il fallait faire à ce moment-là. Pensons au conducteur qui, en pleine tempête d'hiver, roule sur une plaque de verglas. Voici sa voiture qui slalome hors de tout contrôle. Que doit-il faire ? Instinctivement, il est probable que la plupart d'entre nous tourneraient le volant en sens contraire. Si la voiture dérape à droite, on a *l'impression* que la bonne réaction est de tourner le volant vers la gauche. Ce n'est pas vrai. Comme on nous l'enseigne au cours de code et de conduite du lycée, il faut le tourner *dans le sens* du dérapage pour reprendre le contrôle. Ça a l'air mauvais, mais c'est en fait le seul moyen d'éviter une possible collision. La garantie de l'emploi équipe le budget fédéral d'une fonctionnalité automatisée qui passe outre à la pulsion naturelle des parlementaires de se tourner contre les déficits quand l'économie dérape et quitte la route. Lorsqu'elle retrouve son cap, les entreprises se remettent à embaucher des travailleurs, qui quittent le programme de garantie fédérale de l'emploi. Dès qu'ils le font, ils cessent d'être pris en charge par le budget de l'État et le volant s'ajuste automatiquement pour réduire la taille du déficit.

La garantie de l'emploi est donc un stabilisateur économique puissant. En maintenant les revenus et en gardant les travailleurs dans l'emploi tout au long du cycle des affaires, elle abrégerait et adoucirait les futures récessions. Pour une raison simple : on peut entrer dans le programme dès que l'économie commence à faiblir et en sortir plus vite quand les perspectives d'embauche s'améliorent, puisque les entreprises rechignent à recruter des personnes demeurées longtemps au chômage. En participant au programme, on reste dans l'emploi et on acquiert de nouvelles compétences, donc on améliore ses chances de se faire embaucher ailleurs quand le vent commencera à tourner dans l'économie.

Quel type de travail feraient ces personnes, et comment pouvons-nous assurer qu'il y aura toujours assez de postes disponibles pour toutes celles qui veulent travailler dans le programme ? Combien seront-elles payées, et qui doit administrer un programme fédéral de cette envergure ? Un dispositif de ce genre a-t-il déjà été essayé ? Il existe une immense littérature, inspirée par la TMM pendant plus de trois décennies, qui répond à ces interrogations et à beaucoup d'autres[28]. Vraiment beaucoup. Un traitement complet du sujet dépasse les limites de cet ouvrage, mais nous pouvons répondre aux questions principales et esquisser les contours généraux du programme tel que l'exposent, dans un rapport de 2018 qu'ils ont coécrit, cinq économistes engagés pour la TMM[29].

Nous envisageons un programme d'Emploi de Service Public (ESP) très décentralisé, qui offre un travail rémunéré par un salaire permettant de vivre convenablement (nous recommandons 15 dollars l'heure), assorti d'un ensemble d'avantages sociaux de base qui comprend l'assurance maladie et les congés payés. Il doit proposer des postes à temps partiel et à temps plein, et l'organisation du travail doit être suffisamment flexible pour répondre aux besoins des personnes qui ont des charges de famille ou d'aide, des étudiants, des travailleurs âgés, des personnes en situation de handicap, etc. Si le financement doit absolument venir d'en haut (l'État fédéral), les emplois eux-mêmes seraient essentiellement conçus par les habitants des localités qui bénéficieront du travail accompli. « La finalité, expliquons-nous dans le rapport, est de créer des emplois dans chaque collectivité locale, et de lancer des projets qui soient bénéfiques pour elles, [donc] cela fait sens d'impliquer les populations locales dans ces projets à toutes les étapes : de leur conception à leur mise en route, à leur gestion et à leur évaluation. »

Le budget du programme pourrait être intégré au département du Travail, qui préciserait les *lignes directrices générales* des types de projet susceptibles d'être financés. L'objectif est d'offrir des emplois répondant à des besoins collectifs non satisfaits. Dans notre vision du système, tous ces emplois devraient être organisés autour d'un but suprême : construire une économie du soin. Nous sommes une société vieillissante qui traverse une crise climatique : du travail utile à faire, il y en a plus qu'assez. Nous pouvons combler notre déficit de bons emplois en créant des millions de postes bien rémunérés pour prendre soin des personnes, des localités et de notre planète.

Quant à la création même de ces emplois, il nous paraît important de bien comprendre qui est le mieux placé pour identifier les besoins les plus pressants d'une collectivité locale. Ce n'est pas l'État fédéral. Ce sont les gens qui vivent et travaillent dans cette localité. C'est pourquoi nous recommandons que les agences de l'État coopèrent avec des partenaires locaux pour évaluer les besoins non satisfaits et en dresser la liste, afin que les emplois soient créés sur mesure en fonction de ce que souhaite la population. Ensemble, les États et les municipalités travailleraient avec leurs partenaires locaux à la création d'un stock de projets de postes de travail. Pensons-le comme un immense Shelf Project, dont les étagères contiendraient, au lieu de dossiers remplis de *pay-for*, un ensemble vaste et diversifié d'emplois disponibles. L'idée est de maintenir les étagères garnies d'un nombre suffisant de postes potentiels pour que des personnes aux compétences diverses et aux centres d'intérêt différents puissent se présenter sans travail et repartir avec un emploi qui leur convienne[30].

Le programme est délibérément conçu pour que la demande d'emplois de service public fluctue au fil du temps. En moyenne, nous estimons qu'il utilisera l'énergie d'environ 15 millions de personnes. Certains des participants choisiront de travailler à temps partiel, mais la plupart voudront un poste à temps complet[31]. Supposons que nous ayons dans le programme au final, en équivalent temps plein, 12 millions de travailleurs. Si l'on postule deux semaines de congés payés, cela veut dire que ces personnes offrent de consacrer *24 milliards d'heures* par an à l'emploi de service public[32]. Imaginons maintenant ne serait-ce que *certaines* des choses que nous pourrions accomplir avec vingt-quatre milliards d'heures pour combler les déficits tangibles dans nos localités.

Nous pourrions créer un Corps civil de protection de l'environnement du XXIe siècle – affranchi des pratiques d'exclusion racistes du Civilian Conservation Corps de l'ère du New Deal[33] –, qui mettrait au travail des millions de personnes sur des projets environnementaux. La banque d'emplois devrait comprendre un ensemble large et varié de postes disponibles, allant de la prévention des incendies à la lutte contre les inondations et à l'agriculture durable. Nous pourrions nous occuper des localités dégradées, qui ont subi des décennies de négligence et de désinvestissement, en nettoyant les terrains vagues, en aménageant des terrains de jeux et des jardins partagés, en imaginant des programmes extrascolaires pour les jeunes et en assurant des stages et des cours du soir aux adultes. Et nous pouvons prendre soin les uns des autres, en nous occupant de notre population vieillissante et en faisant le nécessaire pour que les plus jeunes disposent des ressources dont ils ont besoin pour s'épanouir dans leur petite enfance et leurs premières années d'enfance.

Bref, la garantie de l'emploi est la solution de la TMM à notre déficit chronique de postes de travail. Au lieu de piéger des millions de personnes dans le chômage en tribut sacrificiel offert à son « taux naturel », elle garantit à tous ceux qui veulent travailler qu'ils pourront avoir un emploi. Et, nous l'avons vu au chapitre 2, elle est meilleure aussi pour stabiliser les prix. Elle ne dépense que ce qu'il faut pour embaucher tous ceux qui sont prêts à travailler, et elle maintient un vivier de personnes employables où le secteur privé peut directement recruter en payant une modeste prime au-dessus du salaire du programme. De plus, en instaurant le droit à un emploi rémunéré par un salaire permettant de vivre correctement, la garantie de l'emploi renforce la position des travailleurs dans les négociations, réduit les injustices raciales, diminue la pauvreté et relève le prix plancher du travail, tout en construisant des communautés locales plus solides, plus vivantes et plus solidaires[34].

Un dispositif de ce genre a-t-il déjà été essayé ? Aucun pays n'a mis en œuvre une garantie de l'emploi totale, mais plusieurs en ont expérimenté certaines versions partielles. Dans les années 1930, les États-Unis ont combattu la Grande Dépression en créant directement des millions d'emplois dans le cadre du New Deal du président Franklin D. Roosevelt. La Public Works Administration (PWA) a mis des centaines de milliers d'hommes au travail pour construire des écoles, des hôpitaux, des bibliothèques, des bureaux de poste, des ponts et des barrages. Dans ses six premières années, la Works Progress Administration a créé environ 8 millions d'emplois dans le bâtiment et l'environnement, et des milliers d'autres pour des écrivains, des acteurs et des musiciens. La National Youth Administration a créé 1,5 million de postes à temps partiel pour les lycéens et 600 000 pour les étudiants d'université. Comme le propose la TMM, ces emplois étaient financés sur fonds fédéraux. Mais ces programmes n'ont pas été permanents, et ils ne garantissaient pas un emploi à tous.

En Argentine, le plan Jefes de Hogar n'était pas non plus une garantie de l'emploi au sens plein, mais en 2001 il est devenu « le seul programme de création directe d'emplois dans le monde spécifiquement configuré sur le modèle » de la proposition qu'avançaient les économistes inspirés par la TMM[35]. Il avait été lancé dans l'urgence, à la suite d'une crise financière qui venait de plonger l'économie dans la récession et de propulser le taux de chômage officiel au-dessus de 20 %. Inspiré par les travaux de Warren Mosler, il avait été élaboré en consultation avec des économistes se réclamant de la TMM – Pavlina Tcherneva, Mathew Forstater et L. Randall Wray – en vue de remettre rapidement les gens au travail. Premier en son genre, le plan Jefes de Hogar créait un programme d'emplois sur fonds fédéraux, géré localement, qui garantissait quatre heures de travail quotidien en échange de 150 pesos par mois. Comme le précise Tcherneva, ces emplois étaient réservés aux chefs ou cheffes des familles comprenant « des enfants de moins de dix-huit ans, des personnes en situation d'invalidité ou une femme enceinte[36] ». À son apogée, le programme employait environ 2 millions de personnes, soit à peu près 13 % de la population active. Près de 90 % des emplois qu'il finançait étaient liés à des projets locaux et 75 % des participants étaient des femmes. Six mois seulement après son lancement, l'extrême pauvreté avait chuté de 25 %. Dans les trois ans, la moitié des participants avaient quitté le programme, la plupart pour des emplois dans le secteur privé[37].

En 2003, à son sommet annuel sur la croissance et le développement, le gouvernement d'Afrique du Sud a officialisé son engagement à assurer « plus d'emplois, de meilleurs emplois [et] un travail décent pour tous[38] ». Le Programme étendu de travaux publics (Expanded Public Works Program, EPWP) est issu de cette décision. Il créait « des emplois temporaires pour les chômeurs, afin qu'ils accomplissent des activités utiles à la société[39] ». Deux ans plus tard, le gouvernement indien a institué le Plan national de garantie de l'emploi rural Mahatma Gandhi (Mahatma Gandhi National Rural Employment Guarantee Scheme, MGNREGS). Ce programme était motivé par le désir de réduire les inégalités entre revenus ruraux et urbains. Pour offrir des possibilités d'emploi aux personnes vivant dans des zones où le chômage était élevé, le gouvernement a garanti à chaque foyer rural cent jours de travail au salaire minimum – avec salaire égal pour les hommes et pour les femmes. La garantie de l'emploi en Inde reste ciblée (et non universelle), mais c'est l'un des plus vastes programmes de garantie de l'emploi sur fonds fédéraux dans le monde. Des études ont montré qu'en établissant un salaire uniforme, la garantie de l'emploi rural en Inde a contribué à faire progresser l'égalité des genres et l'émancipation des femmes, tout en améliorant aussi la transparence du processus politique[40].

Donc, oui, il y a des exemples historiques et même récents de gouvernements qui adoptent des formes ciblées de garantie de l'emploi. La plupart ont été mises en œuvre en tant que mesures temporaires face à divers types de crise. La TMM pense tout autrement l'envergure et la finalité ultime de la garantie de l'emploi. Ce n'est pas une mesure d'urgence qu'il faut prendre pendant une crise puis supprimer quand la croissance de l'emploi repart dans le secteur privé. La garantie de l'emploi est en fait un moyen d'équiper notre économie d'un stabilisateur automatique plus puissant. Aimeriez-vous que votre garagiste retire les amortisseurs de votre voiture parce que la municipalité comble quelques nids-de-poule ou repave les rues ? Non. Vous voulez qu'ils soient là tout le temps, car vous savez que vous roulerez mieux avec eux que sans eux. Pour la garantie de l'emploi, c'est pareil. Sans elle, nous devons compter sur des stabilisateurs plus faibles qui fournissent un revenu temporaire aux sans-emploi, tout en piégeant en permanence des millions de personnes dans un stock tampon de chômeurs. Quand la garantie de l'emploi est en place, nous pouvons utiliser le plein emploi pour amortir les secousses inévitables sur la route.

L'expérience le montre : créer des emplois pour les chômeurs, ça marche. Cette stratégie apporte d'innombrables avantages : ils vont bien au-delà du revenu qu'elle assure à ceux qui, sans elle, subiraient des périodes de chômage. L'idée n'est pas l'apanage de la TMM. On l'a appelée le pilier oublié du New Deal[41]. Franklin Roosevelt espérait que le Congrès consacrerait une garantie de l'emploi sous la forme d'une Déclaration des droits économiques, mais après sa mort son parti n'a pas mis à exécution ce projet d'engagement solennel[42]. Le combat pour l'emploi garanti ne s'en est pas moins poursuivi. Il a fait partie intégrante du mouvement des droits civiques et il reste une pierre angulaire du droit international relatif aux droits de l'homme[43]. Beaucoup, aujourd'hui, voient aussi en lui un ingrédient essentiel de la lutte pour l'égalité économique et la justice climatique. Il offre la possibilité de transformer des dizaines de milliards d'heures d'oisiveté humaine en une vaste gamme d'emplois qui aideront à construire une économie à la fois plus résiliente et plus durable sur le plan écologique et environnemental.

Des garde-fous pour les ajustements budgétaires discrétionnaires

Comprenons-le bien : la TMM n'est pas une panacée. Elle ne va ni remettre en marche notre vie politique en panne ni obliger les parlementaires à investir l'argent public au service de l'intérêt général. Le Congrès des États-Unis, comme la Diète japonaise, le Parlement britannique et bien d'autres institutions de gouvernement, est peuplé de responsables publics qui devraient concevoir leur budget pour le peuple mais bien souvent ne le font pas. La garantie de l'emploi offre une solution partielle[44]. Elle force le budget à réagir automatiquement aux changements de situation économique, et, à la différence des réductions d'impôts qui ne ruissellent jamais vraiment jusqu'aux personnes en difficulté, elle cible les localités le plus durement touchées par le chômage. Avec la garantie de l'emploi, les revenus vont donc directement entre les mains de ceux qui en ont le plus besoin.

Mais nous ne pouvons pas nous contenter de mettre en marche le pilotage automatique, d'incliner le siège et de compter sur les changements dans les dépenses obligatoires pour faire avancer le véhicule. Les dépenses discrétionnaires nous sont nécessaires aussi. Combien va-t-on dépenser pour la défense, pour le changement climatique, pour l'éducation, pour les infrastructures, pour la santé et pour les autres programmes discrétionnaires ? Tous ces choix exigent des délibérations sérieuses. Aujourd'hui, elles ont lieu dans le cadre d'une philosophie budgétaire qui est aux antipodes de la TMM. Les budgets, affirme cette doctrine, sont censés s'équilibrer – au moins sur une période arbitraire de dix ans – et il incombe aux parlementaires de démontrer qu'ils peuvent payer leurs nouveaux programmes sans aggraver le déficit. Le « mot d'excuse » convoité qui autorise un projet de loi à poursuivre son chemin au Congrès vient d'un CBO lui-même prisonnier du mythe du déficit. Pour échapper à la ribambelle de règles et de conventions qui encadrent le processus budgétaire, les parlementaires les contournent par des stratagèmes techniques ou font le choix ponctuel et souvent partisan de les suspendre purement et simplement. Nous pouvons prétendre que la procédure actuelle sert bien l'intérêt général, mais je pense que la sénatrice Boxer avait pour la décrire un mot plus juste.

Et si nous cessions d'essayer de mettre le budget en équilibre ? Si nous suivions plutôt un programme ambitieux pour rééquilibrer notre économie ? Lorsqu'on établit un budget du point de vue de la TMM, on ne recherche jamais un type de solde budgétaire particulier, quel qu'il soit. Un gros déficit est tout aussi acceptable qu'un petit ou même qu'un excédent. Le chiffre qui sort de la boîte « budget » à la fin de l'année budgétaire n'a pas d'importance. Ce qui compte, c'est de construire une économie saine afin de pouvoir y vivre tous à l'aise. Y a-t-il suffisamment d'emplois rémunérés décemment pour tous ceux qui veulent travailler ? Les gens reçoivent-ils les soins médicaux et l'éducation dont ils ont besoin ? Nos seniors peuvent-ils jouir de leur retraite dignement ? Chaque enfant a-t-il suffisamment à manger, une eau potable propre, un endroit sûr pour vivre ? Faisons-nous tout ce que nous pouvons pour que notre planète reste habitable ? Bref, nous occupons-nous des déficits qui comptent ?

Si nous avons les *ressources réelles* dont nous avons besoin, enseigne la TMM – les matériaux de construction pour réparer nos infrastructures, les personnes voulant devenir médecin, infirmier ou professeur, la capacité de cultiver tout ce qu'il faut pour nous alimenter –, *l'argent* nécessaire pour atteindre nos objectifs pourra toujours être là, à notre disposition. C'est toute la beauté d'une monnaie souveraine. Margaret Thatcher avait tort : *il y a de l'argent public*, et nous ne devons pas avoir peur d'y toucher. Comme l'a déclaré dans un témoignage l'ancien président de la Fed Alan Greenspan : « Rien n'empêche l'État fédéral de créer autant de monnaie qu'il veut et de payer quelqu'un avec. » Son successeur, Ben Bernanke, est allé plus loin, en expliquant comment l'État paie vraiment ses factures : « Ce n'est pas l'argent du contribuable. Nous utilisons simplement l'ordinateur pour augmenter le solde des comptes. » Ce sont des propos qui changent le paradigme, et qui devraient nous libérer de la question immémoriale : comment allons-nous payer ça ? La vérité, c'est que l'État fédéral paie déjà toutes ses factures en n'utilisant rien d'autre qu'un clavier à la Réserve fédérale de New York. Les impôts nous soustraient du pouvoir d'achat à tous, mais ils ne paient pas les factures. Il est grand temps que nous comprenions ce que cela veut dire, de vivre dans un pays où l'État a le monopole de la monnaie. Jamais plus un président des États-Unis ne doit déclarer que l'État est « à court d'argent », et jamais plus un journaliste ne doit laisser passer une telle assertion sans protester. Nous méritons tous de savoir la vérité : un État qui émet sa monnaie peut se permettre d'acheter tout ce qui est en vente dans son unité de compte. Les poches de l'Oncle Sam ne sont jamais vides.

La capacité de dépense de l'État est infinie, mais la capacité productive de notre économie ne l'est pas. Il y a des limites à ce que nous pouvons et devrions faire. La TMM nous enjoint de respecter nos contraintes matérielles et écologiques, et de nous poser la question : comment allons-nous trouver les ressources réelles pour cela ? Établir le budget du point de vue de la TMM nous amènerait à remplacer une contrainte budgétaire artificielle, qui nous ordonne de vivre dans les limites de nos moyens *financiers*, par la contrainte de l'inflation, qui nous impose de vivre dans les limites de nos moyens *biologiques et matériels*.

Toute économie, on l'a vu, a sa propre limite de vitesse interne. Nos ressources matérielles – nos travailleurs, nos usines, nos machines et nos matières premières – ne peuvent satisfaire qu'un certain niveau de demande : le dépasser serait pousser les choses trop loin. Une fois qu'une économie atteint son potentiel de plein emploi, *toute* dépense supplémentaire – qu'elle vienne de l'État, du secteur privé intérieur (les ménages et les entreprises des États-Unis) ou du reste du monde (la demande étrangère pour nos exportations) – est porteuse d'un risque d'inflation. Heureusement, puisque nous gérons en permanence notre économie *au-dessous* de sa limite de vitesse maximale, il y a presque toujours de la marge pour augmenter la dépense sans risquer une accélération de l'inflation. Et c'est ce qui compte.

Il fut un temps où nos dirigeants politiques l'avaient bien compris. Le président John F. Kennedy, par exemple, a sollicité sur ce point les compétences expertes du prix Nobel d'économie James Tobin, qui l'avait conseillé dans sa campagne présidentielle de 1960, et continuait à le faire en tant que membre du Comité des conseillers économiques du président. Tobin se souvient que JFK lui a demandé : « Y a-t-il une limite quelconque au déficit ? Je connais bien sûr les limites politiques. [...] Mais y a-t-il une limite économique ? » Tobin lui ayant avoué que « la seule limite, en réalité, c'est l'inflation », le président a répliqué : « C'est bien ça, n'est-ce pas ? Le déficit peut être de n'importe quelle taille, la dette peut être de n'importe quelle taille, pourvu qu'ils ne provoquent pas l'inflation. Tout le reste, ce sont des mots[45]. »

L'intuition de Kennedy était juste. Ce n'est pas l'envergure de la dette ou du déficit qui compte. L'important, c'est la pression à laquelle nous soumettons notre planète et nos ressources productives.

Le 25 mai 1961, le président Kennedy a prononcé son discours sur le lancement d'une fusée vers la Lune devant la Chambre des représentants et le Sénat réunis en session conjointe. Avant de demander un seul dollar pour financer son ambitieux programme d'exploration spatiale, Kennedy a assuré au Congrès :

> Je suis certain que nous possédons toutes les ressources et tous les talents nécessaires. Mais le fait est que nous n'avons jamais

> pris les décisions nationales ni mobilisé les ressources nationales requises pour être en tête dans ce domaine. Nous ne nous sommes jamais fixé des objectifs de grande portée à atteindre d'urgence, ni géré nos ressources et notre temps pour faire en sorte qu'ils soient atteints[46].

Kennedy a dit exactement ce qu'il fallait. Nos ressources matérielles sont rares et il faut les gérer. La ressource rare ultime est le temps. Personne ne peut tirer d'une journée plus de vingt-quatre heures. L'ingéniosité humaine agit sous la contrainte de l'état existant de notre savoir et de nos moyens technologiques. Nos capacités techniques et nos ressources matérielles sont les seuls facteurs qui puissent limiter nos possibilités. JFK comprenait que l'Amérique allait devoir développer des technologies nouvelles pour mener à bien son ambitieux programme d'exploration de l'espace. Faire alunir un homme et le ramener en toute sécurité sur Terre exigerait des fonds importants pour faciliter la recherche scientifique et le développement de technologies inédites. Kennedy a précisé au Congrès qu'aucune composante de son programme d'exploration spatiale « ne sera plus difficile et plus coûteuse ». Sur quoi il a demandé au Congrès – et au peuple américain – de soutenir la mission.

> Qu'il soit bien clair – et c'est aux membres du Congrès qu'il incombera en dernier ressort d'en juger –, qu'il soit bien clair que je demande au Congrès et au pays d'accepter de s'engager fermement dans un projet nouveau, qui va durer des années et dont les coûts seront très lourds : 531 millions de dollars pour l'année budgétaire 1962 – 7 à 9 milliards de dollars supplémentaires, selon les estimations, pour les cinq prochaines années.

Dans son discours sur le lancement d'une fusée vers la Lune, Kennedy n'a fait aucune allusion aux impôts ni aux contribuables. Pour financer le programme, il a simplement demandé « aux commissions spatiales du Congrès, et aux commissions des crédits, d'examiner soigneusement la question». Il savait que le Congrès avait le pouvoir d'augmenter le budget discrétionnaire pour fournir les milliards de dollars qu'il demandait. Kennedy montrait ainsi que trouver l'argent était le plus simple – ce qui est parfaitement conforme aux enseignements de la TMM. Le défi réel viendrait plus tard, a-t-il expliqué :

> Cette décision exige un engagement national majeur de personnels scientifiques et techniques, de matériaux et d'équipements, qui seront peut-être détournés d'autres activités importantes où ils sont déjà en nombre insuffisant. Elle suppose un niveau de détermination, d'organisation et de discipline qui n'a pas toujours caractérisé nos efforts de recherche-développement. Elle signifie que nous ne pouvons pas nous permettre des arrêts de travail injustifiés, des hausses de prix des matériaux ou des talents, des rivalités ruineuses entre services de l'État ou une forte rotation du personnel essentiel.

Pour mener à bien son vaste projet, l'État allait devoir mettre à son service une plus large part des ressources réelles de l'économie – plus de scientifiques et d'ingénieurs, plus de contractants et de fonctionnaires, plus de satellites, de vaisseaux spatiaux et de propulseurs, etc. Même si le taux de chômage officiel était de 7,1 % quand il a prononcé son célèbre discours, Kennedy comprenait que le lancement d'une fusée vers la Lune allait peut-être obliger l'État à entrer en concurrence avec le secteur privé pour une main-d'œuvre très qualifiée et d'autres ressources réelles. Afin de réduire le risque d'inflation, son administration a fait pression sur les syndicats et sur les employeurs pour qu'ils limitent au minimum les augmentations de salaires et de prix et évitent ainsi une poussée inflationniste. Ce fut un succès. La croissance économique a été forte, le chômage a nettement baissé et l'inflation est restée inférieure à 1,5 % pendant la première moitié de la décennie[47].

Huit ans après ce discours mémorable, la mission Apollo 11 de la NASA a fait débarquer en toute sécurité les premiers êtres humains sur la Lune. Aujourd'hui, d'une façon ou d'une autre, nous bénéficions pratiquement tous de cette entreprise historique. « En 1957, le lancement du premier satellite, Spoutnik, par les Soviétiques provoqua une éruption de panique parmi les responsables politiques américains[48] », écrit l'économiste Mariana Mazzucato. Cette panique a suscité une course à l'espace qui a ouvert la voie au développement de bien des produits dont l'existence, à présent, nous paraît aller de soi. L'ordinateur personnel et « un grand nombre des technologies que contiennent aujourd'hui nos smartphones viennent en droite ligne du programme Apollo et de missions qui lui étaient liées[49] ».

Pouvez-vous imaginer une économie du peuple ?

Les défis auxquels nous sommes aujourd'hui confrontés sont très différents de ceux auxquels faisait face Kennedy il y a près de soixante ans, mais non moins redoutables et sûrement bien plus graves. Pour conjurer la catastrophe planétaire, nous devons limiter les effets du changement climatique et nous adapter au degré de réchauffement qui est déjà inévitable. Afin d'y parvenir, les États doivent effectuer, aux États-Unis et ailleurs, des investissements qui écraseront par leur échelle et leur durée l'engagement massif de ressources réelles qu'a nécessité le programme spatial.

Il n'est pas mélodramatique de regarder notre avenir immédiat comme un combat pour la survie, et dans ce sens la bonne analogie est la Seconde Guerre mondiale. Dans son livre important *Comment payer la guerre**, John Maynard Keynes a expliqué ce qu'a compris plus tard Kennedy : sortir l'argent, c'est le plus simple. Le vrai défi, c'est de gérer les ressources disponibles – la main-d'œuvre, les équipements, la technologie, les matières premières, etc. – d'une façon qui n'accélère pas l'inflation. Si Kennedy avait mis les mauvaises lunettes, l'Amérique ne serait peut-être jamais

* John Maynard Keynes, *Comment payer la guerre : un programme radical pour le chancelier de l'Échiquier* [1940], trad. fr. de Claude Fils et Jean José Quiles, Paris, Montréal, L'Harmattan, coll. « Logiques économiques », 1997.

allée sur la Lune. Si Keynes avait mis les mauvaises lunettes, la Grande-Bretagne aurait très bien pu en faire « trop peu et trop tard » dans son effort de guerre. Et si notre génération continue à mettre les mauvaises lunettes, nous ne ferons pas les bons investissements à l'échelle et au rythme nécessaires pour conjurer les crises écologique et sociale en plein essor. Heureusement, aujourd'hui, les bonnes lunettes existent : c'est le prisme de la TMM.

Un monde juste et plus prospère est à notre portée – un monde qui associe la durabilité écologique au plein emploi, au bien-être humain, à un recul de l'inégalité et à d'excellents services publics qui satisfont les besoins de tous. En parvenant collectivement à une meilleure compréhension de l'argent public et en attirant l'attention de notre pays sur autre chose que l'obsession des déficits budgétaires, nous pourrons commencer à construire une meilleure économie, une économie au service de l'ensemble de notre peuple.

L'imagination humaine a une puissance incroyable. Les moments qui ont tout changé, dans l'histoire de l'humanité, se sont produits quand une personne, ou un petit groupe, a été capable d'imaginer un monde que les autres ne pouvaient pas voir. Dans bien des cas – j'ai déjà cité l'exemple de Copernic –, il s'agissait d'un simple renversement de perspective, mais, une fois qu'il s'est produit, il a engendré une explosion de découvertes et d'avancées nouvelles. La TMM est, en un sens, une façon très simple de voir dans leur globalité les économies modernes sous un autre angle, mais ne sous-estimons pas la mutation profonde qu'un simple changement de point de vue peut opérer. Nous avons laissé nos imaginations se rétrécir énormément, et cela nous paralyse. Nous avons trop restreint l'action publique parce que des chiffres inscrits sur les feuilles de calcul des administrations nous ont inspiré une peur irraisonnée. Nous avons ralenti les progrès de la science, déchaîné des guerres inutiles, maintenu trop bas les niveaux de vie et joui, dans notre existence, de moins de beauté que nous aurions pu.

L'austérité est un manque d'imagination : l'incapacité à imaginer comment nous pourrions, simultanément, améliorer notre niveau de vie, investir dans l'avenir de notre pays, maintenir une économie saine et contrôler l'inflation. La guerre commerciale est un manque d'imagination : l'incapacité à imaginer comment nous pourrions, simultanément, maintenir le plein emploi intérieur, aider les pays pauvres à réussir leur développement durable, réduire notre impact carbone planétaire et continuer à jouir des bienfaits du commerce international. L'exploitation de l'environnement est un manque d'imagination : l'incapacité à imaginer comment nous pourrions, simultanément, améliorer les niveaux de vie, maintenir une économie prospère et réussir la transition des activités humaines pour protéger les populations et la planète. La TMM apporte une boîte à outils très sérieuse qui permet à tous les pays de commencer à réimaginer comment ils pourraient prendre soin de leurs habitants, préserver des identités culturelles qui leur sont chères, régénérer des écosystèmes uniques, redévelopper une agriculture locale et durable, accroître leurs capacités de production et encourager l'innovation.

La TMM peut aider à trouver des approches différentes pour améliorer les résultats réels. J'en donnerai un seul exemple. Un des principaux défis auxquels sont confrontés les décideurs politiques, aux États-Unis et dans le monde entier, est le passage à une production énergétique durable et zéro carbone. La transition de l'infrastructure électrique de notre pays a commencé, mais il reste un long chemin à parcourir pour développer l'énergie renouvelable, le stockage de l'énergie et d'autres technologies afin que les combustibles fossiles ne soient plus le moyen principal de produire de l'électricité. Sous l'empire de l'ancien paradigme, le débat sur l'action publique tourne souvent autour du choix entre réglementations de l'État et incitations de marché. Or, si l'État impose par décret aux compagnies d'électricité de produire de l'électricité propre, les abonnés (les ménages et les entreprises) risquent fort de devoir supporter les surcoûts. Quant aux incitations de marché, tel l'octroi de crédits d'impôts aux entreprises qui développent des moyens durables de produire l'énergie, elles peuvent stimuler la mise au point de nombreuses sources d'énergie alternatives mais aussi ralentir leur adoption, car les entreprises attendront les conditions économiques optimales pour déployer leurs inventions. Les compagnies de distribution d'électricité pourraient donc mettre très longtemps à fermer leurs centrales à charbon.

Comment une approche inspirée par la TMM pourrait-elle introduire ici des options nouvelles ? Voici un scénario possible : l'État fédéral autorise les compagnies de distribution d'électricité à lui vendre, à sa valeur comptable, tout générateur d'électricité à émissions élevées, quel que soit son âge, afin de retirer ces coûts des tarifs. Ce serait un peu comme la « prime à la casse » qui a encouragé les automobilistes résidant sur le territoire américain à échanger leurs vieux véhicules voraces en énergie contre d'autres plus économes, mais avec un autre objectif : décarboniser le réseau électrique. Cette initiative libérerait des capitaux privés pour une transition rapide vers l'énergie renouvelable et éviterait d'imposer aux ménages et aux entreprises une hausse des tarifs de l'électricité provoquée par un changement de la politique des pouvoirs publics.

L'État fédéral pourrait aller plus loin, en finançant davantage la recherche-développement sur les technologies de stockage de l'énergie, ainsi que leur déploiement à grande échelle. Les États-Unis pourraient avoir ainsi les coûts d'électricité les plus bas du monde, tout en effectuant une transition rapide vers les 100 % d'énergie renouvelable. Ce serait bon pour les entreprises, pour l'environnement et pour les ménages. Et l'État peut se le permettre financièrement. Notons que, dans cet exemple, l'État ne prend pas lui-même les choses en mains, il facilite plutôt la concrétisation d'un objectif public en passant par les marchés de l'énergie du secteur privé. Il existe, bien sûr, beaucoup d'autres options.

L'important ici n'est pas de savoir si cette proposition est une bonne idée ou pas, mais de commencer à imaginer par quels moyens la capacité budgétaire de l'État peut aider à déployer efficacement des ressources réelles pour atteindre un objectif politique clair. À l'heure où nous repensons le type de système de santé, d'éducation, d'urbanisme, de recherche scientifique, d'agriculture et de logement qu'il nous faut pour notre avenir, voyons comment notre connaissance de la TMM peut réorienter notre attention vers les ressources réelles dont nous avons besoin et suggérer des approches où un changement de politique budgétaire pourrait être utile.

Pouvez-vous imaginer une économie où l'entreprise privée et l'investissement public associent leurs forces pour élever le niveau de vie de chacun ? Une économie où chaque localité, rurale ou urbaine, a suffisamment de services de santé, d'éducation et de transports pour satisfaire les besoins de sa population ? Une économie qui puisse mesurer et améliorer continuellement le bien-être humain et pas seulement le produit intérieur brut ? Une économie où l'activité humaine régénère et enrichit tous les écosystèmes ? Une économie où les pays commercent selon des modalités qui améliorent les niveaux de vie et les conditions environnementales pour eux tous ? Une économie comprenant une classe moyenne forte qui exerce des métiers de main-d'œuvre et de services lui rapportant de bons salaires et de bons avantages sociaux ? Une économie qui assure à tous une retraite sans souci car elle satisfait tous les besoins des retraités en denrées alimentaires, en logement et en soins médicaux ? Une économie où toute sorte de recherche est pleinement financée, et produit un flux régulier d'idées brillantes qui sont commercialisées ou mises en œuvre au service de la population ? Pouvez-vous imaginer cette économie-là ?

Aux États-Unis, nous avons des ressources et des travailleurs en abondance. Il n'y a donc aucune raison que nous soyons incapables d'engager une politique qui fournira à toute notre population des services de santé de qualité, donnera à chaque travailleur un haut niveau d'éducation et une formation professionnelle adéquate et appropriée, réhabilitera nos infrastructures en fonction des exigences d'un monde pauvre en carbone et garantira un logement convenable à tous, tout en réaménageant nos villes pour qu'elles soient propres, belles, et favorisent l'esprit de solidarité. Nous pouvons être une force mondiale qui pèse dans le bon sens, prend la tête de la décarbonisation et vient en aide aux pays réellement dans le besoin, tout en faisant en sorte que notre économie intérieure soit prospère et qu'aucune population locale, des petites villes aux quartiers des zones urbaines, ne soit abandonnée.

Puisque nous savons comment nous pourrons « payer ça », à nous maintenant d'imaginer et de construire l'économie du peuple.

Remerciements

Je n'aurais pas pu écrire ce livre sans le soutien et les encouragements affectifs de mon mari, Paul Kelton. Il a commenté de nombreuses versions de chaque chapitre et pris plus que sa part des responsabilités de la vie quotidienne, ce qui m'a permis de passer soirées et weekends planquée derrière un ordinateur. J'ai pu ainsi m'abstenir de plier quantité de linge et de préparer ma juste part des repas, mais j'ai dû aussi sacrifier bien des heures avec mes enfants, Bradley et Katherine. Je les remercie tous de me donner l'espace nécessaire pour travailler et d'emplir mon existence de tant de joie.

Je dois beaucoup aussi à mon ami Zachary Carter, auteur brillant qui m'a orientée vers le bon agent littéraire, Howard Yoon. Howard a cru au projet dès le tout début. Quand est venu le moment de décider quel serait le meilleur éditeur pour le livre, il m'a conseillé de me demander lequel des professionnels envisageables ferait sortir ce qu'il y a de meilleur en moi en tant qu'auteure. J'ai choisi de travailler avec John Mahaney, et je n'ai cessé depuis d'en remercier ma bonne étoile. John ne m'a pas laissée écrire le livre que j'envisageais au départ. Il m'a sauvée de moi-même en signalant tout abus du jargon technique et en débarrassant le manuscrit des graphiques et autres équations complexes.

«Tu écris pour tout le monde», m'a-t-il rappelé en permanence. Ses conseils ont fait du livre ce qu'il est.

Merci également à Pete Garceau, qui a réalisé le dessin de couverture, et à Patti Isaacs, pour avoir tiré de mes esquisses maladroites les belles illustrations qui parsèment le livre. Je suis aussi extrêmement reconnaissante envers Kate Mueller pour sa préparation minutieuse du manuscrit.

Et il y a mes parents, mes amis et mes collègues. Je ne serai pas aujourd'hui où j'en suis sans l'amour et les encouragements de mes parents, Jerald et Marlene Bell. Je dois aussi beaucoup à mon professeur de premier cycle universitaire, John F. Henry, qui ne m'a pas seulement fait découvrir les grands économistes et philosophes du passé mais m'a aussi présentée à L. Randall Wray, géant actuel de la macroéconomie et grand théoricien de la TMM. Ensemble, Mathew Forstater, Pavlina Tcherneva, Randy Wray et moi, nous avons passé de nombreuses années à l'université du Missouri à Kansas City, où nous avons développé ensemble les idées de Warren Mosler. Ce livre est le produit d'années de travaux menés en commun avec eux. Je dois également remercier chaleureusement Scott Fullwiler, Rohan Grey, Nathan Tankus, Raúl Carrillo et Fadhel Kaboub d'avoir supporté deux années de contacts constants au cours desquels j'ai sollicité leurs apports et leur expertise sur toute une série de sujets. Je suis aussi très reconnaissante envers Steven Hail, Marshall Auerback, Daniel José Camacho, Jesse Meyerson, Kenneth Wapner, Jeff Spross et Richard Eskow pour m'avoir aidée à améliorer le produit final.

Merci également à Zack Exley, Geoff Coventry, James Stuart, Max Skidmore, Ben Strubel, Samuel Connor et Bill Goggin, qui ont tous prouvé leur engagement envers la TMM longtemps avant qu'elle n'acquière l'influence qu'elle a aujourd'hui.

Et merci à tous ceux qui ont mis une énergie incroyable à constituer des groupes de lecture, lancer des podcasts et construire des sites Internet pour contribuer à initier les autres à la TMM. Merci également aux nombreux étudiants de tous les cycles de l'UMKC, de l'université de Stony Brook et de la New School for

Social Research qui m'ont aidée à affûter mes idées au fil des ans. A Don St. Clair, Carolyn McClanahan, Patty Bruseau et Stacy Pilcard pour avoir toujours pris des nouvelles avec un mot d'encouragement : votre gentillesse a eu plus d'importance que vous ne le saurez jamais.

Je tiens aussi à remercier certaines des personnes qui ont aidé à construire un lectorat pour ce livre en partageant avec moi leurs plateformes, larges et diverses, au fil des ans : Harry Shearer, Chris Hayes, Joe Weisenthal, Sam Seder, Fareed Zakaria, Ezra Klein, Jon Favreau, Neil Cavuto, Nick Hanauer, Michael Moore, Mehdi Hasan et bien d'autres. Merci également à Alexandria Ocasio-Cortez, élue à la Chambre des représentants, d'encourager la presse à donner à la TMM « une plus large place dans le débat public ». Enfin, je remercie Amy, qui, inspirée par l'espoir d'un avenir meilleur, a téléphoné à l'émission de NPR *Planet Money* : elle a posé quelques questions profondes qui nous ont aidés à percer le rideau de fumée du mythe du déficit.

Notes

Notes de l'introduction

1. Le mieux est de se représenter la souveraineté monétaire comme un continuum : certains pays en ont beaucoup et d'autres en ont moins, peu ou pratiquement pas. Les pays qui ont la souveraineté maximale sont ceux qui dépensent, taxent et empruntent dans leur propre devise non convertible (dont le taux de change est flottant). « Non convertible » signifie que l'État ne promet pas de convertir la monnaie nationale en or ou dans une devise étrangère à prix fixe. Selon cette définition, les États-Unis, le Royaume-Uni, le Japon, l'Australie, le Canada et même la Chine sont des pays souverains sur le plan monétaire. En revanche, des pays comme l'Équateur et le Panama ne le sont pas du tout, car leurs systèmes monétaires sont exclusivement conçus autour du dollar, devise que leur État ne peut émettre. Le Venezuela et l'Argentine émettent leur propre monnaie nationale mais empruntent massivement en dollars, ce qui érode leur souveraineté monétaire. Les dix-neuf pays qui utilisent l'euro n'ont pas non plus de souveraineté monétaire, parce qu'ils ont transféré le pouvoir d'émettre leur monnaie à la Banque centrale européenne.

2. Selon le Northwestern Institute for Policy Research, « plus de huit millions d'Américains ont perdu leur emploi, près de quatre millions de maisons ont été saisies chaque année, et 2,5 millions d'entreprises ont fermé ». Institute for Policy Research, « The Great Recession : 10 Years Later », 27 septembre 2018, <www.ipr.northwestern.edu/news/2018/great-recession-10-years-later.html>.

3. Ryan Lizza, « Inside the Crisis », *The New Yorker*, 12 octobre 2009, <www.newyorker.com/magazine/2009/10/12/inside-the-crisis>.

4. *Ibid.*

5. Joe Weisenthal, « Obama : The US Government Is Broke ! », Business Insider, 24 mai 2009, <www.businessinsider.com/obama-the-us-government-is-broke-2009-5>.

6. CBPP, « Chart Book : The Legacy of the Great Recession », Center on Budget and Policy Priorities, 6 juin 2019, <www.cbpp.org/research/economy/chart-book-the-legacy-of-the-great-recession>.

7. Dean Baker, *The Housing Bubble and the Great Recession : Ten Years Later*, Washington, DC, Center for Economic and Policy Research, septembre 2018, <cepr.net/images/stories/reports/housing-bubble-2018-09.pdf>.

8. Eric Levitt, « Bernie Sanders Is the Howard Schultz of the Left », *Intelligencer*, Doylestown, PA, 16 avril 2019, <nymag.com/intelligencer/2019/04/bernie-sanders-fox-news-town-hall-medicare-for-all-video-centrism.html>.

Notes du chapitre 1

1. Constitution des États-Unis, Article 1, Section 8, Paragraphe 5, <www.usconstitution.net/xconst_A1Sec8.html>.

2. D'autres entités peuvent créer d'autres instruments financiers – par exemple, le crédit bancaire crée des dépôts bancaires, qui peuvent fonctionner comme la monnaie de l'État dans certains cas –, mais seuls le Trésor des États-Unis et la Réserve fédérale peuvent fabriquer la devise elle-même. Brett W. Fawley et Luciana Juvenal, « Why Health Care Matters and the Current Debt Does Not », Réserve fédérale de Saint-Louis, 1er octobre 2011, <www.stlouisfed.org/publications/regional-economist/october-2011/why-health-care-matters-and-the-current-debt-does-not>.

3. Une dette extérieure modeste ne compromet pas la souveraineté monétaire d'un pays.

4. Notons bien que la TMM ne voit pas la souveraineté monétaire en termes binaires, comme un « tout ou rien ». Mieux vaut la penser comme un continuum, où certains pays en ont davantage et d'autres moins. Puisque leur dollar est au centre du système financier mondial – c'est la monnaie de réserve –, les États-Unis jouissent d'une souveraineté monétaire inégalée. Mais celle de pays comme le Japon, le Royaume-Uni et l'Australie est également d'un haut niveau. Même la Chine, qui gère la valeur du yuan, a une souveraineté monétaire substantielle.

5. Margaret Thatcher, Discours à la Conférence du parti conservateur, Winter Gardens, Blackpool, Royaume-Uni, 14 octobre 1983, Fondation Margaret Thatcher, <www.margaretthatcher.org/document/105454>.

6. Lizzie Dearden, « Theresa May Prompts Anger after Telling Nurse Who Hasn't Had Pay Rise for Eight Years : "There's No Magic Money Tree" », *Independent* (Londres), 3 juin 2017, <www.independent.co.uk/news/uk/politics/theresa-may-nurse-magic-money-tree-bbcqt-question-time-pay-rise-eight-years-election-latest-a7770576.html>.

7. Puisque l'emprunt est exclu, les parlementaires n'ont que deux possibilités : trouver l'argent en réduisant le financement d'une ou plusieurs autres composantes du budget fédéral ou faire rentrer de nouvelles recettes en levant davantage d'impôts. Notons bien qu'ils peuvent renoncer à cette règle s'ils veulent voter une mesure mais ne parviennent pas à se mettre d'accord sur des réductions de

dépenses ou des augmentations d'impôts qui assureraient sa « neutralité pour le déficit ».

8. Warren Mosler, *Soft Currency Economics II : What Everyone Thinks They Know About Monetary Policy Is Wrong*, 2e éd., Christiansted, USVI, Valance, 2012.

9. Les manuels reconnaissent parfois que l'État peut imprimer de la monnaie, mais ils excluent aussitôt de leur modèle budgétaire cette méthode de financement, en faisant valoir que recourir à la planche à billets est inflationniste. On enseigne donc aux étudiants que les États doivent financer leurs dépenses soit en levant des impôts, soit en empruntant aux épargnants.

10. David Graeber, *Dette. 5 000 ans d'histoire*, trad. fr. de Françoise et Paul Chemla, Paris, Les Liens qui Libèrent, 2013 ; L. Randall Wray, *Understanding Modern Money : The Key to Full Employment and Price Stability*, Cheltenham, UK, Edward Elgar, 2006 ; et Stephanie A. Bell, John F. Henry et L. Randall Wray, « A Chartalist Critique of John Locke's Theory of Property, Accumulation, and Money : Or, Is It Moral to Trade Your Nuts for Gold ? », *Review of Social Economy*, vol. 62, n° 1, 2004, p. 51-65.

11. Il existe une immense littérature qui retrace l'histoire des monnaies émises par les États. Les lecteurs intéressés peuvent se reporter aux travaux de Christine Desan, Mathew Forstater, David Graeber, John Henry, Michael Hudson et L. Randall Wray.

12. Buttonwood, « Monopoly Money », Buttonwood's notebook, *The Economist*, 19 octobre 2009, <www.economist.com/buttonwoods-notebook/2009/10/19/monopoly-money>.

13. Il y a aussi la Réserve fédérale des États-Unis, qui est « l'autorité émettrice de tous les billets de la Réserve fédérale ». En tant qu'agent budgétaire de l'État, la Fed effectue la plupart de ses paiements sous forme électronique, en créditant avec des dollars numériques ce qu'on appelle les « réserves » d'une banque (son compte courant à la banque centrale). Voir Monnaie des États-Unis, « About the United States Mint » (page web), <www.usmint.gov/about>.

14. Conseil des gouverneurs du Système de la Réserve fédérale, « About the Fed : Currency : The Federal Reserve Board's Role » (page web), <www.federalreserve.gov/aboutthefed/currency.htm>.

15. Ale Emmons, « Senate Committee Votes to Raise Defense Spending for Second Year in a Row to $750 Billion », The Intercept, 23 mai 2019, <theintercept.com/2019/05/23/defense-spending-bill-senate>.

16. Nous pourrions entrer dans les détails sur tout cela, et la TMM la fait. Le lecteur intéressé par un examen rigoureux de la comptabilité détaillée des réserves, notamment la coordination quotidienne entre le Trésor et la Réserve féderale, les courtiers, etc., peut se reporter aux travaux de Stephanie Kelton, Scott Fullwiler et Eric Tymoigne.

17. Izabella Kaminska, « Why MMT Is Like an Autostereogram », FT Alphaville, *Financial Times* (Londres), 22 février 2012, <ftalphaville.ft.com/2012/02/22/892201/why-mmt-is-like-an-autostereogram>.

18. Sally Helm et Alex Goldmark, animateurs, entretien avec Stephanie Kelton, « Modern Monetary Theory », *Planet Money*, NPR, 26 septembre 2018, 22:00, <www.npr.org/templates/transcript/transcript.php?storyId=652001941>.

19. N'oublions pas que les impôts sont nécessaires aux autorités locales et à celles des États de l'Union. À ces niveaux, les dollars du contribuable *aident vraiment* à payer les enseignants, les pompiers, la police, les projets d'infrastructure locaux, les bibliothèques, etc.

20. Lorsqu'il s'agit de contrer des pressions inflationnistes, les ajustements budgétaires – réduction des dépenses publiques ou augmentation des impôts – ne sont pas les seules options. L'État peut aussi faire usage de pouvoirs non budgétaires, par exemple des réglementations de nature à réduire la demande et à dégager un espace pour les dépenses publiques. Et, bien entendu, le contrôle des salaires et des prix a joué un rôle important. Voir Yair Listokin, *Law and Macroeconomics : Legal Remedies to Recessions*, Cambridge, MA, Harvard University Press, 2019.

21. Stephanie Kelton (née Bell), « Do Taxes and Bonds Finance Government Spending ? », *Journal of Economic Issues*, vol. 34, n° 3, 2000, p. 603-620, DOI:10.1080/00213624.2000.11506296.

22. Il y a chaque année un grand pic des règlements au fisc vers le 15 avril, mais les particuliers et beaucoup d'entreprises paient aussi des impôts trimestriels, si bien que des milliers de milliards de dollars de versements fiscaux sont traités tout au long de l'année.

23. Des règles régissant actuellement certaines pratiques comptables influencent aussi les modalités possibles des ventes de bons du Trésor et la façon dont doit être géré le compte du Trésor à la Réserve fédérale. Toutes ces dispositions ont également été imposées par le Congrès, qui peut donc les modifier à volonté. Pour plus de détails sur tout cela, voir Eric Tymoigne, « Modern Money Theory and Interrelations Between the Treasury and Central Bank : The Case of the United States », *Journal of Economic Issues*, vol. 48, n° 3, septembre 2014, p. 641-662.

24. Par la grâce de ce que les économistes appellent « économie du ruissellement » ou « économie de l'offre ». L'idée est que les réductions d'impôts libèrent d'immenses énergies paralysées, stimulant ainsi l'investissement et l'innovation, ce qui dynamise tant l'économie que l'État finit par avoir des recettes fiscales plus élevées alors qu'il *réduit* les impôts. En 2019, le président Trump a décerné la médaille présidentielle de la liberté à Arthur Laffer, l'économiste qui a fait connaître au grand public cette philosophie.

Notes du chapitre 2

1. Notons que, pour pouvoir prédire une inflation, une hausse des prix est une condition nécessaire mais pas suffisante. Dans un processus inflationniste, les prix augmentent continûment, donc le niveau des prix doit monter sur plusieurs périodes pour qu'il y ait inflation.

2. John T. Harvey, « What Actually Causes Inflation (and Who Gains from It) », *Forbes*, 30 mai 2011, <www.forbes.com/sites/johntharvey/2011/05/30/what-actually-causes-inflation/#3ea806e9f9a9>.

3. Aimee Picchi, « Drug Prices in 2019 Are Surging, with Hikes at 5 Times Inflation », CBS News, 1er juillet 2019, <www.cbsnews.com/news/drug-prices-in-2019-are-surging-with-hikes-at-5-times-inflation>.

4. Le monétarisme repose sur la théorie quantitative de la monnaie (TQM), qui s'est imposée au XIXe siècle. La TQM a transformé un simple truisme en récit sur les forces qui provoquent l'inflation. Il s'agit de l'*équation des échanges*, MV = PY, où M est la quantité de monnaie en circulation (une mesure de la masse monétaire existante), V, la vitesse de circulation-revenu (le nombre moyen de fois où chaque unité monétaire est dépensée au cours d'une période temporelle), P, le niveau des prix, et Y, le produit réel (les biens et services réels). L'équation des échanges est un truisme parce qu'il s'agit simplement d'une identité comptable qui énonce que la dépense globale (MV) est égale à la valeur nominale de tout ce qui est produit et vendu (PY). C'est comme si l'on disait : « Dépense sur PIB égale dépense sur PIB. » Pour transformer ce truisme en quelque chose de plus, les économistes ont fait certains postulats comportementaux sur V et sur Y. En fait, ils ont supposé que V était assez stable pour être traité comme une constante et que Y tendait à se stabiliser au plein emploi. Si l'on met alors en mouvement l'ensemble de l'équation – à l'aide du calcul différentiel –, les taux de variation de V et de Y deviennent zéro (les constantes n'ont pas de taux de variation), et nous nous retrouvons avec une équation où deux variables seulement peuvent évoluer : M et P. Cette équation indique donc que le taux d'inflation est égal au taux de croissance de la masse monétaire. Pour parvenir à sa célèbre thèse « l'inflation est toujours et partout un phénomène monétaire », Milton Friedman a simplement postulé que le lien de causalité va de la monnaie à l'inflation. Par exemple, si la banque centrale laisse la masse monétaire augmenter deux fois plus vite qu'avant, elle va doubler le taux d'inflation.

5. Ainsi nommée en référence au célèbre économiste britannique John Maynard Keynes, dont l'ouvrage le plus célèbre, *Théorie générale de l'emploi, de l'intérêt et de la monnaie*, a remodelé la théorie et la pratique de la science économique du milieu des années 1940 à la fin des années 1960.

6. Un économiste nommé A. W. Phillips a publié des travaux qui montraient une corrélation statistique entre le taux de chômage et le taux de croissance des salaires monétaires. Les structures apparaissant dans les chiffres révélaient une relation inverse entre ces deux variables : la hausse de l'une était associée à la baisse de l'autre. Avec le temps, les économistes ont remplacé l'inflation des salaires par celle des prix et ont représenté visuellement l'arbitrage entre inflation et chômage sous la forme d'une courbe de Phillips.

7. Afin de maintenir la stabilité des prix, Milton Friedman voulait que la banque centrale suive une règle stricte : il ne fallait pas laisser la masse monétaire (M) augmenter plus vite que l'économie réelle (Y) ; ainsi, les prix (P) resteraient stables étant donné (V), la vitesse de circulation-revenu de la monnaie postulée constante.

8. Pour une analyse détaillée de l'indépendance des banques centrales, voir L. Randall Wray, « Central Bank Independence : Myth and Misunderstanding », document de travail n° 791, Levy Institute of Bard College, mars 2014, <www.levyinstitute.org/pubs/wp_791.pdf>.

9. La Réserve fédérale cible les PCE [*personal consumption expenditures*, dépenses de consommation personnelle]. Si elle atteint exactement sa cible, le prix moyen du panier de biens utilisé pour construire l'indice des PCE augmentera de 2 % par an. Pour en savoir plus, voir Kristie Engemann, « The Fed's Inflation Target : Why 2 Percent ? », Open Vault (blog), Réserve fédérale de Saint-Louis, 16 janvier 2019, <www.stlouisfed.org/open-vault/2019/january/fed-inflation-target-2-percent>.

10. Voir Dimitri B. Papadimitriou et L. Randall Wray, « Flying Blind : The Federal Reserve's Experiment with Unobservables », document de travail n° 124, Levy Economics Institute of Bard College, septembre 1994, <www.levyinstitute.org/pubs/wp124.pdf> ; et G. R. Krippner, *Capitalizing on Crisis : The Political Origins of the Rise of Finance*, Cambridge, MA, Harvard University Press, 2011.

11. Les banques centrales utilisent aussi d'autres instruments pour influencer les prix : les politiques de l'épargne, les réglementations du crédit et de l'activité bancaire, la gestion des taux de change et les opérations structurelles d'open market. Les ajustements de taux d'intérêt restent toutefois leur outil principal pour la gestion quotidienne de l'inflation.

12. Pour une profession qui se glorifie si bruyamment de sa scientificité et de son objectivité, on a du mal à ne pas trouver cette approche un tantinet métaphysique.

13. William C. Dudley, « Important Choices for the Federal Reserve in the Future », discours prononcé au Lehman College, Bronx, New York, 18 avril 2018, <www.newyorkfed.org/newsevents/speeches/2018/dud180418a>.

14. On est classé comme « sans emploi » si l'on recherche activement un travail rémunéré alors qu'on n'en a pas. Les personnes « en situation de sous-emploi » travaillent actuellement à temps partiel mais souhaitent en fait un temps plein. Puisqu'elles ont un emploi, elles ne sont pas prises en compte dans la mesure officielle du chômage nommée U-3. Mais elles sont comprises dans une mesure plus large nommée U-6 – celle-là englobe aussi les personnes qui veulent un emploi mais ont perdu tout espoir d'en trouver.

15. Stephanie A. Kelton, « Behind Closed Doors : The Political Economy of Central Banking in the United States », document de travail n° 47, Université du Missouri à Kansas City, août 2005, <www.cfeps.org/pubs/wp-pdf/WP47-Kelton.pdf>.

16. En fait, le mandat de la plupart des banques centrales dans le monde, à commencer par la Banque du Japon et la BCE, ne comprend pas le chômage. Leur seule responsabilité est de maintenir la stabilité des prix.

17. Pour une raison simple : les entreprises embauchent parce qu'elles y sont obligées, pas parce qu'elles veulent le faire. Lorsqu'elles ajoutent des travailleurs au personnel qu'elles rémunèrent, c'est par nécessité, pas par humanisme. Les économies capitalistes, comme celles qui dominent le monde aujourd'hui, sont ce que Keynes,

et Marx avant lui, appelaient des économies monétaires de production. Leur raison d'être est le profit.

18. William Vickrey, « Fifteen Fatal Fallacies », chap. 15 *in* Aaron W. Warner, Mathew Forstater et Sumner M. Rosen (éd.), *Commitment to Full Employment: Macroeconomics and Social Policy in Memory of William S. Vickrey*, Londres, Routledge, 2015 ; 1re éd., M.E. Sharpe, 2000.

19. De 2008 à 2013, la Fed a mené à bien trois programmes d'assouplissement quantitatif, où elle a acheté à des détenteurs privés, pour des milliers de milliards de dollars, des titres adossés à des actifs hypothécaires et des bons du Trésor américains, qu'elle a payés en créditant des dollars numériques (des réserves bancaires) sur des comptes à la Réserve fédérale. Elle a ainsi contribué à faire baisser les taux d'intérêt à long terme, dans l'espoir que les propriétaires de maisons allaient refinancer leurs prêts et libérer, par ce biais, des revenus à dépenser autrement, et que les entreprises allaient emprunter et investir dans des biens d'équipement durables, par exemple construire de nouvelles usines et acheter des machines neuves.

20. Ben Bernanke, « Monetary Policy Is Not a Panacea », témoignage devant le Congrès, Commission des services financiers de la Chambre des représentants, 18 juillet 2012, posté par Stephanie Kelton, MMT, YouTube, 23 septembre 2012, 0:10, <www.youtube.com/watch?v=eS7OYMIprSw>.

21. Abba Ptachya Lerner, *The Economic Steering Wheel: The Story of the People's New Clothes*, New York, New York University Press, 1983.

22. Lerner voulait aussi que l'État évite de faire de l'emprunt – c'est-à-dire de la vente de bons du Trésor – une composante habituelle de la coordination de ses opérations budgétaires. Puisqu'il était l'émetteur de la monnaie, il pouvait simplement dépenser de l'argent dans l'économie et l'y laisser. Si l'on repense à notre modèle D —› I&E, Lerner voulait que l'État dépense et rien d'autre (D). Il n'était pas nécessaire de faire suivre cette dépense d'impôts ou d'emprunts. L'État ne devait augmenter les impôts que pour écarter une pression inflationniste et ne devait vendre des bons du Trésor que pour empêcher une baisse des taux d'intérêt.

23. C'est ce que préconisent, notamment, Mathew Forstater, L. Randall Wray et Pavlina R. Tcherneva. Nous examinerons de plus près la garantie de l'emploi dans le dernier chapitre de ce livre. Pour une analyse détaillée de la façon dont le programme serait géré, de la rémunération qu'il verserait, des types d'emplois qu'il soutiendrait et de l'effet qu'il aurait sur l'ensemble de l'économie, voir L. Randall Wray, Flavia Dantas, Scott Fullwiler, Pavlina R. Tcherneva et Stephanie A. Kelton, *Public Service Employment: A Path to Full Employment*, Levy Economics Institute of Bard College, avril 2018, <www.levyinstitute.org/pubs/rpr_4_18.pdf>.

24. Mathew Forstater, « From Civil Rights to Economic Security. Bayard Rustin and the African-American Struggle for Full Employment, 1945-1978 », *International Journal of Political Economy*, vol. 36, n° 3, automne 2007, p. 63-74.

25. Cela veut dire que la garantie fédérale de l'emploi devient une nouvelle catégorie de dépense obligatoire, comme la Social Security ou Medicare. Cette dépense

n'est pas discrétionnaire, au sens où les parlementaires ne peuvent imposer de limites au financement de la garantie de l'emploi comme ils établissent le budget des dépenses discrétionnaires d'infrastructures, de défense ou d'éducation.

26. Pavlina R. Tcherneva, *The Case for a Job Guarantee*, Cambridge, G.-B., Polity Press, 2020.

27. W. Vickrey, « Fifteen Fatal Fallacies », art. cité.

28. Au plus fort de la Grande Récession, environ 800 000 Américains perdaient leur emploi chaque mois.

29. Il pourrait être techniquement possible à des employeurs privés d'embaucher des travailleurs à un salaire inférieur à celui qu'assure le programme de la garantie de l'emploi. Si, par exemple, l'emploi s'accompagnait de congés payés particulièrement généreux, d'horaires de travail plus flexibles, d'un meilleur accès aux transports publics ou simplement de meilleures possibilités de faire carrière, certains pourraient accepter de travailler pour une moindre rémunération. Mais un tel cas de figure devrait être l'exception et non la règle.

30. Arjun Jayadev et J. W. Mason, « Loose Money, High Rates : Interest Rate Spreads in Historical Perspective », *Journal of Post Keynesian Economics*, vol. 38, n° 1, automne 2015, p. 93-130.

31. En dépit des protections en la matière, les employeurs pratiquent aussi la discrimination fondée sur la race, le genre, l'orientation sexuelle et le handicap physique, et ils ont des préjugés négatifs contre les anciens détenus et les sans-abri. La garantie fédérale de l'emploi établit un droit à l'emploi pour tous. [Pour l'emploi du mot « race », voir p. 207*n*. – *NdT*.]

32. Des dirigeants démocrates se sont entretenus avec le président Trump en 2019 pour voir s'ils pouvaient trouver une façon d'autoriser une dépense de 2 000 milliards de dollars destinée aux infrastructures.

33. La TMM comprend que l'inflation peut augmenter pour des raisons qui n'ont pas grand-chose à voir, ou rien du tout, avec les pressions d'un excès de demande. Si l'on veut combattre l'inflation, il faut isoler la (ou les) cause(s) qui sont à la racine des pressions inflationnistes et suivre des politiques ciblées afin d'attaquer le problème à sa source. Pour plus de précisions sur le sujet, voir FT Alphaville, *Financial Times* (Londres), <ftalphaville.ft.com/2019/03/01/1551434402000/An-MMT-response-on-what-causes-inflation>.

34. Pour une analyse beaucoup plus détaillée, voir Scott Fullwiler, « Replacing the Budget Constraint with an Inflation Constraint », New Economic Perspectives, 12 janvier 2015, <neweconomicperspectives.org/2015/01/replacing-budget-constraint-inflation-constraint.html>.

Notes du chapitre 3

1. Financé par le milliardaire Peter G. Peterson, qui a œuvré pour la privatisation de la Social Security pendant des décennies. Les trois membres de la commission

récompensés étaient le sénateur indépendant Angus King, du Maine, et les sénateurs démocrates Mark Warner et Tim Kaine, tous deux de Virginie.

2. Christina Hawley Anthony, Barry Blom, Daniel Fried, Charles Whalen, Megan Carroll, Avie Lerner, Amber Marcellino, Mark Booth, Pamela Greene, Joshua Shakin *et al.*, *The Budget and Economic Outlook : 2015 to 2025*, Congressional Budget Office, 2015, <www.cbo.gov/sites/default/files/114th-congress-2015-2016/reports/49892-Outlook2015.pdf>.

3. C'est le sujet du chapitre 6.

4. En juin 2018, les États et investisseurs étrangers détenaient des bons d'État américains pour une valeur de 6200 milliards de dollars, soit environ un tiers du total.

5. Edward Harrison, « Beijing Is Not Washington's Banker », Credit Writedowns, 22 février 2010, <creditwritedowns.com/2010/02/beijing-is-not-washingtons-banker.html>.

6. Edward Harrison, « China Cannot Use Its Treasury Holdings as Leverage : Here's Why », Credit Writedowns, 7 avril 2018, <creditwritedowns.com/2018/04/china-cannot-use-its-treasury-holdings-as-leverage-heres-why.html>.

7. Les taux à long terme reflètent la trajectoire attendue des taux à court terme futurs plus une prime de terme, déterminée par l'offre et la demande globale d'actifs sûrs. La prime de terme peut évoluer par elle-même, mais la trajectoire des taux à court terme futurs est très stable, puisque le marché à terme des fonds fédéraux nous indique les probabilités de ce que seront ces taux à partir des anticipations collectives du marché sur le niveau auquel la banque centrale va les fixer à l'avenir. (Sur le marché à terme, les traders parient directement sur la façon dont la Fed va ajuster le taux des fonds fédéraux, et leurs gains ou leurs pertes sont directement liés à l'exactitude ou à l'inexactitude de leurs conjectures. Statistiquement, c'est sur le marché à terme des fonds fédéraux que sont faites les prédictions les plus exactes.) Cela donne aux banques centrales une influence relativement forte sur les taux à long terme. Pour les contrôler encore plus, elles peuvent décider de fixer les taux sur l'ensemble de la courbe des rendements, comme le fait le Japon.

8. Voir Yanis Varoufakis, *Conversations entre adultes. Dans les coulisses secrètes de l'Europe*, trad. fr. de Cécile Dutheil de la Rochère avec Abel Gerschenfeld, Paris, Les Liens qui libèrent, 2017.

9. Critiquant le projet de budget du président Obama, le sénateur Jeff Sessions a lancé : « L'an prochain, les États-Unis pourraient être comme la Grèce. » Le représentant Paul Ryan a fait un raisonnement semblable : « Le budget du président ignore les forces motrices de notre dette, ce qui rapproche dangereusement l'Amérique d'une crise de style européen. » Voir Jennifer Bendery, « Paul Ryan, Jeff Sessions Warn Obama's Budget Could Spur Greek-Style Debt Crisis », Huffpost, 13 février 2012, <www.huffpost.com/entry/paul-ryan-jeff-sessions-obama-budget-greece_n_1273809>.

10. Alex Crippen, « Warren Buffett : Failure to Raise Debt Limit Would Be "Most Asinine Act" Ever by Congress », CNBC, 30 avril 2011, <www.cnbc.com/id/42836791>.

11. Warren Buffett, « We've Got the Right to Print Our Own Money So Our Credit Is Good », extrait de *In the Loop*, entretien avec Betty Liu, Bloomberg Television, 8 juillet 2011, posté par wonkmonk, YouTube, 5 janvier 2014, 0:31, <www.youtube.com/watch?v=Q2om5yvXgLE>.

12. Les bons du Trésor des États-Unis (*Treasuries*) ont des durées de vie différentes. L'État émet des bons du Trésor à long terme dont la maturité va de dix à trente ans (*Treasury bonds*) ; des billets du Trésor dont la maturité va d'un an à dix ans (*Treasury notes*) ; des titres du Trésor à dix ans protégés contre l'inflation, les TIPS (*Treasury inflation-protected securities*) ; et des billets du Trésor à court terme dont la maturité peut être de 13, 26 ou 52 semaines (*T-bills*). La plupart peuvent s'acheter dans des coupures différentes. Les bons à long terme de trente ans vont de 1 000 dollars à un million de dollars. Voir Investor Guide, « The 4 Types of U.S. Treasury Securities and How they Work » (page web), investorguide.com, <www.investorguide.com/article/11679/4-types-of-u-s-treasury-securities-and-how-they-work-igu>.

13. Laurence Kotlikoff, économiste boutefeu qui a coutume d'assimiler la dette publique à une forme de « maltraitance infligée aux enfants », voit dans les déséquilibres du budget de l'État américain un mécanisme de Ponzi [Pour le sens de cette expression, voir p. 202*n*. – *NdT*.]. Je ne saurais exprimer trop énergiquement mon désaccord total avec ses idées. Voir Joseph Lawler, « Economist Laurence Kotlikoff : U.S. $222 Trillion in Debt », RealClear Policy, 30 novembre 2012, <www.realclearpolicy.com/blog/2012/12/01/economist_laurence_kotlikoff_us_222_trillion_in_debt_363.html>.

14. Patrick Allen, « No Chance of Default, US Can Print Money : Greenspan », CNBC, 7 août 2011, mis à jour le 9 août 2011, <www.cnbc.com/id /44051683>.

15. Niv Elis, « CBO Projects "Unprecedented" Debt of 144 Percent of GDP by 2049 », *The Hill*, 25 juin 2019, <thehill.com/policy/finance/450180-cbo-projects-unprecedented-debt-of-144-of-gdp-by-2049>.

16. Jared Bernstein, « Mick Mulvaney Says "Nobody Cares" About Deficits. I Do. Sometimes », *Washington Post*, 6 février 2019, <www.washingtonpost.com/outlook/2019/02/06/mick-mulvaney-says-nobody-cares-about-deficits-i-do-sometimes>.

17. « Dear Reader : You Owe $42,998.12 », couverture du magazine *Time*, 14 avril 2016, <time.com/4293549/the-united-states-of-insolvency>.

18. James K. Galbraith, « Is the Federal Debt Unsustainable ? », Note de politique, Levy Economic Institute of Bard College, février 2011, <www.levyinstitute.org/pubs/pn_11_02.pdf>.

19. Olivier Blanchard, « Public Debt and Low Interest Rates », document de travail n° 19-4, PIIE, février 2019, <www.piie.com/publications/working-papers/public-debt-and-low-interest-rates>.

20. Greg Robb, « Leading Economist Says High Public Debt "Might Not Be So Bad" », MarketWatch, 7 janvier 2019, <www.marketwatch.com/story/leading-economist-says-high-public-debt-might-not-be-so-bad-2019-01-07>.

21. David Harrison et Kate Davidson, « Worry About Debt ? Not So Fast, Some Economists Say », *Wall Street Journal*, 17 février 2019, <www.wsj.com/articles/worry-about-debt-not-so-fast-some-economists-say-11550414860>.

22. Scott T. Fullwiler, « Interest Rates and Fiscal Sustainability », document de travail n° 53, Wartburg College et Center for Full Employment and Price Stability, juillet 2006, <www.cfeps.org/pubs/wp-pdf/WP53-Fullwiler.pdf>.

23. Scott T. Fullwiler, « The Debt Ratio and Sustainable Macroeconomic Policy », *World Economic Review*, juillet 2016, p. 12-42, <www.researchgate.net/publication/304999047_The_Debt_Ratio_and_Sustainable_Macroeconomic_Policy>.

24. *Ibid.*

25. *Ibid.* Il s'agit ici des taux d'intérêt payés par l'État.

26. J.K. Galbraith, « Is the Federal Debt Unsustainable ? », art. cité.

27. Japan Macro Advisors, « General Government Debt and Asset », 20 décembre 2019, <www.japanmacroadvisors.com/page/category/economic-indicators/balancesheets/general-government>.

28. S.T. Fullwiler, « Interest Rates and Fiscal Sustainability », art. cité.

29. Avant l'accord Trésor-Réserve fédérale [voir le paragraphe suivant dans le texte – *NdT*], la Réserve fédérale maintenait une très forte emprise sur le taux d'intérêt à long terme, qu'elle refusait de laisser monter au-dessus de 2,5 %. Prendre le contrôle de la courbe des rendements est impossible dans un régime de taux de change fixes, car les taux d'intérêt deviennent endogènes lorsque les titres d'emprunt de l'État sont en concurrence avec la possibilité de convertir la devise nationale dans l'actif de réserve au taux fixé par l'État. Pour une analyse plus poussée sur ce point, voir Warren Mosler et Mathew Forstater, « A General Framework for the Analysis of Currencies and Commodities », *in* Paul Davidson et Jan Kregel (éd.), *Full Employment and Price Stability in a Global Economy*, Cheltenham, UK, Edward Elgar, 1999.

30. La Réserve fédérale a commencé à se fixer des taux cibles en 1942. Voir Jessie Romero, « Treasury-Fed Accord, March 1951 » (page web), Histoire de la Réserve fédérale, 22 novembre 2013, <www.federalreservehistory.org/essays/treasury_fed_accord>.

31. Pour un exposé inspiré par la TMM sur ce qu'on entend par indépendance de la Réserve fédérale, voir L. Randall Wray, « Central Bank Independence : Myth and Misunderstanding », document de travail n° 791, Levy Economics Institute of Bard College, mars 2014, <www.levyinstitute.org/pubs/wp_791.pdf>.

32. Même certains hauts responsables de la Réserve fédérale commencent, paraît-il, à envisager la possibilité de cibler l'extrémité longue de la courbe des rendements. Voir Leika Kihara, Howard Schneider et Balazs Koranyi, « Groping for New Tools, Central Banks Look at Japan's Yield Controls », Reuters, 15 juillet 2019, <www.reuters.com/article/us-usa-fed-ycc/groping-for-new-tools-central-banks-look-at-japans-yield-controls-idUSKCN1UA0E0>.

33. Japan Macro Advisors, « Japan JGBs Held by BoJ » (page web), Indicateurs économiques, <www.japanmacroadvisors.com/page/category/economic-indicators/financial-markets/jgbs-held-by-boj>.

34. Eric Lonergan, Drobny Global Monitor (blog), Andres Drobny, Drobny Global LP, 17 décembre 2012, <www.drobny.com/assets/_control/content/files/Drobny_121712_10_24_13.pdf>.

35. Certains spéculateurs du marché obligataire croyaient le Japon voué au désastre avec sa dette publique bien supérieure à 200 % du PIB. Persuadés qu'il serait absolument impossible à l'État de maintenir des niveaux d'endettement aussi élevés, ces traders ont parié contre les bons d'État japonais en les vendant à découvert. Kyle Bass est tristement célèbre pour avoir perdu des sommes considérables dans ce pari, qu'on appelle aujourd'hui le *widowmaker trade* (la transaction qui fait des veuves). Voir Wayne Arnold, « Japan's Widow-Maker Bond Trade Still Looks Lethal » (blog), Reuters, 6 juin 2011, <blogs.reuters.com/breakingviews/2011/06/06/japans-widow-maker-bond-trade-still-looks-lethal>.

36. La TQM a été présentée assez longuement à la note 4 du chapitre 2.

37. Milton Friedman, « The Counter-Revolution in Monetary Theory », document hors série de l'IEA [IEA Occasional Paper], n° 33, Institute of Economic Affairs, 1970, <miltonfriedman.hoover.org/friedman_images/Collections/2016c21/IEA_1970.pdf>.

38. En juillet 2019, la Réserve fédérale détenait environ 13 % des bons du Trésor américains négociables. Elle pourrait acheter les 87 % restants de la même façon qu'elle a acheté ceux qu'elle possède déjà : en créditant des réserves de banque. Voir L. Kihara, H. Schneider et B. Koranyi, « Groping for New Tools », art. cité.

39. Les lecteurs intéressés prendront peut-être plaisir à lire le livre de Carl Lane, *A Nation Wholly Free : The Elimination of the National Debt in the Age of Jackson*, Yardley, PA, Westholme, 2014.

40. Le Système de la Réserve fédérale a été créé par le Federal Reserve Act en 1913.

41. Les bons du Trésor paient un principal et un intérêt. Par exemple, vous achetez un bon à dix ans avec un coupon de 5 % (c'est le taux d'intérêt). L'État vous prend 1 000 dollars et vous verse 50 dollars chaque année pendant dix ans. À la fin de la dixième année, l'État vous rend le principal : 1 000 dollars.

42. David A. Levy, Martin P. Farnham et Samira Rajan, *Where Profits Come From*, Kisco, NY, Jerome Levy Forecasting Center, 2008, <www.levy forecast.com/assets/Profits.pdf>.

43. Comme nous le verrons au chapitre 5, les pays qui ont des excédents commerciaux sont beaucoup moins dépendants des déficits budgétaires. Mais les pays comme les États-Unis – c'est-à-dire ceux qui ont des déficits commerciaux chroniques – se portent mieux, en général, avec des déficits budgétaires. Sans eux, la croissance devient insoutenable. Voir Wynne Godley, « What If They Start Saving Again ? Wynne Godley on the US Economy », *London Review of Books*, vol. 22, n° 13, 6 juillet 2000, <www.lrb.co.uk/v22/n13/wynne-godley/what-if-they-start-saving-again>.

44. Frederick C. Thayer, « Balanced Budgets and Depressions », *American Journal of Economics and Sociology*, vol. 55, n° 2, 1996, p. 211-212, *JSTOR*, <www.jstor.org/stable/3487081>.

45. *Ibid.*

46. J'explore ce point en détail au chapitre 4. Voir aussi Scott Fullwiler « The Sector Financial Balances Model of Aggregate Demand (Revised) », New Economic Perspectives, 26 juillet 2009, <neweconomicperspectives.org/2009/07/sector-financial-balances-model-of_26.html>.

47. Avec mes excuses à Prince. [*1999* est une chanson de Prince sortie dans l'album du même nom en 1982 : « Ils disent deux mille zéro zéro la fête est finie [...], donc cette nuit je vais faire la fête comme si c'était 1999. » – *NdT*.]

48. La NPR en a obtenu un exemplaire, qui est aujourd'hui public, après une demande effectuée en 2011 au titre du Freedom of Information Act, la loi sur le libre accès à l'information. On peut lire toute l'histoire dans David Kestenbaum, « What If We Paid Off the Debt ? The Secret Government Report », *Planet Money*, NPR, 20 octobre 2011, <www.npr.org/sections/money/2011/10/21/141510617/what-if-we-paid-off-the-debt-the-secret-government-report>.

49. Ce taux s'appelle le *federal funds rate* (taux des fonds fédéraux). C'est le taux d'intérêt que les banques se facturent entre elles lorsqu'elles se prêtent des réserves sur le marché à un jour. Lorsqu'il y a quantité de réserves dans le système, une banque qui a besoin d'en emprunter n'est pas obligée de payer très cher pour les obtenir d'autres banques qui en ont plus qu'elles ne le souhaitent. Les réserves sont bon marché parce qu'elles sont faciles à trouver. Pour faire baisser le taux d'intérêt, tout ce que la Fed a à faire est d'inonder le système bancaire d'une quantité suffisante de réserves pour faire baisser leur prix jusqu'à son taux cible. Elle le fait en effectuant des achats.

50. D. Kestenbaum, « What If We Paid Off the Debt ? », art. cité. Si la Réserve fédérale était obligée d'acheter d'autres types d'actifs financiers, on craignait qu'elle ne donne l'impression de choisir les gagnants et les perdants.

51. Avant que cette récession ne la frappe, l'économie des États-Unis avait connu une croissance rapide, qui avait fait nettement augmenter les revenus. Cette expansion résultait en grande partie d'une bulle boursière : elle alimentait la croissance qui avait mis le budget en excédent. Quand la bulle a éclaté en janvier 2001, l'économie est entrée en récession. Ce ne sont pas les excédents budgétaires qui ont provoqué cette récession, mais ils ont posé les bases de celle, plus grave, qui a commencé en 2007. Pour plus de précisions, voir Wynne Godley, *Seven Unsustainable Processes*, Annandale-on-Hudson, NY, Jerome Levy Economics Institute, 1999, <www.levyinstitute.org/pubs/sevenproc.pdf>.

52. Outre ses achats de bons du Trésor américains, la Fed a aussi acheté des titres adossés à des prêts hypothécaires (MBS, *mortgage-backed securities*) et des obligations émises par les deux sociétés de crédit hypothécaire privées à mission publique, Fannie Mae et Freddie Mac.

53. La Fed a mis fin officiellement à son programme d'assouplissement quantitatif en 2014. À cette date, elle avait en sa possession 2 800 milliards de dollars en bons du Trésor américains. Cela représentait 22 % des 12 750 milliards de dollars de dette fédérale détenus par le public.

54. Pour un examen très détaillé de cette méthode, voir Scott T. Fullwiler, « Paying Interest on Reserve Balances : It's More Significant than You Think », Social

Science Research Network, 1er décembre 2004, <papers.ssrn.com/sol3/papers.cfm?abstract_id=1723589>.

55. Certes, ces bons ont été utilisés pour mettre en œuvre l'assouplissement quantitatif, mais la présidente de la Fed Janet Yellen a dit espérer que la Fed n'aurait jamais plus à recommencer l'expérience. Elle a également déclaré qu'il faudrait peut-être que la Fed envisage l'achat d'une plus large gamme d'actifs si elle devait un jour pratiquer à nouveau l'assouplissement quantitatif.

56. Ce qui exigerait une autorisation de découvert [accordée au Trésor par la Réserve fédérale – *NdT*], ou une pièce de platine [comme la « pièce de platine de 1 000 milliards de dollars » proposée par Stephanie Kelton en 2013 pendant la crise du « plafond de la dette », que la Monnaie des États-Unis pourrait frapper en toute légalité et déposer sur le compte du Trésor à la Réserve fédérale – *NdT*], ou encore une nouvelle monnaie numérique.

57. Certains craignent que ce choix ne déclenche l'inflation. À leur avis, les déficits sont moins inflationnistes s'ils sont financés par des bons d'État que par de la monnaie. La TMM montre que c'est faux. Ce qui compte, c'est la dépense, pas la décision de l'État de la coordonner ou non avec des ventes de bons. Voir Stephanie Kelton et Scott Fullwiler, « The Helicopter Can Drop Money, Gather Bonds or Just Fly Away », *Financial Times*, 12 décembre 2013, <ftalphaville.ft.com/2013/12/12/1721592/guest-post-the-helicopter-can-drop-money-gather-bonds-or-just-fly-away-3>.

58. Rien n'impose, bien sûr, de lier cette offre au processus budgétaire. Il serait simple, par exemple, de créer une « facilité d'épargne » séparée qui émettrait des instruments de dette rapportant intérêt et les remettrait à des parties admises à en bénéficier. De fait, la Réserve fédérale a mis en œuvre un programme de ce genre, la « facilité de dépôt à terme », en 2008. Voir Réserve fédérale, « Term Deposit Facility » (page web), <www.frbservices.org/central-bank/reserves-central/term-deposit-facility/index.html>.

59. La Constitution des États-Unis a été ratifiée en 1789, et l'État fédéral a été formé à cette date.

Notes du chapitre 4

1. Congressional Budget Office, *The 2019 Long-Term Budget Outlook*, Washington, DC, CBO, juin 2019, <www.cbo.gov/system/files/2019-06/55331-LTBO-2.pdf>.

2. Paul Krugman, « Deficits Matter Again », *New York Times*, 9 janvier 2017, <www.nytimes.com/2017/01/09/opinion/deficits-matter-again.html>.

3. George F. Will, « Fixing the Deficit Is a Limited-Time Offer », *Sun* (Lowell, Massachusetts), <www.lowellsun.com/2019/03/12/george-f-will-fixing-the-deficit-is-a-limited-time-offer>.

4. Les auditions des commissions sont souvent retransmises en direct sur C-SPAN 3. Voir Jason Furman, « Options to Close the Long-Run Fiscal Gap », témoignage

devant la commission budgétaire du Sénat des États-Unis, 31 janvier 2007, <www.brookings.edu/wp-content/uploads/2016/06/furman20070131S-1.pdf>.

5. Les économistes keynésiens soutiendront souvent qu'il existe un contexte particulier dans lequel l'éviction ne se produit pas. C'est une situation – souvent appelée « trappe à liquidités » – où la hausse des déficits ne fait pas monter les taux d'intérêt parce que ces taux sont bloqués à zéro. Dans ces conditions, l'État peut accroître en toute sécurité le déficit sans avoir à craindre qu'une hausse des taux d'intérêt n'évince l'investissement privé (puisque ces taux sont bloqués à zéro). Cela donne aux pouvoirs publics une fenêtre d'opportunité pour dépenser beaucoup sans avoir à subir d'effets secondaires négatifs. Dès l'instant où les taux d'intérêt se débloquent, l'éviction se remet aussitôt à jouer. Comme nous le verrons, la TMM rejette l'idée selon laquelle l'éviction ne peut être évitée que dans des circonstances très inhabituelles.

6. Jonathan Schlefer, « Embracing Wynne Godley, an Economist Who Modeled the Crisis », *New York Times*, 10 septembre 2013, <www.nytimes.com/2013/09/11/business/economy/economists-embracing-ideas-of-wynne-godley-late-colleague-who-predicted-recession.html>.

7. *Ibid.*

8. Comité de rédaction du *Post*, « Locking in a Future of Trillion-Dollar Deficits », *New York Post*, 23 juillet 2019, <nypost.com/2019/07/23/locking-in-a-future-of-trillion-dollar-deficits>.

9. Wynne Godley, *Seven Unsustainable Processes*, Annandale-on-Hudson, NY, Jerome Levy Economics Institute, 1999, <www.levyinstitute.org/pubs/sevenproc.pdf>.

10. « Life After Debt », seconde rédaction interagence, 2 novembre 2000, <media.npr.org/assets/img/2011/10/20/LifeAfterDebt.pdf>.

11. Godley a coécrit certains de ses travaux avec le chercheur L. Randall Wray, lui aussi économiste au Levy Institute. Les deux hommes avaient compris que les excédents de Clinton n'étaient possibles qu'à une condition : aussi longtemps que le secteur privé intérieur continuait à dépenser plus que son revenu (autrement dit, à effectuer une dépense de déficit). Le problème, ont-ils expliqué, est que le secteur privé est un utilisateur de monnaie, pas un émetteur. Il ne peut donc pas rester en déficit éternellement. Un autre économiste qui avait tout compris, James K. Galbraith, raconte une histoire incroyable où ses collègues lui rient au nez quand il ose suggérer que les excédents de Clinton ne sont pas un exploit à fêter au champagne.

12. Katie Warren, « One Brutal Sentence Captures What a Disaster Money in America Has Become », Business Insider, 23 mai 2019, <www.businessinsider.com/bottom-half-of-americans-negative-net-worth-2019-5>.

13. On pourrait être tenté de penser qu'un excédent de l'État est une forme d'épargne nationale. Pas du tout ! Souvenez-vous : l'Oncle Sam n'est pas comme nous. Il émet le dollar, et nous ne faisons que l'utiliser. Il peut dépenser des dollars qu'il n'a pas, et, quand il en prélève sur nos comptes, il ne s'enrichit pas pour autant, *lui*. L'État peut avoir un excédent budgétaire, comme il l'a fait de 1998 à 2001, mais qu'obtient-il au juste quand ce signe (+) apparaît ? La réponse réelle est : rien du tout.

Comme l'arbitre qui soustrait six points après avoir réexaminé un touchdown et déterminé que le receveur était hors zone, notre marqueur budgétaire nous soustrait quelque chose mais ne reçoit rien en retour. Du point de vue de l'émetteur de monnaie, un seau de dollars est à peu près aussi utile qu'un seau de points dans un match de foot. Politique mise à part, être en excédent aujourd'hui ne lui rend pas plus facile d'augmenter ses dépenses demain. [Dans le football américain, il y a touchdown quand un joueur réussit à faire entrer le ballon, même partiellement, dans la zone dite d'en-but, ou le lance à un receveur se trouvant dans cette zone. Le touchdown rapporte six points. – *NdT*.]

14. Une large part de la théorie macroéconomique standard continue à invoquer cette thèse des fonds prêtables pour expliquer le taux d'intérêt. John Maynard Keynes a mis beaucoup d'énergie à démolir ces idées dans son célèbre ouvrage *Théorie générale de l'emploi, de l'intérêt et de la monnaie*. Malheureusement, les vieilles thèses (erronées) sont encore très présentes près d'un siècle plus tard.

15. Scott Fullwiler, « CBO – Still Out of Paradigm After All These Years », New Economic Perspectives, 20 juillet 2014, <neweconomicperspectives.org /2014/07/ cbo-still-paradigm-years.html>.

16. Les actifs financiers nets comprennent la monnaie en circulation, les réserves de banque et les bons d'État en circulation.

17. Nous parlons ici des États qui opèrent avec une monnaie souveraine, tels les États-Unis, le Japon, le Royaume-Uni et l'Australie. Voir L. Randall Wray, « Keynes after 75 Years : Rethinking Money as a Public Monopoly », document de travail n° 658, Levy Economics Institute of Bard College, mars 2011, <www.levyinstitute.org/pubs/wp_658.pdf>.

18. Telle que nous l'avons définie dans l'Introduction.

19. Relisez le chapitre 1, où j'analyse le rôle des bons d'État dans la TMM, si vous avez besoin de vous rafraîchir les idées. Et si vous vous sentez particulièrement ambitieux, vous pouvez lire l'étude d'Eric Tymoigne, économiste favorable à la TMM, qui analyse en détail les opérations budgétaires et monétaires de l'État américain. Voir E. Tymoigne, « Government Monetary and Fiscal Operations : Generalising the Endogenous Money Approach », *Cambridge Journal of Economics*, vol. 40, n° 5, 2018, p. 1317-1332, <https://academic.oup.com/cje/ article-abstract/40/5/1317/1987653>.

20. Il pourrait, par exemple, donner à la Réserve fédérale le droit d'émettre des titres. Pour en savoir plus sur l'émission de titres par les banques centrales, voir Simon Gray et Runchana Pongsaparn, « Issuance of Central Bank Securities : International Experiences and Guidelines », document de travail du FMI, 2015, <www.imf.org/external/pubs/ft/wp/2015/wp15106.pdf> ; et Garreth Rule, *Centre for Central Banking Studies : Issuing Central Bank Securities*, Londres, Banque d'Angleterre, 2011, <www.bankofengland.co.uk/-/media/boe/files/ccbs/resources/ issuing-central-bank-securities>.

21. Leur statut spécial de *primary dealers* leur impose « d'enchérir au prorata dans toutes les ventes aux enchères du Trésor à des prix raisonnablement compétitifs ». Cela signifie que chacun d'eux doit soumettre des offres pour sa juste part de la

vente. Les *primary dealers* peuvent se montrer plus ou moins agressifs dans leurs enchères, mais ils ne peuvent pas décider de ne pas participer à une vente. Ils sont tenus d'offrir d'acheter une fraction de la dette à chaque vente aux enchères. Voir « Primary Dealers » (page web), Réserve fédérale de New York, <www.newyorkfed.org/markets/primarydealers>.

22. C'était le déficit mensuel réel en août 2019. Jeffry Bartash, « U.S. Budget Deficit in August Totals $200 Billion, on Track to Post Nearly $1 Trillion Gap in 2019 », MarketWatch, 12 septembre 2019, <www.marketwatch.com/story/budget-deficit-in-august-totals-200-billion-us-on-track-to-post-nearly-1-trillion-gap-in-2019-2019-09-12>.

23. En général, il y a à la fois des titres à court terme et à long terme. Les ventes aux enchères comprennent d'ordinaire : des billets du Trésor à court terme dont la maturité maximale est d'un an, les *T-bills* ; des bons du Trésor dont la maturité est de deux à dix ans, les *notes* ; et des bons du Trésor à trente ans, les *bonds*. Pour en savoir plus sur les ventes aux enchères et leur calendrier, voir « General Auction Timing » (page web), Treasury-Direct, <www.treasurydirect.gov/instit/auctfund/work/auctime/auctime.htm>.

24. Les *primary dealers* (ou les banques qui les représentent) achètent les titres de l'État en utilisant leur compte réserves, qui est fondamentalement leur « compte chèque » à la Réserve fédérale de New York.

25. Lorsqu'on détient des bons d'État à intérêt fixe, l'un des risques principaux est l'inflation. Si ces bons rapportent 2 % par an quoi qu'il arrive mais que les prix augmentent à un taux annuel stable de 2,5 %, le rendement de cet investissement en termes réels (ajustés pour tenir compte de l'inflation) est de moins 0,5 %. Le Trésor vend des « titres protégés contre l'inflation » (TIPS) pour les investisseurs qui veulent s'assurer contre la hausse des prix. Voir « Treasury Inflation-Protected Securities (TIPS) » (page web), TreasuryDirect, <www.treasurydirect.gov/instit/marketables/tips/tips.htm>.

26. Stephanie Kelton, « Former Dept. Secretary of the U.S. Treasury Says Critics of MMT are "Reaching" », New Economic Perspectives, 30 octobre 2013, <neweconomicperspectives.org/2013/10/former-dept-secretary-u-s-treasury-says-critics-mmt-reaching.html>.

27. Avec l'accord Trésor-Réserve fédérale de 1951, la Fed a été autorisée à ne plus cibler la courbe des rendements au-delà de la maturité la plus courte. Cela faisait longtemps qu'elle souhaitait laisser aux marchés les taux d'intérêt des bons du Trésor (autres qu'à très court terme), et elle pouvait enfin le faire. Mais il s'est avéré que, pour avoir un marché privé efficace des bons du Trésor, il fallait des établissements financiers privés pour les négocier. C'est à cette fin que la Fed a conçu un système de *primary dealers*, d'acheteurs-vendeurs sur le marché primaire : ils étaient et sont toujours, pour la plupart, des filiales des grandes banques. Les *primary dealers* sont devenus les contreparties de la Fed dans les opérations qu'elle effectue pour atteindre sa cible de taux d'intérêt à court terme – désormais son taux directeur officiel, la variable qu'elle détermine. Dans ces opérations, la Fed ajoute des dollars verts au système bancaire en achetant des bons du Trésor – des dollars jaunes – aux *dealers*. Pour

gérer sa politique monétaire, il est clair que la Fed a besoin d'un système efficace et stable de *primary dealers*. Fondamentalement, pour agir ainsi – pour laisser aux marchés les taux des bons du Trésor et mener aussi sa propre politique monétaire en même temps –, la Fed devait, au strict minimum, garantir implicitement aux *dealers* qu'ils pourraient financer leurs achats de bons du Trésor à son taux d'intérêt cible ou tout près de ce taux. C'est ce que l'on entend lorsqu'on dit que la Fed « soutient » les *primary dealers*, qui à leur tour « font le marché » pour le compte du Trésor des États-Unis.

28. Le taux des fonds fédéraux (*federal funds rate*) est le taux d'intérêt que se facturent les banques pour s'emprunter entre elles des réserves sur le marché à un jour. Une banque qui a des réserves qu'elle ne souhaite pas détenir peut les prêter à une autre banque. C'est un prêt à un jour, donc la banque qui prête les réserves les récupère – avec un intérêt – le lendemain. Pour plus de détails, voir Scott Full wiler, « Modern Central Bank Operations – The General Principles », chap. 2 *in* Louis-Philippe Rochon et Sergio Rossi (éd.), *Advances in Endogenous Money Analysis*, Cheltenham, G.-B., Edward Elgar, 2017, p. 50-87.

29. Il existe deux moyens fondamentaux de soutenir des taux positifs : 1) drainer les réserves excédentaires en vendant des bons du Trésor, ou 2) payer des intérêts sur les réserves (*interest on reserves*, IOR) au taux cible de la Réserve fédérale. Pour une explication détaillée, voir Scott T. Fullwiler, « Setting Interest Rates in the Modern Money Era », document de travail n° 34, Wartburg College et Center for Full Employment and Price Stability, 1er juillet 2004, <papers.ssrn.com/sol3/papers.cfm?abstract_id=1723591>.

30. L. Randall Wray, « Deficits, Inflation, and Monetary Policy », *Journal of Post Keynesian Economics*, vol. 19, n° 4, été 1997, p. 543.

31. La courbe des rendements est une courbe (ou un graphique) qui indique les taux d'intérêt de divers instruments de dette à travers une gamme de maturités.

32. Rappelons la définition de la souveraineté monétaire donnée dans l'Introduction : les pays qui en jouissent sont ceux qui taxent, empruntent et dépensent dans une monnaie qui n'est liée à rien, c'est-à-dire à taux de change flottant, et qui ne peut être émise que par l'État ou par ses agents budgétaires.

33. Aujourd'hui, la procédure opérationnelle standard consiste à coordonner les dépenses de déficit avec des ventes de bons du Trésor. Elle n'a rien d'indispensable. Le Congrès pourrait à tout moment récrire ses procédures pour changer cette pratique, surtout maintenant que la Réserve fédérale n'a plus besoin d'avoir accès aux bons d'État pour atteindre sa cible de taux d'intérêt à court terme. Une autre solution, technique mais vraiment innovante, serait que la Réserve fédérale établisse les taux qu'elle est prête à payer pour les billets à court ou à long terme, les dépôts à terme ou les bons, et laisse le secteur privé en acheter autant qu'il veut – le reste du déficit gardant la forme de réserves ne rapportant pas d'intérêt.

34. Dan McCrum, « Mario Draghi's 'Whatever It Takes' Outcome in 3 Charts », *Financial Times* (Londres), 25 juillet 2017, <www.ft.com/content/82c95514-707d-11e7-93ff-99f383b09ff9>.

35. Warren Mosler et Mathew Forstater, « The Natural Rate of Interest Is Zero », Center for Full Employment and Price Stability, Université du Missouri à Kansas City, décembre 2004, <www.cfeps.org/pubs/wp-pdf/WP37-MoslerForstater.pdf>.

36. *Ibid.*

37. Timothy P. Sharpe, « A Modern Money Perspective on Financial Crowding-out », *Review of Political Economy*, vol. 25, n° 4, 2013, p. 586-606.

38. William Vickrey, « Fifteen Fatal Fallacies », chap. 15 *in* Aaron W. Warner, Mathew Forstater et Sumner M. Rosen (éd.), *Commitment to Full Employment: Macroeconomics and Social Policy in Memory of William S. Vickrey*, Londres, Routledge, 2015 ; 1re éd., M. E. Sharpe, 2000.

Notes du chapitre 5

1. Fox News, « Transcript of the 2015 GOP Debate », Cleveland, Ohio, 7 août 2015, site web CBS News, <www.cbsnews.com/news/transcript-of-the-2015-gop-debate-9-pm>.

2. Aimee Picchi, « Fact Check : Is Trump Right that the U.S. Loses $500 Billion in Trade to China ? », CBS News, 6 mai 2019, <www.cbsnews.com/news/trump-china-trade-deal-causes-us-to-lose-500-billion-claim-review>.

3. Action News, « President Trump Visits Shell Cracker Plant in Beaver County », Pittsburgh's Action News, 13 août 2019, <www.wtae.com/article/president-trump-shell-cracker-plant-beaver-county-pennsylvania/28689728#>.

4. Ginger Adams Otis, « Clinton-Backing AFL-CIO Boss Trumka Visits President-elect Trump on Friday », *New York Daily News*, 13 janvier 2017, <www.nydailynews.com/news/national/clinton-backing-afl-cio-boss-trumka-talks-trade-trump-article-1.2945620>.

5. Robert E. Scott et Zane Mokhiber, « The China Toll Deepens », Economic Policy Institute, 23 octobre 2018, <www.epi.org/publication/the-china-toll-deepens-growth-in-the-bilateral-trade-deficit-between-2001-and-2017-cost-3-4-million-u-s-jobs-with-losses-in-every-state-and-congressional-district>.

6. Mark Hensch, « Dems Selling 'America Is Already Great' Hat », *The Hill*, 9 octobre 2015, <thehill.com/blogs/blog-briefing-room/news/256571-dems-selling-america-is-already-great-hat>.

7. Jim Geraghty, « Chuck Schumer : Democrats Will Lose Blue-Collar Whites but Gain in the Suburbs », *National Review*, 28 juillet 2016, <www.nationalreview.com/corner/chuck-schumer-democrats-will-lose-blue-collar-whites-gain-suburbs>.

8. Wynne Godley, « What If They Start Saving Again ? Wynne Godley on the US Economy », *London Review of Books*, vol. 22, n° 13, 6 juillet 2000, <www.lrb.co.uk/v22/n13/wynne-godley/what-if-they-start-saving-again>.

9. À strictement parler, le déficit de l'Oncle Sam doit dépasser le déficit des comptes courants (pas seulement le déficit commercial) pour maintenir le secteur privé américain en excédent. La balance des comptes courants est la balance commerciale plus certains autres paiements internationaux. Les deux expressions

sont souvent utilisées de façon interchangeable, mais les différences peuvent être importantes dans certains pays. Pour plus de détails sur ce point, voir William Mitchell, L. Randall Wray et Martin Watts, *Macroeconomics*, Londres, Red Globe Press, 2019.

10. L'État américain peut aussi ajouter directement des dollars au seau étranger. S'il achète des avions au constructeur européen Airbus au lieu de les acheter à la société américaine Boeing, par exemple, cette dépense publique ajoutera des dollars au seau du secteur étranger et non à celui du secteur privé américain.

11. Donald J. Trump, tweet, 2 décembre 2019, <twitter.com/realDonaldTrump/status/1201455858636472320?s=20>.

12. Mamta Badkar, « Watch How Germany Ate Everyone Else's Lunch After the Euro Was Created », *Business Insider*, 18 juillet 2012, <https://www.businessinsider.com/presentation-german-current-account-balance-2012-7>.

13. Pavlina R. Tcherneva, « Unemployment : The Silent Epidemic », document de travail n° 895, Levy Economics Institute of Bard College, août 2017, <www.levyinstitute.org/pubs/wp_895.pdf>.

14. Département du Travail, « Trade Adjustment Assistance for Workers » (page web), <www.doleta.gov/tradeact>.

15. Candy Woodall, « Harley-Davidson Workers Say Plant Closure after Tax Cut Is Like a Bad Dream », *USA Today*, 27 mai 2018, mis à jour le 28 mai 2018, <www.usatoday.com/story/money/nation-now/2018/05/27/harley-davidson-layoffs/647199002>.

16. Commission sur le travail décent dans les chaînes d'approvisionnement mondiales, « Résolution et conclusions soumises pour adoption par la conférence », Conférence internationale du Travail, OIT, 105e session, Genève, mai-juin 2016, <www.ilo.org/wcmsp5/groups/public/---ed_norm/---relconf/documents/meetingdocument/wcms_489120.pdf>.

17. Bureau de l'historien, « Nixon and the End of the Bretton Woods System, 1971-1973 », Jalons : 1969-1976, <history.state.gov/milestones/1969-1976/nixon-shock>.

18. Kimberly Amadeo, « Why the US Dollar Is the Global Currency », The Balance, 13 décembre 2019, <www.thebalance.com/world-currency-3305931>.

19. Brian Reinbold et Yi Wen, « Understanding the Roots of the U.S. Trade Deficit », Réserve fédérale de Saint-Louis, 16 août 2019, <medium.com/st-louis-fed/understanding-the-roots-of-the-u-s-trade-deficit-534b5cb0e0dd>.

20. L. Randall Wray, « Does America Need Global Savings to Finance Its Fiscal and Trade Deficits ? », *American Affairs*, vol. 3, n° 1, printemps 2019, <americanaffairsjournal.org/2019/02/does-america-need-global-savings-to-finance-its-fiscal-and-trade-deficits>.

21. L. Randall Wray, « Twin Deficits and Sustainability », Note de politique, Levy Economics Institute of Bard College, mars 2006, <www.levyinstitute.org/pubs/pn_3_06.pdf>.

22. La crise financière asiatique de 1997, notamment, a appris au monde qu'il est peu judicieux pour un pays de fixer son taux de change s'il ne peut pas maintenir

un stock de réserves, en particulier en l'absence de contrôle des mouvements de capitaux. Voir L.R. Wray, « Twin Deficits and Sustainability », art. cité.

23. Scott Ferguson, Maxximilian Seijo et William Saas, « The New Postcolonial Economics with Fadhel Kaboub », MR Online, 7 juillet 2018, <mronline.org/2018/07/07/the-new-postcolonial-economics-with-fadhel-kaboub>.

24. Noureddine Taboubi, « Strikes Overturn Wage Cuts, but IMF Blindness Risks Ruining Tunisia », Bretton Woods Project, 4 avril 2019, <www.brettonwoodsproject.org/2019/04/strikes-overturn-wage-bill-but-imf-blindness-risks-ruining-tunisia>.

25. John T. Harvey, *Currencies, Capital Flows and Crises : A Post Keynesian Analysis of Exchange Rate Determination*, Abingdon, G.-B., Routledge, 2009.

26. Bill Mitchell, « Modern Monetary Theory in an Open Economy », Modern Monetary Theory, 13 octobre 2009, <bilbo.economicoutlook.net/blog/?p=5402>.

27. Comme on pouvait s'y attendre, le choc Volcker a aussi porté un coup dévastateur aux travailleurs américains : il a fermé les usines du Midwest et mis fin à la compétitivité industrielle américaine face à des pays comme le Japon. Si les États-Unis avaient instauré une politique de garantie de l'emploi pour stabiliser automatiquement l'économie au plein emploi – comme nous, qui nous réclamons de la TMM, et nos prédécesseurs l'aurions recommandé, et comme de nombreux militants américains des droits civiques l'ont *effectivement* recommandé à l'époque –, peut-être les peuples du monde auraient-ils pu éviter cette catastrophe.

28. Jamee K. Moudud, « Free Trade Free for All : Market Romanticism versus Reality », Law and Political Economy (blog), 26 mars 2018, <lpeblog.org/2018/03/26/free-trade-for-all-market-romanticism-versus-reality/#more-620>.

29. C'est ce qui s'est passé en Turquie en 2018. Ayant décidé de s'appuyer sur l'emprunt étranger – et sur les déficits budgétaires qui l'accompagnaient –, ce pays a eu un énorme problème quand les pays de l'Atlantique Nord se sont mis à relever les taux d'intérêt. Julius Probst, « Explainer : Why Some Current Account Imbalances Are Fine but Others Are Catastrophic », *The Conversation*, 21 août 2018, <theconversation.com/explainer-why-some-current-account-imbalances-are-fine-but-others-are-catastrophic-101851>.

30. Souvent, cela signifiait importer des produits quasi finis et se contenter d'achever le processus de fabrication. Kaboub et d'autres économistes parlent dans ce cas de « contenu à faible valeur ajoutée ». Voir Scott Ferguson et Maxximilian Seijo, « The New Postcolonial Economics with Fadhel Kaboub », *Money on the Left* (podcast), Buzzsprout, 7 juillet 2018, 1:14:25, transcription d'interview, <www.buzzsprout.com/172776/745220>.

31. James K. Galbraith, *L'État prédateur. Comment la droite a abandonné le marché libre et pourquoi la gauche devrait en faire autant*, trad. fr. de Françoise et Paul Chemla, Paris, Éd. du Seuil, 2009.

32. Dean Baker aime bien souligner que, quoi qu'en dise Trump dans ses fulminations, « General Electric, Boeing, Walmart et autres n'ont rien perdu à notre déficit commercial avec la Chine. Ce déficit commercial, en fait, résulte de leurs efforts pour accroître leurs profits ». Voir Dean Baker, « Media Go Trumpian on Trade », Beat the Press, CEPR, 24 août 2019, <cepr.net/media-go-trumpian-on-trade>.

33. B. Mitchell, « Modern Monetary Theory », art. cité.

34. Pavlina R. Tcherneva et L. Randall Wray, « Employer of Last Resort Program : A Case Study of Argentina's *Jefes de Hogar* Program », document de travail n° 41, CFEPS, avril 2005, <www.cfeps.org/pubs/wp-pdf/WP41-Tcherneva-Wray-all.pdf>.

35. Pavlina R. Tcherneva, « A Global Marshall Plan for Joblessness ? » (blog), Institute for New Economic Thinking, 11 mai 2016, <www.ineteconomics.org/perspectives/blog/a-global-marshall-plan-for-joblessness>.

36. « Emploi et questions sociales dans le monde 2017 – Entreprises et emplois durables : des entreprises formelles et un travail décent », rapport de l'Organisation internationale du travail, 9 octobre 2017, <https://www.ilo.org/global/publications/books/WCMS_627000/lang--fr/index.htm>

37. « Mexico Trade Surplus with the US Reach Record High US$81.5 Billion in 2018 », *MexicoNow*, 8 mars 2019, <mexico-now.com/index.php/article/5232-mexico-trade-surplus-with-the-us-reach-record-high-us-81-5-billion-in-2018>.

38. Jeff Faux, « NAFTA's Impact on U.S. Workers », Working Economics (blog), Economic Policy Institute, 9 décembre 2013, <www.epi.org/blog/naftas-impact-workers>.

39. Bill Mitchell, « Bad Luck if You Are Poor ! », Modern Monetary Theory, 25 juin 2009, <bilbo.economicoutlook.net/blog/?p=3064>.

Notes du chapitre 6

1. Sénat des États-Unis, « Glossary Term : Entitlement » (page web), <www.senate.gov/reference/glossary_term/entitlement.htm>.

2. Bureau de la politique de la retraite et de l'invalidité de la Social Security, « Beneficiaries in Current-Payment Status », *Annual Statistical Report on the Social Security Disability Insurance Program, 2018*, Administration de la Social Security, publié en octobre 2019, <www.ssa.gov/policy/docs/statcomps/di_asr/2018/sect01.html>.

3. Richard R. J. Eskow, animateur, *The Zero Hour with RJ Eskow*, « Shaun Castle on Social Security and Paralyzed Veterans of America », YouTube, 22 avril 2019, 18:46, <www.youtube.com/watch?v=avPbNku5Qoc&feature=youtu.be>.

4. PVA, « Paralyzed Veterans of America Urges Preserving and Strengthening Social Security During Hearing on Capitol Hill », Paralyzed Veterans of America, 10 avril 2019, <pva.org/about-us/news-and-media-center/recent-news/paralyzed-veterans-of-america-urges-preserving-and>.

5. Confronting Poverty, « About the Project » (page web), <confrontingpoverty.org/about>.

6. Matt DeLong, « Groups Call for Alan Simpson's Resignation over 'Sexist' Letter », *Washington Post*, 25 août 2010, <voices.washingtonpost.com/44/2010/08/group-calls-for-debt-commissio.html>.

7. « The Insatiable Glutton », dans le magazine *Puck*, 20 décembre 1882, mentionné *in* James Marten, « Those Who Have Borne the Battle : Civil War Veterans, Pension Advocacy, and Politics », *Marquette Law Review*, vol. 93, n° 4, été 2010, p. 1410, <scholarship.law.marquette.edu/cgi/viewcontent.cgi?article=5026&context=mulr>.

8. EconEdLink, Ressource 6, « Social Security : Visualizing the Debate », Histoire des États-Unis, Leçon 3.1, *in* « The History of Social Security », in *Understanding Fiscal Responsibility*, ressources en économie et en finances personnelles pour les élèves du primaire et du secondaire, <www.econedlink.org/wp-content/uploads/legacy/1311_Social%20Security%206.pdf>.

9. Nancy J. Altman, *The Truth About Social Security : The Founders' Words Refute Revisionist History, Zombie Lies, and Common Misunderstandings*, Washington, DC, Strong Arm Press, 2018.

10. Voir, par exemple, « Polling Memo : Americans' Views on Social Security », Social Security Works, mars 2019, <socialsecurityworks.org/2019/03/26/social-security-polling>.

11. Franklin D. Roosevelt, « President Franklin Roosevelt's 1943 State of the Union Address », 7 janvier 1943, Histoire, art & archives, Chambre des représentants, <history.house.gov/Collection/Listing/PA2011/PA2011-07-0020/>.

12. N.J. Altman, *The Truth About Social Security*, *op. cit.*, p. 7.

13. *Ibid.*

14. Conseils des administrateurs des fonds fiduciaires fédéraux de l'OASI et de la DI, « Letter of Transmittal », Washington, DC, 22 avril 2019, <www.ssa.gov/OACT/TR/2019/tr2019.pdf>.

15. Marc Goldwein, « Social Security Is Approaching Crisis Territory », *The Hill*, 29 avril 2019, <thehill.com/opinion/finance/441125-social-security-is-approaching-crisis-territory#.XMdbf0dTNXs>.

16. Administration de la Social Security, *Summary of Provision That Would Change the Social Security Program*, Bureau de l'actuaire en chef, SSA, 30 décembre 2019, <www.ssa.gov/OACT/solvency/provisions/summary.pdf>.

17. Laurence Kotlikoff, « Social Security Just Ran a $9 Trillion Deficit, and Nobody Noticed », *The Hill*, 14 mai 2019, <thehill.com/opinion/finance/443465-social-security-just-ran-a-9-trillion-deficit-and-nobody-noticed>.

18. NCPSSM, « Raising the Social Security Retirement Age : A Cut in Benefits for Future Retirees », National Committee to Preserve Social Security & Medicare, 30 octobre 2018, <www.ncpssm.org/documents/social-security-policy-papers/raising-the-social-security-retirement-age-a-cut-in-benefits-for-future-retirees>.

19. Steven M. Gillon, *The Pact : Bill Clinton, Newt Gingrich, and the Rivalry That Defined a Generation*, New York, Oxford University Press, 2008.

20. Stephanie A. Kelton, « Entitled to Nothing : Why Americans Should Just Say 'No' to Personal Accounts », document de travail n° 40, Center for Full Employment and Price Stability, Université du Missouri à Kansas City, avril 2005, <www.cfeps.org/pubs/wp-pdf/WP40-Bell.pdf>.

21. Nicole Woo et Alan Barber, «The Chained CPI : A Painful Cut in Social Security Benefits», Center for Economic and Policy Research, 2012, <cepr.net/documents/publications/cpi-2012-12.pdf>.

22. Dean Baker, «Statement on Using the Chained CPI for Social Security Cost of Living Adjustments», Center for Economic and Policy Research, 8 juillet 2011, <cepr.net/press-release/statement-on-using-the-chained-cpi-for-social-security-cost-of-living-adjustments>.

23. «Consumer Price Index for the elderly», Bureau des statistiques du travail, Département du Travail des États-Unis, mars 2012.

24. Rapport 2011 des administrateurs de l'OASDI, Tableau V.C3 : Changements introduits par la loi dans l'âge normal de la retraite et surcotes en cas de retraite différée, pour les personnes atteignant l'âge de soixante-deux ans en 1986 et à chacune des années suivantes, <www.socialsecurity.gov/OACT/TR/2011/V_C_prog.html#180548>. Voir aussi Bureau des statistiques du travail, «TED : The Economics Daily», Indice des prix à la consommation des personnes âgées, 2 mars 2012, <www.bls.gov/opub/ted/2012/ted_20120302.htm>.

25. D. Rosnick et D. Baker, «The Impact on Inequality of Raising the Social Security Retirement Age», Center for Economic and Policy Research, avril 2012, <cepr.net/report/the-impact-on-inequality-of-raising-the-social-security-retirement-age>.

26. Conseils des administrateurs de la Social Security et de Medicare, «A Summary of the 2019 Annual Reports : A Message to the Public», Administration de la Social Security, <www.ssa.gov/oact/trsum>.

27. *Ibid.*

28. Transamerica Center for Retirement Studies, *18th Annual Transamerica Retirement Survey : A Compendium of Findings About American Workers*, Transamerica Institute, juin 2018, <www.transamericacenter.org/docs/default-source/retirement-survey-of-workers/tcrs2018_sr_18th_annual_worker_compendium.pdf>.

29. Peter Whoriskey, «'I Hope I Can Quit Working in a Few Years' : A Preview of the U.S. Without Pensions», *Washington Post*, 23 décembre 2017, <www.washingtonpost.com/business/economy/i-hope-i-can-quit-working-in-a-few-years-a-preview-of-the-us-without-pensions/2017/12/22/5cc9fdf6-cf09-11e7-81bc-c55a220c8cbe_story.html>.

30. Teresa Ghilarducci, Michael Papadopoulos et Anthony Webb, «40 % of Older Workers and Their Spouses Will Experience Downward Mobility», Note de politique, Schwartz Center for Economic Policy Analysis, The New School, 2018, <www.economicpolicyresearch.org/resource-library/research/downward-mobility-in-retirement>.

31. Alica H. Munnell, Kelly Haverstick et Mauricio Soto, «Why Have Defined Benefit Plans Survived in the Public Sector ? », Notes, Center for Retirement Research, Boston College, décembre 2007, <crr.bc.edu/briefs/why-have-defined-benefit-plans-survived-in-the-public-sector>.

32. Monique Morrissey, «The State of American Retirement : How 401(k)s Have Failed Most American Workers», Economic Policy Institute, 3 mars 2016, <www.epi.org/publication/retirement-in-america>.

33. Kathleen Romig, « Social Security Lifts More Americans Above Poverty Than Any Other Program », Center on Budget and Policy Priorities, <www.cbpp.org/research/social-security/social-security-lifts-more-americans-above-poverty-than-any-other-program>.

34. T. Skocpol, « America's First Social Security System : The Expansion of Benefits for Civil War Veterans », *Political Science Quarterly*, vol. 108, n° 1, 1993, p. 85-116.

35. « Oldest Civil War Pensioner Gets $73 a Month from VA », *Florida Today*, août 2017, <www.floridatoday.com/story/news/2017/08/24/one-n-c-woman-still-receiving-civil-war-pension/594982001>.

36. Juan Williams, *Muzzled : The Assault on Honest Debate*, New York, Broadway, 2011.

37. John Light, « Déjà Vu : A Look Back at Some of the Tirades Against Social Security and Medicare », Moyers, 1er octobre 2013, mis à jour le 14 août 2014, <billmoyers.com/content/deja-vu-all-over-a-look-back-at-some-of-the-tirades-against-social-security-and-medicare/4>.

38. John Nichols, *The "S" Word : A Short History of an American Tradition… Socialism*, Londres, Verso, 2012.

39. Sarah Kliff, « When Medicare Was Launched, Nobody Had Any Clue Whether It Would Work », *Washington Post*, 17 mai 2013, <www.washingtonpost.com/news/wonk/wp/2013/05/17/when-medicare-launched-nobody-had-any-clue-whether-it-would-work>.

40. Bryan R. Lawrence, « The Illusion of Health-Care 'Trust Funds' », *Washington Post*, 18 octobre 2012, <www.washingtonpost.com/opinions/the-illusion-of-health-care-trust-funds/2012/10/18/844047d8-1897-11e2-9855-71f2b202721b_story.html>.

41. Gail Wilensky, « Medicare and Medicaid Are Unsustainable Without Quick Action », *New York Times*, 11 janvier 2016, <www.nytimes.com/roomfordebate/2015/07/30/the-next-50-years-for-medicare-and-medicaid/medicare-and-medicaid-are-unsustainable-without-quick-action>.

42. Philip Moeller, « Medicare and Social Security Stay on Unsustainable Financial Paths, Reports Show », PBS News Hour, 22 avril 2019, <www.pbs.org/newshour/health/medicare-and-social-security-stay-on-unsustainable-financial-paths-reports-show>.

43. Diana Furchtgott-Roth, « Medicare Is Unsustainable in Current Form », MarketWatch, 6 décembre 2012, <www.marketwatch.com/story/medicare-is-unsustainable-in-current-form-2012-12-06>.

44. Janet Adamy et Paul Overberg, « Growth in Retiring Baby Boomers Strains US Entitlement Programs », *Wall Street Journal*, 21 juin 2018, <www.wsj.com/articles/retiring-baby-boomers-leave-the-u-s-with-fewer-workers-to-support-the-elderly-1529553660>.

45. *Ibid.*

46. Lenny Bernstein, « US Life Expectancy Declines Again, a Dismal Trend Not Seen Since World War I », *Washington Post*, WP Company, 29 novembre 2018,

<www.washingtonpost.com/national/health-science/us-life-expectancy-declines-again-a-dismal-trend-not-seen-since-world-war-i/2018/11/28/ae58bc8c-f28c-11e8-bc79-68604ed88993_story.html>.

47. Raj Chetty, Michael Stepner, Sarah Abraham, Shelby Lin, Benjamin Scuderi, Nicholas Turner, Augustin Bergeron et David Cutler, « The Association Between Income and Life Expectancy in the United States, 2001-2014 », *Journal of the American Medical Association*, vol. 315, n° 16, avril 2016, p. 1750-1766, <jamanetwork.com/journals/jama/article-abstract/2513561>.

48. Hendrik Hertzberg, « Senses of Entitlement », *The New Yorker*, 1er avril 2013, <www.newyorker.com/magazine/2013/04/08/senses-of-entitlement>.

49. Richard R. J. Eskow, « 'Entitlement Reform' Is a Euphemism for Letting Old People Get Sick and Die », Huffpost, 25 février 2011, <www.huffpost.com/entry/entitlement-reform-is-a-e_b_828544>.

50. John Harwood, « Spending $1 Billion to Restore Fiscal Sanity », *New York Times*, 14 juillet 2008, <www.nytimes.com/2008/07/14/us/politics/14caucus.html>.

51. Lori Montgomery, « Presidential Commission to Address Rising National Debt », *Washington Post*, 27 avril 2010, <www.washingtonpost.com/wp-dyn/content/article/2010/04/26/AR2010042604189_pf.html>.

52. De 2009 à 2011, l'organisation America Speaks a reçu 4 048 073 dollars de la Fondation Peterson ; voir Center for Media Democracy, « America Speaks », SourceWatch, <www.sourcewatch.org/index.php/America_Speaks>.

53. Dan Eggen, « Many Deficit Commission Staffers Paid by Outside Groups », *Washington Post*, 10 novembre 2010, <www.washingtonpost.com/wp-dyn/content/article/2010/11/10/AR2010111006850.html>.

54. Peter G. Peterson, « Statement by Foundation Chairman Pete Peterson on Simpson-Bowles 'Bipartisan Path Forward to Securing America's Future' », Fondation Peter G. Peterson, 19 avril 2013, <www.pgpf.org/press-release/statement-by-foundation-chairman-pete-peterson-on-simpson-bowles-bipartisan-path-forward-to-securing-america%E2%80%99s-future>.

55. Voir, par exemple, Alan Simpson et Erskine Bowles, « A Moment of Truth for Our Country's Financial Future », *Washington Post*, 29 novembre 2017, <www.washingtonpost.com/opinions/a-moment-of-truth-for-our-countrys-financial-future/2017/11/29/22963ce6-d475-11e7-a986-d0a9770d9a3e_story.html> ; et Committee for a Responsible Federal Budget, « Bowles and Simpson Announce Campaign to Fix the Debt on CNBC's Squawkbox », The Bottom Line (blog), 12 juillet 2012, <www.crfb.org/blogs/bowles-and-simpson-announce-campaign-fix-debt-cnbcs-squawkbox>.

56. Fondation Peter G. Peterson, « Peterson Foundation to Convene 3rd Annual Fiscal Summit in Washington on May 15th » (communiqué de presse), 8 mai 2012, <www.pgpf.org/event/peterson-foundation-to-convene-3rd-annual-fiscal-summit-in-washington-on-may-15th>.

57. Michael Hiltzik, « '60 Minutes' Shameful Attack on the Disabled », *Los Angeles Times*, 7 octobre 2013, <www.latimes.com/business/hiltzik/la-xpm-2013-oct-07-la-fi-mh-disabled-20131007-story.html>.

58. Représentante Susan Wild, « Rep. Wild Secures Funding for Social Security Administration to Address Wait Times in House-Passed Government Funding » (communiqué de presse), 19 juin 2019, <wild.house.gov/media/press-releases/rep-wild-secures-funding-social-security-administration-address-wait-times>.

59. H. Luke Shaefer et Kathryn Edin, « Extreme Poverty in the United States, 1996 to 2011 », Note de politique n° 28, National Poverty Center, février 2012, <npc.umich.edu/publications/policy_briefs/brief28/policybrief28.pdf>.

60. Eduardo Porter, « The Myth of Welfare's Corrupting Influence on the Poor », *New York Times*, 20 octobre 2015, <www.nytimes.com/2015/10/21/business/the-myth-of-welfares-corrupting-influence-on-the-poor.html>.

61. Kyodo, Bloomberg, reportage de la rédaction, « Japan's Pension System Inadequate in Aging Society, Council Warns », *Japan Times*, 4 juin 2019, <www.japantimes.co.jp/news/2019/06/04/business/financial-markets/japans-pension-system-inadequate-aging-society-council-warns/#.XjQe1pNKjBI>.

62. Alan Greenspan, « There is nothing to prevent government from creating as much money as it wants », Commission budgétaire de la Chambre des représentants, 2 mars 2005, posté par wonkmonk, YouTube, 24 mars 2014, 1:35, <www.youtube.com/watch?v=DNCZHAQnfGU>.

63. C-SPAN, 2005 greenspan ryan, 02:42, 2 mars 2005, <www.c-span.org/video/?c3886511/user-clip-2005-greenspan-ryan-024200>.

64. *Ibid.*

65. Robert Eisner, « Save Social Security from Its Saviors », *Journal of Post Keynesian Economics*, vol. 21, n° 1, 1998, p. 77-92.

66. *Ibid.*, p. 80.

67. Eisner n'était hostile à aucune de ces propositions de réforme, mais il les soutenait pour des raisons de justice sociale, et non parce qu'il les jugeait nécessaires pour aider à maintenir la solvabilité du système.

68. « Policy Basics : Where Do Our Federal Tax Dollars Go ? » Center on Budget and Policy Priorities, 29 janvier 2019, <https://www.cbpp.org/research/federal-budget/policy-basics-where-do-our-federal-tax-dollars-go>.

69. William E. Gibson, « Age 65+ Adults Are Projected to Outnumber Children by 2030 », AARP, 14 mars 2018, <www.aarp.org/home-family/friends-family/info-2018/census-baby-boomers-fd.html>.

Notes du chapitre 7

1. Rebecca Shabad, « Bernie Sanders Flips the Script with 'Deficits' Plan », *The Hill*, 26 janvier 2015, <thehill.com/policy/finance/230692-budget-ranking-member-lays-out-plan-to-eliminate-economic-deficits>.

2. Sabrina Tavernise, « With His Job Gone, an Autoworker Wonders, What Am I as a Man ? », *New York Times*, 27 mai 2019, <www.nytimes.com/2019/05/27/us/auto-worker-jobs-lost.html>.

3. Robert McCoppin et Lolly Bowean, « Getting By with the Minimum », *Chicago Tribune*, 2 février 2014, <www.chicagotribune.com/news/ct-xpm-2014-02-02-ct-minimum-wage-illinois-met-20140202-story.html>.

4. Matthew Boesler, « Almost 40 % of Americans Would Struggle to Cover a $400 Emergency », Bloomberg, 23 mai 2019, <www.bloomberg.com/news/articles/2019-05-23/almost-40-of-americans-would-struggle-to-cover-a-400-emergency>.

5. Suresh Naidu, Eric Posner et Glen Weyl, « More and More Companies Have Monopoly Power over Workers' Wages. That's Killing the Economy », Vox, 6 avril 2018, <www.vox.com/the-big-idea/2018/4/6/17204808/wages-employers-workers-monopsony-growth-stagnation-inequality>.

6. Economic Innovation Group, *The New Map of Economic Growth and Recovery*, mai 2016, <eig.org/wp-content/uploads/2016/05/recoverygrowthreport.pdf>.

7. Chris Arnade, *Dignity : Seeking Respect in Back Row America*, New York, Sentinel, 2019.

8. Nicky Woolf, « Over 50 and Once Successful, Jobless Americans Seek Support Groups to Help Where Congress Has Failed », *Guardian* (Manchester, G.-B.), 7 novembre 2014, <www.theguardian.com/money/2014/nov/07/long-term-unemployed-support-groups-congress>.

9. Jagdish Khubchandani et James H. Price, « Association of Job Insecurity with Health Risk Factors and Poorer Health in American Workers », *Journal of Community Health*, vol. 42, n° 2, avril 2017, p. 242-251.

10. David N. F. Bell et David G. Blanchflower, « Underemployment in the US and Europe », Département d'économie du Dartmouth College, 7 août 2018, <www.dartmouth.edu/~blnchflr/papers/revised%20%20europe%20Underemployment%20paper%20august%207th%202018.pdf>.

11. National Institute on Retirement Security, « New Report Finds Nation's Retirement Crisis Persists Despite Economic Recovery » (communiqué de presse), 17 septembre 2018, <www.nirsonline.org/2018/09/new-report-finds-nations-retirement-crisis-persists-despite-economic-recovery>.

12. Emmie Martin, « 67 % of Americans Say They'll Outlive Their Retirement Savings – Here's How Many Have Nothing Saved at All », Make It, CNBC, 14 mai 2018, <www.cnbc.com/2018/05/11/how-many-americans-have-no-retirement-savings.html>.

13. Sean Dennison, « 64 % of Americans Aren't Prepared for Retirement – and 48 % Don't Care », Yahoo Finance, 23 septembre 2019, <finance.yahoo.com/news/survey-finds-42-americans-retire-100701878.html>.

14. E. Martin, « 67 % of Americans Say They'll Outlive Their Retirement Savings – Here's How Many Have Nothing Saved at All », art. cité.

15. FRED, « Working Age Population : Aged 15-64 ; All Persons for the United States » (graphique), Réserve fédérale de Saint-Louis, mis à jour le 9 octobre 2019, <fred.stlouisfed.org/series/LFWA64TTUSM647S> ; National Institute on Retirement Security, « New Report Finds Nation's Retirement Crisis Persists Despite Economic Recovery », art. cité.

16. Alessandra Malito, « The Retirement Crisis Is Bad for Everyone – Especially These People », MarketWatch, 16 août 2019, <www.marketwatch.com/story/the-retirement-crisis-is-bad-for-everyone-especially-these-people-2019-04-12>.

17. National Institute on Retirement Security, « New Report Finds Nation's Retirement Crisis Persists Despite Economic Recovery », art. cité. Associated Press, « Nearly One-Quarter of Americans Say They'll Never Retire, According to a New Poll », CBS News, juillet 2019, <www.cbsnews.com/news/nearly-one-quarter-of-americans-say-theyll-never-retire-according-to-new-poll>.

18. AnnaMaria Andriotis, Ken Brown et Shane Shifflett, « Families Go Deep in Debt to Stay in the Middle Class », *Wall Street Journal*, 1er août 2019, <https://www.wsj.com/articles/families-go-deep-in-debt-to-stay-in-the-middle-class-11564673734>.

19. Sarah Jane Glynn, « Breadwinning Mothers are Increasingly the US Norm », Center for American Progress, 19 décembre 2016, <www.americanprogress.org/issues/women/reports/2016/12/19/295203/breadwinning-mothers-are-increasingly-the-u-s-norm>.

20. Steve Dubb, « Baltimore Confronts Enduring Racial Health Disparities », NonProfit Quarterly, 22 novembre 2017, <nonprofitquarterly.org/baltimore-confronts-enduring-racial-health-disparities>.

21. Gaby Galvin, « 87M Adults Were Uninsured or Underinsured in 2018, Survey Says », *U.S. News & World Report*, 7 février 2019, <www.usnews.com/news/healthiest-communities/articles/2019-02-07/lack-of-health-insurance-coverage-leads-people-to-avoid-seeking-care>.

22. Tami Luhby, « Is Obamacare Really Affordable ? Not for the Middle Class », CNN, 4 novembre 2016, <money.cnn.com/2016/11/04/news/economy/obamacare-affordable/index.html>.

23. M. Boesler, « Almost 40 % of Americans Would Struggle to Cover a $400 Emergency », art. cité.

24. Bob Herman, « Medical Costs Are Driving Millions of People into Poverty », Axios, septembre 2019, <www.axios.com/medical-expenses-poverty-deductibles-540e2c09-417a-4936-97aa-c241fd5396d2.html>.

25. Lorie Konish, « 137 million Americans Are Struggling with Medical Debt. Here's What to Know if You Need Some Relief », CNBC, 12 novembre 2019, <www.cnbc.com/2019/11/10/americans-are-drowning-in-medical-debt-what-to-know-if-you-need-help.html>.

26. Matt Bruenig, « How Many People will Obamacare and AHCA Kill ? » (blog), MattBruenigPolitics, <mattbruenig.com/2017/06/22/how-many-people-will-obamacare-and-ahca-kill>.

27. Catherine Rampell, « It Takes a B.A. to Find a Job as a File Clerk », *New York Times*, 19 février 2013, <www.nytimes.com/2013/02/20/business/college-degree-required-by-increasing-number-of-companies.html>.

28. Leslie Brody, « New York City Plans to Give More 3-Year-Olds Free Early Childhood Education », *Wall Street Journal*, 10 janvier 2019, <www.wsj.com/articles/new-york-city-plans-to-give-more-3-year-olds-free-early-childhood-education-11547165926?mod=article_inline>.

29. Département de l'Éducation des États-Unis, « Obama Administration Investments in Early Learning Have Led to Thousands More Children Enrolled in High-Quality Preschool », septembre 2016, <www.ed.gov/news/press-releases/obama-administration-investments-early-learning-have-led-thousands-more-children-enrolled-high-quality-preschool>.

30. Département de l'Éducation des États-Unis, « Every Student Succeeds Act (ESSA) », <www.ed.gov/essa>.

31. Timothy Williams, « Poor Schools Keep Getting Crushed in the Football. Is it Time to Level the Playing Field ? », *New York Times*, septembre 2019, <www.nytimes.com/2019/09/22/us/school-football-poverty.html>.

32. Emmie Martin, « Here's How Much More Expensive It Is for You to Go to College Than It Was for Your Parents », Make it, CNBC, novembre 2017, <https://www.cnbc.com/2017/11/29/how-much-college-tuition-has-increased-from-1988-to-2018.html>.

33. Demos, « African Americans, Student Debt, and Financial Security », 2016, <www.demos.org/sites/default/files/publications/African%20Americans%20and%20Student%20Debt%5B7%5D.pdf>.

34. Alexandre Tanzi, « U.S. Student-Loan Delinquencies Hit Record », Bloomberg Businessweek, 22 février 2019, <www.bloomberg.com/news/articles/2019-02-22/u-s-student-loan-delinquencies-hit-record>.

35. Elise Gould, « Higher Returns on Education Can't Explain Growing Wage Inequality », Economic Policy Institute, 15 mars 2019, <www.epi.org/blog/higher-returns-on-education-cant-explain-growing-wage-inequality>.

36. Scott Fullwiler, Stephanie Kelton, Catherine Ruetschlin et Marshall Steinbaum, *The Macroeconomic Effects of Student Debt Cancellation*, Levy Economics Institute of Bard College, février 2018, <www.levyinstitute.org/pubs/rpr_2_6.pdf>.

37. Patrick McGeehan, « Your Tales of La Guardia Airport Hell », *New York Times*, 29 août 2019, <www.nytimes.com/interactive/2019/08/29/nyregion/la-guardia-airport.html?smid=tw-nytimes&smtyp=cur>.

38. Irwin Redlener, « The Deadly Cost of Failing Infrastructure », *The Hill*, avril 2019, <thehill.com/opinion/energy-environment/437550-ignoring-warning-signs-made-historic-midwest-floods-more-dangerous>.

39. ASCE, « 2017 Infrastructure Report Card : Dams », Infrastructure Report Card, 2017, <www.infrastructurereportcard.org/wp-content/uploads/2017/01/Dams-Final.pdf>.

40. ASCE, Infrastructure Report Card, <www.infrastructurereportcard.org>.

41. Lauren Aratani, « 'Damage Has Been Done' : Newark Water Crisis Echoes Flint », *Guardian* (Manchester, G.-B.), août 2019, <www.theguardian.com/us-news/2019/aug/25/newark-lead-water-crisis-flint>.

42. Peter Gowan et Ryan Cooper, *Social Housing in the United States*, People's Policy Project, 2018, <www.peoplespolicyproject.org/wp-content/uploads/2018/04/SocialHousing.pdf>.

43. Richard « Skip » Bronson, « Homeless and Empty Homes – an American Travesty », Huffpost, 25 mai 2011, <www.huffpost.com/entry/post_733_b_692546>.

44. IPCC, *Global Warming of 1.5° C. Special Report*, United Nations Intergovernmental Panel on Climate Change, 2018, <www.ipcc.ch/sr15>. En français, on dispose d'un « résumé à l'intention des décideurs, résumé technique et foire aux questions » : GIEC, *Réchauffement planétaire de 1,5°C*, Groupe intergouvernemental sur l'évolution du climat, 2018 (téléchargeable sur la page <www.ipcc.ch/sr15/download>.

45. Nathan Hultman, « We're Almost Out of Time : The Alarming IPCC Climate Report and What to Do Next », Brookings Institution, 16 octobre 2018, <www.brookings.edu/opinions/were-almost-out-of-time-the-alarming-ipcc-climate-report-and-what-to-do-next>.

46. Umair Irfan, « Report : We Have Just 12 Years to Limit Devastating Global Warming », Vox, 8 octobre 2018, <www.vox.com/2018/10/8/17948832/climate-change-global-warming-un-ipcc-report>.

47. Brandon Miller et Jay Croft, « Planet Has Only Until 2030 to Stem Catastrophic Climate Change, Experts Warn », CNN, 8 octobre 2018, <www.cnn.com/2018/10/07/world/climate-change-new-ipcc-report-wxc/index.html>.

48. Union of Concerned Scientists, « Underwater : Rising Seas, Chronic Floods, and the Implications for US Coastal Real Estate », 18 juin 2018, <www.ucsusa.org/global-warming/global-warming-impacts/sea-level-rise-chronic-floods-and-us-coastal-real-estate-implications>.

49. Doyle Rice, « Hundreds Flee as Record Rainfall Swamps Northern California, but Thousands Refuse to Leave », *USA Today*, 27 février 2019, <www.usatoday.com/story/news/nation/2019/02/27/california-floods-hundreds-flee-their-homes-thousands-refuse/3004836002>.

50. Dana Goodyear, « Waking Up from the California Dream in the Age of Wildfires », *The New Yorker*, 11 novembre 2019, <www.newyorker.com/news/daily-comment/waking-up-from-the-california-dream>.

51. Umair Irfan, Eliza Barclay et Kavya Sukumar, « Weather 2050 », Vox, 19 juillet 2019, <www.vox.com/a/weather-climate-change-us-cities-global-warming>.

52. Sebastien Malo, « U.S. Faces Fresh Water Shortages Due to Climate Change, Research Says », Reuters, 28 février 2019, <www.reuters.com/article/us-usa-climatechange-water/u-s-faces-fresh-water-shortages-due-to-climate-change-research-says-idUSKCN1QI36L>.

53. Josie Garthwaite, « Stanford Researchers Explore the Effects of Climate Change on Water Shortages », Stanford News, 22 mars 2019, <news.stanford.edu/2019/03/22/effects-climate-change-water-shortages>.

54. Robin Meyer, « This Land Is the Only Land There Is », *The Atlantic*, 8 août 2019, <www.theatlantic.com/science/archive/2019/08/how-think-about-dire-new-ipcc-climate-report/595705>.

55. N. Hultman, « We're Almost Out of Time », art. cité.

56. Callum Roberts, « Our Seas Are Being Degraded, Fish Are Dying – but Humanity Is Threatened Too », *Guardian* (Manchester, G.-B.), 20 septembre 2015, <www.theguardian.com/environment/2015/sep/20/fish-are-dying-but-human-life-is-threatened-too>.

57. Damian Carrington, « Plummeting Insect Numbers 'Threaten Collapse of Nature' », *Guardian* (Manchester, G.-B.), 10 février 2019, <www.theguardian.com/environment/2019/feb/10/plummeting-insect-numbers-threaten-collapse-of-nature>.

58. Union of Concerned Scientists, « Vehicles, Air Pollution, and Human Health » (page web), 18 juillet 2014, <www.ucsusa.org/resources/vehicles-air-pollution-human-health>.

59. Drew Shindell, Greg Faluvegi, Karl Seltzer et Cary Shindell, « Quantified, Localized Health Benefits of Accelerated Carbon Dioxide Emissions Reductions », Nature Climate Change, 19 mars 2018, <www.nature.com/articles/s41558-018-0108-y>.

60. « Enquête économique et sociale mondiale 2016 : les inégalités accentuent les conséquences des aléas climatiques subis par les pauvres », Actualités, Nations unies, 3 octobre 2016, <www.un.org/development/desa/fr/news/policy/wess-2016.html>.

61. Kelsey Piper, « Is Climate Change an 'Existential Threat' – or Just a Catastrophic One ? », Vox, 28 juin 2019, <www.vox.com/future-perfect/2019/6/13/18660548/climate-change-human-civilization-existential-risk>.

62. Université d'Adelaïde, « IPCC Is Underselling Climate Change », Science Daily, 20 mars 2019, <www.sciencedaily.com/releases/2019/03/190320102010.htm>.

63. U. Irfan, « Report : We Have Just 12 Years to Limit Devastating Global Warming », art. cité.

64. David Roberts, « What Genuine, No-Bullshit Ambition on Climate Change Would Look Like », Vox, 8 octobre 2018, <www.vox.com/energy-and-environment/2018/5/7/17306008/climate-change-global-warming-scenarios-ambition>.

65. MCC, « That's How Fast the Carbon Clock Is Ticking », Mercator Research Institute on Global Commons and Climate Change, décembre 2018, <www.mcc-berlin.net/en/research/co2-budget.html>.

66. Kimberly Amadeo, « The US National Debt Clock and Its Warning », The Balance, 13 février 2019, <www.thebalance.com/u-s-national-debt-clock-definition-and-history-3306297>.

67. Forum économique mondial, *The Inclusive Development Index 2018 : Summary and Data Highlights*, Genève, Suisse, Forum économique mondial, 2018, <www3.weforum.org/docs/WEF_Forum_IncGrwth_2018.pdf>.

68. Quentin Fottrell, « Alone », MarketWatch, 10 octobre 2018, <www.marketwatch.com/story/america-has-a-big-loneliness-problem-2018-05-02>.

69. Children's Defense Fund, « Child Poverty » (page web), <www.childrensdefense.org/policy/policy-priorities/child-poverty>.

70. Sheri Marino, « The Effects of Poverty on Children », Focus for Health, 1er avril 2019, <www.focusforhealth.org/effects-poverty-on-children>.

71. Christopher Ingraham, « Wealth Concentration Returning to 'Levels Last Seen During the Roaring Twenties,' According to New Research », *Washington Post*, 8 février 2019, <www.washingtonpost.com/us-policy/2019/02/08/

wealth-concentration-returning-levels-last-seen-during-roaring-twenties-according-new-research>.

72. Sean McElwee, « The Income Gap at the Polls », *Politico Magazine*, 7 janvier 2015, <www.politico.com/magazine/story/2015/01/income-gap-at-the-polls-113997>.

73. Sabrina Tavernise, « Many in Milwaukee Neighborhood Didn't Vote – and Don't Regret It », *New York Times*, 20 novembre 2016, <www.nytimes.com/2016/11/21/us/many-in-milwaukee-neighborhood-didnt-vote-and-dont-regret-it.html>.

74. Jake Bittle, « The 'Hidden' Crisis of Rural Homelessness », *The Nation*, 28 mars 2019, <www.thenation.com/article/rural-homelessness-housing>.

75. Chris Arnade, « Outside Coastal Cities an 'Other America' Has Different Values and Challenges », *Guardian* (Manchester, G.-B.), 21 février 2017, <www.theguardian.com/society/2017/feb/21/outside-coastal-bubbles-to-say-america-is-already-great-rings-hollow>.

76. Chris Arnade, *Dignity : Seeking Respect in Back Row America*, New York, Sentinel, 2019.

77. Martin Gilens et Benjamin I. Page, « Testing Theories of American Politics : Elites, Interest Groups, and Average Citizens », *Perspectives on Politics*, vol. 12, n° 3, septembre 2014, p. 564-581, <www.cambridge.org/core/journals/perspectives-on-politics/article/testing-theories-of-american-politics-elites-interest-groups-and-average-citizens/62327F513959D0A304D4893B382B992B/core-reader>.

78. Facundo Alvaredo, Lucas Chancel, Thomas Piketty, Emmanuel Saez et Gabriel Zucman, *Rapport sur les inégalités mondiales 2018*, Paris, Éd. du Seuil/Laboratoire sur les inégalités mondiales, 2018 ; synthèse du rapport en ligne, <wir2018.wid.world/files/download/wir2018-summary-french.pdf>.

79. « Federal Individual Income Tax Rates History » (graphique), 1913-2013, <files.taxfoundation.org/legacy/docs/fed_individual_rate_history_adjusted.pdf>.

80. Robert B. Reich, *Saving Capitalism : For the Many, Not the Few*, New York, Alfred A. Knopf, 2015.

81. Robert Reich, tweet, 12 mars 2019, 17 h 22, accessible sur Meme, <me.me/i/robert-reich-rbreich-the-concentration-of-wealth-in-america-has-408c58b6e98d4dcf9f4969d237dd3442>.

82. Era Dabla-Norris, Kalpana Kochnar, Nujin Suphaphiphat, Frantisek Ricka et Evridiki Tsounta, *Causes and Consequences of Income Inequality : A Global Perspective*, Fonds monétaire international, juin 2015, <www.imf.org/external/pubs/ft/sdn/2015/sdn1513.pdf>.

83. Josh Bivens et Lawrence Mishel, « Understanding the Historic Divergence Between Productivity and a Typical Worker's Pay », document d'information n° 406, Economic Policy Institute, 2 septembre 2015, <www.epi.org/publication/understanding-the-historic-divergence-between-productivity-and-a-typical-workers-pay-why-it-matters-and-why-its-real>.

84. *Ibid.*

85. Reuters, « CEOs Earn 361 Times More Than the Average U.S. Worker – Union Report », 22 mai 2018, <www.reuters.com/article/us-usa-compensation-ceos/

ceos-earn-361-times-more-than-the-average-u-s-worker-union-report-idUSKCN1IN2FU>.

86. F. Alvaredo *et al.*, *Rapport sur les inégalités mondiales 2018*, *op. cit.*

87. Chuck Collins et Josh Hoxie, *Billionaire Bonanza 2017 : The Forbes 400 and the Rest of Us*, Institute for Policy Studies, novembre 2017, <inequality.org/wp-content/uploads/2017/11/BILLIONAIRE-BONANZA-2017-Embargoed.pdf>.

Notes du chapitre 8

1. Cet entretien a été organisé par l'ancien conseiller municipal Troy Nash, qui y a participé avec nous.

2. Il avait aussi un plan de réforme ambitieux du système bancaire, car c'était là que les graines de la crise avaient été semées.

3. Congressional Budget Office, *The Long-Term Budget Outlook*, Washington, DC, CBO, juin 2010, révisé en août 2010, <www.cbo.gov/sites/default/files/111th-congress-2009-2010/reports/06-30-ltbo.pdf>.

4. *Ibid.*

5. Warren Mosler rapporte dans son livre plusieurs expériences du même ordre. Voir Warren Mosler, *The 7 Deadly Innocent Frauds of Economic Policy*, Christiansted, USVI, Valance, 2010.

6. Il existe de nombreux ouvrages excellents qui traitent d'une ou plusieurs de ces questions. Voir, par exemple, Robert B. Reich, *Saving Capitalism*, New York, Alfred A. Knopf, 2015 ; David Cay Johnston, *Free Lunch*, Londres, Penguin, 2007 ; Thomas Frank, *Pourquoi les riches votent à gauche*, trad. fr. d'Étienne Dobenesque, Marseille, Agone, 2018 ; Richard Florida, *The New Urban Crisis*, New York, Basic Books/ Hachette, 2017 ; Chris Arnade, *Dignity*, New York, Sentinel, 2019 ; Anand Giridharadas, *Winners Take All*, New York, Vintage, 2019 ; et David Dayen, *Chain of Title*, New York, New Press, 2016.

7. Center on Budget and Policy Priorities, « Policy Basics : Introduction to the Federal Budget Process », mis à jour le 8 juillet 2019, <www.cbpp.org/research/policy-basics-introduction-to-the-federal-budget-process>.

8. Bien entendu, le Congrès pourrait aussi modifier le volet obligatoire du budget. Par exemple, certains préconisent d'augmenter les prestations de la Social Security et de ramener l'âge d'admissibilité de soixante-cinq ans à zéro pour fournir une assurance maladie à tout le monde dans le cadre d'un système « Medicare pour tous » à payeur unique.

9. Pour en savoir plus sur ce point, voir A. G. Hart, « Monetary Policy for Income Stabilization », *in* Max F. Millikan (éd.), *Income Stabilization for a Developing Democracy*, New Haven, CT, Yale University Press, 1953 ; Simon Gray et Runchana Pongsaparn, *Issuance of Central Bank Securities : International Experiences and Guidelines*, document de travail du FMI, WP/15/106, mai 2015, <www.imf.org/external/pubs/ft/wp/2015/wp15106.pdf> ; et Rohan Grey, « Banking in a Digital Fiat Currency Regime », *in* Philipp Hacker, Ioannis Lianos, Georgios Dimitropoulos et Stefan

Eich (éd.), *Regulating Blockchain : Techno-Social and Legal Challenges*, Oxford, G.-B., Oxford University Press, 2019, p. 169-180, <rohangrey.net/files/banking.pdf>.

10. Le CBO prévoit une hausse des dépenses d'intérêts nettes : elles devraient passer de 1,8 % du PIB en 2019 à 3 % en 2029, et continuer à grimper jusqu'à 5,7 % en 2049. Voir Congressional Budget Office, *The 2019 Long-Term Budget Outlook*, Washington, DC, CBO, 2019, <www.cbo.gov/system/files/2019-06/55331-LTBO-2.pdf>. On pourrait éliminer cette ligne du budget fédéral en abandonnant la pratique actuelle de coordination des déficits budgétaires avec des ventes de bons du Trésor. Au lieu de vendre des bons, le Congrès pourrait simplement laisser dans le système des comptes réserves tous les soldes positifs résultant des déficits : ils y rapporteraient un intérêt au taux cible de la Réserve fédérale. La plupart des économistes engagés pour la TMM, sinon tous, préféreraient que le taux d'intérêt payé sur les comptes réserves à un jour soit maintenu en permanence à zéro (ou tout près), mais ce point n'est pas essentiel pour la mise en œuvre des autres éléments prescriptifs de la TMM.

11. Charles Blahous, « The Costs of a National Single-Payer Healthcare System », document de travail de Mercatus, Centre Mercatus, université George Mason, 2018, <www.mercatus.org/system/files/blahous-costs-medicare-mercatus-working-paper-v1_1.pdf>.

12. Le CBO et les deux commissions ont été créés par une loi de 1974, le Congressional Budget and Impoundment Control Act. Voir « History » (page web), Congressional Budget Office, <www.cbo.gov/about/history>.

13. L'autre moyen de compenser de nouveaux crédits est de retirer de l'argent à une autre composante du budget. Par exemple, un projet de loi pourrait proposer de financer de nouvelles dépenses en réduisant le budget de la défense.

14. Rien ne garantit, bien sûr, qu'un *clean bill* aurait été adopté. Aurait-il obtenu plus de voix ? Comment savoir ? Le vote bipartisan n'est pas très en vogue au Congrès ces temps-ci. Mais une chose est sûre : exiger que tout dollar de dépense proposée soit *pleinement* compensé par un dollar de nouvelle recette (ou de baisse d'une ancienne dépense) est à la fois économiquement superflu et politiquement stupide. Le tout dernier rapport évalue les besoins à 4 590 milliards de dollars sur dix ans.

15. Sheryl Gay Stolberg, « Senate Passes $700 Billion Pentagon Bill, More Money Than Trump Sought », *New York Times*, 18 septembre 2017, <www.nytimes.com/2017/09/18/us/politics/senate-pentagon-spending-bill.html>.

16. Christal Hayes, « Alexandria Ocasio-Cortez : Why Does GOP Fund 'Unlimited War' but Not Medicare Program ? », *USA Today*, 9 août 2018, <www.usatoday.com/story/news/politics/onpolitics/2018/08/09/alexandria-ocasio-cortez-republicans-finance-war-not-healthcare-tuition/946511002>.

17. Calvin H. Johnson, « Fifty Ways to Raise a Trillion », in *Tax Reform : Lessons from the Tax Reform Act of 1986*, audition devant la commission des finances du Sénat des États-Unis, Washington, DC, US GPO, 2010, p. 76, <books.google.com/books?id=e4jnhl_AkLgC&pg=PA76&lpg=PA76&dq=calvin+johnson+shelf+project&source=bl&ots=yeBPKBOXV1&sig=ACfU3U3OXXYvNQgrroi7ZBFI8jrStM

JJBg&hl=en&sa=X&ved=2ahUKEwiTqekg6blAhVK11kKHXiwAtkQ6AEwEHoECAkQAQ#v=onepage&q=calvin%20johnson%20shelf%20project&f=false>.

18. *Ibid.*

19. Keith Hennessey, « What Is a Vote-a-Rama ? » (blog), 25 mars 2010, <keithhennessey.com/2010/03/25/vote-a-rama>.

20. Paul Krugman, « Deficits Saved the World », *New York Times*, 15 juillet 2009, <krugman.blogs.nytimes.com/2009/07/15/deficits-saved-the-world>.

21. Jeff Spross, « You're Hired ! », *Democracy : A Journal of Ideas*, n° 44, printemps 2019, <democracyjournal.org/magazine/44/youre-hired>.

22. Bureau des statistiques du travail, « Most Unemployed People in 2018 Did Not Apply for Unemployment Insurance Benefits », econintersect.com, <econintersect.com/pages/contributors/contributor.php?post=201910220659>.

23. Dans les versions de la garantie fédérale de l'emploi développées par les économistes qui se réclament de la TMM, quiconque a le droit légal de travailler – tout individu âgé de seize ans et plus qui est citoyen américain ou non citoyen disposant d'une autorisation légale de travailler aux États-Unis – aurait automatiquement le droit d'avoir un emploi. Voir L. Randall Wray, Flavia Dantas, Scott Fullwiler, Pavlina R. Tcherneva et Stephanie A. Kelton, *Public Service Employment : A Path to Full Employment*, Levy Economics Institute of Bard College, avril 2018, <www.levyinstitute.org/pubs/rpr_4_18.pdf>.

24. Plusieurs versions différentes de la garantie de l'emploi ont été proposées. Ce chapitre expose celle qu'ont avancée les principaux économistes inspirés par la TMM. Les salariés seraient payés 15 dollars l'heure avec des avantages sociaux (assurance maladie, garderie et congés payés). Pour une version qui prévoit des rémunérations différenciées sur la base de l'expérience et d'autres considérations, voir Mark Paul, William Darity Jr. et Darrick Hamilton, « The Federal Job Guarantee – A Policy to Achieve Permanent Full Employment », Center on Budget and Policy Priorities, 9 mars 2018, <https://www.cbpp.org/research/full-employment/the-federal-job-guarantee-a-policy-to-achieve-permanent-full-employment>.

25. Ce n'est pas un dispositif de création d'emplois factices. Beaucoup d'emplois pourraient ressembler à ceux qui ont été créés par les programmes du New Deal des années 1930. Par exemple, la Works Progress Administration a entrepris de nombreux projets de travaux publics, le Civilian Conservation Corps a accompli quantité de travail environnemental, et la National Youth Administration a créé des emplois à temps partiel pour 1,5 million de lycéens et 600 000 étudiants. Contrairement à de nombreux programmes du New Deal de l'ère Roosevelt, dont les Noirs et d'autres minorités étaient exclus, l'accès à la garantie de l'emploi serait universel, ouvert à tous.

26. La garantie fédérale de l'emploi n'a vocation à remplacer aucun des programmes de protection sociale actuels. Tous, y compris l'assurance chômage, peuvent être maintenus parallèlement à la garantie de l'emploi. Bien entendu, les dépenses publiques consacrées aux bons d'alimentation, à Medicaid et aux autres programmes sous conditions de ressources vont diminuer : beaucoup de ceux qui prendront des

emplois de service public ne rempliront plus les conditions pour en bénéficier, une fois leurs revenus suffisamment relevés au-dessus du seuil de pauvreté.

27. N'oublions pas que les ménages (et les entreprises) sont des utilisateurs de monnaie. Quand les consommateurs concluent qu'ils ont beaucoup trop de dettes – cartes de crédit, prêts immobiliers, prêts automobiles, prêts d'études –, en général ils réduisent leurs dépenses. Lorsqu'ils le font, le cycle du crédit s'inverse et les entreprises subissent une baisse des ventes.

28. Voir, par exemple, Michael J. Murray et Mathew Forstater (éd.), *Full Employment and Social Justice*, New York, Palgrave Macmillan, 2018 ; Michael J. Murray et Mathew Forstater (éd.), *The Job Guarantee*, New York, Palgrave Macmillan, 2013 ; Pavlina R. Tcherneva, *The Case for a Job Guarantee*, Cambridge, G.-B., Polity Press, 2020 ; et William S. Vickrey, *Full Employment and Price Stability*, Cheltenham, G.-B., Edward Elgar, 2004.

29. L. R. Wray *et al.*, *Public Service Employment : A Path to Full Employment*, *op. cit.*

30. Pour une analyse plus approfondie de la façon dont cela fonctionnerait, voir Pavlina R. Tcherneva, « The Job Guarantee : Design, Jobs, and Implementation », document de travail n° 902, Levy Economics Institute of Bard College, avril 2018, <www.levyinstitute.org/pubs/wp_902.pdf>.

31. Payé 15 dollars l'heure, un participant à temps plein gagnerait un revenu annuel de 31 200 dollars, comme l'indique ce calcul : 15 dollars/heure x 40 heures x 52 semaines = 31 200 dollars. Si l'on se réfère aux directives en vigueur (en 2019) du Département de la Santé et des Services sociaux, c'est suffisant pour faire passer une famille de cinq personnes au-dessus du seuil de pauvreté. Voir Département de la Santé et des Services sociaux, « Poverty Guidelines », ASPE, <aspe.hhs.gov/poverty-guidelines>.

32. 8 heures par jour x 5 jours par semaine x 50 semaines x 12 millions = 24 milliards.

33. Le Civilian Conservation Corps a été créé par Franklin Roosevelt en 1933. Il n'était pas ouvert à tous. Seuls pouvaient en faire partie les citoyens de sexe masculin, célibataires et sans emploi âgés de dix-huit à vingt-six ans. Les Noirs pouvaient participer, mais on les mettait dans des camps séparés : ils subissaient la ségrégation. Si ce corps est ressuscité aujourd'hui, il faut absolument qu'il soit ouvert à tous ceux qui veulent y entrer.

34. Les minorités raciales sont plus exposées au chômage. Leurs membres sont souvent les premiers à perdre leur emploi quand l'économie faiblit et les derniers à être embauchés quand les entreprises recrutent. Ces minorités subissent à la fois des taux de chômage plus élevés et des durées de privation d'emploi plus longues. Le taux de chômage des Noirs, par exemple, est constamment le double de celui des Blancs.

35. Pavlina R. Tcherneva, « Beyond Full Employment : The Employer of Last Resort as an Institution for Change », document de travail n° 732, Levy Economics Institute of Bard College, septembre 2012, <www.levyinstitute.org/pubs/wp_732.pdf>.

36. *Ibid.*

37. Au bout de trois ans, le programme a été supprimé progressivement et remplacé par une assurance chômage de type habituel, accompagnée d'un programme de réforme de l'aide sociale dans un sens traditionnel : il apportait une aide en argent liquide et non un emploi. Point intéressant : Tcherneva a constaté que le revenu comptait parmi les apports les moins appréciés du plan Jefes de Hogar. Les participant(e)s l'ont classé cinquième (avant-dernier) sur la liste des caractéristiques qui leur paraissaient les plus importantes dans le travail au sein du programme. Avant le revenu, il y avait : 1) faire quelque chose d'utile ; 2) travailler dans un bon environnement ; 3) aider la communauté ; 4) apprendre une compétence précieuse. D'autres avantages ont été cités : un temps de transport plus court entre le domicile et le lieu de travail, la proximité d'une garderie de jour, un sentiment de solidarité avec leur voisinage, l'impression d'avoir gagné le respect et le sentiment d'avoir acquis du pouvoir. Voir Pavlina R. Tcherneva, « Modern Money and the Job Guarantee », posté par Jacobin, Vimeo, 9 janvier 2014, 14:02, <vimeo.com/83813741>.

38. Public Works & Infrastructure, « Welcome to EPWP » (page web), Ministère des travaux publics et des infrastructures, République d'Afrique du Sud, <www.epwp.gov.za>.

39. *Ibid.*

40. Klaus Deininger et Yanyan Liu, « Heterogeneous Welfare Impacts of National Rural Employment Guarantee Scheme : Evidence from Andhra Pradesh, India », *World Development*, vol. 117, mai 2019, p. 98-111, <www.sciencedirect.com/science/article/pii/S0305750X18304480?via%3Dihub>.

41. Peter-Christian Aigner et Michael Brenes, « The Long, Tortured History of the Job Guarantee », *The New Republic*, 11 mai 2018, <newrepublic.com/article/148388/long-tortured-history-job-guarantee>.

42. La Déclaration des droits économiques (Economic Bill of Rights) aurait également garanti le droit à l'éducation, le droit au logement, le droit à la santé et le droit à une retraite sûre. Franklin D. Roosevelt, « State of the Union Message to Congress : January 11, 1944 », Bibliothèque présidentielle et Musée Franklin D. Roosevelt, <www.fdrlibrary.marist.edu/archives/address_text.html>.

43. Martin Luther King Jr., « The 50th Anniversary of Martin Luther King, Jr.'s 'All Labor Has Dignity' », Beacon Broadside, Beacon Press, 18 mars 2018, <www.beaconbroadside.com/broadside/2018/03/the-50th-anniversary-of-martin-luther-king-jrs-all-labor-has-dignity.html>.

44. Nous pourrions ajouter à la garantie de l'emploi d'autres nouveaux stabilisateurs automatiques. Plus nous attacherons de fonctionnalités « sans pilote » au mécanisme budgétaire, plus notre trajet économique sera sans heurts. Indexer les salaires (ou d'autres dépenses) du programme de garantie de l'emploi sur la cible d'inflation – et non sur le taux d'inflation effectif – apporterait une stimulation automatique de la consommation quand l'inflation réelle est inférieure, disons, à 2 %.

45. Comité des conseillers économiques : Walter Heller, Kermit Gordon, James Tobin, Gardner Ackley et Paul Samuelson, enregistrement de l'interview réalisé par Joseph Pechman, 1er août 1964, Programme d'histoire orale de la Bibliothèque John

F. Kennedy, <www.jfklibrary.org/sites/default/files/archives/JFKOH/Council%20of%20Economic%20Advisers/JFKOH-CEA-01/JFKOH-CEA-01-TR.pdf>.

46. Rédaction du site Space.com, « May 25, 1961 : JFK's Moon Shot Speech to Congress », Space.com, 25 mai 2011, <www.space.com/11772-president-kennedy-historic-speech-moon-space.html>.

47. L'inflation est montée après la décision du président Johnson d'engager des troupes au Vietnam en juillet 1965.

48. Mariana Mazzucato, *L'État entrepreneur. Pour en finir avec l'opposition public-privé*, trad. fr. de Christophe Beslon, Paris, Fayard, 2020.

49. Mariana Mazzucato, « Mobilizing for a Climate Moonshot », Project Syndicate, 8 octobre 2019, <www.project-syndicate.org/onpoint/climate-moonshot-government-innovation-by-mariana-mazzucato-2019-10>.

Table

Composition : In folio

Achevé d'imprimer sur Roto-Page
par l'Imprimerie Floch à Mayenne
en février 2021
Dépôt légal : février 2021
N° impr. : 97783
Imprimé en France